김희상
명품 감정평가관계법규

김희상 편저

1차 | 기본서 제2판

8년 연속

★ 전 체 ★
수 석

합 격 자 배 출

박문각 감정평가사

브랜드만족
1위
박문각

감정평가관계법규의 체계를 잡은 명품기본서

감정평가관계법규는 그 내용이 방대하고 복잡할 뿐만 아니라 자주 개정되는 법률이기 때문에 수험생들에게는 쉽게 접근하기 어려운 과목이라는 것이 수험생들의 일반적인 생각입니다. 이러한 수험생들의 고민을 해결하고 감정평가관계법규가 더 이상 공포의 대상이 아닌 즐겁고 재미있고 친숙한 법규로 수험생들에게 접근하도록 하기 위하여 본서를 집필하게 되었습니다.

1. 감정평가관계법규의 체계를 잡도록 노력하였습니다.

저자가 항상 강조하는 부분이 감정평가관계법규는 전체적인 체계를 공부한 후 개별적인 내용으로 접근하면서 공부하는 학습방법입니다. 최근 출제 유형을 감안하면 단순한 암기 방법의 공부방법은 과감히 버리고 원리와 이해위주의 접근방법이 필요하다는 것이 저자의 생각입니다. 실제 시험에서 목표하는 점수를 받기 위해서는 "원리−체계−이해"라는 3가지 요소가 필요합니다. 이 3가지 요소를 모두 반영하여 기본서를 집필하였습니다.

2. 기본서와 강의노트를 병행할 수 있도록 구성하였습니다.

수업을 들으면서 모든 내용이 정리가 되는데 도움이 되도록 각종 도표와 참고부분과 비교부분을 통하여 해당 페이지의 가장 중요한 내용들을 정리할 수 있도록 핵심내용을 간추려 정리하였으며, 강의노트 형태를 병행하여 정리하였습니다.

3. 복잡한 내용을 단순화하여 정리하였습니다.

감정평가관계법규를 구성하는 개별 법률들의 기능적인 독자성과 유기적인 체계를 통하여 수험서로서의 역할을 분명히 하였으며, 출제경향에서 벗어나 있는 부분이나 큰 비중을 차지하지 못하는 부분은 과감하게 생략하여 교재의 범위를 간소화함으로써 한정된 시간에 학업성취도를 최대한 높일 수 있도록 하였습니다.

4. 최근의 개정 법령을 완벽하게 반영하였습니다.

감정평가관계법규에서 「국토의 계획 및 이용에 관한 법률」과 「도시 및 주거환경정비법」은 다른 법률에 비하여 자주 개정되는 법률이기 때문에 수험생 여러분은 개정될 내용에 항상 관심을 기울여야 합니다. 개정되는 내용은 시험에 출제될 가능성이 높기 때문입니다. 본서에는 최근 개정 법령까지 완벽하게 반영하여 수험생들이 별도로 보완하여야 하는 번거로움을 줄여 학습에만 집중할 수 있게 하였습니다.

5. 저자의 수험생과의 약속

저자는 본서가 감정평가사 시험에서도 대한민국 최고의 기본서로서의 역할을 할 수 있도록 마지막까지 최선을 다하여 연구하고 노력할 것을 약속드립니다.

"제2의 도약을 위한 뜨거운 열정으로 합격을 위해 노력하시는 모든 수험생 여러분이 본서를 통하여 합격하시기를 진심으로 기원합니다."

2025년 5월 김희상

★ 차례 ★

CONTENTS | PREFACE |

차례

CONTENTS | PREFACE |

차례

CONTENTS | PREFACE |

PART

01

국토의 계획 및 이용에
관한 법률

제1절 | **용어의 정의** ★제36회

광역도시계획	광역계획권의 장기발전방향을 제시하는 계획을 말한다.
도시 · 군계획	특별시 · 광역시 · 특별자치시 · 특별자치도 · 시 또는 군(광역시의 관할 구역에 있는 군은 제외)의 관할 구역 및 생활권에 대하여 수립하는 공간구조와 발전방향에 대한 계획으로서 도시 · 군기본계획과 도시 · 군관리계획으로 구분한다.
도시 · 군 기본계획	특별시 · 광역시 · 특별자치시 · 특별자치도 · 시 또는 군의 관할 구역 및 생활권에 대하여 기본적인 공간구조와 장기발전방향을 제시하는 종합계획으로서 도시 · 군관리계획 수립의 지침이 되는 계획을 말한다.
도시 · 군 관리계획	특별시 · 광역시 · 특별자치시 · 특별자치도 · 시 또는 군의 개발 · 정비 및 보전을 위하여 수립하는 토지이용, 교통, 환경, 경관, 안전, 산업, 정보통신, 보건, 복지, 안보, 문화 등에 관한 다음의 계획을 말한다. ❶ 용도지역 · 용도지구의 지정 또는 변경에 관한 계획 ❷ 개발제한구역, 도시자연공원구역, 시가화조정구역, 수산자원보호구역의 지정 또는 변경에 관한 계획 ❸ 기반시설의 설치 · 정비 또는 개량에 관한 계획 ❹ 도시개발사업이나 정비사업에 관한 계획 ❺ 지구단위계획구역의 지정 또는 변경에 관한 계획과 지구단위계획 ❻ 도시혁신구역의 지정 또는 변경에 관한 계획과 도시혁신계획 ❼ 복합용도구역의 지정 또는 변경에 관한 계획과 복합용도계획 ❽ 도시 · 군계획시설입체복합구역의 지정 또는 변경에 관한 계획
지구단위계획	도시 · 군계획 수립대상지역의 일부에 대하여 토지이용을 합리화하고 그 기능을 증진시키며 미관을 개선하고 양호한 환경을 확보하며, 그 지역을 체계적 · 계획적으로 관리하기 위하여 수립하는 도시 · 군관리계획을 말한다.
공간재구조화 계획	토지의 이용 및 건축물이나 그 밖의 시설의 용도 · 건폐율 · 용적률 · 높이 등을 완화하는 용도구역의 효율적이고 계획적인 관리를 위하여 수립하는 계획을 말한다.

추가 **법의 목적**
이 법은 국토의 이용 · 개발과 보전을 위한 계획의 수립 및 집행 등에 필요한 사항을 정하여 공공복리를 증진시키고 국민의 삶의 질을 향상시키는 것을 목적으로 한다.

추가 **성장관리계획**
성장관리계획구역에서의 난개발을 방지하고 계획적인 개발을 유도하기 위하여 수립하는 계획을 말한다.

도시혁신계획	창의적이고 혁신적인 도시공간의 개발을 목적으로 도시혁신구역에서의 토지의 이용 및 건축물의 용도·건폐율·용적률·높이 등의 제한에 관한 사항을 따로 정하기 위하여 공간재구조화계획으로 결정하는 도시·군관리계획을 말한다.
복합용도계획	주거·상업·산업·교육·문화·의료 등 다양한 도시기능이 융복합된 공간의 조성을 목적으로 복합용도구역에서의 건축물의 용도별 구성비율 및 건폐율·용적률·높이 등의 제한에 관한 사항을 따로 정하기 위하여 공간재구조화계획으로 결정하는 도시·군관리계획을 말한다.
기반시설	다음의 시설로서 대통령령으로 정하는 시설을 말한다. ❶ 도로·철도·항만·공항·주차장 등 교통시설 ❷ 광장·공원·녹지 등 공간시설 ❸ 유통업무설비, 수도·전기·가스공급설비, 방송·통신시설, 공동구 등 유통·공급시설 ❹ 학교·공공청사·문화시설 및 공공필요성이 인정되는 체육시설 등 공공·문화체육시설 ❺ 하천·유수지·방화설비 등 방재시설 ❻ 장사시설 등 보건위생시설 ❼ 하수도, 폐기물처리 및 재활용시설, 빗물저장 및 이용시설 등 환경기초시설
도시·군 계획시설	기반시설 중 도시·군관리계획으로 결정된 시설을 말한다.
광역시설	기반시설 중 광역적인 정비체계가 필요한 다음의 시설로서 대통령령으로 정하는 시설을 말한다. ❶ 둘 이상의 특별시·광역시·특별자치시·특별자치도·시 또는 군의 관할 구역에 걸쳐 있는 시설 ❷ 둘 이상의 특별시·광역시·특별자치시·특별자치도·시 또는 군이 공동으로 이용하는 시설
공동구	전기·가스·수도 등의 공급설비, 통신시설, 하수도시설 등 지하매설물을 공동 수용함으로써 미관의 개선, 도로구조의 보전 및 교통의 원활한 소통을 위하여 지하에 설치하는 시설물을 말한다.
도시·군 계획시설사업	도시·군계획시설을 설치·정비 또는 개량하는 사업을 말한다.
도시·군 계획사업	도시·군관리계획을 시행하기 위한 다음의 사업을 말한다. ❶ 도시·군계획시설사업 ❷ 「도시개발법」에 따른 도시개발사업 ❸ 「도시 및 주거환경정비법」에 따른 정비사업

국가계획	중앙행정기관이 법률에 따라 수립하거나 국가의 정책적인 목적을 이루기 위하여 수립하는 계획 중 도시·군기본계획의 내용(제19조 제1항 제1호부터 제9호까지)이나 도시·군관리계획으로 결정하여야 할 사항이 포함된 계획을 말한다.
용도지역	토지의 이용 및 건축물의 용도, 건폐율, 용적률, 높이 등을 제한함으로써 토지를 경제적·효율적으로 이용하고 공공복리의 증진을 도모하기 위하여 서로 중복되지 아니하게 도시·군관리계획으로 결정하는 지역을 말한다.
용도지구	토지의 이용 및 건축물의 용도·건폐율·용적률·높이 등에 대한 용도지역의 제한을 강화하거나 완화하여 적용함으로써 용도지역의 기능을 증진시키고 경관·안전 등을 도모하기 위하여 도시·군관리계획으로 결정하는 지역을 말한다.
용도구역	토지의 이용 및 건축물의 용도·건폐율·용적률·높이 등에 대한 용도지역 및 용도지구의 제한을 강화하거나 완화하여 따로 정함으로써 시가지의 무질서한 확산방지, 계획적이고 단계적인 토지이용의 도모, 혁신적이고 복합적인 토지활용의 촉진, 토지이용의 종합적 조정·관리 등을 위하여 도시·군관리계획으로 결정하는 지역을 말한다.
개발밀도 관리구역	개발로 인하여 기반시설이 부족할 것으로 예상되나 기반시설을 설치하기 곤란한 지역을 대상으로 건폐율이나 용적률을 강화하여 적용하기 위하여 지정하는 구역을 말한다.
기반시설 부담구역	개발밀도관리구역 외의 지역으로서 개발로 인하여 도로, 공원, 녹지 등 대통령령으로 정하는 기반시설의 설치가 필요한 지역을 대상으로 기반시설을 설치하거나 그에 필요한 용지를 확보하게 하기 위하여 지정·고시하는 구역을 말한다.
기반시설 설치비용	단독주택 및 숙박시설 등 대통령령으로 정하는 시설의 신·증축행위로 인하여 유발되는 기반시설을 설치하거나 그에 필요한 용지를 확보하기 위하여 부과·징수하는 금액을 말한다.

추가
「고등교육법」에 따른 학교(대학)는 기반시설부담구역에서 설치가 필요한 기반시설에 해당하지 않는다.

제2절 도시·군계획의 법적 지위

01 국가계획, 광역도시계획 및 도시·군계획의 지위

(1) 도시·군계획은 특별시·광역시·특별자치시·특별자치도·시 또는 군의 관할 구역에서 수립되는 다른 법률에 따른 토지의 이용·개발 및 보전에 관한 계획의 기본이 된다.

(2) 광역도시계획 및 도시·군계획은 국가계획에 부합되어야 하며, 광역도시계획 또는 도시·군계획의 내용이 국가계획의 내용과 다를 때에는 국가계획의 내용이 우선한다. 이 경우 국가계획을 수립하려는 중앙행정기관의 장은 미리 지방자치단체의 장의 의견을 듣고 충분히 협의하여야 한다.

(3) 광역도시계획이 수립되어 있는 지역에 대하여 수립하는 도시·군기본계획은 그 광역도시계획에 부합되어야 하며, 도시·군기본계획의 내용이 광역도시계획의 내용과 다를 때에는 광역도시계획의 내용이 우선한다.

02 부문별 계획의 기준

특별시장·광역시장·특별자치시장·특별자치도지사·시장 또는 군수가 관할 구역에 대하여 다른 법률에 따른 환경·교통·수도·하수도·주택 등에 관한 부문별 계획을 수립할 때에는 도시·군기본계획의 내용에 부합되게 하여야 한다.

03 도시의 지속가능성 평가

국토교통부장관은 도시의 지속가능하고 균형 있는 발전과 주민의 편리하고 쾌적한 삶을 위하여 **도시의 지속가능성 및 생활인프라**(교육시설, 문화·체육시설, 교통시설 등의 시설로서 국토교통부장관이 정하는 것을 말한다) **수준을 평가할 수 있다.**

광역계획권 및 광역도시계획

제1절 **광역계획권의 지정**

01 지정권자

국토교통부장관 또는 도지사는 둘 이상의 특별시·광역시·특별자치시·특별자치도·시 또는 군의 공간구조 및 기능을 상호 연계시키고 환경을 보전하며 광역시설을 체계적으로 정비하기 위하여 필요한 경우에는 다음의 구분에 따라 인접한 둘 이상의 특별시·광역시·특별자치시·특별자치도·시 또는 군의 관할 구역 전부 또는 일부를 광역계획권으로 지정할 수 있다.

❶ 국토교통부장관 : 광역계획권이 둘 이상의 특별시·광역시·특별자치시·도 또는 특별자치도(이하 '시·도'라 한다)의 관할 구역에 걸쳐 있는 경우
❷ 도지사 : 광역계획권이 도의 관할 구역에 속하여 있는 경우

02 지정대상지역

(1) **원칙**

인접한 둘 이상의 특별시·광역시·특별자치시·특별자치도·시 또는 군의 관할 구역 단위로 지정한다.

(2) **예외**

국토교통부장관 또는 도지사는 인접한 둘 이상의 특별시·광역시·특별자치시·특별자치도·시 또는 군의 관할 구역의 일부를 광역계획권에 포함시키고자 하는 때에는 구·군(광역시의 관할 구역 안에 있는 군을 말한다)·읍 또는 면의 관할 구역 단위로 하여야 한다.

※보충 지정요청
중앙행정기관의 장, 시·도지사, 시장 또는 군수는 국토교통부장관이나 도지사에게 광역계획권의 지정 또는 변경을 요청할 수 있다.

중요지문 광역계획권은 인접한 둘 이상의 특별시·광역시·시 또는 군의 관할 구역 단위로 지정하여야 하며, 그 관할 구역의 일부만을 광역계획권에 포함시킬 수는 없다.　　　　( )

▶정답 ✕
광역계획권은 인접한 관할 구역의 전부 또는 일부를 대상으로 지정할 수 있다.

03 지정절차

(1) 의견청취 및 심의

❶ 국토교통부장관은 광역계획권을 지정하거나 변경하려면 관계 시·도지사, 시장 또는 군수의 의견을 들은 후 중앙도시계획위원회의 심의를 거쳐야 한다.

❷ 도지사가 광역계획권을 지정하거나 변경하려면 관계 중앙행정기관의 장, 관계 시·도지사, 시장 또는 군수의 의견을 들은 후 지방도시계획위원회의 심의를 거쳐야 한다.

(2) 지정통보

국토교통부장관 또는 도지사는 광역계획권을 지정하거나 변경하면 지체 없이 관계 시·도지사, 시장 또는 군수에게 그 사실을 통보하여야 한다.

제**2**절 **광역도시계획** *제36회

01 수립권자

(1) 원칙적 수립권자

국토교통부장관, 시·도지사, 시장 또는 군수는 다음의 구분에 따라 광역도시계획을 수립하여야 한다.

❶ 광역계획권이 같은 도의 관할 구역에 속하여 있는 경우 : 관할 시장 또는 군수가 공동으로 수립하여야 한다.

❷ 광역계획권이 둘 이상의 시·도의 관할 구역에 걸쳐 있는 경우 : 관할 시·도지사가 공동으로 수립하여야 한다.

❸ 광역계획권을 지정한 날부터 3년이 지날 때까지 관할 시장 또는 군수로부터 광역도시계획의 승인신청이 없는 경우 : 도지사가 수립하여야 한다.

❹ 국가계획과 관련된 광역도시계획의 수립이 필요한 경우나 광역계획권을 지정한 날부터 3년이 지날 때까지 관할 시·도지사로부터 광역도시계획의 승인신청이 없는 경우 : 국토교통부장관이 수립하여야 한다.

중요지문) 광역계획권이 둘 이상의 시·도에 걸쳐 있는 경우에는 광역도시계획의 수립권자는 국토교통부장관이다.   (   )

▶정답 ×
광역계획권이 둘 이상의 시·도에 걸쳐 있는 경우에는 시·도지사가 공동으로 수립하여야 한다.

(2) **예외적 수립권자**

다음의 경우에는 공동으로 수립하거나 단독으로 수립할 수 있다.

> ❶ 시·도지사가 요청하는 경우와 그 밖에 필요하다고 인정되는 경우 : 국토교
> 통부장관과 관할 시·도지사와 공동으로 수립할 수 있다.
> ❷ 시장 또는 군수가 요청하는 경우와 그 밖에 필요하다고 인정하는 경우 : 도
> 지사와 관할 시장 또는 군수가 공동으로 수립할 수 있다. ⇨ 국토교통부장
> 관의 승인(✕)
> ❸ 시장 또는 군수가 협의를 거쳐 요청하는 경우 : 도지사가 단독으로 수립할
> 수 있다. ⇨ 국토교통부장관의 승인(✕)

02 광역도시계획의 내용

광역도시계획에는 다음의 사항 중 그 광역계획권의 지정목적을 이루는 데 필요한
사항에 대한 정책 방향이 포함되어야 한다.

> ❶ 광역계획권의 공간 구조와 기능 분담에 관한 사항
> ❷ 광역계획권의 녹지관리체계와 환경 보전에 관한 사항
> ❸ 광역시설의 배치·규모·설치에 관한 사항
> ❹ 경관계획에 관한 사항
> ❺ 광역계획권의 교통 및 물류유통체계에 관한 사항
> ❻ 광역계획권의 문화·여가공간 및 방재에 관한 사항

03 광역도시계획의 조정

(1) **조정신청**

광역도시계획을 공동으로 수립하는 시·도지사는 그 내용에 관하여 서로 협
의가 되지 아니하면 공동이나 단독으로 국토교통부장관에게 조정(調停)을 신
청할 수 있다.

(2) **재협의 권고**

국토교통부장관은 단독(공동 ✕)으로 조정신청을 받은 경우에는 기한을 정하
여 당사자 간에 다시 협의를 하도록 권고할 수 있으며, 기한까지 협의가 이루
어지지 아니하는 경우에는 직접 조정할 수 있다.

(3) **심의**

국토교통부장관은 조정의 신청을 받거나 직접 조정하려는 경우에는 중앙도시계획위원회의 심의를 거쳐 광역도시계획의 내용을 조정하여야 한다.

※보충 의견진술
이해관계를 가진 지방자치단체의 장은 중앙도시계획위원회의 회의에 출석하여 의견을 진술할 수 있다.

(4) **조정결과의 반영**

광역도시계획을 수립하는 자는 조정결과를 광역도시계획에 반영하여야 한다.

(5) **도지사의 조정**

광역도시계획을 공동으로 수립하는 시장 또는 군수는 그 내용에 관하여 서로 협의가 되지 아니하면 공동이나 단독으로 도지사에게 조정을 신청할 수 있다.

※보충 준용
도지사가 광역도시계획을 조정하는 경우에는 (2)부터 (4)의 규정을 준용한다.

04 광역도시계획의 수립 및 승인절차

◈ **광역도시계획의 수립·승인절차도**

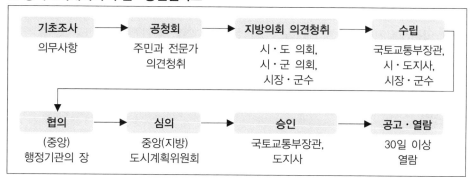

(1) **기초조사**

❶ **의무사항**: 국토교통부장관, 시·도지사, 시장 또는 군수는 광역도시계획을 수립하거나 변경하려면 미리 인구, 경제, 사회, 문화, 토지이용, 환경, 교통, 주택, 그 밖에 대통령령으로 정하는 사항 중 그 광역도시계획의 수립 또는 변경에 필요한 사항을 조사하거나 측량하여야 한다.

❷ **기초조사정보체계**: 국토교통부장관, 시·도지사, 시장 또는 군수는 기초조사정보체계를 구축한 경우에는 등록된 정보의 현황을 5년마다 확인하고 변동사항을 반영하여야 한다.

중요지문 시장 또는 군수가 기초조사정보체계를 구축한 경우에는 등록된 정보의 현황을 5년마다 확인하고 변동사항을 반영하여야 한다. ( )

▶ 정답 ○

(2) 공청회의 개최

❶ **공청회**(생략 ✕) : 국토교통부장관, 시·도지사, 시장 또는 군수는 광역도시계획을 수립하거나 변경하려면 미리 공청회를 열어 주민과 관계 전문가 등으로부터 의견을 들어야 하며, 공청회에서 제시된 의견이 타당하다고 인정하면 광역도시계획에 반영하여야 한다. 이 경우 일간신문, 관보, 공보, 인터넷 홈페이지 또는 방송 등의 방법으로 공청회 개최 예정일 14일 전까지 1회 이상 공고하여야 한다.

❷ **구분 개최** : 공청회는 광역계획권 단위로 개최하되, 필요한 경우에는 광역계획권을 여러 개의 지역으로 구분하여 개최할 수 있다.

(3) 지방의회와 지방자치단체의 의견청취

❶ **시·도지사, 시장 또는 군수 수립 시** : 시·도지사, 시장 또는 군수는 광역도시계획을 수립하거나 변경하려면 미리 관계 시·도, 시 또는 군의 의회와 관계 시장 또는 군수의 의견을 들어야 한다.

❷ **의견제시기한** : 관계 시·도, 시 또는 군의 의회와 관계 시장 또는 군수는 특별한 사유가 없으면 30일 이내에 시·도지사, 시장 또는 군수에게 의견을 제시하여야 한다.

(4) 승인

❶ **국토교통부장관의 승인** : 시·도지사는 광역도시계획을 수립하거나 변경하려면 국토교통부장관의 승인을 받아야 한다. 다만, 도지사가 관할 시장 또는 군수와 공동으로 수립하는 경우와 시장 또는 군수가 협의를 거쳐 요청하여 도지사가 단독으로 수립하는 경우에는 국토교통부장관의 승인을 받지 않아도 된다.

❷ **협의 및 심의**
　㉠ 국토교통부장관은 광역도시계획을 승인하거나 직접 광역도시계획을 수립 또는 변경하려면 관계 중앙행정기관과 협의한 후 중앙도시계획위원회의 심의를 거쳐야 한다.
　㉡ 협의요청을 받은 관계 중앙행정기관의 장은 특별한 사유가 없으면 그 요청을 받은 날부터 30일 이내에 국토교통부장관에게 의견을 제시하여야 한다.

[중요지문] 광역도시계획의 수립을 위한 공청회는 광역계획권 단위로 개최하되, 필요한 경우에는 광역계획권을 여러 개의 지역으로 구분하여 개최할 수 있다. (　)

▶정답 ○

[중요지문] 도지사가 시장 또는 군수의 요청으로 관할 시장 또는 군수와 공동으로 광역도시계획을 수립하는 경우에는 국토교통부장관의 승인을 받지 않고 광역도시계획을 수립할 수 있다. (　)

▶정답 ○

❸ **도지사의 승인**

㉠ 시장 또는 군수는 광역도시계획을 수립하거나 변경하려면 도지사의 승인을 받아야 한다.

㉡ 도지사가 광역도시계획을 승인하거나 직접 광역도시계획을 수립 또는 변경하려면 위 ❷의 협의 및 심의에 관한 규정을 준용한다.

⑸ **공고 및 열람**

국토교통부장관은 직접 광역도시계획을 수립 또는 변경하거나 승인하였을 때에는 관계 중앙행정기관의 장과 시·도지사에게 관계 서류를 송부하여야 하며, 관계 서류를 받은 시·도지사는 지체 없이 이를 해당 시·도의 공보와 인터넷 홈페이지에 게재하는 방법으로 그 내용을 공고하며, 관계 서류를 30일 이상 일반이 열람할 수 있도록 하여야 한다.

제1절   도시 · 군기본계획의 수립 및 확정(승인) ★제36회

01 도시 · 군기본계획의 수립

(1) 수립권자와 대상지역

특별시장 · 광역시장 · 특별자치시장 · 특별자치도지사 · 시장 또는 군수는 관할 구역에 대하여 도시 · 군기본계획을 수립하여야 한다. 다만, 시 또는 군의 위치, 인구의 규모, 인구감소율 등을 고려하여 다음의 시 또는 군은 도시 · 군기본계획을 수립하지 아니할 수 있다.

> ❶ 「수도권정비계획법」의 규정에 의한 수도권에 속하지 아니하고 광역시와 경계를 같이하지 아니한 시 또는 군으로서 인구 10만명 이하인 시 또는 군
> ❷ 관할 구역 전부에 대하여 광역도시계획이 수립되어 있는 시 또는 군으로서 해당 광역도시계획에 도시 · 군기본계획에 포함될 사항이 모두 포함되어 있는 시 또는 군

(2) 도시 · 군기본계획의 연계수립

특별시장 · 광역시장 · 특별자치시장 · 특별자치도지사 · 시장 또는 군수는 지역 여건상 필요하다고 인정되면 인접한 특별시 · 광역시 · 특별자치시 · 특별자치도 · 시 또는 군의 관할 구역 전부 또는 일부를 포함하여 도시 · 군기본계획을 수립할 수 있다.

(3) 수립내용

도시 · 군기본계획은 다음의 사항에 대한 정책방향이 포함되어야 한다.

> ❶ 지역적 특성 및 계획의 방향 · 목표에 관한 사항
> ❷ 공간구조 및 인구의 배분에 관한 사항
> ❸ 생활권의 설정과 생활권역별 개발 · 정비 및 보전 등에 관한 사항
> ❹ 토지의 이용 및 개발에 관한 사항
> ❺ 토지의 용도별 수요 및 공급에 관한 사항
> ❻ 환경의 보전 및 관리에 관한 사항
> ❼ 기반시설에 관한 사항

▶중요지문 「수도권정비계획법」에 의한 수도권에 속하고 광역시와 경계를 같이하지 아니한 시로서 인구 20만명 이하인 시는 도시 · 군기본계획을 수립하지 아니할 수 있다. (   )

▶정답 ✕
「수도권정비계획법」에 의한 수도권에 속하지 아니하고 광역시와 경계를 같이하지 아니한 시로서 인구 10만명 이하인 시는 도시 · 군기본계획은 수립하지 아니할 수 있다.

▶중요지문 시장 또는 군수는 인접한 시 또는 군의 관할 구역을 포함하여 도시 · 군기본계획을 수립하려면 미리 그 시장 또는 군수와 협의하여야 한다. (   )

▶정답 ○

※보충 생활권계획 수립의 특례
❶ 특별시장 · 광역시장 · 특별자치시장 · 특별자치도지사 · 시장 또는 군수는 생활권역별 개발 · 정비 및 보전 등에 필요한 경우 대통령령으로 정하는 바에 따라 생활권계획을 따로 수립할 수 있다.
❷ 생활권계획을 수립할 때에는 도시 · 군기본계획의 수립 및 확정(승인)절차를 준용한다.
❸ 생활권계획이 수립 또는 승인된 때에는 해당 계획이 수립된 생활권에 대해서는 도시 · 군기본계획이 수립 또는 변경된 것으로 본다.

(4) **수립기준**

도시·군기본계획의 수립기준 등은 대통령령으로 정하는 바에 따라 다음의 사항을 종합적으로 고려하여 **국토교통부장관**이 정한다.

❶ 특별시·광역시·특별자치시·특별자치도·시 또는 군의 기본적인 공간구조와 장기발전방향을 제시하는 토지 이용·교통·환경 등에 관한 종합계획이 되도록 할 것

❷ 여건변화에 탄력적으로 대응할 수 있도록 포괄적이고 개략적으로 수립하도록 할 것

❸ 도시·군기본계획을 정비할 때에는 종전의 도시·군기본계획의 내용 중 수정이 필요한 부분만을 발췌하여 보완함으로써 계획의 연속성이 유지되도록 할 것

❹ 도시와 농어촌 및 산촌지역의 인구밀도, 토지 이용의 특성 및 주변환경 등을 종합적으로 고려하여 지역별로 계획의 상세정도를 다르게 하되, 기반시설의 배치계획, 토지용도 등은 도시와 농어촌 및 산촌지역이 서로 연계되도록 할 것

❺ 부문별 계획은 도시·군기본계획의 방향에 부합하고 도시·군기본계획의 목표를 달성할 수 있는 방안을 제시함으로써 도시·군기본계획의 통일성과 일관성을 유지하도록 할 것

❻ 도시지역 등에 위치한 개발가능 토지는 단계별로 시차를 두어 개발되도록 할 것

❼ 녹지축·생태계·산림·경관 등 양호한 자연환경과 우량농지, 보전목적의 용도지역, 국가유산 및 역사문화환경 등을 충분히 고려하여 수립하도록 할 것

❽ 경관에 관한 사항에 대하여는 필요한 경우에는 도시·군기본계획도서의 별책으로 작성할 수 있도록 할 것

❾ 「재난 및 안전관리 기본법」에 따른 시·도안전관리계획 및 같은 법에 따른 시·군·구안전관리계획과 「자연재해대책법」에 따른 시·군자연재해저감종합계획을 충분히 고려하여 수립하도록 할 것

02 도시·군기본계획의 수립·확정(승인)절차

🔷 도시·군기본계획의 수립 및 확정(승인)절차도

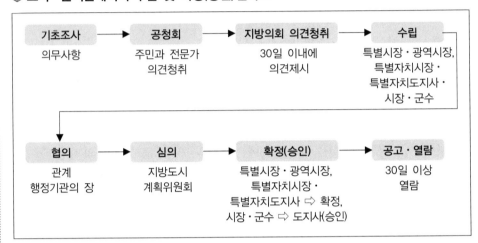

(1) 기초조사 및 공청회

❶ 도시·군기본계획을 수립하거나 변경하는 경우에는 광역도시계획의 수립을 위한 기초조사·공청회에 관한 규정을 준용한다.

> **핵심다지기**
>
> **공청회 개최의무**
> 특별시장·광역시장·특별자치시장·특별자치도지사·시장 또는 군수는 도시·군기본계획을 수립하거나 변경하는 경우에는 공청회를 생략할 수 없다.

❷ 시·도지사, 시장 또는 군수는 기초조사의 내용에 국토교통부장관이 정하는 바에 따라 실시하는 토지의 토양, 입지, 활용가능성 등 토지의 적성에 대한 평가(이하 '토지적성평가'라 한다)와 재해취약성에 관한 분석(이하 '재해취약성분석'이라 한다)을 포함하여야 한다.

❸ 도시·군기본계획 입안일부터 5년 이내에 토지적성평가를 실시한 경우 등 대통령령으로 정하는 다음의 경우에는 토지적성평가 또는 재해취약성분석을 하지 아니할 수 있다.

> **핵심다지기**
>
> **토지적성평가 또는 재해취약성분석을 생략할 수 있는 경우**
> **1. 토지적성평가를 생략할 수 있는 사유**
> ❶ 도시·군기본계획 입안일부터 5년 이내에 토지적성평가를 실시한 경우
> ❷ 다른 법률에 따른 지역·지구 등의 지정이나 개발계획 수립 등으로 인하여 도시·군기본계획의 변경이 필요한 경우

> **중요지문** 도시·군기본계획을 변경하는 경우에는 공청회를 개최하지 아니할 수 있다. (   )
>
> ▶ 정답 ✕
> 공청회는 생략할 수 없다.

> **중요지문** 도시·군기본계획 입안일부터 5년 이내에 토지적성평가를 실시한 경우에는 토지적성평가를 하지 아니할 수 있다. (   )
>
> ▶ 정답 ○

2. 재해취약성분석을 생략할 수 있는 사유
  ❶ 도시·군기본계획 입안일부터 5년 이내에 재해취약성분석을 실시한 경우
  ❷ 다른 법률에 따른 지역·지구 등의 지정이나 개발계획의 수립 등으로 인하여 도시·군기본계획의 변경이 필요한 경우

⑵ 지방의회의 의견청취

❶ 특별시장·광역시장·특별자치시장·특별자치도지사·시장 또는 군수는 도시·군기본계획을 수립하거나 변경하려면 미리 그 특별시·광역시·특별자치시·특별자치도·시 또는 군 의회의 의견을 들어야 한다.

❷ 특별시·광역시·특별자치시·특별자치도·시 또는 군의 의회는 특별한 사유가 없으면 30일 이내에 특별시장·광역시장·특별자치시장·특별자치도지사·시장 또는 군수에게 의견을 제시하여야 한다.

⑶ 도시·군기본계획의 확정과 승인

❶ 특별시·광역시·특별자치시·특별자치도의 도시·군기본계획의 확정(승인✕)
  ㉠ 특별시장·광역시장·특별자치시장 또는 특별자치도지사는 도시·군기본계획을 수립하거나 변경하려면 관계 행정기관의 장(국토교통부장관을 포함)과 협의한 후 지방도시계획위원회의 심의를 거쳐야 한다.
  ㉡ 협의요청을 받은 관계 행정기관의 장은 특별한 사유가 없으면 그 요청을 받은 날부터 30일 이내에 특별시장·광역시장·특별자치시장 또는 특별자치도지사에게 의견을 제시하여야 한다.
  ㉢ 특별시장·광역시장·특별자치시장 또는 특별자치도지사는 도시·군기본계획을 수립하거나 변경한 경우에는 관계 행정기관의 장에게 관계 서류를 송부하여야 하며, 그 계획을 공고하고 일반인이 30일 이상 열람할 수 있도록 하여야 한다.

❷ 시·군의 도시·군기본계획의 승인
  ㉠ 시장 또는 군수는 도시·군기본계획을 수립하거나 변경하려면 대통령령으로 정하는 바에 따라 도지사의 승인을 받아야 한다.
  ㉡ 도지사는 도시·군기본계획을 승인하려면 관계 행정기관의 장과 협의한 후 지방도시계획위원회의 심의를 거쳐야 한다.
  ㉢ 협의요청을 받은 관계 행정기관의 장은 특별한 사유가 없으면 그 요청을 받은 날부터 30일 이내에 도지사에게 의견을 제시하여야 한다.

[중요지문] 특별시장·광역시장·특별자치시장 또는 특별자치도지사는 도시·군기본계획을 변경하려면 관계 행정기관의 장(국토교통부장관을 포함)과 협의한 후 지방도시계획위원회의 심의를 거쳐야 한다. ( )

▶정답 ○

[중요지문] 시장 또는 군수는 도시·군기본계획을 변경하려면 도지사와 협의한 후 지방도시계획위원회의 심의를 거쳐야 한다. ( )

▶정답 ✕
시장 또는 군수는 도시·군기본계획을 수립하거나 변경하려면 도지사의 승인을 받아야 한다. 도지사는 도시·군기본계획을 승인하려면 관계 행정기관의 장과 협의한 후 지방도시계획위원회의 심의를 거쳐야 한다.

ㄹ 도지사는 도시·군기본계획을 승인하면 관계 행정기관의 장과 시장 또는 군수에게 관계 서류를 송부하여야 하며, 관계 서류를 받은 시장 또는 군수는 그 계획을 공고하고 일반인이 30일 이상 열람할 수 있도록 하여야 한다.

제2절 도시·군기본계획의 정비

01 타당성검토

특별시장·광역시장·특별자치시장·특별자치도지사·시장 또는 군수는 5년마다 관할 구역의 도시·군기본계획에 대하여 그 타당성을 전반적으로 재검토하여 정비하여야 한다.

02 상위계획과의 관계

특별시장·광역시장·특별자치시장·특별자치도지사·시장 또는 군수는 도시·군기본계획의 내용에 우선하는 광역도시계획의 내용 및 도시·군기본계획에 우선하는 국가계획의 내용을 도시·군기본계획에 반영하여야 한다.

도시 · 군관리계획

도시 · 군관리계획의 입안 *제36회

01 도시 · 군관리계획의 입안권자

(1) **원칙**: 특별시장 · 광역시장 · 특별자치시장 · 특별자치도지사 · 시장 또는 군수

❶ **단독입안**: 특별시장 · 광역시장 · 특별자치시장 · 특별자치도지사 · 시장 또는 군수는 관할 구역에 대하여 도시 · 군관리계획을 입안하여야 한다(예외 ×).

❷ **연계입안**: 특별시장 · 광역시장 · 특별자치시장 · 특별자치도지사 · 시장 또는 군수는 다음의 어느 하나에 해당하면 인접한 특별시 · 광역시 · 특별자치시 · 특별자치도 · 시 또는 군의 관할 구역 전부 또는 일부를 포함하여 도시 · 군관리계획을 입안할 수 있다.

> ㉠ 지역 여건상 필요하다고 인정하여 미리 인접한 특별시장 · 광역시장 · 특별자치시장 · 특별자치도지사 · 시장 또는 군수와 협의한 경우
> ㉡ 인접한 특별시 · 광역시 · 특별자치시 · 특별자치도 · 시 또는 군의 관할 구역을 포함하여 도시 · 군기본계획을 수립한 경우

(2) **예외**

❶ **국토교통부장관**: 국토교통부장관(수산자원보호구역의 경우 해양수산부장관)은 다음의 어느 하나에 해당하는 경우에는 직접 또는 관계 중앙행정기관의 장의 요청에 의하여 도시 · 군관리계획을 입안할 수 있다.

> ㉠ 국가계획과 관련된 경우
> ㉡ 둘 이상의 시 · 도에 걸쳐 지정되는 용도지역 · 용도지구 또는 용도구역과 둘 이상의 시 · 도에 걸쳐 이루어지는 사업의 계획 중 도시 · 군관리계획으로 결정하여야 할 사항이 있는 경우
> ㉢ 특별시장 · 광역시장 · 특별자치시장 · 특별자치도지사 · 시장 또는 군수가 조정기한까지 국토교통부장관의 도시 · 군관리계획 조정요구에 따라 도시 · 군관리계획을 정비하지 아니하는 경우

※보충 **공동입안**
인접한 특별시 · 광역시 · 특별자치시 · 특별자치도 · 시 또는 군의 관할 구역에 대한 도시 · 군관리계획은 관계 특별시장 · 광역시장 · 특별자치시장 · 특별자치도지사 · 시장 또는 군수가 협의하여 공동으로 입안하거나 입안할 자를 정한다.

❷ 도지사 : 도지사는 다음의 어느 하나에 해당하는 경우에는 직접 또는 시장이나 군수의 요청에 의하여 도시·군관리계획을 입안할 수 있다.

> ㉠ 둘 이상의 시·군에 걸쳐 지정되는 용도지역·용도지구 또는 용도구역과 둘 이상의 시·군에 걸쳐 이루어지는 사업의 계획 중 도시·군관리계획으로 결정하여야 할 사항이 포함되어 있는 경우
> ㉡ 도지사가 직접 수립하는 사업의 계획으로서 도시·군관리계획으로 결정하여야 할 사항이 포함되어 있는 경우

02 도시·군관리계획 입안의 기준

(1) 상위계획과의 관계

도시·군관리계획은 광역도시계획과 도시·군기본계획(생활권계획을 포함한다)에 부합되어야 한다.

(2) 수립기준

도시·군관리계획의 수립기준, 도시·군관리계획도서 및 계획설명서의 작성기준·작성방법 등은 대통령령으로 정하는 바에 따라 국토교통부장관이 정한다.

03 도시·군관리계획 입안의 제안

(1) 제안대상

주민(이해관계자를 포함)은 다음의 사항에 대하여 도시·군관리계획을 입안할 수 있는 자에게 도시·군관리계획의 입안을 제안할 수 있다. 이 경우 제안서에는 도시·군관리계획도서와 계획설명서를 첨부하여야 한다.

> ❶ 기반시설의 설치·정비 또는 개량에 관한 사항
> ❷ 지구단위계획구역의 지정 및 변경과 지구단위계획의 수립 및 변경에 관한 사항
> ❸ 산업·유통개발진흥지구의 지정 및 변경에 관한 사항
> ❹ 용도지구 중 해당 용도지구에 따른 건축물이나 그 밖의 시설의 용도·종류 및 규모 등의 제한을 지구단위계획으로 대체하기 위한 용도지구의 지정 및 변경에 관한 사항
> ❺ 도시·군계획시설입체복합구역의 지정 및 변경과 도시·군계획시설입체복합구역의 건축제한·건폐율·용적률·높이 등에 관한 사항

정리 **차등적 입안**
도시·군관리계획은 계획의 상세 정도, 도시·군관리계획으로 결정하여야 하는 기반시설의 종류 등에 대하여 도시 및 농·산어촌 지역의 인구밀도, 토지 이용의 특성 및 주변상황 등을 고려하여 차등을 두어 입안하여야 한다.

중요지문 산업·유통개발진흥지구의 지정 및 변경에 관한 사항은 입안제안의 대상에 해당하지 않는다. ( )

▶ 정답 ✕
산업·유통개발진흥지구의 지정 및 변경에 관한 사항은 입안제안의 대상에 해당한다.

합격까지 박문각

(2) 토지소유자의 동의

도시·군관리계획의 입안을 제안하려는 자는 다음의 구분에 따라 토지소유자의
동의를 받아야 한다. 이 경우 동의대상 토지면적에서 국·공유지는 제외한다.

❶ 기반시설의 설치·정비 또는 개량에 관한 사항 : 토지면적의 5분의 4 이상
❷ 지구단위계획구역의 지정 및 변경과 지구단위계획의 수립 및 변경에 관한
  사항 : 토지면적의 3분의 2 이상
❸ 산업·유통개발진흥지구의 지정 및 변경에 관한 사항 : 토지면적의 3분의 2
  이상
❹ 용도지구에 따른 건축물이나 그 밖의 시설의 용도·종류 및 규모 등의 제한을
  지구단위계획으로 대체하기 위한 용도지구의 지정 및 변경에 관한 사항 :
  토지면적의 3분의 2 이상
❺ 도시·군계획시설입체복합구역의 지정 및 변경과 도시·군계획시설입체복
  합구역의 건축제한·건폐율·용적률·높이 등에 관한 사항 : 토지면적의 5
  분의 4 이상

(3) 개발진흥지구의 지정요건

산업·유통개발진흥지구의 지정을 제안할 수 있는 대상지역은 다음의 요건을
모두 갖춘 지역으로 한다.

❶ 대상지역의 면적은 1만m² 이상 3만m² 미만일 것
❷ 대상지역이 자연녹지지역·계획관리지역 또는 생산관리지역일 것
❸ 대상지역의 전체 면적에서 계획관리지역의 면적이 차지하는 비율이 100분
  의 50 이상일 것

(4) 결과통보

도시·군관리계획 입안의 제안을 받은 국토교통부장관, 시·도지사, 시장 또
는 군수는 제안일부터 45일 이내에 도시·군관리계획 입안에의 반영 여부를
제안자에게 통보하여야 한다. 다만, 부득이한 사정이 있는 경우에는 1회에 한
하여 30일을 연장할 수 있다.

(5) 비용부담

도시·군관리계획의 입안을 제안받은 자는 제안자와 협의하여 제안된 도시·
군관리계획의 입안 및 결정에 필요한 비용의 전부 또는 일부를 제안자에게 부
담시킬 수 있다.

[중요지문] 도시·군관리계획의
입안을 제안하려는 자가 토지소유
자의 동의를 받아야 하는 경우 국·
공유지는 동의대상 토지면적에서
제외된다.   ( )

▶정답 ○

[※보충] 입안에의 활용
국토교통부장관, 시·도지사, 시장
또는 군수는 제안을 도시·군관리
계획입안에 반영하는 경우에는 제
안서에 첨부된 도시·군관리계획
도서와 계획설명서를 도시·군관
리계획의 입안에 활용할 수 있다.

[중요지문] 도시·군관리계획의
입안을 제안받은 자는 제안된 도시
·군관리계획의 입안 및 결정에 필
요한 비용의 전부 또는 일부를 부
담시킬 수 있다.   ( )

▶정답 ○

Chapter 04 도시·군관리계획 **27**

04 도시·군관리계획의 입안절차

◈ 도시·군관리계획의 입안 및 결정절차

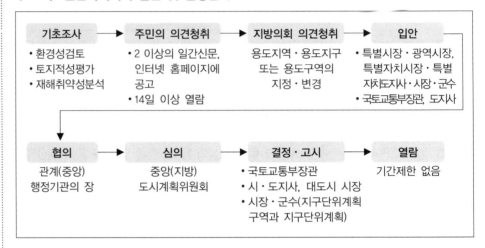

(1) **기초조사**

❶ **기초조사의 의무**: 도시·군관리계획을 입안하는 경우에는 광역도시계획 수립을 위한 기초조사에 관한 규정을 준용한다. 다만, 경미한 사항을 입안하는 경우에는 그러하지 아니하다.

❷ **환경성검토**: 국토교통부장관, 시·도지사, 시장 또는 군수는 기초조사의 내용에 도시·군관리계획이 환경에 미치는 영향 등에 대한 환경성검토를 포함하여야 한다.

❸ **토지적성평가와 재해취약성분석**: 국토교통부장관, 시·도지사, 시장 또는 군수는 기초조사의 내용에 토지적성평가와 재해취약성분석을 포함하여야 한다.

❹ **기초조사 등의 생략**: 도시·군관리계획으로 입안하려는 지역이 도심지에 위치하거나 개발이 끝나 나대지가 없는 등 다음의 요건에 해당하면 기초조사, 환경성검토, 토지적성평가 또는 재해취약성분석을 하지 아니할 수 있다.

핵심다지기

기초조사 등의 생략 가능 사유

1. **환경성검토, 토지적성평가, 재해취약성분석을 생략할 수 있는 사유**

   ❶ 해당 지구단위계획구역이 도심지(상업지역과 상업지역에 연접한 지역을 말한다)에 위치하는 경우

   ❷ 해당 지구단위계획구역 안의 나대지 면적이 구역 면적의 2%에 미달하는 경우

   ❸ 해당 지구단위계획구역 또는 도시·군계획시설부지가 다른 법률에 따라 지역·지구 등으로 지정되거나 개발계획이 수립된 경우

   ❹ 해당 지구단위계획구역의 지정목적이 해당 구역을 정비 또는 관리하고자 하는 경우로서 지구단위계획의 내용에 너비 12m 이상 도로의 설치계획이 없는 경우

   ❺ 기존의 용도지구를 폐지하고 지구단위계획을 수립 또는 변경하여 그 용도지구에 따른 건축물이나 그 밖의 시설의 용도·종류 및 규모 등의 제한을 그대로 대체하려는 경우

   ❻ 해당 도시·군계획시설의 결정을 해제하려는 경우

2. **환경성검토를 생략할 수 있는 사유**

   ❶ 위 1.의 ❶부터 ❻까지의 어느 하나에 해당하는 경우

   ❷ 「환경영향평가법」에 따른 전략환경영향평가대상인 도시·군관리계획을 입안하는 경우

3. **토지적성평가를 생략할 수 있는 사유**

   ❶ 위 1.의 ❶부터 ❻까지의 어느 하나에 해당하는 경우

   ❷ 도시·군관리계획 입안일부터 5년 이내에 토지적성평가를 실시한 경우

   ❸ 주거지역·상업지역 또는 공업지역에 도시·군관리계획을 입안하는 경우

   ❹ 법 또는 다른 법령에 따라 조성된 지역에 도시·군관리계획을 입안하는 경우

   ❺ 개발제한구역 안에 기반시설을 설치하는 경우

   ❻ 「도시개발법」에 따른 도시개발사업의 경우

   ❼ 지구단위계획구역 또는 도시·군계획시설부지에서 도시·군관리계획을 입안하는 경우

4. **재해취약성분석을 생략할 수 있는 사유**

   ❶ 위 1.의 ❶부터 ❻까지의 어느 하나에 해당하는 경우

   ❷ 도시·군관리계획 입안일부터 5년 이내에 재해취약성분석을 실시한 경우

중요지문 도시·군관리계획을 입안할 때 해당 지구단위계획구역 안의 나대지 면적이 구역 면적의 2%에 미달하는 경우에는 환경성검토와 토지적성평가를 실시하여야 한다.   (   )

▶정답 ✕
도시·군관리계획을 입안할 때 해당 지구단위계획구역 안의 나대지 면적이 구역 면적의 2%에 미달하는 경우에는 환경성검토와 토지적성평가를 실시하지 아니할 수 있다.

(2) 주민 및 지방의회의 의견청취

❶ **주민의 의견청취** : 국토교통부장관, 시·도지사, 시장 또는 군수는 도시·군관리계획을 입안할 때에는 주민의 의견을 들어야 하며, 그 의견이 타당하다고 인정되면 도시·군관리계획안에 반영하여야 한다. 다만, 국방상 또는 국가안전보장상 기밀을 지켜야 할 필요가 있는 사항(관계 중앙행정기관의 장이 요청하는 것만 해당)이거나 경미한 사항(도시지역 축소에 따른 용도지역·용도지구·용도구역 또는 지구단위계획구역의 변경)인 경우에는 그러하지 아니하다.

> ㉠ 공고 및 열람 : 특별시장·광역시장·특별자치시장·특별자치도지사·시장 또는 군수는 도시·군관리계획의 입안에 관하여 주민의 의견을 청취하고자 하는 때에는 도시·군관리계획안의 주요내용을 전국 또는 해당 특별시·광역시·특별자치시·특별자치도·시 또는 군의 지역을 주된 보급지역으로 하는 2 이상의 일간신문과 해당 특별시·광역시·특별자치시·특별자치도·시 또는 군의 인터넷 홈페이지 등의 매체와 국토교통부장관이 구축·운영하는 국토이용정보체계에 공고하고 도시·군관리계획안을 14일 이상 일반이 열람할 수 있도록 하여야 한다.
> ㉡ 의견제출 : 공고된 도시·군관리계획안의 내용에 대하여 의견이 있는 자는 열람기간 내에 특별시장·광역시장·특별자치시장·특별자치도지사·시장 또는 군수에게 의견서를 제출할 수 있다.
> ㉢ 결과통보 : 국토교통부장관, 시·도지사, 시장 또는 군수는 제출된 의견을 도시·군관리계획안에 반영할 것인지 여부를 검토하여 그 결과를 열람기간이 종료된 날부터 60일 이내에 해당 의견을 제출한 자에게 통보하여야 한다.

❷ **지방의회의 의견청취** : 국토교통부장관, 시·도지사, 시장 또는 군수는 도시·군관리계획을 입안하려면 용도지역·용도지구 또는 용도구역의 지정 또는 변경지정 등에 대하여 해당 지방의회의 의견을 들어야 한다. 다만, 도시지역의 축소에 따른 용도지역·용도지구·용도구역 또는 지구단위계획구역의 변경은 지방의회의 의견청취절차를 생략할 수 있다.

05 입안의 특례(동시입안)

국토교통부장관, 시·도지사, 시장 또는 군수는 도시·군관리계획을 조속히 입안해야 할 필요가 있다고 인정되면 광역도시계획이나 도시·군기본계획을 수립할 때 도시·군관리계획을 함께 입안할 수 있다.

※보충 **주민 의견청취의 생략**
국방상·국가안전보장상 기밀을 지켜야 할 필요가 있는 사항(관계 중앙행정기관의 장이 요청하는 것만 해당)이거나 대통령령으로 정하는 경미한 사항(도시지역의 축소에 따른 용도지역·용도지구·용도구역 또는 지구단위계획구역의 변경인 경우)인 경우에는 주민의 의견청취를 생략할 수 있다.

◆중요지문 도시지역의 축소에 따른 용도지역의 변경을 도시·군관리계획으로 입안하는 경우에는 주민 및 지방의회의 의견청취절차를 생략할 수 있다.　( )

▶정답 ○

제2절 도시 · 군관리계획의 결정 ★제36회

01 도시 · 군관리계획의 결정

(1) 도시 · 군관리계획의 결정권자

❶ **원칙**: 시 · 도지사 또는 대도시 시장

도시 · 군관리계획은 시 · 도지사가 직접 또는 시장 · 군수의 신청에 따라 결정한다. 다만, 「지방자치법」에 따른 서울특별시와 광역시 및 특별자치시를 제외한 인구 50만 이상의 대도시(이하 '대도시'라 한다)의 경우에는 해당 대도시 시장이 직접 결정하고, 시장 또는 군수가 입안한 지구단위계획구역의 지정 · 변경과 지구단위계획의 수립 · 변경에 관한 도시 · 군관리계획은 해당 시장 또는 군수가 직접 결정한다.

❷ **예외**: 다음의 도시 · 군관리계획은 **국토교통부장관(ⓔ의 경우에는 해양수산부장관)이 결정한다.**

> ⊙ 국토교통부장관이 입안한 도시 · 군관리계획
> ⊙ 개발제한구역의 지정 및 변경에 관한 도시 · 군관리계획
> ⓒ 국가계획과 연계하여 지정할 필요가 있는 경우에 따른 시가화조정구역의 지정 및 변경에 관한 도시 · 군관리계획
> ⓔ 수산자원보호구역의 지정 및 변경에 관한 도시 · 군관리계획

(2) 결정절차

❶ **협의**: 시 · 도지사는 도시 · 군관리계획을 결정하려면 관계 행정기관의 장과 미리 협의하여야 하며, 국토교통부장관(수산자원보호구역의 경우 해양수산부장관)이 도시 · 군관리계획을 결정하려면 관계 중앙행정기관의 장과 미리 협의하여야 한다. 이 경우 협의요청을 받은 기관의 장은 특별한 사유가 없으면 그 요청을 받은 날부터 30일 이내에 의견을 제시하여야 한다.

❷ **심의**: 시 · 도지사가 **지구단위계획**(지구단위계획과 지구단위계획구역을 동시에 결정할 때에는 지구단위계획구역의 지정 또는 변경에 관한 사항을 포함할 수 있다)이나 지구단위계획으로 대체하는 용도지구 폐지에 관한 사항을 결정하려면 「건축법」에 따라 시 · 도에 두는 건축위원회와 도시계획위원회가 공동으로 하는 심의를 거쳐야 한다.

▶**중요지문** 시장 또는 군수가 입안한 지구단위계획구역의 지정 · 변경에 관한 도시 · 군관리계획은 시장 또는 군수가 직접 결정한다.
( )

▶정답 ○

▶**중요지문** 국가계획과 연계하여 시가화조정구역의 지정이 필요한 경우 국토교통부장관이 직접 그 지정을 도시 · 군관리계획으로 결정할 수 있다. ( )

▶정답 ○

※**보충** **국토교통부장관과 협의**
시 · 도지사는 국가계획과 관련되어 국토교통부장관이 입안하여 결정한 도시 · 군관리계획을 변경하려면 미리 국토교통부장관과 협의하여야 한다.

❸ **협의와 심의절차의 생략**: 국토교통부장관이나 시·도지사는 국방상 또는 국가안전보장상 기밀을 지켜야 할 필요가 있다고 인정되면(관계 **중앙행정기관의 장이 요청할 때만 해당**) 그 도시·군관리계획의 전부 또는 일부에 대하여 협의와 심의절차를 생략할 수 있다.

❹ **고시 및 열람**: 국토교통부장관이나 시·도지사는 도시·군관리계획을 결정하면 그 결정을 고시하고, 국토교통부장관이나 도지사는 관계 서류를 관계 특별시장·광역시장·특별자치시장·특별자치도지사·시장 또는 군수에게 송부하여 일반이 열람할 수 있도록 하여야 하며, 특별시장·광역시장·특별자치시장·특별자치도지사는 관계 서류를 일반이 열람할 수 있도록 하여야 한다.

02 도시·군관리계획결정의 효력

(1) 효력발생시기

도시·군관리계획결정의 효력은 지형도면을 <u>고시한</u> 날부터 발생한다.
└→ 다음 날(x)

(2) 기득권 보호

시가화조정구역이나 수산자원보호구역의 지정에 관한 도시·군관리계획 결정이 있는 경우에는 도시·군관리계획결정의 고시일부터 3월 이내에 그 사업 또는 공사의 내용을 관할 특별시장·광역시장·특별자치시장·특별자치도지사·시장 또는 군수에게 신고하고 그 사업이나 공사를 계속할 수 있다.

⇨ 착수＋3월 이내 신고

(3) 지형도면의 작성 및 고시

❶ **지형도면의 작성**(입안권자)

> ㉠ 특별시장·광역시장·특별자치시장·특별자치도지사·시장 또는 군수는 도시·군관리계획결정이 고시되면 지적이 표시된 지형도에 도시·군관리계획에 관한 사항을 자세히 밝힌 도면을 작성하여야 한다.
> ㉡ 시장(대도시 시장은 제외)이나 군수는 지형도에 도시·군관리계획(지구단위계획구역의 지정·변경과 지구단위계획의 수립·변경에 관한 도시·군관리계획은 제외)에 관한 사항을 자세히 밝힌 도면(이하 '지형도면'이라 한다)을 작성하면 도지사의 승인을 받아야 한다. 이 경우 지형도면의 승인신청을 받은 도지사는 그 지형도면과 결정·고시된 도시·군관리계획을 대조하여 착오가 없다고 인정되면 30일 이내에 그 지형도면을 승인하여야 한다.

ⓒ 국토교통부장관(수산자원보호구역의 경우 해양수산부장관)이나 도지사
는 도시·군관리계획을 직접 입안한 경우에는 관계 특별시장·광역시장
·특별자치시장·특별자치도지사·시장 또는 군수의 의견을 들어 직접
지형도면을 작성할 수 있다.

❷ **지형도면의 고시**: 국토교통부장관, 시·도지사, 시장 또는 군수는 직접 지
형도면을 작성하거나 지형도면을 승인한 경우에는 이를 고시하여야 한다.

(4) **타당성검토**

특별시장·광역시장·특별자치시장·특별자치도지사·시장 또는 군수는 5년
마다 관할 구역의 도시·군관리계획에 대하여 그 타당성을 전반적으로 재검
토하여 정비하여야 한다.

제3절 **공간재구조화계획** ★제36회

01 **공간재구조화계획의 입안권자**

(1) **특별시장·광역시장·특별자치시장·특별자치도지사·시장 또는 군수**

❶ 특별시장·광역시장·특별자치시장·특별자치도지사·시장 또는 군수는
다음 각 호의 용도구역을 지정하고 해당 용도구역에 대한 계획을 수립하기
위하여 공간재구조화계획을 입안하여야 한다.

ⓐ 도시혁신구역 및 도시혁신계획
ⓑ 복합용도구역 및 복합용도계획
ⓒ 도시·군계획시설입체복합구역(제1호 또는 제2호와 함께 구역을 지정하
거나 계획을 입안하는 경우로 한정한다)

❷ 공간재구조화계획의 입안과 관련하여 도시·군관리계획의 규정을 준용한
다. 이 경우 "도시·군관리계획"은 "공간재구조화계획"으로 본다.

❸ **국토교통부장관**은 도시의 경쟁력 향상, 특화발전 및 지역 균형발전 등을 위
하여 필요한 때에는 관할 특별시장·광역시장·특별자치시장·특별자치도
지사·시장 또는 군수의 요청에 따라 공간재구조화계획을 입안할 수 있다.

❹ 공간재구조화계획을 입안하려는 국토교통부장관, 시·도지사, 시장 또는 군수(이하 "공간재구조화계획 입안권자"라 한다)는 공간재구조화계획도서(계획도와 계획조서를 말한다) 및 이를 보조하는 계획설명서(기초조사결과·재원조달방안 및 경관계획을 포함한다)를 작성하여야 한다.

❺ 공간재구조화계획의 입안범위와 기준, 공간재구조화계획도서 및 계획설명서의 작성기준·작성방법 등은 국토교통부장관이 정한다.

02 공간재구조화계획의 입안제안

(1) 제안대상

주민(이해관계자를 포함)은 다음의 용도구역 지정을 위하여 공간재구조화계획 입안권자에게 공간재구조화계획의 입안을 제안할 수 있다. 이 경우 제안서에는 공간재구조화계획도서와 계획설명서를 첨부하여야 한다.

> ❶ 도시혁신구역 : 토지면적(국유지 및 공유지는 제외)의 3분의 2 이상 동의
> ❷ 복합용도구역 : 토지면적(국유지 및 공유지는 제외)의 3분의 2 이상 동의
> ❸ 도시·군계획시설입체복합구역(제1호 또는 제2호와 함께 구역을 지정하거나 계획을 입안하는 경우로 한정한다) : 토지면적(국유지 및 공유지는 제외)의 5분의 4 이상 동의

(2) 제안내용의 공고

공간재구조화계획의 입안을 제안받은 공간재구조화계획 입안권자는 「국유재산법」·「공유재산 및 물품 관리법」에 따른 국유재산·공유재산이 공간재구조화계획으로 지정된 용도구역 내에 포함된 경우 등 대통령령으로 정하는 경우에는 제안자 외의 제3자에 의한 제안이 가능하도록 제안 내용의 개요를 공고하여야 한다.

(3) 입안에의 반영 및 통보

❶ 반영 : 공간재구조화계획 입안권자는 최초 제안자의 제안서 및 제3자 제안서에 대하여 토지이용계획의 적절성 등 대통령령으로 정하는 바에 따라 검토·평가한 후 제출한 제안서 내용의 전부 또는 일부를 공간재구조화계획의 입안에 반영할 수 있다.

❷ 통보 : 공간재구조화계획 입안권자가 제안서 내용의 채택 여부 등을 결정한 경우에는 그 결과를 제안자와 제3자에게 알려야 한다.

▶ 중요지문 ◀ 주민은 복합용도구역의 지정을 위하여 공간재구조화계획의 입안을 제안하려면 대상 토지면적(국유지 포함)의 3분의 2 이상의 토지소유자의 동의를 받아야 한다.
( )

▶ 정답 ✕
주민이 복합용도구역의 입안을 제안하는 경우 동의대상 토지면적에서 국유지 및 공유지는 제외한다.

(4) 비용부담

공간재구조화계획 입안권자는 제안자 또는 제3자와 협의하여 제안된 공간재구조화계획의 입안 및 결정에 필요한 비용의 전부 또는 일부를 제안자에게 부담시킬 수 있다.

03 공간재구조화계획의 내용

공간재구조화계획에는 다음의 사항을 포함하여야 한다.

1. 도시혁신구역 지정 위치 및 도시혁신계획 등에 관한 사항
2. 복합용도구역 지정 위치 및 복합용도계획 등에 관한 사항
3. 도시·군계획시설입체복합구역(제1호 또는 제2호와 함께 구역을 지정하거나 계획을 입안하는 경우로 한정한다)의 지정 위치
4. 용도구역을 지정함에 따라 인근 지역의 주거·교통·기반시설 등에 미치는 영향 등 대통령령으로 정하는 사항

04 공간재구조화계획의 결정

(1) 결정권자

공간재구조화계획은 시·도지사가 직접 또는 시장·군수의 신청에 따라 결정한다. 다만, 국토교통부장관이 입안한 공간재구조화계획은 국토교통부장관이 결정한다.

(2) 결정절차

❶ 협의 및 심의: 국토교통부장관 또는 시·도지사가 공간재구조화계획을 결정하려면 미리 관계 행정기관의 장(국토교통부장관을 포함한다)과 협의하고 다음에 따라 중앙도시계획위원회 또는 지방도시계획위원회의 심의를 거쳐야 한다. 이 경우 협의 요청을 받은 기관의 장은 특별한 사유가 없으면 그 요청을 받은 날부터 30일(도시혁신구역 지정을 위한 공간재구조화계획 결정의 경우에는 근무일 기준으로 10일) 이내에 의견을 제시하여야 한다.

◈ 다음의 어느 하나에 해당하는 사항은 중앙도시계획위원회의 심의를 거친다.
㉠ 국토교통부장관이 결정하는 공간재구조화계획

※보충 공간재구조화계획 절차
❶ 공간재구조화계획의 입안을 위한 기초조사, 주민과 지방의회의 의견 청취 등에 관하여는 도시·군관리계획에 관한 규정을 준용한다.
❷ 기초조사, 환경성 검토, 토지적성평가 또는 재해취약성분석은 공간재구조화계획 입안일부터 5년 이내 기초조사를 실시한 경우 등 대통령령으로 정하는 바에 따라 생략할 수 있다.

중요지문 시·도지사가 결정하는 공간재구조화계획 중 복합용도구역 지정 및 입지 타당성 등에 관한 사항은 중앙도시계획위원회의 심의를 거친다. ( )

▶정답 ○

ⓛ 시·도지사가 결정하는 공간재구조화계획 중 도시혁신구역, 복합용도구역, 도시·군계획시설입체복합구역(도시혁신구역 또는 복합용도구역과 함께 구역을 지정하거나 계획을 입안하는 경우로 한정한다) 지정 및 입지 타당성 등에 관한 사항

❷ **고시 및 열람**: 국토교통부장관 또는 시·도지사는 공간재구조화계획을 결정하면 대통령령으로 정하는 바에 따라 그 결정을 고시하고, 국토교통부장관이나 도지사는 관계 서류를 관계 특별시장·광역시장·특별자치시장·특별자치도지사·시장 또는 군수에게 송부하여 일반이 열람할 수 있도록 하여야 하며, 특별시장·광역시장·특별자치시장·특별자치도지사는 관계 서류를 일반이 열람할 수 있도록 하여야 한다.

05 공간재구조화계획결정의 효력

(1) 효력발생시기

공간재구조화계획결정의 효력은 지형도면을 고시한 날부터 발생한다. 다만, 지형도면이 필요 없는 경우에는 공간재구조화계획 결정을 고시한 날부터 효력이 발생한다.

(2) 기득권 보호

공간재구조화계획결정을 고시를 할 당시에 이미 사업이나 공사에 착수한 자(이 법 또는 다른 법률에 따라 허가·인가·승인 등을 받아야 하는 경우에는 그 허가·인가·승인 등을 받아 사업이나 공사에 착수한 자를 말한다)는 그 공간재구조화계획 결정과 관계없이 그 사업이나 공사를 계속할 수 있다.

(3) 관리 및 준용규정

❶ 위 (1)에 따라 고시된 공간재구조화계획의 내용은 도시·군계획으로 관리하여야 한다.

❷ 지형도면 고시 등에 관하여는 도시·군관리계획의 규정을 준용한다.

(4) 의제

위 (1)에 따라 고시를 한 경우에 해당 구역 지정 및 계획 수립에 필요한 내용에 대해서는 고시한 내용에 따라 도시·군기본계획의 수립·변경(인구의 배분에 관한 계획은 전체 인구 규모의 5% 미만의 범위에서 변경하는 경우로 한정)과 도시·군관리계획의 결정(변경결정을 포함한다) 고시를 한 것으로 본다.

05 용도지역

제1절 용도지역의 종류와 지정절차

01 용도지역의 종류

(1) 용도지역의 종류

❶ **도시지역**: 인구와 산업이 밀집되어 있거나 밀집이 예상되어 그 지역에 대하여 체계적인 개발·정비·관리·보전 등이 필요한 지역

주거지역	거주의 안녕과 건전한 생활환경의 보호를 위하여 필요한 지역
상업지역	상업이나 그 밖의 업무의 편익을 증진하기 위하여 필요한 지역
공업지역	공업의 편익을 증진하기 위하여 필요한 지역
녹지지역	자연환경·농지 및 산림의 보호, 보건위생, 보안과 도시의 무질서한 확산을 방지하기 위하여 녹지의 보전이 필요한 지역

❷ **관리지역**: 도시지역의 인구와 산업을 수용하기 위하여 도시지역에 준하여 체계적으로 관리하거나 농림업의 진흥, 자연환경 또는 산림의 보전을 위하여 농림지역 또는 자연환경보전지역에 준하여 관리할 필요가 있는 지역

보전관리지역	자연환경 보호, 산림 보호, 수질오염 방지, 녹지공간 확보 및 생태계 보전 등을 위하여 보전이 필요하나, 주변 용도지역과의 관계 등을 고려할 때 자연환경보전지역으로 지정하여 관리하기가 곤란한 지역
생산관리지역	농업·임업·어업생산 등을 위하여 관리가 필요하나, 주변의 용도지역과의 관계 등을 고려할 때 농림지역으로 지정하여 관리하기가 곤란한 지역
계획관리지역	도시지역으로의 편입이 예상되는 지역이나 자연환경을 고려하여 제한적인 이용·개발을 하려는 지역으로서 계획적·체계적인 관리가 필요한 지역

❸ **농림지역**: 도시지역에 속하지 아니하는 「농지법」에 따른 농업진흥지역 또는 「산지관리법」에 따른 보전산지 등으로서 농림업을 진흥시키고 산림을 보전하기 위하여 필요한 지역

❹ **자연환경보전지역**: 자연환경·수자원·해안·생태계·상수원 및 국가유산의 보전과 수산자원의 보호·육성 등을 위하여 필요한 지역

※보충 조례에 의한 추가세분
시·도지사 또는 대도시 시장은 해당 시·도 또는 대도시의 도시·군계획조례로 정하는 바에 따라 도시·군관리계획결정으로 세분된 주거지역·상업지역·공업지역·녹지지역을 추가적으로 세분하여 지정할 수 있다.

중요지문 국토환경보전을 위하여 필요한 경우 보전관리지역은 자연환경보전지역과 중복하여 지정할 수 있다. ( )

▶정답 ×
용도지역은 중복하여 지정할 수 없다.

(2) 용도지역의 세분

법률	대통령령		구체적 내용
주거지역	전용주거지역	제1종 전용주거지역	단독주택 중심의 양호한 주거환경을 보호하기 위하여 필요한 지역
		제2종 전용주거지역	공동주택 중심의 양호한 주거환경을 보호하기 위하여 필요한 지역
	일반주거지역	제1종 일반주거지역	저층주택[4층 이하(단지형 연립주택 및 단지형 다세대주택인 경우에는 5층 이하)]을 중심으로 편리한 주거환경을 조성하기 위하여 필요한 지역
		제2종 일반주거지역	중층주택을 중심으로 편리한 주거환경을 조성하기 위하여 필요한 지역
		제3종 일반주거지역	중·고층주택을 중심으로 편리한 주거환경을 조성하기 위하여 필요한 지역
	준주거지역		주거기능을 위주로 이를 지원하는 일부 상업기능·업무기능을 보완하기 위하여 필요한 지역
상업지역	중심상업지역		도심·부도심의 상업기능 및 업무기능의 확충을 위하여 필요한 지역
	일반상업지역		일반적인 상업·업무기능을 담당하게 하기 위하여 필요한 지역
	유통상업지역		도시 내 및 지역 간 유통기능의 증진을 위하여 필요한 지역
	근린상업지역		근린지역에서의 일용품 및 서비스의 공급을 위하여 필요한 지역
공업지역	전용공업지역		주로 중화학공업·공해성 공업 등을 수용하기 위하여 필요한 지역
	일반공업지역		환경을 저해하지 아니하는 공업의 배치를 위하여 필요한 지역
	준공업지역		경공업 그 밖의 공업을 수용하되, 주거기능·상업기능 및 업무기능의 보완이 필요한 지역
녹지지역	보전녹지지역		도시의 자연환경·경관·산림·녹지공간을 보전할 필요가 있는 지역
	생산녹지지역		주로 농업적 생산을 위하여 개발을 유보할 필요가 있는 지역
	자연녹지지역		도시의 녹지공간의 확보, 도시확산의 방지, 장래 도시용지의 공급 등을 위하여 보전할 필요가 있는 지역으로 불가피한 경우에 한하여 제한적인 개발이 허용되는 지역

02 용도지역의 지정절차

(1) 원칙

국토교통부장관, 시·도지사 또는 대도시 시장은 용도지역의 지정 또는 변경을 도시·군관리계획으로 결정한다.

(2) 예외(용도지역 지정절차상의 특례)

❶ 용도지역의 지정 의제

㉠ 공유수면(바다만 해당)의 매립 목적이 그 매립구역과 이웃하고 있는 용도지역의 내용과 같으면 도시·군관리계획의 입안 및 결정절차 없이 그 매립준공구역은 그 매립의 준공인가일부터 이와 이웃하고 있는 용도지역으로 지정된 것으로 본다. 이 경우 관계 특별시장·광역시장·특별자치시장·특별자치도지사·시장 또는 군수는 그 사실을 지체 없이 고시하여야 한다.

㉡ 공유수면의 매립 목적이 그 매립구역과 이웃하고 있는 용도지역의 내용과 다른 경우 및 그 매립구역이 둘 이상의 용도지역에 걸쳐 있거나 이웃하고 있는 경우 그 매립구역이 속할 용도지역은 도시·군관리계획결정으로 지정하여야 한다.

❷ 용도지역의 결정·고시의 의제

㉠ 도시지역으로 결정·고시 의제: 다음의 어느 하나의 구역 등으로 지정·고시된 지역은 이 법에 따른 도시지역으로 결정·고시된 것으로 본다.

> ⓐ 「항만법」에 따른 항만구역으로서 도시지역에 연접한 공유수면
> ⓑ 「어촌·어항법」에 따른 어항구역으로서 도시지역에 연접한 공유수면
> ⓒ 「산업입지 및 개발에 관한 법률」에 따른 국가산업단지, 일반산업단지 및 도시첨단산업단지
> ⓓ 「택지개발촉진법」에 따른 택지개발지구
> ⓔ 「전원개발촉진법」에 따른 전원개발사업구역 및 예정구역(수력발전소 또는 송변전설비만 설치하기 위한 경우는 제외)
> ❶ 개발사업 완료로 해제된 경우에는 지정하기 이전의 용도지역으로 환원되지 않는다.

㉡ 관리지역에서의 결정·고시 의제: 관리지역에서 「농지법」에 따른 농업진흥지역으로 지정·고시된 지역은 이 법에 따른 농림지역으로, 관리지역의 산림 중 「산지관리법」에 따라 보전산지로 지정·고시된 지역은 그 고시에서 구분하는 바에 따라 이 법에 따른 농림지역 또는 자연환경보전지역으로 결정·고시된 것으로 본다.

중요지문 공유수면의 매립 목적이 그 매립구역과 이웃하고 있는 용도지역의 내용과 다른 경우 그 매립준공구역은 이와 이웃하고 있는 용도지역으로 지정된 것으로 본다. ( )

▶정답 ×
공유수면의 매립 목적이 그 매립구역과 이웃하고 있는 용도지역의 내용과 다른 경우 그 매립준공구역은 이와 이웃하고 있는 용도지역으로 지정된 것으로 보지 않는다.

중요지문 택지개발촉진법에 따른 택지개발지구로 지정·고시된 지역은 국토의 계획 및 이용에 관한 법률에 따른 도시지역으로 결정·고시된 것으로 본다. ( )

▶정답 ○

중요지문 관리지역에서 「농지법」에 따른 농업진흥지역으로 지정·고시된 지역은 농림지역으로 결정·고시된 것으로 본다. ( )

▶정답 ○

제2절 용도지역 지정의 효과

01 용도지역에서의 행위제한

(1) 건축물의 건축제한

용도지역에서의 건축물이나 그 밖의 시설의 용도·종류 및 규모 등의 제한에 관한 사항은 대통령령으로 정한다.

용도지역	허용 여부
제1종 일반주거지역 (허용)	단독주택, 공동주택(아파트는 제외), 제1종 근린생활시설, 교육연구시설 중 유치원·초등학교·중학교 및 고등학교, 노유자시설을 건축할 수 있다.
제2종·제3종 일반주거지역 (허용)	제1종 일반주거지역에서 허용되는 건축물 + 공동주택(아파트를 포함), 종교시설을 건축할 수 있다.

(2) 건축제한에 관한 특별규정

다음에 해당하는 경우의 건축물이나 그 밖의 시설의 용도·종류 및 규모 등의 제한에 관하여는 다음에서 정하는 바에 따른다.

1. 「산업입지 및 개발에 관한 법률」 규정에 따른 농공단지 안에서는 「산업입지 및 개발에 관한 법률」에서 정하는 바에 따른다.
2. 농림지역 중 농업진흥지역, 보전산지 또는 초지인 경우에는 각각 「농지법」, 「산지관리법」 또는 「초지법」에서 정하는 바에 따른다.
3. 자연환경보전지역 중 「자연공원법」에 따른 공원구역, 「수도법」에 따른 상수원보호구역, 「문화유산의 보존 및 활용에 관한 법률」에 따라 지정된 지정문화유산과 그 보호구역 또는 「자연유산의 보존 및 활용에 관한 법률」에 따라 지정된 천연기념물 등과 그 보호구역, 「해양생태계의 보전 및 관리에 관한 법률」에 따른 해양보호구역인 경우에는 각각 「자연공원법」, 「수도법」, 「문화유산의 보존 및 활용에 관한 법률」, 「자연유산의 보존 및 활용에 관한 법률」 또는 「해양생태계의 보전 및 관리에 관한 법률」에서 정하는 바에 따른다.
4. 자연환경보전지역 중 수산자원보호구역인 경우에는 「수산자원관리법」에서 정하는 바에 따른다.

추가 **제1종 일반주거 지역에서 조례로 허용하는 건축물**

제2종 근린생활시설(단란주점 및 안마시술소는 제외), 문화 및 집회시설(공연장 및 관람장은 제외), 의료시설(격리병원은 제외), 운동시설(옥외 철탑이 설치된 골프연습장은 제외), 업무시설 중 오피스텔 + 3,000㎡ 미만, 위험물저장 및 처리시설 중 주유소, 석유판매소, 액화가스 취급소

추가 **제2종·제3종 일반주거지역에서 조례로 허용하는 건축물**

제2종 근린생활시설(단란주점 및 안마시술소는 제외), 문화 및 집회시설(관람장은 제외), 의료시설(격리병원은 제외), 운동시설, 업무시설 중 오피스텔·금융업소·사무소·공공업무시설 + 3,000㎡ 미만(제2종 일반주거지역), 업무시설 + 3,000㎡ 이하(제3종 일반주거지역), 위험물저장 및 처리시설 중 주유소, 석유판매소, 액화가스 취급소

02 건폐율 제한(대지면적에 대한 건축면적의 비율)

(1) 용도지역에서의 건폐율

용도지역	세분된 용도지역		건폐율
도시지역	주거지역	제1종 전용주거지역	50% 이하
		제2종 전용주거지역	50% 이하
		제1종 일반주거지역	60% 이하
		제2종 일반주거지역	60% 이하
		제3종 일반주거지역	50% 이하
		준주거지역	70% 이하
	상업지역	중심상업지역	90% 이하
		일반상업지역	80% 이하
		유통상업지역	80% 이하
		근린상업지역	70% 이하
	공업지역	전용공업지역	70% 이하
		일반공업지역	70% 이하
		준공업지역	70% 이하
	녹지지역	보전녹지지역	20% 이하
		생산녹지지역	20% 이하
		자연녹지지역	20% 이하
관리지역	보전관리지역	–	20% 이하
	생산관리지역	–	20% 이하
	계획관리지역	–	40% 이하
농림지역	–	–	20% 이하
자연환경 보전지역	–	–	20% 이하

(2) 건폐율에 관한 특별규정

다음의 지역에서의 건폐율은 다음에서 정한 범위에서 특별시·광역시·특별자치시·특별자치도·시 또는 군의 도시·군계획조례로 정하는 비율 이하로 한다.

❶ 자연취락지구 : 60% 이하
❷ 도시지역 외의 지역에 지정된 개발진흥지구 : 40% 이하. 다만, 계획관리지역에 지정된 산업·유통개발진흥지구의 경우에는 60% 이하로 한다.
❸ 자연녹지지역에 지정된 개발진흥지구 : 30% 이하
❹ 수산자원보호구역 : 40% 이하

중요지문 계획관리지역에 지정된 산업·유통개발진흥에서 도시·군계획조례로 정할 수 있는 건폐율의 최대한도는 60%이다. ( )

▶정답 ○

❺ 「자연공원법」에 따른 자연공원 : 60% 이하
❻ 「산업입지 및 개발에 관한 법률」에 따른 농공단지 : 70% 이하
❼ 공업지역에 있는 「산업입지 및 개발에 관한 법률」에 따른 국가산업단지, 일반산업단지, 도시첨단산업단지 및 준산업단지 : 80% 이하

03 용적률 제한(대지면적에 대한 연면적의 비율)

(1) 용도지역 안에서의 용적률

용도지역	세분된 용도지역		용적률
도시지역	주거지역	제1종 전용주거지역	50% 이상 100% 이하
		제2종 전용주거지역	50% 이상 150% 이하
		제1종 일반주거지역	100% 이상 200% 이하
		제2종 일반주거지역	100% 이상 250% 이하
		제3종 일반주거지역	100% 이상 300% 이하
		준주거지역	200% 이상 500% 이하
	상업지역	중심상업지역	200% 이상 1,500% 이하
		일반상업지역	200% 이상 1,300% 이하
		유통상업지역	200% 이상 1,100% 이하
		근린상업지역	200% 이상 900% 이하
	공업지역	전용공업지역	150% 이상 300% 이하
		일반공업지역	150% 이상 350% 이하
		준공업지역	150% 이상 400% 이하
	녹지지역	보전녹지지역	50% 이상 80% 이하
		생산녹지지역	50% 이상 100% 이하
		자연녹지지역	50% 이상 100% 이하
관리지역	보전관리지역	–	50% 이상 80% 이하
	생산관리지역	–	50% 이상 80% 이하
	계획관리지역	–	50% 이상 100% 이하
농림지역	–	–	50% 이상 80% 이하
자연환경보전지역	–	–	50% 이상 80% 이하

중요지문 근린상업지역에서의 용적률의 최대한도는 900%이고, 건폐율의 최대한도는 80%이다.
( )

▶ 정답 ✕
근린상업지역에서의 용적률의 최대한도는 900%이고, 건폐율의 최대한도는 70%이다.

(2) 용적률에 관한 특별규정

다음의 지역 안에서의 용적률은 다음에서 정한 범위 안에서 도시·군계획조례가 정하는 비율을 초과하여서는 아니 된다.

> ❶ 도시지역 외의 지역에 지정된 개발진흥지구 : 100% 이하
> ❷ 수산자원보호구역 : 80% 이하
> ❸ 「자연공원법」에 따른 자연공원 : 100% 이하
> ❹ 「산업입지 및 개발에 관한 법률」에 따른 농공단지(도시지역 외의 지역에 지정된 농공단지에 한한다) : 150% 이하

04 용도지역 미지정 또는 미세분 지역에서의 행위제한 등

(1) 용도지역이 미지정된 지역

도시지역·관리지역·농림지역 또는 자연환경보전지역으로 용도가 지정되지 아니한 지역에 대하여는 건축물의 건축제한, 건폐율, 용적률의 규정을 적용할 때에 자연환경보전지역에 관한 규정을 적용한다.

(2) 용도지역이 미세분된 지역

도시지역 또는 관리지역이 세부용도지역으로 지정되지 아니한 경우에는 건축물의 건축제한, 건폐율, 용적률의 규정을 적용할 때에 해당 용도지역이 도시지역인 경우에 보전녹지지역에 관한 규정을 적용하고, 관리지역인 경우에는 보전관리지역에 관한 규정을 적용한다.

(3) 도시지역에서의 다른 법률의 적용 배제

도시지역에 대하여는 다음의 법률 규정을 적용하지 아니한다.

> ❶ 「도로법」에 따른 접도구역
> ❷ 「농지법」에 따른 농지취득자격증명. 다만, 녹지지역의 농지로서 도시·군계획시설사업에 필요하지 아니한 농지에 대하여는 그러하지 아니하다.

[중요지문] 도시지역이 세부용도지역으로 지정되지 아니한 경우에는 용도지역의 용적률 규정을 적용할 때에 보전녹지지역에 관한 규정을 적용한다.   (   )

▶ 정답 ○

용도지구 및 용도구역

제1절 **용도지구** ★제36회

01 용도지구의 지정

(1) 용도지구의 종류

경관지구	경관의 보전·관리 및 형성을 위하여 필요한 지구
보호지구	국가유산, 중요시설물(항만, 공항, 공공업무시설, 교정시설·군사시설) 및 문화적·생태적으로 보존가치가 큰 지역의 보호와 보존을 위하여 필요한 지구
복합용도지구	❶ 지역의 토지이용상황, 개발 수요 및 주변 여건 등을 고려하여 효율적이고 복합적인 토지이용을 도모하기 위하여 특정시설의 입지를 완화할 필요가 있는 지구 ❷ 시·도지사 또는 대도시 시장은 대통령령으로 정하는 주거지역·공업지역·관리지역에 복합용도지구를 지정할 수 있다.
개발진흥지구	주거기능·상업기능·공업기능·유통물류기능·관광기능·휴양기능 등을 집중적으로 개발·정비할 필요가 있는 지구
고도지구	쾌적한 환경 조성 및 토지의 효율적 이용을 위하여 건축물 높이의 최고한도를 규제할 필요가 있는 지구
취락지구	녹지지역·관리지역·농림지역·자연환경보전지역·개발제한구역 또는 도시자연공원구역의 취락을 정비하기 위한 지구
방재지구	풍수해, 산사태, 지반의 붕괴, 그 밖의 재해를 예방하기 위하여 필요한 지구
방화지구	화재의 위험을 예방하기 위하여 필요한 지구
특정용도 제한지구	주거 및 교육환경 보호나 청소년 보호 등의 목적으로 오염물질 배출시설, 청소년 유해시설 등 특정시설의 입지를 제한할 필요가 있는 지구

※보충 **복합용도지구의 지정대상**
1. 일반주거지역
2. 일반공업지역
3. 계획관리지역

※보충 **복합용도지구의 지정요건**
용도지역의 지정목적이 크게 저해하지 아니하도록 해당 용도지역 전체 면적의 3분의 1 이하의 범위에서 지정하여야 한다.

⑵ **용도지구의 세분**(대통령령에 의한 세분)

❶ 경관지구(자, 시, 특)

자연경관지구	산지·구릉지 등 자연경관을 보호하거나 유지하기 위하여 필요한 지구
시가지경관지구	지역 내 주거지, 중심지 등 시가지의 경관을 보호 또는 유지하거나 형성하기 위하여 필요한 지구
특화경관지구	지역 내 주요 수계의 수변 또는 문화적 보존가치가 큰 건축물 주변의 경관 등 특별한 경관을 보호 또는 유지하거나 형성하기 위하여 필요한 지구

❷ 보호지구(역, 중, 생)

역사문화환경 보호지구	국가유산·전통사찰 등 역사·문화적으로 보존가치가 큰 시설 및 지역의 보호와 보존을 위하여 필요한 지구
중요시설물 보호지구	중요시설물(항만·공항·공용시설·교정시설·군사시설)의 보호와 기능의 유지 및 증진 등을 위하여 필요한 지구
생태계보호지구	야생동식물서식처 등 생태적으로 보존가치가 큰 지역의 보호와 보존을 위하여 필요한 지구

▶**중요지문** 보호지구는 역사문화환경보호지구, 중요시설물보호지구, 생태계보호지구로 세분하여 지정할 수 있다. ( )

▶정답 ○

❸ 개발진흥지구(주, 산, 관, 복, 특)

주거개발 진흥지구	주거기능을 중심으로 개발·정비할 필요가 있는 지구
산업·유통 개발진흥지구	**공업기능 및 유통·물류기능을 중심으로 개발·정비할 필요가 있는 지구**
관광·휴양 개발진흥지구	관광·휴양기능을 중심으로 개발·정비할 필요가 있는 지구
복합개발 진흥지구	주거기능, 공업기능, 유통·물류기능 및 관광·휴양기능 중 둘 이상의 기능을 중심으로 개발·정비할 필요가 있는 지구
특정개발 진흥지구	주거기능, 공업기능, 유통·물류기능 및 관광·휴양기능 외의 기능을 중심으로 특정한 목적을 위하여 개발·정비할 필요가 있는 지구

▶**중요지문** 공업기능 및 유통·물류기능을 중심으로 개발·정비할 필요가 있는 용도지구는 산업·유통개발진흥지구이다. ( )

▶정답 ○

❹ 취락지구(자연, 집단)

자연취락지구	녹지지역·관리지역·농림지역 또는 자연환경보전지역 안의 취락을 정비하기 위하여 필요한 지구
집단취락지구	개발제한구역 안의 취락을 정비하기 위하여 필요한 지구

❺ **방재지구**(시가지, 자연)

시가지방재지구	건축물·인구가 밀집되어 있는 지역으로서 시설 개선 등을 통하여 재해 예방이 필요한 지구
자연방재지구	토지의 이용도가 낮은 해안변, 하천변, 급경사지 주변 등의 지역으로서 건축제한 등을 통하여 재해 예방이 필요한 지구

(3) **용도지구의 세분**(조례에 의한 세분)

시·도지사 또는 대도시 시장은 지역여건상 필요한 때에는 해당 시·도 또는 대도시의 도시·군계획조례로 정하는 바에 따라 경관지구를 추가적으로 세분(특화경관지구의 세분을 포함한다)하거나 중요시설물보호지구 및 특정용도제한지구를 세분하여 지정할 수 있다.

(4) **방재지구의 재해저감대책**

시·도지사 또는 대도시 시장은 연안침식이 진행 중이거나 우려되는 지역 등 대통령령으로 정하는 지역에 대해서는 방재지구의 지정 또는 변경을 도시·군관리계획으로 결정하여야 한다. 이 경우 도시·군관리계획의 내용에는 해당 방재지구의 재해저감대책을 포함하여야 한다.

02 용도지구에서의 행위제한

(1) **원칙**

용도지구에서의 건축물이나 그 밖의 시설의 용도·종류 및 규모 등의 제한에 관한 사항은 「국토의 계획 및 이용에 관한 법률」 또는 다른 법률에 특별한 규정이 있는 경우 외에는 대통령령으로 정하는 기준에 따라 특별시·광역시·특별자치시·특별자치도·시 또는 군의 조례로 정할 수 있다.

(2) **예외**

❶ 고도지구 : 도시·군관리계획으로 정하는 높이를 초과하는 건축물을 건축할 수 없다.

[보충] **대통령령으로 정하는 지역**
풍수해, 산사태 등의 동일한 재해가 최근 10년 이내 2회 이상 발생하여 인명 피해를 입은 지역으로서 향후 동일한 재해 발생 시 상당한 피해가 우려되는 지역을 말한다.

[정리] **용도지구에서의 건축제한**
1. 원칙 : 도시·군계획조례
2. 예외 : 이 법 또는 다른 법률

[보충] **건축제한의 배제**
용도지역·용도지구 안에서의 도시·군계획시설에 대하여는 용도지역·용도지구 안의 건축제한에 관한 규정을 적용하지 아니한다.

❷ 복합용도지구

> ㉠ **일반주거지역** : 안마시술소, 관람장, 공장, 위험물저장 및 처리시설, 동물 및 식물 관련 시설, 장례시설을 건축할 수 없다.
> [암기TIP] 마관동 공장물
>
> ㉡ **일반공업지역** : 아파트, 단란주점 및 안마시술소, 노유자시설을 건축할 수 없다. [암기TIP] 노란파마
>
> ㉢ **계획관리지역** : 판매시설, 유원시설업의 시설을 건축할 수 있다.

❸ 개발진흥지구

> ㉠ 지구단위계획 또는 개발계획을 수립하는 경우 ⇨ 지구단위계획 또는 개발계획
>
> ㉡ 지구단위계획 또는 개발계획이 수립되기 전 ⇨ 조례
>
> ㉢ 지구단위계획 또는 개발계획이 수립되지 아니한 경우 ⇨ 해당 용도지역에 허용되는 건축물을 건축할 수 있다.

❹ 자연취락지구 : 4층 이하의 건축물로서 다음에 해당하는 건축물은 건축할 수 있다.

> ㉠ 단독주택, 제1종 근린생활시설, 제2종 근린생활시설(휴게음식점, 제과점, 일반음식점, 단란주점, 안마시술소는 제외)
>
> ㉡ 운동시설, 창고(농업·임업·축산업·수산업용만 해당), 동물 및 식물 관련 시설
>
> ㉢ 교정시설, 국방·군사시설, 방송통신시설, 발전시설

❺ 집단취락지구 : 개발제한구역의 지정 및 관리에 관한 **특별조치법령**이 정하는 바에 의한다.

(3) 지원

국가나 지방자치단체는 대통령령으로 정하는 바에 따라 취락지구 주민의 생활 편익과 복지 증진 등을 위한 사업을 시행하거나 그 사업을 지원할 수 있다.

❶ 집단취락지구 : 개발제한구역의 지정 및 관리에 관한 특별조치법령에서 정하는 바에 따른다.

[중요지문] 일반주거지역에 지정된 복합용도지구 안에서는 장례시설을 건축할 수 있다. (   )

▶ 정답 ✕
일반주거지역에 지정된 복합용도지구 안에서는 장례시설을 건축할 수 없다.

[중요지문] 자연취락지구 안에서는 4층 이하의 범위에서 동물 전용의 장례식장을 건축할 수 있다. (   )

▶ 정답 ✕
자연취락지구에서는 4층 이하의 범위에서 동물 전용의 장례식장을 건축할 수 없다.

[※보충] 방재지구에 대한 지원
국가나 지방자치단체는 이 법률 또는 다른 법률에 따라 방재사업을 시행하거나 그 사업을 지원하는 경우 방재지구에 우선적으로 지원할 수 있다.

❷ **자연취락지구**

> ㉠ 자연취락지구 안에 있거나 자연취락지구에 연결되는 도로·수도공급설비
>   ·하수도 등의 정비
> ㉡ 어린이놀이터·공원·녹지·주차장·학교·마을회관 등의 설치·정비
> ㉢ 쓰레기처리장·하수처리시설 등의 설치·개량
> ㉣ 하천정비 등 재해방지를 위한 시설의 설치·개량
> ㉤ 주택의 신축·개량

(4) 완화

경관지구 또는 고도지구 안에서의 「건축법 시행령」에 따른 리모델링이 필요한 건축물에 대해서는 건축물의 높이·규모 등의 제한을 완화하여 제한할 수 있다.

(5) 배제

용도지역·용도지구에서의 도시·군계획시설에 대하여는 용도지역·용도지구에서의 건축제한에 관한 규정을 적용하지 아니한다.

제2절 **용도구역**

01 **개발제한구역**

(1) 개발제한구역의 지정

중요지문 개발제한구역의 지정에 관한 도시·군관리계획은 국토교통부장관이 결정한다. ( )

▶정답 ○

국토교통부장관은 도시의 무질서한 확산을 방지하고 도시주변의 자연환경을 보전하여 도시민의 건전한 생활환경을 확보하기 위하여 도시의 개발을 제한할 필요가 있거나 국방부장관의 요청이 있어 보안상 도시의 개발을 제한할 필요가 있다고 인정되면 개발제한구역의 지정 또는 변경을 도시·군관리계획으로 결정할 수 있다.

(2) 행위제한 등

개발제한구역의 행위제한이나 그 밖에 개발제한구역의 관리에 필요한 사항은 따로 법률(개발제한구역의 지정 및 관리에 관한 특별조치법)로 정한다.

02 도시자연공원구역

(1) 도시자연공원구역의 지정

시·도지사 또는 대도시 시장은 도시의 자연환경 및 경관을 보호하고 도시민에게 건전한 여가·휴식공간을 제공하기 위하여 도시지역 안에서 **식생**(植生)이 양호한 **산지**(山地)의 개발을 제한할 필요가 있다고 인정하면 도시자연공원구역의 지정 또는 변경을 도시·군관리계획으로 결정할 수 있다.

> **중요지문** 시·도지사는 도시자연공원구역의 변경을 도시·군관리계획으로 결정할 수 있다.
> (   )
>
> ▶정답 ○

(2) 행위제한 등

도시자연공원구역의 행위제한이나 그 밖에 도시자연공원구역의 관리에 필요한 사항은 따로 법률(도시공원 및 녹지 등에 관한 법률)로 정한다.

03 시가화조정구역

(1) 지정권자

시·도지사는 직접 또는 관계 행정기관의 장의 요청을 받아 도시지역과 그 주변지역의 무질서한 시가화를 방지하고 계획적·단계적인 개발을 도모하기 위하여 대통령령으로 정하는 기간 동안 시가화를 유보할 필요가 있다고 인정되면 시가화조정구역의 지정 또는 변경을 도시·군관리계획으로 결정할 수 있다. 다만, 국가계획과 연계하여 시가화조정구역의 지정 또는 변경이 필요한 경우에는 **국토교통부장관**이 직접 시가화조정구역의 지정 또는 변경을 도시·군관리계획으로 결정할 수 있다.

(2) 시가화 유보기간

❶ 시가화조정구역을 지정 또는 변경하고자 하는 때에는 해당 도시지역과 그 주변지역의 인구의 동태, 토지의 이용상황, 산업발전상황 등을 고려하여 5년 이상 20년 이내의 범위 안에서 도시·군관리계획으로 시가화 유보기간을 정하여야 한다.

> **중요지문** 시가화 유보기간은 5년 이상 20년 이내로 한다. (   )
>
> ▶정답 ○

❷ 시가화조정구역의 지정에 관한 도시·군관리계획의 결정은 시가화 유보기간이 끝난 날의 다음 날부터 그 효력을 잃는다. 이 경우 국토교통부장관 또는 시·도지사는 대통령령으로 정하는 바에 따라 그 사실을 고시하여야 한다.

(3) **지정의 효과**(행위제한)

❶ **도시·군계획사업의 시행** ⇨ **허가 ×**

시가화조정구역에서의 도시·군계획사업은 대통령령으로 정하는 사업(국방 상 또는 공익상 시가화조정구역 안에서의 사업시행이 불가피한 것으로서 관 계 중앙행정기관의 장의 요청에 의하여 **국토교통부장관**이 시가화조정구역 의 지정 목적 달성에 지장이 없다고 인정하는 도시·군계획사업)만 시행할 수 있다.

❷ **허가사항**(비도시·군계획사업) ⇨ **허가 ○**

시가화조정구역에서는 도시·군계획사업의 경우 외에는 다음의 어느 하나 에 해당하는 행위에 한정하여 특별시장·광역시장·특별자치시장·특별자 치도지사·시장 또는 군수의 허가를 받아 그 행위를 할 수 있다.

㉠ 주택 및 그 부속건축물의 건축으로서 다음에 해당하는 행위

> ⓐ 주택의 증축(기존주택의 면적을 포함하여 100m² 이하)
> ⓑ 부속건축물의 건축(주택 또는 이에 준하는 건축물에 부속되는 것에 한 하되, 기존 건축물의 면적을 포함하여 33m² 이하)

㉡ 공익시설·공용시설 및 공공시설 등의 설치로서 다음에 해당하는 행위

> ⓐ 국가유산의 복원과 국가유산관리용 건축물의 설치
> ⓑ 보건소, 경찰파출소, 119 안전센터, 우체국 및 읍·면·동사무소의 설치
> ⓒ 사회복지시설의 설치
> ⓓ 야외음악당 및 야외극장의 설치

㉢ 입목의 벌채, 조림, 육림, 토석의 채취 등으로 할 수 있는 행위

---

04 수산자원보호구역

(1) **수산자원보호구역의 지정**

해양수산부장관은 직접 또는 관계 행정기관의 장의 요청을 받아 수산자원을 보호·육성하기 위하여 필요한 공유수면이나 그에 인접한 토지에 대한 수산 자원보호구역의 지정 또는 변경을 도시·군관리계획으로 결정할 수 있다.

(2) **행위제한**

수산자원보호구역 안에서의 건축제한에 관하여는 「수산자원관리법」에서 정 하는 바에 의한다.

※보충 허가사항
1. 마을공동시설
2. 관리용 건축물(기존 면적을 포함 하여 33m² 이하인 경우로 한정)

중요지문 시가화조정구역 안에서 농업·임업 또는 어업을 영위하는 자 가 관리용 건축물로서 기존 관리용 건축물의 면적을 제외하고 33m²를 초과하는 것을 건축하는 행위는 허가 를 받아 이를 할 수 있다.   (   )

▶**정답** ×
농업·임업 또는 어업을 영위하는 자가 관리용 건축물로서 기존 관리용 건축물의 면적을 포함해서 33m² 이 하인 것을 건축하는 행위가 허가를 받아 할 수 있는 행위에 해당한다.

05 도시혁신구역

(1) 도시혁신구역의 지정

공간재구조화계획 결정권자는 다음의 어느 하나에 해당하는 지역을 도시혁신구역으로 지정할 수 있다.

> ❶ 도시·군기본계획에 따른 도심·부도심 또는 생활권의 중심지역
> ❷ 주요 기반시설과 연계하여 지역의 거점 역할을 수행할 수 있는 지역
> ❸ 유휴토지 또는 대규모 시설의 이전부지

(2) 도시혁신계획

❶ **내용**: 도시혁신계획에는 도시혁신구역의 지정 목적을 이루기 위하여 다음에 관한 사항이 포함되어야 한다.

> ㉠ 용도지역·용도지구, 도시·군계획시설 및 지구단위계획의 결정에 관한 사항
> ㉡ 주요 기반시설의 확보에 관한 사항
> ㉢ 건축물의 건폐율·용적률·높이에 관한 사항
> ㉣ 건축물의 용도·종류 및 규모 등에 관한 사항
> ㉤ 다른 법률 규정 적용의 완화 또는 배제에 관한 사항
> ㉥ 도시혁신구역 내 개발사업 및 개발사업의 시행자 등에 관한 사항
> ㉦ 그 밖에 도시혁신구역의 체계적 개발과 관리에 필요한 사항

❷ **고려사항**: 도시혁신구역의 지정 및 변경과 도시혁신계획은 다음의 사항을 종합적으로 고려하여 공간재구조화계획으로 결정한다.

> ㉠ 도시혁신구역의 지정 목적
> ㉡ 해당 지역의 용도지역·기반시설 등 토지이용 현황
> ㉢ 도시·군기본계획 등 상위계획과의 부합성
> ㉣ 주변 지역의 기반시설, 경관, 환경 등에 미치는 영향 및 도시환경 개선·정비 효과
> ㉤ 도시의 개발 수요 및 지역에 미치는 사회적·경제적 파급효과

❸ **지정제한**: 다른 법률에서 공간재구조화계획의 결정을 의제하고 있는 경우에도 이 법에 따르지 아니하고 도시혁신구역의 지정과 **도시혁신계획을 결정할 수 없다.**

도시혁신구역 및 도시혁신계획에 관한 도시·군관리계획 결정의 실효, 도시혁신구역에서의 건축 등에 관하여 다른 특별한 규정이 없으면 지구단위계획구역 및 지구단위계획에 관한 규정을 준용한다.

❹ **협의기간** : 공간재구조화계획 결정권자가 공간재구조화계획을 결정하기 위하여 관계 행정기관의 장과 협의하는 경우 협의 요청을 받은 기관의 장은 그 요청을 받은 날부터 10일(근무일 기준) 이내에 의견을 회신하여야 한다.

❺ **수립기준** : 도시혁신구역의 지정 및 변경과 도시혁신계획의 수립 및 변경에 관한 세부적인 사항은 국토교통부장관이 정하여 고시한다.

⑶ **도시혁신구역에서의 다른 법률의 적용 특례**

❶ **개별적용** : 도시혁신구역에 대하여는 다음의 법률 규정에도 불구하고 도시혁신계획으로 따로 정할 수 있다.

> ㉠ 「주택법」에 따른 주택의 배치, 부대시설·복리시설의 설치기준 및 대지조성기준
> ㉡ 「주차장법」에 따른 부설주차장의 설치
> ㉢ 「문화예술진흥법」에 따른 건축물에 대한 미술작품의 설치
> ㉣ 「건축법」에 따른 공개공지 등의 확보
> ㉤ 「도시공원 및 녹지 등에 관한 법률」에 따른 도시공원 또는 녹지 확보기준
> ㉥ 「학교용지 확보 등에 관한 특례법」에 따른 학교용지의 조성·개발 기준

❷ **지정의제** : 도시혁신구역으로 지정된 지역은 「건축법」에 따른 특별건축구역으로 지정된 것으로 본다.

❸ **특례적용** : 시·도지사 또는 시장·군수·구청장은 도시혁신구역에서 건축하는 건축물을 특별건축구역에서 적용배제 사항을 적용하여 건축할 수 있는 건축물에 포함시킬 수 있다.

❹ **도시개발구역 지정의제** : 도시혁신구역의 지정·변경 및 도시혁신계획 결정의 고시는 「도시개발법」에 따른 개발계획의 내용에 부합하는 경우 도시개발구역의 지정 및 개발계획 수립의 고시로 본다. 이 경우 도시혁신계획에서 정한 시행자는 사업시행자 지정요건 및 도시개발구역 지정 제안 요건 등을 갖춘 경우에 한정하여 같은 법에 따른 도시개발사업의 시행자로 지정된 것으로 본다.

06 복합용도구역

⑴ **복합용도구역의 지정**

복합용도구역에서의 건폐율과 용적률은 용도지역별 건폐율과 용적률의 최대한도의 범위에서 복합용도계획으로 정한다.

공간재구조화계획 결정권자는 다음의 어느 하나에 해당하는 지역을 복합용도구역으로 지정할 수 있다.

❶ 산업구조 또는 경제활동의 변화로 복합적 토지이용이 필요한 지역
❷ 노후 건축물 등이 밀집하여 단계적 정비가 필요한 지역
❸ 복합용도구역으로 지정하려는 지역이 둘 이상의 용도지역에 걸치는 경우로서 토지를 효율적으로 이용하기 위해 건축물의 용도, 종류 및 규모 등을 통합적으로 관리할 필요가 있는 지역

(2) 복합용도계획

❶ **내용**: 복합용도계획에는 복합용도구역의 지정 목적을 이루기 위하여 다음에 관한 사항이 포함되어야 한다.

> ㉠ 용도지역·용도지구, 도시·군계획시설 및 지구단위계획의 결정에 관한 사항
> ㉡ 주요 기반시설의 확보에 관한 사항
> ㉢ 건축물의 용도별 복합적인 배치비율 및 규모 등에 관한 사항
> ㉣ 건축물의 건폐율·용적률·높이에 관한 사항
> ㉤ 특별건축구역계획에 관한 사항
> ㉥ 그 밖에 복합용도구역의 체계적 개발과 관리에 필요한 사항

❷ **고려사항**: 복합용도구역의 지정 및 변경과 복합용도계획은 다음의 사항을 종합적으로 고려하여 공간재구조화계획으로 결정한다.

> ㉠ 복합용도구역의 지정 목적
> ㉡ 해당 지역의 용도지역·기반시설 등 토지이용 현황
> ㉢ 도시·군기본계획 등 상위계획과의 부합성
> ㉣ 주변 지역의 기반시설, 경관, 환경 등에 미치는 영향 및 도시환경 개선·정비 효과

❸ **수립기준**: 복합용도구역의 지정 및 변경과 복합용도계획의 수립 및 변경에 관한 세부적인 사항은 국토교통부장관이 정하여 고시한다.

07 도시·군계획시설입체복합구역

(1) 도시·군계획시설입체복합구역의 지정

도시·군관리계획의 결정권자는 도시·군계획시설의 입체복합적 활용을 위하여 다음의 어느 하나에 해당하는 경우에 도시·군계획시설이 결정된 토지의 전부 또는 일부를 도시·군계획시설입체복합구역(이하 "입체복합구역"이라 한다)으로 지정할 수 있다.

> ※보충 **복합용도구역의 적용규정**
> ❶ 지정의제: 복합용도구역으로 지정된 지역은 「건축법」에 따른 특별건축구역으로 지정된 것으로 본다.
> ❷ 특례적용: 시·도지사 또는 시장·군수·구청장은 복합용도구역에서 건축하는 건축물을 특별건축구역에서 적용배제 사항을 적용하여 건축할 수 있는 건축물에 포함시킬 수 있다.

> ※보충 **준용규정**
> 복합용도구역 및 복합용도계획에 관한 도시·군관리계획 결정의 실효, 복합용도구역에서의 건축 등에 관하여 다른 특별한 규정이 없으면 지구단위계획구역 및 지구단위계획에 관한 규정을 준용한다.

㉠ 도시·군계획시설 준공 후 10년이 경과한 경우로서 해당 시설의 개량 또는 정비가 필요한 경우

㉡ 주변지역 정비 또는 지역경제 활성화를 위하여 기반시설의 복합적 이용이 필요한 경우

㉢ 첨단기술을 적용한 새로운 형태의 기반시설 구축 등이 필요한 경우

㉣ 그 밖에 효율적이고 복합적인 도시·군계획시설의 조성을 위하여 필요한 경우로서 대통령령으로 정하는 경우

❶ **완화적용** : 이 법 또는 다른 법률의 규정에도 불구하고 입체복합구역에서의 도시·군계획시설과 도시·군계획시설이 아닌 시설에 대한 건축물이나 그 밖의 시설의 용도·종류 및 규모 등의 제한, 건폐율, 용적률, 높이 등은 대통령령으로 정하는 범위에서 **따로 정할 수 있다.** 다만, 다른 법률에 따라 정하여진 건축제한, 건폐율, 용적률, 높이 등을 완화하는 경우에는 미리 관계 기관의 장과 협의하여야 한다.

❷ **완화비율** : 건폐율과 용적률은 용도지역별 최대한도의 200% 이하로 한다.

제3절 둘 이상의 용도지역 등에 걸치는 경우의 행위제한

01 하나의 대지가 둘 이상의 용도지역에 걸치는 경우

하나의 대지가 둘 이상의 용도지역·용도지구 또는 용도구역에 걸치는 경우로서 각 용도지역 등에 걸치는 부분 중 가장 작은 부분의 규모가 330m²(도로변에 띠 모양으로 지정된 상업지역에 걸쳐 있는 필지의 경우에는 660m²) 이하인 경우에는 전체 대지의 건폐율 및 용적률은 각 부분이 전체 대지 면적에서 차지하는 비율을 고려하여 다음의 구분에 따라 각 용도지역별 건폐율 및 용적률을 **가중평균한 값**을 적용하고, 그 밖의 건축제한 등에 관한 사항은 그 대지 중 가장 넓은 면적이 속하는 용도지역 등에 관한 규정을 적용한다.

1. 가중평균한 건폐율 = (A 용도지역의 대지면적 × 건폐율 ＋ B 용도지역의 대지면적 × 건폐율) ÷ 전체 대지 면적
2. 가중평균한 용적률 = (A 용도지역의 대지면적 × 용적률 ＋ B 용도지역의 대지면적 × 용적률) ÷ 전체 대지 면적

02 건축물이 고도지구에 걸치는 경우

건축물이 고도지구에 걸쳐 있는 경우에는 그 건축물 및 대지의 전부에 대하여 고도지구의 건축물 및 대지에 관한 규정을 적용한다.

03 건축물이 방화지구에 걸치는 경우

하나의 건축물이 방화지구와 그 밖의 용도지역·용도지구 또는 용도구역에 걸쳐 있는 경우에는 그 전부(건축물)에 대하여 방화지구의 건축물에 관한 규정을 적용한다. 다만, 그 경계가 방화벽으로 구획되는 경우 그 밖의 용도지역·용도지구 또는 용도구역에 있는 부분에 대하여는 그러하지 아니하다.

04 대지가 녹지지역에 걸치는 경우

하나의 대지가 녹지지역과 그 밖의 용도지역·용도지구 또는 용도구역에 걸쳐 있는 경우[규모가 가장 작은 부분이 녹지지역으로서 해당 녹지지역이 330m² 이하(도로변에 띠 모양으로 지정된 상업지역에 걸쳐 있는 필지의 경우에는 660m²)인 경우는 제외]에는 각각의 용도지역·용도지구 또는 용도구역의 건축물 및 토지에 관한 규정을 적용한다. 다만, 녹지지역의 건축물이 고도지구에 걸쳐 있는 경우에는 02 의 규정에 관한 규정을 적용하고, 방화지구에 걸쳐 있는 경우에는 03 에 따른다.

기반시설과 도시 · 군계획시설

01 기반시설의 설치 · 관리 ★제36회

(1) 기반시설의 종류

기반시설이란 다음의 시설을 말한다.

교통시설	도로 · 철도 · 항만 · 공항 · 주차장 · 자동차정류장 · 궤도 · 차량검사 및 면허시설
공간시설	광장 · 공원 · 녹지 · 유원지 · 공공공지
유통 · 공급시설	유통업무설비, 수도 · 전기 · 가스 · 열공급설비, 방송 · 통신시설, 공동구 · 시장, 유류저장 및 송유설비
공공 · 문화 체육시설	학교 · 공공청사 · 문화시설 · 공공필요성이 인정되는 체육시설 · 연구시설 · 사회복지시설 · 공공직업훈련시설 · 청소년수련시설
방재시설	하천 · 유수지 · 저수지 · 방화설비 · 방풍설비 · 방수설비 · 사방설비 · 방조설비
보건위생시설	장사시설 · 도축장 · 종합의료시설
환경기초시설	하수도, 폐기물처리 및 재활용시설, 빗물저장 및 이용시설 · 수질오염방지시설 · 폐차장

중요지문 장사시설은 기반시설 중 공간시설에 해당한다. ( )

▶정답 ✕
장사시설은 기반시설 중 보건위생시설에 해당한다.

(2) 도시 · 군계획시설

기반시설 중 도시 · 군관리계획으로 결정된 시설을 말한다.

(3) 기반시설의 설치

❶ **원칙**: 지상 · 수상 · 공중 · 수중 또는 지하에 기반시설을 설치하려면 그 시설의 종류 · 명칭 · 위치 · 규모 등을 미리 도시 · 군관리계획으로 결정하여야 한다.

❷ **예외**: 다음의 기반시설은 도시 · 군관리계획으로 결정하지 않아도 된다.

  ㉠ 도시지역 및 지구단위계획구역에서 설치하는 경우 : 주차장, 차량검사 및 면허시설, 공공공지, 열공급설비, 방송 · 통신시설, 시장, 공공청사, 문화시설, 공공필요성이 인정되는 체육시설, 연구시설, 사회복지시설, 공공직업훈련시설, 청소년수련시설, 저수지, 장사시설, 종합의료시설, 빗물저장 및 이용시설, 폐차장, 광장 중 건축물 부설광장, 대지면적이 500㎡ 미만의

정리 | 도시 · 군계획시설의 관리
1. 국가 : 대통령령(중앙관서의 장)으로 정한다.
2. 지방자치단체 : 조례로 정한다.

정리 | 도시 · 군계획시설 설치기준
도시 · 군계획시설의 결정 · 구조 및 설치의 기준 등에 필요한 사항은 국토교통부령으로 정하고, 세부사항은 시 · 도조례로 정할 수 있다.

도축장, 폐기물처리 및 재활용시설 중 재활용시설, 유치원, 특수학교, 대안학교, 방송대학·통신대학 및 방송통신대학 등

알기TIP▶ 주사장이 종일 비맞고 폐차장에 서 있다.

ⓒ **도시지역 및 지구단위계획구역 외의 지역에서 설치하는 경우** : 위 ㄱ에 해당하는 시설 + 유류저장 및 송유설비, 자동차정류장, 광장, 궤도 및 전기공급설비

__정리__ 도시·군계획시설의 설치 효율적인 토지이용을 위하여 둘 이상의 도시·군계획시설을 같은 토지에 함께 결정하거나 도시·군계획시설이 위치하는 공간의 일부를 구획하여 도시·군계획시설을 결정할 수 있다.

02 공동구의 설치·관리

(1) 공동구의 의의

공동구란 전기·가스·수도 등의 공급설비, 통신시설, 하수도시설 등 지하매설물을 공동 수용함으로써 미관의 개선, 도로구조의 보전 및 교통의 원활한 소통을 위하여 지하에 설치하는 시설물을 말한다.

(2) 공동구의 설치

❶ **공동구 설치의무자** : 다음에 해당하는 지역·지구·구역 등(이하 '지역 등'이라 한다)이 200만m²를 초과하는 경우에는 해당 지역 등에서 개발사업을 시행하는 자(이하 '사업시행자'라 한다)는 공동구를 설치하여야 한다.

> ㄱ 「도시개발법」에 따른 도시개발구역
> ㄴ 「택지개발촉진법」에 따른 택지개발지구
> ㄷ 「경제자유구역의 지정 및 운영에 관한 특별법」에 따른 경제자유구역
> ㄹ 「도시 및 주거환경정비법」에 따른 정비구역
> ㅁ 「공공주택 특별법」에 따른 공공주택지구
> ㅂ 「도청이전을 위한 도시건설 및 지원에 관한 특별법」에 따른 도청이전신도시

❷ **수용의무** : 공동구가 설치된 경우에는 대통령령으로 정하는 바에 따라 공동구에 수용하여야 할 시설이 모두 수용되도록 하여야 한다.

❸ **비용 부담** : 공동구의 설치(개량하는 경우 포함)에 필요한 비용은 「국토의 계획 및 이용에 관한 법률」 또는 다른 법률에 특별한 규정이 있는 경우를 제외하고는 **공동구 점용예정자와 사업시행자가 부담한다.**

❹ **부담시기** : 공동구 점용예정자는 공동구 설치공사가 착수되기 전에 부담액의 3분의 1 이상을 납부하여야 하며, 나머지 금액은 공사기간 만료일 전까지 납부하여야 한다.

__중요지문__ 「산업입지 및 개발에 관한 법률」에 따른 일반산업단지의 규모가 200만m²를 초과하는 경우 해당 구역의 개발사업시행자는 공동구를 설치하여야 한다. (　)

▶ 정답 ✕
「산업입지 및 개발에 관한 법률」에 따른 일반산업단지는 공동구를 설치하여야 하는 대상지역에 해당하지 않는다.

Chapter 07 기반시설과 도시·군계획시설 57

(3) 공동구의 관리·운영 등

❶ **관리의무**: 공동구는 특별시장·광역시장·특별자치시장·특별자치도지사·시장 또는 군수(이하 '공동구관리자'라 한다)가 관리한다. 다만, 공동구의 효율적인 관리·운영을 위하여 필요하다고 인정하는 경우에는 대통령령으로 정하는 기관에 그 관리·운영을 위탁할 수 있다.

❷ **안전 및 유지관리계획**: 공동구관리자는 5년마다 해당 공동구의 안전 및 유지관리계획을 대통령령으로 정하는 바에 따라 수립·시행하여야 한다.

❸ **안전점검**: 공동구관리자는 대통령령으로 정하는 바에 따라 1년에 1회 이상 공동구의 안전점검을 실시하여야 하며, 안전점검결과 이상이 있다고 인정되는 때에는 지체 없이 정밀안전진단·보수·보강 등 필요한 조치를 하여야 한다.

❹ **공동구협의회의 심의대상**: 공동구가 설치된 경우에는 가스관 및 하수도관의 시설은 공동구협의회의 심의를 거쳐 수용할 수 있다.

(4) 공동구의 관리비용

❶ **부담비율**: 공동구 관리에 소요되는 비용은 그 공동구를 점용하는 자가 함께 부담하되, 부담비율은 점용면적을 고려하여 공동구관리자가 정한다.

❷ **점용(사용)허가**: 공동구 설치비용을 부담하지 아니하는 자가 공동구를 점용하거나 사용하려면 공동구관리자의 허가를 받아야 한다.

03 광역시설의 설치 및 관리

(1) **원칙**: 광역시설의 설치 및 관리는 도시·군계획시설의 설치·관리의 규정에 따른다.

(2) 예외

❶ **협약 체결 또는 협의회 구성**: 관계 특별시장·광역시장·특별자치시장·특별자치도지사·시장 또는 군수는 **협약을 체결**하거나 **협의회 등을 구성**하여 **광역시설을 설치·관리할 수 있다.** 다만, 협약의 체결이나 협의회 등의 구성이 이루어지지 아니하는 경우 그 시 또는 군이 같은 도에 속할 때에는 관할 도지사가 광역시설을 설치·관리할 수 있다.

❷ **법인의 설치·관리**: **국가계획**으로 설치하는 광역시설은 그 광역시설의 설치·관리를 사업목적 또는 사업종목으로 하여 다른 법률에 따라 설립된 **법인이 설치·관리할 수 있다.**

※보충 **분할납부**
공동구관리자는 공동구관리에 소요되는 비용을 연 2회로 분할하여 납부하게 하여야 한다.

04 도시 · 군계획시설사업의 시행

(1) 단계별 집행계획의 수립

❶ 수립권자(입안권자)

　㉠ 원칙: 특별시장 · 광역시장 · 특별자치시장 · 특별자치도지사 · 시장 또는 군수는 도시 · 군계획시설에 대하여 도시 · 군계획시설결정의 고시일부터 3개월 이내에 대통령령으로 정하는 바에 따라 재원조달계획, 보상계획 등을 포함하는 단계별 집행계획을 수립하여야 한다. 다만, 「도시 및 주거환경정비법」 등에 따라 도시 · 군관리계획의 결정이 의제되는 경우에는 해당 도시 · 군계획시설결정의 고시일부터 2년 이내에 단계별 집행계획을 수립할 수 있다.

　㉡ 예외: 국토교통부장관이나 도지사가 직접 입안한 도시 · 군관리계획인 경우 국토교통부장관이나 도지사는 단계별 집행계획을 수립할 수 있다.

❷ 단계별 집행계획의 구분

제1단계 집행계획에 포함	3년 이내에 시행하는 도시 · 군계획시설사업
제2단계 집행계획에 포함	3년 이후에 시행하는 도시 · 군계획시설사업

❸ 수립절차

　㉠ 협의 및 지방의회 의견청취(심의 ×): 특별시장 · 광역시장 · 특별자치시장 · 특별자치도지사 · 시장 또는 군수는 단계별 집행계획을 수립하고자 하는 때에는 미리 관계 행정기관의 장과 협의하여야 하며, 해당 지방의회의 의견을 들어야 한다.

　㉡ 공고: 특별시장 · 광역시장 · 특별자치시장 · 특별자치도지사 · 시장 또는 군수는 단계별 집행계획을 수립하거나 송부받은 때에는 해당 지방자치단체의 공보와 인터넷 홈페이지에 게재하는 방법에 의하며, 필요한 경우 전국 또는 해당 지방자치단체를 주된 보급지역으로 하는 일간신문에 게재하는 방법이나 방송 등의 방법을 병행할 수 있다.

(2) 도시 · 군계획시설사업의 시행자

❶ 행정청인 시행자

　㉠ 원칙: 특별시장 · 광역시장 · 특별자치시장 · 특별자치도지사 · 시장 또는 군수

　　ⓐ 특별시장 · 광역시장 · 특별자치시장 · 특별자치도지사 · 시장 또는 군수는 「국토의 계획 및 이용에 관한 법률」 또는 다른 법률에 특별한 규정이 있는 경우 외에는 관할 구역의 도시 · 군계획시설사업을 시행한다.

[중요지문] 광역시장이 단계별 집행계획을 수립하고자 하는 때에는 미리 관계 행정기관의 장과 협의하여야 하며, 해당 지방의회의 의견을 들어야 한다. (　)

▶정답 ○

[중요지문] 「국토의 계획 및 이용에 관한 법률」 또는 다른 법률에 특별한 규정이 있는 경우 외에는 특별시장 · 광역시장 · 특별자치시장 · 특별자치도지사 · 시장 또는 군수가 관할 구역의 도시 · 군계획시설사업을 시행한다. (　)

▶정답 ○

ⓑ 도시·군계획시설사업이 둘 이상의 특별시·광역시·특별자치시·특별자치도·시 또는 군의 관할 구역에 걸쳐 시행되는 경우에는 관계 특별시장·광역시장·특별자치시장·특별자치도지사·시장 또는 군수가 서로 협의하여 시행자를 정한다.

ⓒ 협의가 성립되지 아니하는 경우 도시·군계획시설사업을 시행하려는 구역이 같은 도의 관할 구역에 속하는 경우에는 관할 도지사가 시행자를 지정하고, 둘 이상의 시·도의 관할 구역에 걸치는 경우에는 국토교통부장관이 시행자를 지정한다.

ⓛ 예외 : 국토교통부장관 또는 도지사

ⓐ **국토교통부장관**은 **국가계획**과 관련되거나 그 밖에 특히 필요하다고 인정되는 경우에는 관계 특별시장·광역시장·특별자치시장·특별자치도지사·시장 또는 군수의 의견을 들어 직접 도시·군계획시설사업을 시행할 수 있다.

ⓑ **도지사**는 **광역도시계획**과 관련되거나 특히 필요하다고 인정되는 경우에는 관계 시장 또는 군수의 의견을 들어 직접 도시·군계획시설사업을 시행할 수 있다.

❷ **비행정청인 시행자**

ⓛ 지정시행자 : 국토교통부장관, 시·도지사, 시장·군수 외의 자는 대통령령으로 정하는 바에 따라 국토교통부장관, 시·도지사, 시장 또는 군수로부터 시행자로 지정을 받아 도시·군계획시설사업을 시행할 수 있다.

ⓛ 민간시행자의 지정요건 : 도시·군계획시설사업의 시행자로 지정을 받으려면 도시·군계획시설사업의 대상인 **토지**(국·공유지는 제외)면적의 3분의 2 이상에 해당하는 토지를 소유하고, 토지소유자 총수의 2분의 1 이상에 해당하는 자의 동의를 얻어야 한다.

❸ **행정심판** : 「국토의 계획 및 이용에 관한 법률」에 따른 도시·군계획시설사업 시행자의 처분에 대하여는 「행정심판법」에 따라 행정심판을 제기할 수 있다. 이 경우 행정청이 아닌 시행자의 처분에 대하여는 그 **시행자를 지정한 자**(시행자 ×)에게 행정심판을 제기하여야 한다.

(3) **실시계획**

❶ **실시계획의 작성**

ⓛ 도시·군계획시설사업의 시행자는 도시·군계획시설사업에 관한 실시계획을 작성하여야 한다.

ⓛ 실시계획에는 사업시행에 필요한 설계도서, 자금계획, 시행기간, 그 밖에 대통령령으로 정하는 사항을 자세히 밝히거나 첨부하여야 한다.

<aside>
◤중요지문◢ **제출서류**
도시·군계획시설사업 시행자로 지정받고자 하는 자가 제출하여야 하는 서류는 다음과 같다.
❶ 사업의 종류 및 명칭
❷ 사업시행자의 명칭 및 주소
❸ 토지 또는 건축물의 소재지, 소유권과 소유권 외의 권리명세 등
❹ 착수예정일 및 준공예정일
❺ 자금조달계획

◤중요지문◢ 한국토지주택공사가 도시·군계획시설사업의 시행자로 지정받으려면 사업대상 토지면적의 3분의 2 이상의 토지소유자의 동의를 얻어야 한다. ( )

▶정답 ×
한국토지주택공사는 동의를 받지 아니하고도 도시·군계획시설사업의 시행자로 지정을 받을 수 있다.
</aside>

ⓒ 도시·군계획시설사업을 분할시행하는 때에는 분할된 지역별로 실시계획을 작성할 수 있다.

❷ **실시계획의 인가**

ㄱ 인가권자 : 도시·군계획시설사업의 시행자(국토교통부장관, 시·도지사와 대도시 시장은 제외)는 실시계획을 작성하면 국토교통부장관이 지정한 시행자는 국토교통부장관의 인가를 받아야 하며, 그 밖의 시행자는 시·도지사 또는 대도시 시장의 인가를 받아야 한다.

ㄴ 조건부 인가 : 국토교통부장관, 시·도지사 또는 대도시 시장은 도시·군계획시설사업시행자가 작성한 실시계획이 도시·군계획시설의 결정·구조 및 설치의 기준 등에 맞다고 인정하는 경우에는 실시계획을 인가하여야 한다. 이 경우 국토교통부장관, 시·도지사 또는 대도시 시장은 기반시설의 설치나 그에 필요한 용지의 확보, 위해 방지, 환경오염 방지, 경관 조성, 조경 등의 조치를 할 것을 조건으로 실시계획을 인가할 수 있다.

ㄷ 경미한 변경 : 인가받은 실시계획을 변경하거나 폐지하는 경우에는 인가를 받아야 한다. 다만, **구역경계의 변경이 없는 범위** 안에서 행하는 건축물의 **연면적 10% 미만의 변경**과 「학교시설사업촉진법」에 의한 학교시설의 변경인 경우에는 **인가를 받지 않아도** 된다.

❸ **실시계획의 인가절차** : 국토교통부장관, 시·도지사 또는 대도시 시장은 실시계획을 인가하려면 미리 그 사실을 공고하고, 관계 서류의 사본을 14일 이상 일반이 열람할 수 있도록 하여야 한다.

❹ **실시계획의 고시** : 국토교통부장관, 시·도지사 또는 대도시 시장은 실시계획을 인가한 경우에는 그 내용을 고시하여야 한다.

❺ **실시계획의 실효**

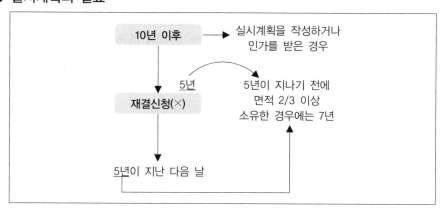

추가 경미한 변경
❶ 사업명칭을 변경하는 경우
❷ 기존시설의 일부 또는 전부에 대한 용도변경을 수반하지 않는 대수선·재축 및 개축인 경우
❸ 도로의 포장 등 기존 도로의 면적·위치 및 규모의 변경을 수반하지 아니하는 도로의 개량인 경우
❹ 구역경계의 변경이 없는 범위에서 측량결과에 따라 면적을 변경하는 경우

(4) 사업시행을 위한 조치

❶ **분할시행**: 도시·군계획시설사업의 시행자는 도시·군계획시설사업을 효율적으로 추진하기 위하여 필요하다고 인정되면 사업시행대상지역 또는 대상시설을 둘 이상으로 분할하여 도시·군계획시설사업을 시행할 수 있다.

❷ **무료 열람**: 도시·군계획시설사업의 시행자는 도시·군계획시설사업을 시행하기 위하여 필요하면 등기소나 관계 행정기관의 장에게 필요한 서류의 열람 또는 복사나 그 등본 또는 초본의 발급을 무료로 청구할 수 있다.

❸ **공시송달**: 도시·군계획시설사업의 시행자는 서류를 송달할 필요가 있으나 이해관계인의 주소 또는 거소가 불분명하거나 그 밖의 사유로 서류를 송달할 수 없는 경우에는 그 서류의 송달을 갈음하여 그 내용을 공시할 수 있다.

❹ **토지 등의 수용 및 사용**

㉠ 수용 및 사용: 도시·군계획시설사업의 시행자는 도시·군계획시설사업에 필요한 다음의 물건 또는 권리를 수용하거나 사용할 수 있다.

> ⓐ 토지·건축물 또는 그 토지에 정착된 물건
> ⓑ 토지·건축물 또는 그 토지에 정착된 물건에 관한 소유권 외의 권리

㉡ 일시사용: 도시·군계획시설사업의 시행자는 사업시행을 위하여 특히 필요하다고 인정되면 도시·군계획시설에 인접한 다음의 물건 또는 권리를 일시사용(수용 ×)할 수 있다.

> ⓐ 토지·건축물 또는 그 토지에 정착된 물건
> ⓑ 토지·건축물 또는 그 토지에 정착된 물건에 관한 소유권 외의 권리

❺ 「**공익사업을 위한 토지 등의 취득 및 보상에 관한 법률**」의 특례

> ㉠ 사업인정 및 고시의 의제: 실시계획을 고시한 경우에는 「공익사업을 위한 토지 등의 취득 및 보상에 관한 법률」에 따른 사업인정 및 그 고시가 있었던 것으로 본다.
> ㉡ 재결신청기간: 재결신청은 실시계획에서 정한 도시·군계획시설사업의 시행기간에 하여야 한다.

[중요지문] 행정청인 시행자는 이해관계인의 주소 또는 거소(居所)가 불분명하여 서류를 송달할 수 없는 경우 그 서류의 송달을 갈음하여 그 내용을 공시할 수 있다. ( )

▶정답 ○

[보충] 국·공유지의 처분제한
도시·군관리계획결정을 고시한 경우에는 국·공유지로서 도시·군계획시설사업에 필요한 토지는 그 도시·군관리계획으로 정하여진 목적 외의 목적으로 매각하거나 양도할 수 없다. ⇨ 위반 시 무효

제2절 매수청구 및 실효 등

01 장기미집행 도시·군계획시설부지의 매수청구

(1) 매수청구권자 및 매수의무자

❶ **매수청구권자**: 도시·군계획시설에 대한 도시·군관리계획결정의 고시일부터 10년 이내에 그 도시·군계획시설의 설치에 관한 도시·군계획시설사업이 시행되지 아니하는 경우(실시계획의 인가나 그에 상당하는 절차가 진행된 경우는 제외) 그 도시·군계획시설의 부지로 되어 있는 토지 중 지목(地目)이 대(垈)인 토지(그 토지에 있는 건축물 및 정착물을 포함)의 소유자

❷ **매수의무자**

> ㉠ 특별시장·광역시장·특별자치시장·특별자치도지사·시장 또는 군수
> ㉡ 도시·군계획시설사업의 시행자가 정하여진 경우에는 그 시행자
> ㉢ 「국토의 계획 및 이용에 관한 법률」 또는 다른 법률에 따라 도시·군계획시설을 설치하거나 관리하여야 할 의무가 있는 자가 있으면 그 의무가 있는 자. 이 경우 도시·군계획시설을 설치하거나 관리하여야 할 의무가 있는 자가 서로 다른 경우에는 설치하여야 할 의무가 있는 자

(2) 매수절차

❶ **매수 여부의 결정**: 매수의무자는 매수청구를 받은 날부터 **6개월 이내**에 매수 여부를 결정하여 토지소유자와 특별시장·광역시장·특별자치시장·특별자치도지사·시장 또는 군수에게 알려야 하며, 매수하기로 결정한 토지는 매수결정을 알린 날부터 **2년 이내**에 매수하여야 한다.

❷ **토지의 매수가격**: 매수청구된 토지의 **매수가격·매수절차** 등에 관하여 「국토의 계획 및 이용에 관한 법률」에 특별한 규정이 있는 경우 외에는 「공익사업을 위한 토지 등의 취득 및 보상에 관한 법률」을 준용한다.

(3) 매수방법

❶ **원칙**: 매수의무자는 매수청구를 받은 토지를 매수하는 때에는 현금으로 그 대금을 지급한다.

❷ **예외**: 다음에 해당하는 경우로서 매수의무자가 **지방자치단체**인 경우에는 채권(이하 '도시·군계획시설채권'이라 한다)을 발행하여 지급할 수 있다.

> **중요지문** 매수의무자가 매수하기로 결정한 토지는 매수결정을 알린 날부터 3년 이내에 매수하여야 한다. ( )
>
> ▶ **정답** ✕
> 매수의무자가 매수하기로 결정한 토지는 매수결정을 알린 날부터 2년 이내에 매수하여야 한다.

> ㉠ 토지소유자가 원하는 경우
> ㉡ 부재부동산 소유자의 토지 또는 비업무용 토지로서 매수대금이 3천만원을 초과하는 경우 그 초과하는 금액을 지급하는 경우

❸ **상환기간 · 이율** : 도시 · 군계획시설채권의 상환기간은 10년 이내로 하며, 그 이율은 채권 발행 당시 은행이 적용하는 1년 만기 정기예금금리의 평균 이상이어야 하며, 구체적인 상환기간과 이율은 조례로 정한다.

❹ **준용 법률** : 도시 · 군계획시설채권의 발행절차에 관하여 「국토의 계획 및 이용에 관한 법률」에 특별한 규정이 있는 경우 외에는 「지방재정법」에서 정하는 바에 따른다.

(4) 매수거부 또는 지연 시 조치

매수청구를 한 토지의 소유자는 매수의무자가 매수하지 아니하기로 결정한 경우 또는 매수결정을 알린 날부터 2년이 지날 때까지 해당 토지를 매수하지 아니하는 경우 개발행위허가를 받아 다음의 건축물 또는 공작물을 설치할 수 있다. 이 경우 개발행위허가의 기준을 적용하지 아니한다.

> ❶ 단독주택(다중주택 · 다가구주택 · 공관은 제외)으로서 3층 이하인 것
> ❷ 제1종 근린생활시설로서 3층 이하인 것
> ❸ 제2종 근린생활시설(단란주점, 안마시술소, 노래연습장 및 다중생활시설은 제외)로서 3층 이하인 것
> ❹ 공작물

02 도시 · 군계획시설결정의 실효 등

(1) 실효사유

도시 · 군계획시설결정이 고시된 도시 · 군계획시설에 대하여 그 고시일부터 20년이 지날 때까지 그 시설의 설치에 관한 도시 · 군계획시설사업이 시행되지 아니하는 경우 그 도시 · 군계획시설결정은 그 고시일부터 20년이 되는 날의 다음 날에 그 효력을 잃는다.

(2) 지방의회의 해제권고

❶ 미집행 도시 · 군계획시설의 보고

㉠ 특별시장 · 광역시장 · 특별자치시장 · 특별자치도지사 · 시장 또는 군수는 도시 · 군계획시설결정이 고시된 도시 · 군계획시설(국토교통부장관이

결정·고시한 도시·군계획시설 중 관계 중앙행정기관의 장이 직접 설치하기로 한 시설은 제외)을 설치할 필요성이 없어진 경우 또는 그 고시일부터 10년이 지날 때까지 해당 시설의 설치에 관한 도시·군계획시설사업이 시행되지 아니하는 경우에는 그 현황과 단계별 집행계획을 해당 지방의회의 정례회 또는 임시회의 기간 중에 보고하여야 한다.

ⓒ 지방자치단체의 장은 지방의회에 보고한 장기미집행 도시·군계획시설 등 중 도시·군계획시설결정이 해제되지 아니한 장기미집행 도시·군계획시설 등에 대하여 최초로 지방의회에 보고한 때부터 2년마다 지방의회에 보고하여야 한다.

❷ 지방의회의 해제권고
㉠ 보고를 받은 지방의회는 해당 특별시장·광역시장·특별자치시장·특별자치도지사·시장 또는 군수에게 도시·군계획시설결정의 해제를 권고할 수 있다.
ⓒ 지방의회는 장기미집행 도시·군계획시설 등에 대하여 해제를 권고하는 경우에는 보고가 지방의회에 접수된 날부터 90일 이내에 해제를 권고하는 서면을 지방자치단체의 장에게 보내야 한다.

❸ 해제를 위한 도시·군관리계획의 결정
㉠ 지방자치단체의 장은 특별한 사유가 있는 경우를 제외하고는 해당 장기미집행 도시·군계획시설 등의 해제권고를 받은 날부터 1년 이내에 해제를 위한 도시·군관리계획을 결정하여야 한다.
ⓒ 시장 또는 군수는 도지사가 결정한 도시·군관리계획의 해제가 필요한 경우에는 도지사에게 그 결정을 신청하여야 한다.
ⓒ 도시·군계획시설결정의 해제를 신청받은 도지사는 특별한 사유가 없으면 신청을 받은 날부터 1년 이내에 해당 도시·군계획시설의 해제를 위한 도시·군관리계획결정을 하여야 한다.

※보충 소명기간
지방자치단체의 장은 지방의회에 해제할 수 없다고 인정하는 특별한 사유를 해제권고를 받은 날부터 6개월 이내에 소명하여야 한다.

03 비용의 부담 *제36회

(1) **원칙**: 시행자 비용부담
광역도시계획 및 도시·군계획의 수립과 도시·군계획시설사업에 관한 비용은 국가가 하는 경우에는 국가예산에서, 지방자치단체가 하는 경우에는 해당 지방자치단체가, 행정청이 아닌 자가 하는 경우에는 그 자가 부담함을 원칙으로 한다.

중요지문 행정청이 아닌 자가 도시·군계획시설사업을 시행하는 경우 그에 관한 비용은 원칙적으로 그 자가 부담한다. ( )

▶정답 ○

(2) **예외**: 수익자 비용부담

❶ 국토교통부장관이나 시·도지사는 그가 시행한 도시·군계획시설사업으로 현저히 이익을 받는 시·도, 시 또는 군이 있으면 그 사업에 든 비용의 일부 (50%를 넘지 않는 범위)를 그 이익을 받는 시·도, 시 또는 군에 부담시킬 수 있다.

❷ 시·도지사는 그 시·도에 속하지 아니하는 특별시·광역시·특별자치시·특별자치도·시 또는 군에 비용을 부담시키려면 해당 지방자치단체의 장과 협의하되, 협의가 성립되지 아니하는 경우에는 행정안전부장관이 결정하는 바에 따른다.

(3) **보조 또는 융자**

시행자가 행정청인 경우	행정청이 시행하는 도시·군계획시설사업에 대하여는 해당 도시·군계획시설사업에 소요되는 비용(조사·측량비, 설계비 및 관리비를 제외한 공사비와 감정비를 포함한 보상비를 말한다)의 50% 이하의 범위 안에서 국가예산으로 보조 또는 융자할 수 있다.
시행자가 비행정청인 경우	행정청이 아닌 자가 시행하는 도시·군계획시설사업에 대하여는 해당 도시·군계획시설사업에 소요되는 비용(조사·측량비, 설계비 및 관리비를 제외한 공사비와 감정비를 포함한 보상비를 말한다)의 3분의 1 이하의 범위 안에서 국가 또는 지방자치단체가 보조 또는 융자할 수 있다.

(4) **지원**

자연취락지구에 대한 지원	❶ 자연취락지구 안에 있거나 자연취락지구에 연결되는 도로·수도공급설비·하수도 등의 정비 ❷ 어린이놀이터·공원·녹지·주차장·학교·마을회관 등의 설치·정비 ❸ 쓰레기처리장·하수처리시설 등의 설치·개량 ❹ 하천정비 등 재해방지를 위한 시설의 설치·개량 ❺ 주택의 신축·개량
방재지구에 대한 지원	국가나 지방자치단체는 이 법률 또는 다른 법률에 따라 방재사업을 시행하거나 그 사업을 지원하는 경우 방재지구에 우선적으로 지원할 수 있다.

우선지원 가능지역	❶ 도로, 상하수도 등 기반시설이 인근지역에 비하여 부족한 지역 ❷ 광역도시계획에 반영된 광역시설이 설치되는 지역 ❸ 개발제한구역(집단취락만 해당한다)에서 해제된 지역 ❹ 도시·군계획시설결정의 고시일부터 10년이 지날 때까지 그 도시·군계획시설의 설치에 관한 도시·군계획시설사업이 시행되지 아니한 경우로서 해당 도시·군계획시설의 설치 필 요성이 높은 지역

예 제

甲소유의 토지는 A광역시 B구에 소재한 지목이 대(垈)인 토지로서 한국토지주택공사를 사업시행자로 하는 도시·군계획시설부지이다. 甲의 토지에 대해 국토의 계획 및 이용에 관한 법령상 도시·군계획시설부지의 매수청구권이 인정되는 경우, 이에 관한 설명으로 옳은 것은? (단, 도시·군계획시설의 설치의무자는 사업시행자이며, 조례는 고려하지 않음)

① 甲의 토지의 매수의무자는 B구청장이다.
② 甲이 매수청구를 할 수 있는 대상은 토지이며, 그 토지에 있는 건축물은 포함되지 않는다.
③ 甲이 원하는 경우 매수의무자는 도시·군계획시설채권을 발행하여 그 대금을 지급할 수 있다.
④ 매수의무자는 매수청구를 받은 날부터 6개월 이내에 매수 여부를 결정하여 甲과 A광역시장에게 알려야 한다.
⑤ 매수청구에 대해 매수의무자가 매수하지 아니하기로 결정한 경우 甲은 자신의 토지에 2층의 다세대주택을 건축할 수 있다.

해설 ① 甲의 토지의 매수의무자는 한국토지주택공사이다.
② 甲이 매수청구를 할 수 있는 대상은 토지이며, 그 토지에 있는 건축물도 포함된다.
③ 甲이 원하는 경우라도 매수의무자가 한국토지주택공사이기 때문에 도시·군계획시설채권을 발행하여 그 대금을 지급할 수 없다. 매수의무자가 지방자치단체인 경우에만 채권을 발행할 수 있다.
⑤ 매수청구에 대해 매수의무자가 매수하지 아니하기로 결정한 경우 3층 이하의 단독주택을 건축할 수 있다. 따라서 甲은 자신의 토지에 2층의 다세대주택을 건축할 수 없다.   ▶ 정답 ④

지구단위계획구역과 지구단위계획

제1절 | **지구단위계획구역** *제36회

01 재량적 지정대상지역

국토교통부장관, 시·도지사, 시장 또는 군수는 다음의 어느 하나에 해당하는 지역의 전부 또는 일부에 대하여 지구단위계획구역을 지정할 수 있다.

❶ 용도지구
❷ 「도시개발법」에 따라 지정된 도시개발구역
❸ 「도시 및 주거환경정비법」에 따라 지정된 정비구역
❹ 「택지개발촉진법」에 따라 지정된 택지개발지구
❺ 「주택법」에 따른 대지조성사업지구
❻ 「산업입지 및 개발에 관한 법률」의 산업단지와 준산업단지
❼ 「관광진흥법」에 따라 지정된 관광단지와 관광특구
❽ 개발제한구역·도시자연공원구역·시가화조정구역 또는 공원에서 해제되는 구역, 녹지지역에서 주거·상업·공업지역으로 변경되는 구역
  〔암기TIP〕 공개도시 + 해제

❾ 도시지역 내 복합적인 토지 이용을 증진시킬 필요가 있는 일반주거지역, 준주거지역, 상업지역 및 준공업지역 + 세 개 이상의 노선이 교차하는 대중교통결절지로부터 1km 이내에 위치한 지역, 역세권개발구역 등

02 의무적 지정대상지역

국토교통부장관, 시·도지사, 시장 또는 군수는 다음의 어느 하나에 해당하는 지역은 지구단위계획구역으로 지정하여야 한다. 다만, 관계 법률에 따라 그 지역에 토지이용과 건축에 관한 계획이 수립되어 있는 경우에는 그러하지 아니하다.

❶ 정비구역 및 택지개발지구에서 시행되는 사업이 끝난 후 10년이 지난 지역
  〔암기TIP〕 정택이는 10년 지난 친구!

〔중요지문〕 「주택법」에 따라 대지조성사업지구로 지정된 지역의 전부에 대하여 지구단위계획구역을 지정할 수는 없다.   ( )

▶정답 ✕
대지조성사업지구로 지정된 지역의 전부에 대하여 지구단위계획구역을 지정할 수 있다.

〔중요지문〕 정비구역과 택지개발지구에서 사업이 끝난 후 5년이 지난 지역은 지구단위계획구역으로 지정하여야 한다.   ( )

▶정답 ✕
정비구역과 택지개발지구에서 시행되는 사업이 끝난 후 10년이 지난 지역으로서 관계 법률에 따른 토지이용과 건축에 관한 계획이 수립되어 있지 않은 지역은 지구단위계획구역으로 지정하여야 한다.

❷ 다음에 해당하는 지역으로서 체계적·계획적인 개발 또는 관리가 필요한 지역으로서 그 면적이 30만m² 이상인 지역

> ㉠ 시가화조정구역 또는 공원에서 해제되는 지역. 다만, 녹지지역으로 지정 또는 존치되거나 법 또는 다른 법령에 의하여 도시·군계획사업 등 개발계획이 수립되지 아니하는 경우를 제외한다.
> ㉡ 녹지지역에서 주거지역·상업지역 또는 공업지역으로 변경되는 지역

03 도시지역 외 지역 중 지정대상지역

(1) **구역 면적의 50% 이상이 계획관리지역으로서 다음에 해당하는 지역**

❶ 계획관리지역 외 지구단위계획구역으로 포함할 수 있는 나머지 용도지역은 생산관리지역 또는 보전관리지역일 것

❷ 지구단위계획구역으로 지정하고자 하는 토지의 면적이 다음에 규정된 면적요건에 해당할 것

> ㉠ 아파트 또는 연립주택 건설계획이 포함된 경우로서 자연보전권역인 경우 : 10만m² 이상
> ㉡ 아파트 또는 연립주택 건설계획이 포함되지 않은 경우 : 3만m² 이상일 것
> ㉢ 해당 지역에 도로·수도공급설비·하수도 등 기반시설을 공급할 수 있을 것
> ㉣ 자연환경·경관·미관 등을 해치지 아니하고 국가유산의 훼손 우려가 없을 것

(2) **개발진흥지구로서 다음의 요건에 해당하는 지역**

❶ 계획관리지역에서의 요건에 해당할 것

❷ 해당 개발진흥지구가 다음의 지역에 위치할 것

> ㉠ 주거, 특정, 복합개발진흥지구(주거기능 포함) ⇨ 계획관리지역
> ㉡ 산업·유통, 복합개발진흥지구(주거기능이 포함되지 않는 경우)
>   ⇨ 계획관리지역, 생산관리지역, 농림지역
> ㉢ 관광·휴양개발진흥지구 ⇨ 도시지역 외의 지역

(3) 용도지구를 폐지하고 그 용도지구에서의 행위제한 등을 **지구단위계획으로 대체하려는 지역**

> 중요지문 도시지역 외의 지역으로서 용도지구를 폐지하고 그 용도지구에서의 행위제한 등을 지구단위계획으로 대체하려는 지역은 지구단위계획구역으로 지정될 수 있다.   ( )
>
> ▶ 정답 ○

제2절 # 지구단위계획 ★제36회

01 지구단위계획의 수립

지구단위계획의 수립기준 등은 대통령령으로 정하는 바에 따라 **국토교통부장관**이 정한다.

02 지구단위계획의 내용

지구단위계획구역의 지정 목적을 이루기 위하여 지구단위계획에는 다음의 ❸과 ❺의 사항을 포함한 둘 이상의 사항이 포함되어야 한다. 다만, ❷를 내용으로 하는 지구단위계획의 경우에는 그러하지 아니하다.

> ❶ 용도지역이나 용도지구를 대통령령으로 정하는 범위에서 세분하거나 변경하는 사항
> ❷ 기존의 용도지구를 폐지하고 그 용도지구에서의 건축물이나 그 밖의 시설의 용도 · 종류 및 규모 등의 제한을 대체하는 사항
> ❸ 대통령령으로 정하는 기반시설의 배치와 규모
> ❹ 도로로 둘러싸인 일단의 지역 또는 계획적인 개발 · 정비를 위하여 구획된 일단의 토지의 규모와 조성계획
> ❺ 건축물의 용도제한, 건축물의 건폐율 또는 용적률, 건축물 높이의 최고한도 또는 최저한도
> ❻ 건축물의 배치 · 형태 · 색채 또는 건축선에 관한 계획
> ❼ 환경관리계획 또는 경관계획
> ❽ 보행안전 등을 고려한 교통처리계획

03 법률규정의 완화 적용

지구단위계획구역에서는 다음의 규정에 관하여 대통령령으로 정하는 범위에서 지구단위계획으로 정하는 바에 따라 완화하여 적용할 수 있다. 다만, 개발진흥지구(계획관리지역에 **지정된 개발진흥지구는 제외**)에 지정된 지구단위계획구역에 대하여는 공동주택 중 아파트 및 연립주택은 허용되지 아니한다.

추가 🖋 **지구단위계획 수립 시 고려 사항**
❶ 도시의 정비 · 관리 · 보전 · 개발 등 지구단위계획구역의 지정목적
❷ 주거 · 산업 · 유통 · 관광휴양 · 복합 등 지구단위계획구역의 중심기능
❸ 해당 용도지역의 특성
❹ 지역 공동체의 활성화
❺ 안전하고 지속가능한 생활권의 조성
❻ 해당 지역 및 인근 지역의 토지이용을 고려한 토지이용계획과 건축계획의 조화

중요지문 계획관리지역 외의 지역에 지정된 개발진흥지구 내의 지구단위계획구역에서는 건축물의 용도 · 종류 및 규모 등을 완화하여 적용할 경우 아파트 및 연립주택은 허용되지 아니한다. (　)

▶정답 ○

도시지역 내 지구단위계획구역	❶ 건축제한의 완화	
	❷ 건폐율의 완화: 150%를 초과할 수 없다.	
	❸ 용적률의 완화: 200%를 초과할 수 없다.	
	❹ 건축물의 높이제한: 120% 이내에서 완화할 수 있다.	
	❺ 주차장 설치기준: 100%까지 완화할 수 있다.	
	❻ 채광 등의 확보를 위한 높이제한: 지구단위계획구역 내 준주거지역에서는 200% 이내에서 완화할 수 있다.	
도시지역 외 지구단위계획구역	❶ 건축제한의 완화	
	❷ 건폐율의 완화: 150% 이내에서 완화하여 적용할 수 있다.	
	❸ 용적률의 완화: 200% 이내에서 완화하여 적용할 수 있다.	

추가 주차장 설치기준을 완화할 수 있는 경우
❶ 한옥마을을 보존하고자 하는 경우
❷ 차 없는 거리를 조성하고자 하는 경우

중요지문 도시지역 내 지구단위계획구역의 지정이 한옥마을의 보존을 목적으로 하는 경우 지구단위계획으로 「주차장법」 제19조 제3항에 의한 주차장 설치기준을 100%까지 완화하여 적용할 수 있다. ( )

▶정답 ○

04 지구단위계획구역의 지정 및 지구단위계획의 실효

(1) 지구단위계획구역의 실효

지구단위계획구역의 지정에 관한 도시·군관리계획결정의 고시일부터 3년 이내에 그 지구단위계획구역에 관한 지구단위계획이 결정·고시되지 아니하면 그 3년이 되는 날의 다음 날에 그 지구단위계획구역의 지정에 관한 도시·군관리계획결정은 효력을 잃는다.

(2) 지구단위계획의 실효

지구단위계획(주민이 입안을 제안한 것에 한정)에 관한 도시·군관리계획결정의 고시일부터 5년 이내에 「국토의 계획 및 관리에 관한 법률」 또는 다른 법률에 따라 허가·인가·승인 등을 받아 사업이나 공사에 착수하지 아니하면 그 5년이 된 날의 다음 날에 그 지구단위계획에 관한 도시·군관리계획결정은 효력을 잃는다. 이 경우 지구단위계획과 관련한 도시·군관리계획결정에 관한 사항은 해당 지구단위계획구역 지정 당시의 도시·군관리계획으로 환원된 것으로 본다.

추가 실효고시
국토교통부장관, 시·도지사, 시장 또는 군수는 지구단위계획구역 지정 및 지구단위계획결정이 효력을 잃으면 대통령령으로 정하는 바에 따라 지체 없이 그 사실을 고시하여야 한다.

05 지구단위계획구역에서의 건축

지구단위계획구역에서 건축물(일정기간 내 철거가 예상되는 가설건축물은 제외)을 건축 또는 용도변경하거나 공작물을 설치하려면 그 지구단위계획에 맞게 하여야 한다. 다만, 지구단위계획이 수립되어 있지 아니한 경우에는 그러하지 아니하다.

개발행위의 허가

제1절 **허가대상 개발행위**

01 허가대상 개발행위

(1) 허가권자

다음에 해당하는 개발행위를 하려는 자는 특별시장·광역시장·특별자치시장·특별자치도지사·시장 또는 군수의 허가를 받아야 한다. 다만, 도시·군계획사업(도시·군계획시설사업＋도시개발사업＋정비사업)에 의한 행위는 그러하지 아니하다.

❶ **건축물의 건축 또는 공작물의 설치**

> ㉠ 건축물의 건축: 「건축법」에 따른 건축물의 건축
> ㉡ 공작물의 설치: 인공을 가하여 제작한 시설물(「건축법」에 따른 건축물은 제외)의 설치

❷ **토지의 형질변경**: 절토(땅깎기)·성토(흙쌓기)·정지(땅고르기)·포장 등의 방법으로 토지의 형상을 변경하는 행위와 공유수면의 매립(경작을 위한 토지의 형질변경은 제외)

❸ **토석채취**: 흙·모래·자갈·바위 등의 토석을 채취하는 행위. 다만, 토지의 형질변경을 목적으로 하는 것은 제외한다.

❹ **토지분할**: 다음의 어느 하나에 해당하는 토지의 분할(「건축법」에 따른 건축물이 있는 대지는 제외)

> ㉠ 녹지지역·관리지역·농림지역 및 자연환경보전지역 안에서 관계 법령에 따른 허가·인가 등을 받지 아니하고 행하는 토지의 분할
> ㉡ 「건축법」에 따른 분할제한면적 미만으로의 토지의 분할
> ㉢ 관계 법령에 의한 허가·인가 등을 받지 아니하고 행하는 너비 5m 이하로의 토지의 분할

❺ **물건을 쌓아놓는 행위**: 녹지지역·관리지역 또는 자연환경보전지역 안에서 건축물의 울타리 안(적법한 절차에 의하여 조성된 대지에 한정)에 위치하지 아니한 토지에 물건을 1개월 이상 쌓아놓는 행위

(2) 경미한 사항의 변경

개발행위허가를 받은 사항을 변경하는 경우에는 개발행위허가에 관한 규정을 준용한다. 다만, 개발행위허가를 받은 자는 다음에 해당하는 경우(다른 사항에 저촉되지 않는 경우로 한정)에는 지체 없이 그 사실을 특별시장·광역시장·특별자치시장·특별자치도지사·시장 또는 군수에게 **통지**하여야 한다.

❶ 사업기간을 단축하는 경우 ⇨ 연장의 경우에는 허가를 받아야 한다.
❷ 부지면적 또는 건축물 연면적을 5% 범위에서 축소(공작물의 무게, 부피 또는 수평투영면적을 5% 범위에서 축소하는 경우를 포함)하는 경우

02 허가를 요하지 아니하는 개발행위

다음에 해당하는 행위는 개발행위허가를 받지 아니하고 할 수 있다.

(1) 재해복구나 재난수습을 위한 응급조치

응급조치를 한 경우에는 1개월 이내에 특별시장·광역시장·특별자치시장·특별자치도지사·시장 또는 군수에게 신고하여야 한다.

(2) 대통령령으로 정하는 다음의 경미한 행위

❶ **공작물의 설치** : 녹지지역·관리지역 또는 농림지역 안에서의 농림어업용 비닐하우스(양식업을 하기 위하여 비닐하우스 안에 설치하는 양식장은 제외)의 설치

❷ **토지분할**

㉠ 「사도법」에 의한 사도개설허가를 받은 토지의 분할
㉡ 토지의 일부를 국유지 또는 공유지로 하거나 공공시설로 사용하기 위한 토지의 분할
㉢ 행정재산 중 용도폐지되는 부분의 분할 또는 일반재산을 매각·교환 또는 양여하기 위한 분할
㉣ 토지의 일부가 도시·군계획시설로 지형도면고시가 된 해당 토지의 분할
㉤ 너비 5m 이하로 이미 분할된 토지의 「건축법」에 따른 분할제한면적 이상으로의 분할

03 개발행위허가의 절차

(1) 개발행위허가의 신청

❶ **원칙**: 개발행위를 하려는 자는 그 개발행위에 따른 기반시설의 설치나 그에 필요한 용지의 확보, 위해(危害) 방지, 환경오염 방지, 경관, 조경 등에 관한 계획서를 첨부한 신청서를 개발행위허가권자에게 제출하여야 한다.

❷ **예외**: 개발밀도관리구역 안에서는 기반시설의 설치나 그에 필요한 용지의 확보에 관한 계획서를 제출하지 아니한다.

(2) 개발행위허가의 절차

❶ **시행자의 의견청취**: 특별시장·광역시장·특별자치시장·특별자치도지사·시장 또는 군수는 개발행위허가 또는 변경허가를 하려면 그 개발행위가 도시·군계획사업의 시행에 지장을 주는지에 관하여 해당 지역에서 시행되는 도시·군계획사업의 시행자의 의견을 들어야 한다.

❷ **관리청의 의견청취**: 특별시장·광역시장·특별자치시장·특별자치도지사·시장 또는 군수는 공공시설의 귀속에 관한 사항이 포함된 개발행위허가를 하려면 미리 해당 공공시설이 속한 관리청의 의견을 들어야 한다.

(3) 도시계획위원회의 심의

❶ **원칙**: 관계 행정기관의 장은 건축물의 건축, 공작물의 설치, 토지의 형질변경, 토석의 채취에 해당하는 행위로서 부피 3만m^3 이상의 토석채취를 「국토의 계획 및 이용에 관한 법률」에 따라 허가 또는 변경허가를 하려면 대통령령으로 정하는 바에 따라 중앙도시계획위원회나 지방도시계획위원회의 심의를 거쳐야 한다.

❷ **예외**: 다음의 어느 하나에 해당하는 개발행위는 중앙도시계획위원회와 지방도시계획위원회의 심의를 거치지 아니한다.

> ㉠ 지구단위계획 또는 성장관리계획을 수립한 지역에서 하는 개발행위
> ㉡ 「환경영향평가법」에 따라 환경영향평가를 받은 개발행위
> ㉢ 「도시교통정비 촉진법」에 따라 교통영향평가에 대한 검토를 받은 개발행위
> ㉣ 「사방사업법」에 따른 사방사업을 위한 개발행위
> ㉤ 다른 법률에 따라 도시계획위원회의 심의를 받은 구역에서 하는 개발행위
> ㉥ 「산림자원의 조성 및 관리에 관한 법률」에 따른 산림사업을 위한 개발행위

⑷ 허가 또는 불허가처분

❶ 특별시장·광역시장·특별자치시장·특별자치도지사·시장 또는 군수는 개발행위허가의 신청에 대하여 특별한 사유가 없으면 15일(도시계획위원회의 심의를 거쳐야 하거나 관계 행정기관의 장과 협의를 하여야 하는 경우에는 심의 또는 협의기간은 제외) 이내에 허가 또는 불허가의 처분을 하여야 한다.

❷ 특별시장·광역시장·특별자치시장·특별자치도지사·시장 또는 군수는 허가 또는 불허가의 처분을 할 때에는 지체 없이 그 신청인에게 허가내용이나 불허가처분의 사유를 서면 또는 국토이용정보체계를 통하여 알려야 한다.

⑸ 조건부 허가

❶ 특별시장·광역시장·특별자치시장·특별자치도지사·시장 또는 군수는 개발행위허가를 하는 경우에는 그 개발행위에 따른 기반시설의 설치 또는 그에 필요한 용지의 확보, 위해 방지, 환경오염 방지, 경관, 조경 등에 관한 조치를 할 것을 조건으로 개발행위허가를 할 수 있다.

❷ 특별시장·광역시장·특별자치시장·특별자치도지사·시장 또는 군수는 개발행위허가에 조건을 붙이려는 때에는 미리 **개발행위허가를 신청한 자의 의견을 들어야 한다.**

⑹ 이행보증금 예치

❶ **예치대상 및 사유**: 특별시장·광역시장·특별자치시장·특별자치도지사·시장 또는 군수는 기반시설의 설치나 그에 필요한 용지의 확보, 위해 방지, 환경오염 방지, 경관, 조경 등을 위하여 필요하다고 인정되는 경우로서 이의 이행을 보증하기 위하여 개발행위허가를 받는 자로 하여금 이행보증금을 예치하게 할 수 있다. 다만, 다음의 경우에는 그러하지 아니하다.

> ㉠ 국가 또는 지방자치단체가 시행하는 개발행위
> ㉡ 「공공기관의 운영에 관한 법률」에 따른 공공기관 중 대통령령으로 정하는 기관이 시행하는 개발행위

❷ **반환시기**: 이행보증금은 개발행위허가를 받은 자가 준공검사를 받은 때에는 즉시 반환하여야 한다.

[중요지문] 환경오염 방지조치를 할 것을 조건으로 개발행위허가를 하려는 경우에는 미리 개발행위허가를 신청한 자의 의견을 들어야 한다.
( )

▶정답 ○

[정리] 이행보증금 예치사유
1. 굴착
2. 비탈면의 조경
3. 발파
4. 차량의 통행
5. 기반시설의 설치

※[보충] 이행보증금 예치금액 및 방법
1. 예치금액: 총 공사비의 20% 이내가 되도록 한다.
2. 예치방법: 이행보증서로 갈음할 수 있다.
3. 산지에서의 개발행위에 대한 이행보증금 예치금액은 산지관리법에 따른 복구비를 포함한다.
4. 이행보증금은 행정대집행 비용으로 사용할 수 있다.

제2절 **개발행위허가기준**

01 개발행위허가의 기준

(1) **일반적 기준**(자금 X)

❶ 용도지역별 특성을 고려하여 다음에서 정하는 개발행위의 규모에 적합할 것

> ㉠ 도시지역
> ⓐ 주거지역·상업지역·자연녹지지역·생산녹지지역 ⇨ 1만m² 미만
> ⓑ 공업지역 ⇨ 3만m² 미만
> ⓒ 보전녹지지역 ⇨ 5,000m² 미만
> ㉡ 관리지역 : 3만m² 미만
> ㉢ 농림지역 : 3만m² 미만
> ㉣ 자연환경보전지역 : 5,000m² 미만

중요지문 개발행위허가의 신청 내용이 성장관리계획의 내용에 어긋나는 경우에는 개발행위허가를 하여서는 아니 된다. ( )

▶정답 ○

❷ 도시·군관리계획 및 성장관리계획의 내용에 어긋나지 아니할 것

❸ 도시·군계획사업의 시행에 지장이 없을 것

❹ 주변지역의 토지이용실태 또는 토지이용계획, 건축물의 높이, 토지의 경사도, 수목의 상태, 물의 배수, 하천·호소·습지의 배수 등 주변환경이나 경관과 조화를 이룰 것

❺ 해당 개발행위에 따른 기반시설의 설치나 그에 필요한 용지의 확보계획이 적절할 것

(2) **2 이상의 용도지역에 걸치는 경우**

중요지문 개발행위허가의 대상인 토지가 2 이상의 용도지역에 걸치는 경우, 개발행위허가의 규모를 적용할 때는 가장 큰 규모의 용도지역에 대한 규정을 적용한다. ( )

▶정답 X
개발행위허가의 대상인 토지가 2 이상의 용도지역에 걸치는 경우, 개발행위허가의 규모를 적용할 때는 각각의 용도지역의 개발행위의 규모에 관한 규정을 적용한다.

개발행위허가의 대상인 토지가 2 이상의 용도지역에 걸치는 경우에는 각각의 용도지역에 위치하는 토지부분에 대하여 각각의 용도지역의 개발행위의 규모에 관한 규정을 적용한다. 다만, 총면적이 걸쳐 있는 용도지역 중 규모가 가장 큰 용도지역의 개발행위의 규모를 초과하여서는 아니 된다.

(3) **용도별 기준**

개발행위를 허가할 수 있는 경우 그 허가의 기준은 지역의 특성, 지역의 개발상황, 기반시설의 현황 등을 고려하여 다음의 구분에 따라 대통령령으로 정한다.

❶ 시가화 용도 : 토지의 이용 및 건축물의 용도·건폐율·용적률·높이 등에 대한 용도지역의 제한에 따라 개발행위허가의 기준을 적용하는 주거지역·상업지역 및 공업지역
❷ 유보 용도 : 도시계획위원회의 심의를 통하여 개발행위허가의 기준을 강화 또는 완화하여 적용할 수 있는 계획관리지역·생산관리지역 및 자연녹지지역
❸ 보전 용도 : 도시계획위원회의 심의를 통하여 개발행위허가의 기준을 강화하여 적용할 수 있는 보전관리지역·농림지역·자연환경보전지역 및 녹지지역 중 생산녹지지역 및 보전녹지지역

02 개발행위허가의 제한

국토교통부장관, 시·도지사, 시장 또는 군수는 다음의 어느 하나에 해당되는 지역으로서 도시·군관리계획상 특히 필요하다고 인정되는 지역에 대해서는 국토교통부장관은 중앙도시계획위원회, 시·도지사, 시장 또는 군수는 지방도시계획위원회의 심의를 거쳐 한 차례만 3년 이내의 기간 동안 개발행위허가를 제한할 수 있다. 다만, 다음의 ❸부터 ❺까지에 해당하는 지역에 대해서는 중앙도시계획위원회나 지방도시계획위원회의 심의를 거치지 아니하고 한 차례만 2년 이내의 기간 동안 개발행위허가의 제한을 연장할 수 있다.

❶ 녹지지역이나 계획관리지역으로서 수목이 집단적으로 자라고 있거나 조수류 등이 집단적으로 서식하고 있는 지역 또는 우량 농지 등으로 보전할 필요가 있는 지역
❷ 개발행위로 인하여 주변의 환경·경관·미관·국가유산 등이 크게 오염되거나 손상될 우려가 있는 지역
❸ 도시·군기본계획이나 도시·군관리계획을 수립하고 있는 지역으로서 그 도시·군기본계획이나 도시·군관리계획이 결정될 경우 용도지역·용도지구 또는 용도구역의 변경이 예상되고 그에 따라 개발행위허가의 기준이 크게 달라질 것으로 예상되는 지역
❹ 지구단위계획구역으로 지정된 지역
❺ 기반시설부담구역으로 지정된 지역

03 준공검사

다음의 개발행위허가를 받은 자는 그 개발행위를 마치면 특별시장·광역시장·특별자치시장·특별자치도지사·시장 또는 군수의 준공검사를 받아야 한다.

중요지문 국토교통부장관은 개발행위로 인하여 주변의 환경이 크게 오염될 우려가 있는 지역에서 개발행위허가를 제한하고자 하는 경우 중앙도시계획위원회의 심의를 거쳐야 한다. ( )

▶정답 ○

중요지문 개발행위로 인하여 주변의 국가유산 등이 크게 손상될 우려가 있는 지역에 대해서는 최대 5년까지 개발행위허가를 제한할 수 있다. ( )

▶정답 ✕
개발행위로 인하여 주변의 국가유산 등이 크게 손상될 우려가 있는 지역에 대해서는 최대 3년간 개발행위허가를 제한할 수 있다.

❶ 건축물의 건축 또는 공작물의 설치(「건축법」에 따른 건축물의 사용승인을 받은 경우에는 제외)
❷ 토지의 형질변경
❸ 토석의 채취
ⓘ 토지분할과 물건을 1개월 이상 쌓아놓는 행위는 준공검사대상이 아니다.

04 위반자에 대한 조치

(1) 원상회복명령

특별시장·광역시장·특별자치시장·특별자치도지사·시장 또는 군수는 개발행위허가를 받지 아니하고 개발행위를 하거나 허가내용과 다르게 개발행위를 하는 자에게는 그 **토지의 원상회복**을 명할 수 있다.

(2) 행정대집행

특별시장·광역시장·특별자치시장·특별자치도지사·시장 또는 군수는 원상회복의 명령을 받은 자가 원상회복을 하지 아니하면 「행정대집행법」에 따른 행정대집행에 따라 원상회복을 할 수 있다. 이 경우 행정대집행에 필요한 비용은 개발행위허가를 받은 자가 예치한 이행보증금을 사용할 수 있다.

(3) 행정형벌

개발행위허가 또는 변경허가를 받지 아니하거나, 속임수나 그 밖의 부정한 방법으로 허가 또는 변경허가를 받아 개발행위를 한 자에게는 3년 이하의 징역 또는 3,000만원 이하의 벌금에 처한다.

05 공공시설의 귀속

(1) 새로운 공공시설

그 시설을 관리할 관리청에 무상으로 귀속된다.

(2) 종래의 공공시설

❶ 개발행위자가 행정청인 경우 : 개발행위허가를 받은 자에게 무상으로 귀속
❷ 개발행위자가 비행정청인 경우 : 용도폐지되는 공공시설은 새로 설치한 공공시설의 설치비용에 상당하는 범위 안에서 개발행위허가를 받은 자에게 무상양도 가능

⑶ 공공시설의 귀속시기

❶ 개발행위자가 행정청인 경우 : 공공시설의 종류와 토지의 세목을 통지한 날
❷ 개발행위자가 비행정청인 경우 : 준공검사를 받은 때

⑷ 공공시설의 관리청

관리청이 불분명한 경우에는 도로 등에 대하여는 국토교통부장관을, 하천에 대하여는 환경부장관을 관리청으로 보고, 그 외의 재산에 대하여는 기획재정부장관을 관리청으로 본다.

⑸ 수익금 사용제한

개발행위허가를 받은 자가 행정청인 경우 개발행위허가를 받은 자는 그에게 귀속된 공공시설의 처분으로 인한 수익금을 도시·군계획사업 외의 목적에 사용하여서는 아니 된다.

*** 예제 ***||||||||||||||||||||||||||||||||||||||||||||||||||||||||||||||||||||||||||||||

국토의 계획 및 이용에 관한 법령상 개발행위허가를 받은 자가 행정청인 경우, 개발행위에 따른 공공시설의 귀속에 관한 설명으로 옳은 것은? (단, 다른 법률은 고려하지 않음)
① 개발행위허가를 받은 자가 새로 공공시설을 설치한 경우, 새로 설치된 공공시설은 그 시설을 관리할 관리청에 무상으로 귀속된다.
② 개발행위로 용도가 폐지되는 공공시설은 새로 설치한 공공시설의 설치비용에 상당하는 범위에서 개발행위허가를 받은 자에게 무상으로 양도할 수 있다.
③ 공공시설의 관리청이 불분명한 경우, 하천에 대하여는 국토교통부장관을 관리청으로 본다.
④ 관리청에 귀속되거나 개발행위허가를 받은 자에게 양도될 공공시설은 준공검사를 받음으로써 관리청과 개발행위허가를 받은 자에게 각각 귀속되거나 양도된 것으로 본다.
⑤ 개발행위허가를 받은 자는 국토교통부장관의 허가를 받아 그에게 귀속된 공공시설의 처분으로 인한 수익금을 도시·군계획사업 외의 목적에 사용할 수 있다.

해설 ② 개발행위허가를 받은 자가 행정청인 경우 개발행위로 용도가 폐지되는 공공시설은 개발행위허가를 받은 자에게 무상으로 귀속된다.
③ 공공시설의 관리청이 불분명한 경우, 하천에 대하여는 환경부장관을 관리청으로 본다.
④ 관리청에 귀속되거나 개발행위허가를 받은 자에게 양도될 공공시설은 공공시설의 종류와 토지의 세부목록을 통지한 날 각각 귀속된 것으로 본다.
⑤ 개발행위허가를 받은 자는 그에게 귀속된 공공시설의 처분으로 인한 수익금을 도시·군계획사업 외의 목적에 사용하여서는 아니 된다.
▶정답 ①

성장관리계획구역 및 성장관리계획

제**1**절 **성장관리계획구역** ★제36회

01 지정대상지역

특별시장·광역시장·특별자치시장·특별자치도지사·시장 또는 군수는 녹지지역, 관리지역, 농림지역 및 자연환경보전지역 중 다음의 어느 하나에 해당하는 지역의 전부 또는 일부에 대하여 성장관리계획구역을 지정할 수 있다.

❶ 개발수요가 많아 무질서한 개발이 진행되고 있거나 진행될 것으로 예상되는 지역
❷ 주변의 토지이용이나 교통 여건 변화 등으로 향후 시가화가 예상되는 지역
❸ 주변지역과 연계하여 체계적인 관리가 필요한 지역
❹ 「토지이용규제 기본법」에 따른 지역·지구 등의 변경으로 토지이용에 대한 행위제한이 완화되는 지역
❺ 인구 감소 또는 경제성장 정체 등으로 압축적이고 효율적인 도시성장관리가 필요한 지역
❻ 공장 등과 입지 분리 등을 통해 쾌적한 주거환경 조성이 필요한 지역

02 지정절차

(1) **의견청취 + 협의 + 심의**

특별시장·광역시장·특별자치시장·특별자치도지사·시장 또는 군수는 성장관리계획구역을 지정하거나 이를 변경하려면 미리 주민(14일 이상 열람)과 해당 지방의회의 의견을 들어야 하며, 관계 행정기관과의 협의 및 지방도시계획위원회의 심의를 거쳐야 한다. 다만, 대통령령으로 정하는 경미한 사항을 변경하는 경우에는 그러하지 아니하다.

(2) **지방의회 의견제시**

특별시·광역시·특별자치시·특별자치도·시 또는 군의 의회는 특별한 사유가 없으면 60일 이내에 특별시장·광역시장·특별자치시장·특별자치도지사·시장 또는 군수에게 의견을 제시하여야 하며, 그 기한까지 의견을 제시하지 아니하면 의견이 없는 것으로 본다.

(3) **협의기간**

협의요청을 받은 관계 행정기관의 장은 특별한 사유가 없으면 요청을 받은 날부터 30일 이내에 특별시장·광역시장·특별자치시장·특별자치도지사·시장 또는 군수에게 의견을 제시하여야 한다.

(4) **지정·고시**

특별시장·광역시장·특별자치시장·특별자치도지사·시장 또는 군수가 성장관리계획구역을 지정하거나 이를 변경한 경우에는 관계 행정기관의 장에게 관계 서류를 송부하여야 하며, 대통령령으로 정하는 바에 따라 이를 고시하고 일반인이 열람할 수 있도록 하여야 한다.

제2절 성장관리계획 ★제36회

01 내용

특별시장·광역시장·특별자치시장·특별자치도지사·시장 또는 군수는 성장관리계획구역을 지정할 때에는 다음의 사항 중 그 성장관리계획구역의 지정 목적을 이루는 데 필요한 사항을 포함하여 성장관리계획을 수립하여야 한다.

❶ 도로, 공원 등 기반시설의 배치와 규모에 관한 사항
❷ 건축물의 용도제한, 건축물의 건폐율 또는 용적률
❸ 건축물의 배치, 형태, 색채 및 높이
❹ 환경관리 및 경관계획
❺ 성장관리구역 내 토지개발·이용, 기반시설, 생활환경 등의 현황 및 문제점

02 건폐율 완화규정

성장관리계획구역에서는 다음의 구분에 따른 범위에서 성장관리계획으로 정하는 바에 따라 특별시·광역시·특별자치시·특별자치도·시 또는 군의 조례로 정하는 비율까지 건폐율을 완화하여 적용할 수 있다.

❶ 계획관리지역: 50% 이하
❷ 생산관리지역·농림지역 및 자연녹지지역·생산녹지지역: 30% 이하

※보충 **경미한 변경**
성장관리계획 변경 시 다음에 해당하는 경우에는 주민 + 지방의회 의견청취 + 협의 + 심의를 거치지 아니할 수 있다.
❶ 지형사정으로 인한 기반시설의 근소한 위치변경
❷ 건축물의 배치·형태·색채 또는 높이의 변경
❸ 성장관리계획구역 면적을 10%이내에서 변경하는 경우

중요지문 성장관리구역 내 생산녹지지역에서는 30% 이하의 범위에서 성장관리계획으로 정하는 바에 따라 건폐율을 완화하여 적용할 수 있다. ( )

▶정답 ○

03 용적률 완화규정

성장관리계획구역 내 계획관리지역에서는 125% 이하의 범위에서 성장관리계획
으로 정하는 바에 따라 특별시·광역시·특별자치시·특별자치도·시 또는 군의
조례로 정하는 비율까지 용적률을 완화하여 적용할 수 있다.

04 타당성검토

특별시장·광역시장·특별자치시장·특별자치도지사·시장 또는 군수는 5년마
다 관할 구역 내 수립된 성장관리계획에 대하여 대통령령으로 정하는 바에 따라
그 타당성 여부를 전반적으로 재검토하여 정비하여야 한다.

05 성장관리계획구역에서의 개발행위 등

성장관리계획구역에서 개발행위 또는 건축물의 용도변경을 하려면 그 성장관리
계획에 맞게 하여야 한다.

(예제)

국토의 계획 및 이용에 관한 법령상 성장관리계획에 관한 설명으로 옳은 것은? (단, 조례, 기타
강화·완화 조건은 고려하지 않음)
① 시장 또는 군수는 공업지역 중 향후 시가화가 예상되는 지역의 전부 또는 일부에 대하
  여 성장관리계획구역을 지정할 수 있다.
② 성장관리계획구역 내 생산녹지지역에서는 30% 이하의 범위에서 성장관리계획으로
  정하는 바에 따라 건폐율을 완화하여 적용할 수 있다.
③ 성장관리계획구역 내 보전관리지역에서는 125% 이하의 범위에서 성장관리계획으로
  정하는 바에 따라 용적률을 완화하여 적용할 수 있다.
④ 시장 또는 군수는 성장관리계획구역을 지정할 때에는 도시·군관리계획의 결정으로
  하여야 한다.
⑤ 시장 또는 군수는 성장관리계획구역을 지정하려면 성장관리계획구역안을 7일간 일반
  이 열람할 수 있도록 해야 한다.

해설 ① 시장 또는 군수는 공업지역에 대하여 성장관리계획구역을 지정할 수 없다.
③ 성장관리계획구역 내 계획관리지역에서는 125% 이하의 범위에서 성장관리계획으로 정하는 바에 따라
  용적률을 완화하여 적용할 수 있다.
④ 성장관리계획구역의 지정은 도시·군관리계획의 결정으로 하여야 할 사항이 아니다.
⑤ 시장 또는 군수는 성장관리계획구역을 지정하려면 성장관리구역안을 14일 이상 일반이 열람할 수 있도
  록 해야 한다.
▶정답 ②

개발밀도관리구역과 기반시설부담구역

제1절 **개발밀도관리구역**

01 지정권자

→ 승인(X)

특별시장 · 광역시장 · 특별자치시장 · 특별자치도지사 · 시장 또는 군수는 주거 · 상업 또는 공업지역에서의 개발행위로 기반시설(도시 · 군계획시설을 포함)의 처리 · 공급 또는 수용능력이 부족할 것으로 예상되는 지역 중 기반시설의 설치가 곤란한 지역을 개발밀도관리구역으로 지정할 수 있다.

> **중요지문** 주거지역 · 상업지역에서의 개발행위로 인하여 기반시설의 수용능력이 부족할 것으로 예상되는 지역 중 기반시설의 설치가 곤란한 지역은 기반시설부담구역으로 지정할 수 있다. ( )
>
> ▶ 정답 ✕
> 주거지역 · 상업지역에서의 개발행위로 인하여 기반시설의 수용능력이 부족할 것으로 예상되는 지역 중 기반시설의 설치가 곤란한 지역은 개발밀도관리구역으로 지정할 수 있다.

02 지정기준

개발밀도관리구역의 지정기준, 개발밀도관리구역의 관리 등에 관하여 필요한 사항은 다음의 사항을 종합적으로 고려하여 국토교통부장관이 정한다.

(1) 개발밀도관리구역은 도로 · 수도공급설비 · 하수도 · 학교 등 기반시설의 용량이 부족할 것으로 예상되는 지역 중 기반시설의 설치가 곤란한 지역으로서 다음 해당 지역에 대하여 지정할 수 있도록 할 것

> ❶ 해당 지역의 도로서비스 수준이 매우 낮아 차량통행이 현저하게 지체되는 지역
> ❷ 해당 지역의 도로율이 국토교통부령이 정하는 용도지역별 도로율에 20% 이상 미달하는 지역
> ❸ 향후 2년 이내에 해당 지역의 수도에 대한 수요량이 수도시설의 시설용량을 초과할 것으로 예상되는 지역
> ❹ 향후 2년 이내에 해당 지역의 하수발생량이 하수시설의 시설용량을 초과할 것으로 예상되는 지역
> ❺ 향후 2년 이내에 해당 지역의 학생 수가 학교수용능력을 20% 이상 초과할 것으로 예상되는 지역

(2) 개발밀도관리구역의 경계는 도로 · 하천 그 밖에 특색 있는 지형지물을 이용하거나 용도지역의 경계선을 따라 설정하는 등 경계선이 분명하게 구분되도록 할 것

(3) 용적률의 강화범위는 해당 용도지역에 적용되는 용적률의 최대한도의 50% 범위 안에서 기반시설의 부족 정도를 감안하여 결정할 것

(4) 개발밀도관리구역 안의 기반시설의 변화를 주기적으로 검토하여 용적률을 강화 또는 완화하거나 개발밀도관리구역을 해제하는 등 필요한 조치를 취하도록 할 것

03 지정절차(주민의 의견청취 ×)

(1) **도시계획위원회의 심의**

특별시장·광역시장·특별자치시장·특별자치도지사·시장 또는 군수는 개발밀도관리구역을 지정하거나 변경하려면 **지방도시계획위원회의 심의를 거쳐야 한다.**

(2) **지정(변경)의 고시**

특별시장·광역시장·특별자치시장·특별자치도지사·시장 또는 군수는 개발밀도관리구역을 지정하거나 변경한 경우에는 그 사실을 지방자치단체의 공보에 게재하는 방법에 의하여 고시하여야 한다.

04 지정의 효과

(1) 특별시장·광역시장·특별자치시장·특별자치도지사·시장 또는 군수는 개발밀도관리구역에서는 대통령령으로 정하는 범위에서 건폐율 또는 용적률을 강화하여 적용한다.

(2) 개발밀도관리구역에서는 해당 용도지역에 적용되는 **용적률의 최대한도의** 50% 범위에서 용적률을 강화하여 적용한다.
→ 건폐율(X)

[중요지문] 군수가 개발밀도관리구역을 지정하려면 지방도시계획위원회의 심의를 거쳐 도지사의 승인을 받아야 한다.   (   )

▶ 정답 ×
군수가 개발밀도관리구역을 지정하려는 경우에는 도지사의 승인을 받지 않아도 된다.

[중요지문] 개발밀도관리구역에서는 해당 용도지역에 적용되는 용적률의 최대한도의 50% 범위에서 용적률을 강화하여 적용한다.   (   )

▶ 정답 ○

제2절) 기반시설부담구역 ★제36회

01 기반시설부담구역

(1) **기반시설부담구역의 지정** ⇨ 기반시설부담구역과 개발밀도관리구역은 중복하여 지정할 수 없다.

❶ **의무적 지정대상지역**: 특별시장·광역시장·특별자치시장·특별자치도지사·시장 또는 군수는 다음의 어느 하나에 해당하는 지역에 대하여는 기반시설부담구역으로 지정하여야 한다.

> ㉠ 「국토의 계획 및 이용에 관한 법률」 또는 다른 법령의 제정·개정으로 인하여 행위제한이 완화되거나 해제되는 지역
> ㉡ 「국토의 계획 및 이용에 관한 법률」 또는 다른 법령에 따라 지정된 용도지역 등이 변경되거나 해제되어 행위제한이 완화되는 지역
> ㉢ 해당 지역의 전년도 개발행위허가 건수가 전전년도 개발행위허가 건수보다 20% 이상 증가한 지역
> ㉣ 해당 지역의 전년도 인구증가율이 그 지역이 속하는 특별시·광역시·특별자치시·특별자치도·시 또는 군(광역시의 관할 구역에 있는 군은 제외)의 전년도 인구증가율보다 20% 이상 높은 지역

❷ **재량적 지정대상지역**: 개발행위가 집중되어 특별시장·광역시장·특별자치시장·특별자치도지사·시장 또는 군수가 해당 지역의 계획적 관리를 위하여 필요하다고 인정하면 위 ❶에 해당하지 아니하는 경우라도 기반시설부담구역으로 지정할 수 있다.

(2) **지정절차**

특별시장·광역시장·특별자치시장·특별자치도지사·시장 또는 군수는 기반시설부담구역을 지정 또는 변경하려면 주민의 의견을 들어야 하며, 해당 지방자치단체에 설치된 지방도시계획위원회의 심의를 거쳐 해당 지방자치단체의 공보와 인터넷 홈페이지에 고시하여야 한다.

(3) **기반시설설치계획**

특별시장·광역시장·특별자치시장·특별자치도지사·시장 또는 군수는 기반시설부담구역이 지정되면 대통령령으로 정하는 바에 따라 기반시설설치계획을 수립하여야 하며, 이를 도시·군관리계획에 반영하여야 한다.

(4) 기반시설설치계획의 의제

지구단위계획을 수립한 경우에는 기반시설설치계획을 수립한 것으로 본다.

(5) 기반시설부담구역의 해제

기반시설부담구역의 지정·고시일부터 1년이 되는 날까지 기반시설설치계획을 수립하지 아니하면 그 1년이 되는 날의 다음 날에 기반시설부담구역의 지정은 해제된 것으로 본다.

(6) 기반시설부담구역의 지정기준

기반시설부담구역의 지정기준 등에 관하여 필요한 사항은 대통령령으로 정하는 바에 따라 국토교통부장관이 정한다.

> ❶ 기반시설부담구역은 기반시설이 적절하게 배치될 수 있는 규모로서 최소 10만m² 이상의 규모가 되도록 지정할 것
> ❷ 소규모 개발행위가 연접하여 시행될 것으로 예상되는 지역의 경우에는 하나의 단위구역으로 묶어서 기반시설부담구역을 지정할 것
> ❸ 기반시설부담구역의 경계는 도로, 하천, 그 밖의 특색 있는 지형지물을 이용하는 등 경계선이 분명하게 구분되도록 할 것

02 기반시설설치비용

(1) 부과대상 및 산정기준

❶ **부과대상**: 기반시설부담구역에서 기반시설설치비용의 부과대상인 건축행위는 단독주택 및 숙박시설 등 대통령령으로 정하는 시설로서 200m²(기존 건축물의 연면적을 포함)를 초과하는 건축물의 신축·증축행위로 한다. 다만, 기존 건축물을 철거하고 신축하는 경우에는 기존 건축물의 건축 연면적을 초과하는 건축행위만 부과대상으로 한다.

❷ **민간사업자의 부담률**: 민간 개발사업자가 부담하는 부담률은 100분의 20으로 하며, 특별시장·광역시장·특별자치시장·특별자치도지사·시장 또는 군수가 건물의 규모, 지역 특성 등을 고려하여 100분의 25의 범위에서 부담률을 가감할 수 있다.

❸ **기반시설유발계수**: 위락시설(2.1), 관광휴게시설(1.9), 제2종 근린생활시설(1.6), 종교시설, 운수시설, 문화 및 집회시설, 자원순환 관련 시설(1.4), 제1종 근린생활시설, 판매시설(1.3), 숙박시설(1.0), 의료시설(0.9), 방송통신시설(0.8), 단독주택, 공동주택, 교육연구시설, 수련시설, 운동시설, 업무시설(0.7)

암기TIP 위 관 이가 종 일 숙캐면 병원간다는 것을 방송으로 알리자!

(2) 납부 및 체납처분

❶ 납부의무자: 기반시설부담구역에서 기반시설설치비용의 부과대상인 건축행위를 하는 자(건축행위의 위탁자 또는 지위의 승계자를 포함한다)는 기반시설설치비용을 내야 한다.

❷ 부과 및 납부

㉠ 부과 및 납부시기: 특별시장·광역시장·특별자치시장·특별자치도지사·시장 또는 군수는 납부의무자가 국가 또는 지방자치단체로부터 건축허가를 받은 날부터 2개월 이내에 기반시설설치비용을 부과하여야 하고, 납부의무자는 사용승인 신청 시까지 이를 내야 한다.

㉡ 납부방법: 기반시설설치비용은 현금, 신용카드 또는 직불카드로 납부하도록 하되, 부과대상 토지 및 이와 비슷한 토지로 하는 납부(이하 '물납'이라 한다)를 인정할 수 있다.

❸ 특별회계: 특별시장·광역시장·특별자치시장·특별자치도지사·시장 또는 군수는 기반시설설치비용의 관리 및 운용을 위하여 기반시설부담구역별로 특별회계를 설치하여야 한다.

> ※보충 **연기 및 분할납부**
> 납부의무자가 재해나 도난으로 재산에 심한 손실을 입은 경우에는 1년의 범위에서 납부기일을 연장하거나 2년의 범위에서 분할납부를 인정할 수 있다.

> 추가 **납부통지**
> 기반시설설치비용을 부과하려면 부과기준시점부터 30일 이내에 미리 알려야 한다.

> ※보충 **물납**
> 납부의무자는 납부기한 20일 전까지 물납신청서를 제출하여야 한다.

> ※보충 **강제징수**
> 특별시장·광역시장·특별자치시장·특별자치도지사·시장 또는 군수는 납부의무자가 기반시설설치비용을 내지 아니하는 경우에는 「지방행정제재·부과금의 징수 등에 관한 법률」에 따라 징수할 수 있다.

[예제]

국토의 계획 및 이용에 관한 법령상 개발밀도관리구역 및 기반시설부담구역에 관한 설명으로 옳은 것은?

① 개발밀도관리구역에서는 해당 용도지역에 적용되는 건폐율 또는 용적률을 강화 또는 완화하여 적용할 수 있다.

② 군수가 개발밀도관리구역을 지정하려면 지방도시계획위원회의 심의를 거쳐 도지사의 승인을 받아야 한다.

③ 주거·상업지역에서의 개발행위로 기반시설의 수용능력이 부족할 것으로 예상되는 지역 중 기반시설의 설치가 곤란한 지역은 기반시설부담구역으로 지정할 수 있다.

④ 시장은 기반시설부담구역을 지정하면 기반시설설치계획을 수립하여야 하며, 이를 도시·군관리계획에 반영하여야 한다.

⑤ 기반시설부담구역에서 개발행위를 허가받고자 하는 자에게는 기반시설설치비용을 부과하여야 한다.

[해설] ① 개발밀도관리구역에서는 해당 용도지역에 적용되는 건폐율 또는 용적률을 강화하여 적용한다.
② 군수가 개발밀도관리구역을 지정하려면 도지사의 승인을 받지 않아도 된다.
③ 주거·상업지역에서의 개발행위로 기반시설의 수용능력이 부족할 것으로 예상되는 지역 중 기반시설의 설치가 곤란한 지역은 개발밀도관리구역으로 지정할 수 있다.
⑤ 기반시설부담구역에서 기반시설설치비용의 부과대상인 건축행위는 단독주택 및 숙박시설 등 대통령령으로 정하는 시설로서 200m²를 초과하는 건축물의 신축·증축행위로 한다. 다만, 기존 건축물을 철거하고 신축하는 경우에는 기존 건축물의 건축연면적을 초과하는 건축행위만 부과대상으로 한다. ▶정답 ④

보칙 및 벌칙

제1절 **타인토지에의 출입 등**

01 출입 등의 주체 및 목적

국토교통부장관, 시·도지사, 시장 또는 군수나 도시·군계획시설사업의 시행자는 다음의 행위를 하기 위하여 필요하면 타인의 토지에 출입하거나 타인의 토지를 재료 적치장 또는 임시통로로 일시 사용할 수 있으며, 특히 필요한 경우에는 나무, 흙, 돌, 그 밖의 장애물을 변경하거나 제거할 수 있다.

> ❶ 도시·군계획, 광역도시계획에 관한 기초조사
> ❷ 개발밀도관리구역, 기반시설부담구역 및 기반시설설치계획에 관한 기초조사
> ❸ 지가의 동향 및 토지거래의 상황에 관한 조사
> ❹ 도시·군계획시설사업에 관한 조사·측량 또는 시행

02 출입 등의 절차

(1) **출입의 사전통지**

비교 **출입절차**
1. 행정청: 허가(×) + 7일 전 통지
2. 비행정청: 허가(○) + 7일 전 통지

타인의 토지에 출입하려는 자는 특별시장·광역시장·특별자치시장·특별자치도지사·시장 또는 군수의 허가를 받아야 하며, 출입하려는 날의 7일 전까지 그 토지의 소유자·점유자 또는 관리인에게 그 일시와 장소를 알려야 한다. 다만, 행정청인 도시·군계획시설사업의 시행자는 허가를 받지 아니하고 타인의 토지에 출입할 수 있다.

(2) **일시사용 등의 동의**

❶ 타인의 토지를 재료 적치장 또는 임시통로로 일시사용하거나 나무, 흙, 돌, 그 밖의 장애물을 변경 또는 제거하려는 자는 토지의 소유자·점유자 또는 관리인의 동의를 받아야 한다.

❷ 토지나 장애물의 소유자·점유자 또는 관리인이 현장에 없거나 주소 또는 거소가 불분명하여 그 동의를 받을 수 없는 경우에는 행정청인 도시·군계획시설사업의 시행자는 관할 특별시장·광역시장·특별자치시장·특별자치도지사·시장 또는 군수에게 그 사실을 통지하여야 하며, 행정청이 아닌

도시 · 군계획시설사업의 시행자는 미리 관할 특별시장 · 광역시장 · 특별자치시장 · 특별자치도지사 · 시장 또는 군수의 허가를 받아야 한다.

(3) 일시사용 등의 사전통지

토지를 일시사용하거나 장애물을 변경 또는 제거하려는 자는 토지를 사용하려는 날이나 장애물을 변경 또는 제거하려는 날의 **3일** 전까지 그 토지나 장애물의 소유자 · 점유자 또는 관리인에게 알려야 한다.

[비교] **사전통지**
1. 출입의 사전통지: 7일 전
2. 일시사용 등의 사전통지: 3일 전

03 출입의 제한

일출 전이나 일몰 후에는 그 토지 **점유자**(소유자 ×)의 승낙 없이 택지나 담장 또는 울타리로 둘러싸인 타인의 토지에 출입할 수 없다.

04 수인의 의무

토지의 점유자는 정당한 사유 없이 타인 토지의 출입 등의 행위를 방해하거나 거부하지 못한다.

※[보충] **위반 시 조치**
정당한 사유 없이 타인토지에 출입이나 일시 사용 및 장애물의 변경 · 제거 행위를 방해하거나 거부한 자는 1,000만원 이하의 과태료 부과대상이다.

05 손실보상의무자

타인 토지의 출입과 일시사용 및 장애물 변경 · 제거로 인하여 손실을 입은 자가 있으면 그 행위자가 속한 행정청이나 도시 · 군계획시설사업의 시행자가 그 손실을 보상하여야 한다.

[제2절] **청문**

국토교통부장관, 시 · 도지사, 시장 · 군수 또는 구청장은 다음의 어느 하나에 해당하는 처분을 하려면 청문을 하여야 한다.

❶ 개발행위허가의 취소
❷ 도시 · 군계획시설사업의 시행자 지정의 취소
❸ 실시계획인가의 취소

제3절 시범도시

01 지정권자 및 지정대상

국토교통부장관은 도시의 경제·사회·문화적인 특성을 살려 개성 있고 지속가능한 발전을 촉진하기 위하여 필요하면 직접 또는 관계 중앙행정기관의 장이나 시·도지사의 요청에 의하여 경관, 생태, 정보통신, 과학, 문화, 관광, 그 밖에 대통령령으로 정하는 분야(교육·안전·교통·경제활력·도시재생 및 기후변화 분야)별로 시범도시(시범지구나 시범단지를 포함)를 지정할 수 있다.

02 시범도시의 지정기준

시범도시는 다음의 기준에 적합하여야 한다.

❶ 시범도시의 지정이 도시의 경쟁력 향상, 특화발전 및 지역균형발전에 기여할 수 있을 것
❷ 시범도시의 지정에 대한 주민의 호응도가 높을 것
❸ 시범도시의 지정목적 달성에 필요한 사업(이하 '시범도시사업'이라 한다)에 주민이 참여할 수 있을 것
❹ 시범도시사업의 재원조달계획이 적정하고 실현가능할 것

03 시범도시 지정절차

(1) **자료제출 요청**

국토교통부장관은 관계 중앙행정기관의 장이나 시·도지사에게 시범도시의 지정과 지원에 필요한 자료를 제출하도록 요청할 수 있다.

(2) **의견청취**

관계 중앙행정기관의 장 또는 시·도지사는 국토교통부장관에게 시범도시의 지정을 요청하고자 하는 때에는 미리 설문조사·열람 등을 통하여 주민의 의견을 들은 후 관계 지방자치단체의 장의 의견을 들어야 한다.

(3) **도시계획위원회의 자문**

시·도지사는 국토교통부장관에게 시범도시의 지정을 요청하고자 하는 때에는 미리 해당 시·도도시계획위원회의 자문을 거쳐야 한다.

(4) **도시계획위원회의 심의**

국토교통부장관은 시범도시를 지정하려면 중앙도시계획위원회의 심의를 거쳐야 한다.

04 시범도시의 공모

(1) 국토교통부장관은 직접 시범도시를 지정함에 있어서 필요한 경우에는 국토교통부령이 정하는 바에 따라 그 대상이 되는 도시를 공모할 수 있다.

(2) 공모에 응모할 수 있는 자는 특별시장·광역시장·특별자치시장·특별자치도지사·시장·군수 또는 구청장으로 한다.

> **중요지문** 국토교통부장관이 직접 시범도시를 지정함에 있어서 그 대상이 되는 도시를 공모할 경우, 시장 또는 군수는 공모에 응모할 수 있다. ( )
>
> ▶정답 ○

05 시범도시사업계획의 수립·시행 ★제36회

(1) **수립권자**

시범도시를 관할하는 특별시장·광역시장·특별자치시장·특별자치도지사·시장·군수 또는 구청장은 다음의 구분에 따라 **시범도시사업계획을 수립·시행하여야 한다.**

❶ 시범도시가 시·군 또는 구의 관할 구역에 한정되어 있는 경우 : 관할 시장·군수 또는 구청장이 수립·시행
❷ 그 밖의 경우 : 특별시장·광역시장·특별자치시장·특별자치도지사가 수립·시행

(2) **내용**

시범도시사업계획에는 다음의 사항이 포함되어야 한다.

❶ 시범도시사업의 목표·전략·특화발전계획 및 추진체제에 관한 사항
❷ 시범도시사업의 시행에 필요한 도시·군계획 등 관련계획의 조정·정비에 관한 사항
❸ 시범도시사업의 시행에 필요한 도시·군계획사업에 관한 사항
❹ 시범도시사업의 시행에 필요한 재원조달에 관한 사항
❺ 주민참여 등 지역사회와의 협력체계에 관한 사항

(3) 수립절차

❶ **의견청취** : 특별시장·광역시장·특별자치시장·특별자치도지사·시장·군수 또는 구청장은 **시범도시사업계획을 수립하고자** 하는 때에는 미리 설문조사·열람 등을 통하여 주민의 의견을 들어야 한다.

❷ **협의** : 특별시장·광역시장·특별자치시장·특별자치도지사·시장·군수 또는 구청장은 시범도시사업계획을 수립하고자 하는 때에는 미리 국토교통부장관(관계 중앙행정기관의 장 또는 시·도지사의 요청에 의하여 지정된 시범도시의 경우에는 지정을 요청한 기관을 말한다)과 **협의하여야 한다.**

06 시범도시의 지원

(1) 국토교통부장관, 관계 중앙행정기관의 장 또는 시·도지사는 지정된 시범도시에 대하여 예산·인력 등 필요한 지원을 할 수 있다.

(2) **국토교통부장관, 관계 중앙행정기관의 장**은 시범도시에 대하여 다음의 범위에서 **보조 또는 융자를** 할 수 있다.

> ❶ 시범도시사업계획의 수립에 소요되는 비용의 80% 이하
> ❷ 시범도시사업의 시행에 소요되는 비용(보상비는 제외)의 50% 이하

(3) 시장·군수 또는 구청장은 시범도시사업의 시행을 위하여 필요한 경우에는 다음의 사항을 **도시·군계획조례로 정할** 수 있다.

> ❶ 시범도시사업의 예산집행에 관한 사항
> ❷ 주민의 참여에 관한 사항

제4절 도시계획위원회

01 중앙도시계획위원회

(1) **설치** : 다음의 업무를 수행하기 위하여 국토교통부에 중앙도시계획위원회를 둔다.

> ❶ 광역도시계획·도시·군계획·토지거래계약허가구역 등 국토교통부장관 의 권한에 속하는 사항의 심의
> ❷ 이 법 또는 다른 법률에서 중앙도시계획위원회의 심의를 거치도록 한 사항 의 심의
> ❸ 도시·군계획에 관한 조사·연구

(2) **조직**

> ❶ 중앙도시계획위원회는 위원장·부위원장 각 1명을 포함한 25명 이상 30명 이하의 위원으로 구성한다.
> ❷ 중앙도시계획위원회의 위원장과 부위원장은 위원 중에서 국토교통부장관 이 임명하거나 위촉한다.
> ❸ 위원은 관계 중앙행정기관의 공무원과 토지 이용, 건축, 주택, 교통, 공간정 보, 환경, 법률, 복지, 방재, 문화, 농림 등 도시·군계획과 관련된 분야에 관 한 학식과 경험이 풍부한 자 중에서 국토교통부장관이 임명하거나 위촉한다.
> ❹ 공무원이 아닌 위원의 수는 10명 이상으로 하고, 그 임기는 2년으로 한다.
> ❺ 보궐위원의 임기는 전임자 임기의 남은 기간으로 한다.

(3) **직무**

> ❶ 위원장은 중앙도시계획위원회의 업무를 총괄하며, 중앙도시계획위원회의 의장이 된다.
> ❷ 부위원장은 위원장을 보좌하며, 위원장이 부득이한 사유로 그 직무를 수행 하지 못할 때에는 그 직무를 대행한다.
> ❸ 위원장과 부위원장이 모두 부득이한 사유로 그 직무를 수행하지 못할 때에 는 위원장이 미리 지명한 위원이 그 직무를 대행한다.

정리 간사 및 서기
❶ 중앙도시계획위원회에 간사와 서 기를 둔다.
❷ 간사와 서기는 국토교통부 소 속 공무원 중에서 국토교통부 장관이 임명한다.
❸ 간사는 위원장의 명을 받아 중앙 도시계획위원회의 서무를 담당 하고, 서기는 간사를 보좌한다.

(4) 회의의 소집 등

> ❶ 중앙도시계획위원회의 회의는 국토교통부장관이나 위원장이 필요하다고
>   인정하는 경우에 국토교통부장관이나 위원장이 소집한다.
> ❷ 중앙도시계획위원회의 회의는 재적위원 과반수의 출석으로 개의하고, 출석
>   위원 과반수의 찬성으로 의결한다.

(5) 분과위원회

❶ 다음의 사항을 효율적으로 심의하기 위하여 중앙도시계획위원회에 분과위
  원회를 둘 수 있다.

> ㉠ 다른 법률에 따른 토지 이용에 관한 구역등의 지정·변경 및 용도지역 등
>   의 변경계획에 관한 사항
> ㉡ 개발행위에 대한 도시계획위원회의 심의에 관한 사항
> ㉢ 중앙도시계획위원회에서 위임하는 사항

❷ 분과위원회의 심의는 중앙도시계획위원회의 심의로 본다. 다만, 중앙도시계
  획위원회에서 위임하는 사항의 경우에는 중앙도시계획위원회가 분과위원
  회의 심의를 중앙도시계획위원회의 심의로 보도록 하는 경우만 해당한다.

(6) 전문위원

❶ 도시·군계획 등에 관한 중요 사항을 조사·연구하기 위하여 중앙도시계획
  위원회에 전문위원을 둘 수 있다.

❷ 전문위원은 위원장 및 중앙도시계획위원회나 분과위원회의 요구가 있을 때
  에는 회의에 출석하여 발언할 수 있다.

❸ 전문위원은 토지 이용, 건축, 주택, 교통, 공간정보, 환경, 법률, 복지, 방재,
  문화, 농림 등 도시·군계획과 관련된 분야에 관한 학식과 경험이 풍부한 자
  중에서 국토교통부장관이 임명한다.

02 지방도시계획위원회

(1) **시·도도시계획위원회** : 다음의 심의를 하게 하거나 자문에 응하게 하기 위하여 시·도에 시·도도시계획위원회를 둔다.

> ❶ 시·도지사가 결정하는 도시·군관리계획의 심의 등 시·도지사의 권한에 속하는 사항과 다른 법률에서 시·도도시계획위원회의 심의를 거치도록 한 사항의 심의
> ❷ 국토교통부장관의 권한에 속하는 사항 중 중앙도시계획위원회의 심의 대상에 해당하는 사항이 시·도지사에게 위임된 경우 그 위임된 사항의 심의
> ❸ 도시·군관리계획과 관련하여 시·도지사가 자문하는 사항에 대한 조언
> ❹ 그 밖에 대통령령으로 정하는 사항에 관한 심의 또는 조언

(2) **시·군·구도시계획위원회** : 도시·군관리계획과 관련된 다음의 심의를 하게 하거나 자문에 응하게 하기 위하여 시·군(광역시의 관할 구역에 있는 군을 포함한다) 또는 구에 각각 시·군·구도시계획위원회를 둔다.

> ❶ 시장 또는 군수가 결정하는 도시·군관리계획의 심의와 국토교통부장관이나 시·도지사의 권한에 속하는 사항 중 시·도도시계획위원회의 심의대상에 해당하는 사항이 시장·군수 또는 구청장에게 위임되거나 재위임된 경우 그 위임되거나 재위임된 사항의 심의
> ❷ 도시·군관리계획과 관련하여 시장·군수 또는 구청장이 자문하는 사항에 대한 조언
> ❸ 개발행위의 허가 등에 관한 심의
> ❹ 그 밖에 대통령령으로 정하는 사항에 관한 심의 또는 조언

(3) **분과위원회**

> ❶ 시·도도시계획위원회나 시·군·구도시계획위원회의 심의 사항 중 대통령령으로 정하는 사항을 효율적으로 심의하기 위하여 시·도도시계획위원회나 시·군·구도시계획위원회에 분과위원회를 둘 수 있다.
> ❷ 분과위원회에서 심의하는 사항 중 시·도도시계획위원회나 시·군·구도시계획위원회가 지정하는 사항은 분과위원회의 심의를 시·도도시계획위원회나 시·군·구도시계획위원회의 심의로 본다.

PART 01

추가 🖉 시·도도시계획위원회의 **구성 및 운영**
❶ 시·도도시계획위원회는 위원장 및 부위원장 각 1명을 포함한 25명 이상 30명 이하의 위원으로 구성한다.
❷ 시·도도시계획위원회의 위원장은 위원 중에서 시·도지사가 임명 또는 위촉하며, 부위원장은 위원 중에서 호선한다.

정리 전문위원
도시·군계획 등에 관한 중요 사항을 조사·연구하기 위하여 지방도시계획위원회에 전문위원을 둘 수 있다.

03 회의록의 공개

중앙도시계획위원회 및 지방도시계획위원회의 심의 일시·장소·안건·내용·결과 등이 기록된 회의록은 1년의 범위에서 대통령령으로 정하는 기간(중앙도시계획위원회의 경우에는 심의 종결 후 6개월, 지방도시계획위원회의 경우에는 6개월 이하의 범위에서 해당 지방자치단체의 도시·군계획조례로 정하는 기간)이 지난 후에는 공개 요청이 있는 경우 회의록의 공개는 열람 또는 사본을 제공하는 방법으로 공개하여야 한다. 다만, 공개에 의하여 부동산 투기 유발 등 공익을 현저히 해칠 우려가 있다고 인정하는 경우나 심의·의결의 공정성을 침해할 우려가 있다고 인정되는 이름·주민등록번호·직위 및 주소 등 특정임인을 식별할 수 있는 정보에 관한 부분의 경우에는 그러하지 아니하다.

04 위원의 제척·회피

(1) 중앙도시계획위원회의 위원 및 지방도시계획위원회의 위원은 다음의 어느 하나에 해당하는 경우에 심의·자문에서 제척된다.

> ❶ 자기나 배우자 또는 배우자이었던 자가 당사자이거나 공동권리자 또는 공동의무자인 경우
> ❷ 자기가 당사자와 친족관계이거나 자기 또는 자기가 속한 법인이 당사자의 법률·경영 등에 대한 자문·고문 등으로 있는 경우
> ❸ 자기 또는 자기가 속한 법인이 당사자 등의 대리인으로 관여하거나 관여하였던 경우
> ❹ 그 밖에 해당 안건에 자기가 이해관계인으로 관여한 경우로서 대통령령으로 정하는 경우

(2) 위원이 제척사유에 해당하는 경우에는 스스로 그 안건의 심의·자문에서 회피할 수 있다.

[정리] 벌칙적용 시 공무원 의제
중앙도시계획위원회의 위원·전문위원 및 지방도시계획위원회의 위원·전문위원 중 공무원이 아닌 위원이나 전문위원은 그 직무상 행위와 관련하여 「형법」 제129조부터 제132조까지의 규정을 적용할 때에는 공무원으로 본다.

제5절 벌칙

01 행정형벌

(1) 3년 이하의 징역 또는 3,000만원 이하의 벌금

❶ 개발행위허가 또는 변경허가를 받지 아니하거나 속임수나 그 밖의 부정한 방법으로 허가 또는 변경허가를 받아 개발행위를 한 자

❷ 시가화조정구역에서 허가를 받지 아니하고 허가대상 개발행위에 해당하는 행위를 한 자

(2) 3년 이하의 징역 또는 기반시설설치비용의 3배 이하에 상당하는 벌금

기반시설설치비용을 면탈·경감할 목적 또는 면탈·경감하게 할 목적으로 거짓 계약을 체결하거나 거짓 자료를 제출한 자는 3년 이하의 징역 또는 면탈·경감하였거나 면탈·경감하고자 한 기반시설설치비용의 3배 이하에 상당하는 벌금에 처한다.

(3) 2년 이하의 징역 또는 2,000만원 이하의 벌금

❶ 도시·군계획시설의 설치·관리에 관한 규정에 위반하여 도시·군관리계획의 결정이 없이 기반시설을 설치한 자

❷ 공동구에 수용하여야 하는 시설을 공동구에 수용하지 아니한 자

❸ 지구단위계획에 맞지 아니하게 건축물을 건축하거나 용도를 변경한 자

❹ 용도지역 또는 용도지구 안에서의 건축물 그 밖의 시설의 용도·종류 및 규모 등의 제한을 위반하여 건축물이나 그 밖의 시설을 건축 또는 설치하거나 그 용도를 변경한 자

(4) 1년 이하의 징역 또는 1,000만원 이하의 벌금

법률 등의 위반자에 대한 허가·인가 등의 취소, 공사의 중지, 공작물 등의 개축 또는 이전 등의 처분 또는 조치명령을 위반한 자

추가 벌금과 과태료의 차이점
1. 벌금은 행정형벌, 과태료는 행정질서벌에 해당한다.
2. 벌금은 법원의 판결로 부과하지만, 과태료는 행정청이 부과한다.
3. 벌금의 부과에 대하여는 이의신청규정이 없지만, 과태료 부과에 대하여는 이의신청을 제기할 수 있다.

02 행정질서벌(과태료)

(1) 1,000만원 이하의 과태료

❶ 공동구설치비용을 부담하지 아니한 자가 허가를 받지 아니하고 공동구를 점용하거나 사용한 자

❷ 정당한 사유 없이 타인토지에의 출입이나 일시 사용 및 장애물의 변경·제거 행위를 방해하거나 거부한 자

❸ 타인토지에의 출입 등을 위한 허가 또는 동의를 받지 아니하고 그 행위를 한 자

❹ 소속공무원으로 하여금 개발행위나 도시·군계획시설사업에 관한 업무의 상황을 검사할 수 있는 규정에 의한 검사를 거부·방해하거나 기피한 자

(2) 500만원 이하의 과태료

❶ 개발행위 중 재해복구나 재난수습을 위한 응급조치를 한 후 1개월 이내에 신고를 하지 아니한 자

❷ 개발행위허가를 받은 자나 도시·군계획시설사업의 시행자에 대하여 감독상 필요한 보고를 하게 하거나 자료를 제출하도록 명할 수 있는 규정에 의한 보고 또는 자료제출을 하지 아니하거나, 거짓된 보고 또는 자료제출을 한 자

PART

02

건축법

용어의 정의 및 적용대상물

제1절 **용어의 정의** ★제36회

01 건축물

'건축물'이란 토지에 정착(定着)하는 공작물 중 지붕과 기둥 또는 벽이 있는 것과 이에 딸린 시설물, 지하나 고가(高架)의 공작물에 설치하는 사무소 · 공연장 · 점포 · 차고 · 창고를 말한다.

02 지하층

'지하층'이란 건축물의 바닥이 지표면 아래에 있는 층으로서 바닥에서 지표면까지 평균높이가 해당 층 높이의 2분의 1 이상인 것을 말한다.

03 주요구조부

'주요구조부'란 내력벽(耐力壁), 기둥, 바닥, 보, 지붕틀 및 주계단(主階段)을 말한다. 다만, 사이 기둥, 최하층 바닥, 작은 보, 차양, 옥외 계단, 그 밖에 이와 유사한 것으로 건축물의 구조상 중요하지 아니한 부분은 제외한다.

▶중요지문◀ 건축물의 주요구조부란 내력벽, 사이 기둥, 바닥, 보, 지붕틀 및 주계단을 말한다.　( )

▶정답 ✕
사이 기둥은 주요구조부에 해당하지 않는다.

04 리모델링

'리모델링'이란 건축물의 노후화를 억제하거나 기능 향상 등을 위하여 대수선하거나 일부 증축 또는 개축하는 행위를 말한다.

05 도로

'도로'란 보행과 자동차 통행이 가능한 너비 4m 이상의 도로로서 다음의 어느 하나에 해당하는 도로나 그 예정도로를 말한다.

❶ 「국토의 계획 및 이용에 관한 법률」, 「도로법」, 「사도법」, 그 밖의 관계 법령에 따라 신설 또는 변경에 관한 고시가 된 도로
❷ 건축허가 또는 신고 시에 시 · 도지사 또는 시장 · 군수 · 구청장이 위치를 지정하여 공고하는 도로

추가✓ 건축주
건축주란 건축물의 건축 · 대수선 · 용도변경, 건축설비의 설치 또는 공작물의 축조에 관한 공사를 발주하거나 현장관리인을 두어 스스로 그 공사를 하는 자를 말한다.

06 고층건축물

'고층건축물'이란 층수가 30층 이상이거나 높이가 120m 이상인 건축물을 말한다.

07 초고층 건축물

'초고층 건축물'이란 층수가 50층 이상이거나 높이가 200m 이상인 건축물을 말한다.

08 다중이용 건축물

❶ 다음에 해당하는 용도로 쓰는 바닥면적의 합계가 5,000m² 이상인 건축물

> ㉠ 문화 및 집회시설(동물원·식물원은 제외)
> ㉡ 종교시설
> ㉢ 판매시설
> ㉣ 운수시설 중 여객용 시설
> ㉤ 의료시설 중 종합병원
> ㉥ 숙박시설 중 관광숙박시설

❷ 16층 이상인 건축물

09 준다중이용 건축물

'준다중이용 건축물'이란 다중이용 건축물 외의 건축물로서 다음의 어느 하나에 해당하는 용도로 쓰는 바닥면적의 합계가 1,000m² 이상인 건축물을 말한다.

> ❶ 문화 및 집회시설(동물원·식물원은 제외)
> ❷ 종교시설
> ❸ 판매시설
> ❹ 운수시설 중 여객용 시설
> ❺ 의료시설 중 종합병원
> ❻ 교육연구시설
> ❼ 노유자시설
> ❽ 운동시설
> ❾ 숙박시설 중 관광숙박시설
> ❿ 위락시설
> ⓫ 관광휴게시설
> ⓬ 장례시설

[중요지문] 고층건축물에 해당하려면 건축물의 층수가 30층 이상이고 높이가 120m 이상이어야 한다. ( )

▶정답 ✕
고층건축물에 해당하려면 건축물의 층수가 30층 이상 또는 높이가 120m 이상이어야 한다.

[중요지문] 관광휴게시설로 사용하는 바닥면적의 합계가 5,000m² 이상인 건축물은 다중이용 건축물에 해당한다. ( )

▶정답 ✕
관광휴게시설로 사용하는 바닥면적의 합계가 5,000m² 이상인 건축물은 다중이용 건축물에 해당하지 않는다.

10 특수구조 건축물

'특수구조 건축물'이란 다음의 어느 하나에 해당하는 건축물을 말한다.

❶ 한쪽 끝은 고정되고 다른 끝은 지지(支持)되지 아니한 구조로 된 보·차양 등이 외벽의 중심선으로부터 3m 이상 돌출된 건축물
❷ 기둥과 기둥 사이의 거리가 20m 이상인 건축물

▶**중요지문** 한쪽 끝은 고정되고 다른 끝은 지지되지 아니한 구조로 된 차양이 외벽(외벽이 없는 경우에는 외곽 기둥을 말함)의 중심선으로부터 3m 이상 돌출된 건축물은 특수구조 건축물에 해당한다. ( )

▶정답 ○

제2절 건축법 적용대상물

01 건축물

'건축물'이란 토지에 정착하는 공작물 중 지붕과 기둥 또는 벽이 있는 것과 이에 딸린 시설물, 지하나 고가의 공작물에 설치하는 사무소·공연장·점포·차고·창고를 말한다.

핵심다지기

「건축법」의 적용대상에서 제외되는 건축물

1. 「문화유산의 보존 및 활용에 관한 법률」에 따른 지정문화유산이나 임시지정문화유산 또는 「자연유산의 보존 및 활용에 관한 법률」에 따라 지정된 천연기념물 등이나 임시 지정천연기념물, 임시지정명승, 임시지정시·도자연유산, 임시자연유산자료

2. **철도나 궤도의 선로 부지에 있는 다음의 시설**
   ❶ 운전보안시설
   ❷ 철도선로의 위나 아래를 가로지르는 보행시설
   ❸ 플랫폼
   ❹ 철도 또는 궤도사업용 급수·급탄 및 급유시설

3. 고속도로 통행료 징수시설

4. 컨테이너를 이용한 간이창고(공장의 용도로만 사용되는 건축물의 대지 안에 설치하는 것으로서 이동이 쉬운 것에 한함)

5. 「하천법」에 따른 하천구역 내의 수문조작실

▶**중요지문** 지정문화유산, 플랫폼, 운전보안시설, 철도선로의 위나 아래를 가로지르는 보행시설, 철도사업용 급수·급탄 및 급유시설, 고속도로 통행료 징수시설은 「건축법」의 적용을 받지 않는다. ( )

▶정답 ○

▶**중요지문** 대지에 정착된 컨테이너를 이용한 주택은 「건축법」을 적용받는 건축물에 해당한다. ( )

▶정답 ○

02 대지

'대지'란 「공간정보의 구축 및 관리 등에 관한 법률」에 따라 각 필지로 나눈 토지를 말한다. 다만, 다음 경우의 토지는 둘 이상의 필지를 하나의 대지로 하거나 하나 이상의 필지의 일부를 하나의 대지로 할 수 있다.

(1) 둘 이상의 필지를 하나의 대지로 보는 경우

❶ 하나의 건축물을 두 필지 이상에 걸쳐 건축하는 경우 ⇨ 그 건축물이 건축되는 각 필지의 토지를 합한 토지
❷ 「공간정보의 구축 및 관리 등에 관한 법률」에 따라 합병이 불가능한 경우 중 다음의 어느 하나에 해당하는 경우 ⇨ 그 합병이 불가능한 필지의 토지를 합한 토지. 다만, 토지의 소유자가 서로 다르거나 소유권 외의 권리관계가 서로 다른 경우는 제외한다.
　㉠ 각 필지의 지번부여지역이 서로 다른 경우
　㉡ 각 필지의 도면의 축척이 다른 경우
　㉢ 서로 인접하고 있는 필지로서 각 필지의 지반이 연속되지 아니한 경우
❸ 「국토의 계획 및 이용에 관한 법률」에 따른 도시·군계획시설에 해당하는 건축물을 건축하는 경우 ⇨ 그 도시·군계획시설이 설치되는 일단의 토지
❹ 「주택법」에 따른 사업계획승인을 받아 주택과 그 부대시설 및 복리시설을 건축하는 경우 ⇨ 주택단지
❺ 도로의 지표 아래에 건축하는 건축물의 경우 ⇨ 특별시장·광역시장·특별자치시장·특별자치도지사·시장·군수 또는 구청장이 그 건축물이 건축되는 토지로 정하는 토지(지하상가)
❻ 건축물에 따른 사용승인을 신청할 때, 둘 이상의 필지를 하나의 필지로 합칠 것을 조건으로 건축허가를 하는 경우 ⇨ 그 필지가 합쳐지는 토지. 다만, 토지의 소유자가 서로 다른 경우는 제외한다.

(2) 하나 이상의 필지의 일부를 하나의 대지로 할 수 있는 경우

❶ 하나 이상의 필지의 일부에 대하여 도시·군계획시설이 결정·고시된 경우 ⇨ 그 결정·고시된 부분의 토지
❷ 하나 이상의 필지의 일부에 대하여 「농지법」에 따른 농지전용허가를 받은 경우 ⇨ 그 허가받은 부분의 토지
❸ 하나 이상의 필지의 일부에 대하여 「산지관리법」에 따른 산지전용허가를 받은 경우 ⇨ 그 허가받은 부분의 토지

❹ 하나 이상의 필지의 일부에 대하여 「국토의 계획 및 이용에 관한 법률」에 따른 개발행위허가를 받은 경우 ⇨ 그 허가받은 부분의 토지

❺ 「건축법」에 따른 사용승인을 신청할 때 필지를 나눌 것을 조건으로 건축허가를 하는 경우 ⇨ 그 필지가 나누어지는 토지

03 신고대상 공작물

공작물을 축조(건축물과 분리하여 축조하는 것)할 때 특별자치시장·특별자치도지사 또는 시장·군수·구청장에게 신고해야 하는 공작물은 다음과 같다.

> ❶ 높이 2m를 넘는 옹벽 또는 담장
> ❷ 높이 4m를 넘는 장식탑, 기념탑, 첨탑, 광고탑, 광고판
> ❸ 높이 6m를 넘는 굴뚝
> ❹ 높이 6m를 넘는 골프연습장 등의 운동시설을 위한 철탑과 주거지역·상업지역에 설치하는 통신용 철탑
> ❺ 높이 8m를 넘는 고가수조
> ❻ 높이 8m(위험방지를 위한 난간의 높이는 제외) 이하의 기계식 주차장 및 철골 조립식 주차장으로서 외벽이 없는 것
> ❼ 바닥면적 30m² 를 넘는 지하대피호
> ❽ 높이 5m를 넘는 태양에너지를 이용하는 발전설비

예제

건축법령상 용어에 관한 설명으로 틀린 것은?

① 내력벽을 수선하더라도 수선되는 벽면적의 합계가 30m² 미만인 경우에는 '대수선'에 포함되지 않는다.

② 지하의 공작물에 설치하는 점포는 '건축물'에 해당하지 않는다.

③ 구조 계산서와 시방서는 '설계도서'에 해당한다.

④ '막다른 도로'의 구조와 너비는 '막다른 도로'가 '도로'에 해당하는지 여부를 판단하는 기준이 된다.

⑤ '고층건축물'이란 층수가 30층 이상이거나 높이가 120m 이상인 건축물을 말한다.

해설 ② 건축물이란 토지에 정착(定着)하는 공작물 중 지붕과 기둥 또는 벽이 있는 것과 이에 딸린 시설물, 지하나 고가(高架)의 공작물에 설치하는 사무소·공연장·점포·차고·창고, 그 밖에 대통령령으로 정하는 것을 말한다. 따라서 지하의 공작물에 설치하는 점포는 건축물에 해당한다.

▶정답 ②

건축법 적용대상 행위

제1절 **건축 및 대수선**

01 건축

'건축'이란 건축물을 신축·증축·개축·재축(再築)하거나 건축물을 이전하는 것을 말한다.

신축	건축물이 없는 대지(기존 건축물이 해체되거나 멸실된 대지를 포함)에 새로 건축물을 축조(築造)하는 것[부속건축물만 있는 대지에 새로 주된 건축물을 축조하는 것을 포함하되, 개축(改築) 또는 재축(再築)하는 것은 제외]을 말한다.
증축	기존 건축물이 있는 대지에서 건축물의 건축면적, 연면적, 층수 또는 높이를 늘리는 것을 말한다.
개축	기존 건축물의 전부 또는 일부[내력벽·기둥·보·지붕틀(한옥의 경우에는 지붕틀의 범위에서 서까래는 제외) 중 셋 이상이 포함되는 경우를 말한다]를 해체하고 그 대지에 종전과 같은 규모의 범위에서 건축물을 다시 축조하는 것을 말한다.
재축	건축물이 천재지변이나 그 밖의 재해(災害)로 멸실된 경우 그 대지에 다음의 요건을 모두 갖추어 다시 축조하는 것을 말한다. ❶ 연면적 합계는 종전 규모 이하로 할 것 ❷ 동수, 층수 및 높이가 모두 종전 규모 이하일 것
이전	건축물의 주요구조부를 해체하지 아니하고 같은 대지의 다른 위치로 옮기는 것을 말한다.

02 대수선

'대수선'이란 다음의 어느 하나에 해당하는 것으로서 **증축·개축 또는 재축에 해당하지 아니하는 것을 말한다.**

❶ 내력벽을 증설 또는 해체하거나 그 벽면적 30m² 이상을 수선 또는 변경하는 것
❷ 기둥을 증설 또는 해체하거나 세 개 이상 수선 또는 변경하는 것
❸ 보를 증설 또는 해체하거나 세 개 이상 수선 또는 변경하는 것

중요지문 건축물이 천재지변으로 멸실된 경우 그 대지에 종전 규모보다 연면적의 합계를 늘려 건축물을 다시 축조하는 것은 재축에 해당한다. ( )

▶ 정답 ×
멸실된 경우 종전 규모보다 연면적의 합계를 늘려 건축물을 다시 축조하는 것은 신축에 해당한다.

중요지문 건축물의 내력벽을 해체하여 같은 대지의 다른 위치로 옮기는 것은 이전에 해당한다. ( )

▶ 정답 ×
건축물의 내력벽을 해체하지 아니하고 같은 대지의 다른 위치로 옮기는 것은 이전에 해당한다.

❹ 지붕틀(한옥의 경우에는 지붕틀의 범위에서 서까래는 제외)을 증설 또는 해체하거나 세 개 이상 수선 또는 변경하는 것

❺ 방화벽 또는 방화구획을 위한 바닥 또는 벽을 증설 또는 해체하거나 수선 또는 변경하는 것

❻ 주계단 · 피난계단 또는 특별피난계단을 증설 또는 해체하거나 수선 또는 변경하는 것

❼ 다가구주택의 가구 간 경계벽 또는 다세대주택의 세대 간 경계벽을 증설 또는 해체하거나 수선 또는 변경하는 것

❽ 건축물의 외벽에 사용하는 마감재료를 증설 또는 해체하거나 벽면적 $30m^2$ 이상 수선 또는 변경하는 것

제2절 **건축물의 용도변경** ★제36회

핵심다지기

용도별 건축물의 종류

용도	건축물의 종류
단독주택	❶ 단독주택 ❷ 다중주택[학생 또는 직장인이 장기간 거주할 수 있는 구조 + 독립된 주거의 형태를 갖추지 않은 것(취사시설은 설치하지 않는 것) + $660m^2$ 이하이고 3개층 이하일 것] ❸ 다가구주택(3개층 이하 + $660m^2$ 이하 + 19세대 이하가 거주할 것) ❹ 공관
공동주택	❶ **아파트**: 주택으로 쓰는 층수가 5개 층 이상인 주택 ❷ **연립주택**: 주택으로 쓰는 1개 동의 바닥면적의 합계가 $660m^2$를 초과하고, 층수가 4개 층 이하인 주택 ❸ 다세대주택: 주택으로 쓰는 1개 동의 바닥면적의 합계가 $660m^2$ 이하이고, 층수가 4개 층 이하인 주택 ❹ 기숙사(임대형 기숙사, 일반기숙사)
제1종 근린생활시설	❶ 이용원, 미용원, 목욕장, 세탁소 ❷ 의원, 치과의원, 한의원, 침술원, 접골원(接骨院), 조산원, 안마원, 산후조리원 등 주민의 진료 · 치료 등을 위한 시설 ❸ 탁구장, 체육도장으로서 같은 건축물에 해당 용도로 쓰는 바닥면적의 합계가 $500m^2$ 미만인 것

	❹ 마을회관, 마을공동작업소, 마을공동구판장, 공중화장실, 대피소, 지역아동센터 등 주민이 공동으로 이용하는 시설 ❺ 동물병원·동물미용실(바닥면적의 합계가 300m² 미만인 것) ❻ 전기자동차 충전소(바닥면적의 합계가 1,000m² 미만인 것) ❼ 휴게음식점, 제과점(바닥면적의 합계가 300m² 미만인 것)
제2종 근린생활시설	❶ 공연장(극장, 영화관, 연예장, 음악당, 서커스장, 비디오물감상실, 비디오물소극장)으로서 같은 건축물에 해당 용도로 쓰는 바닥면적의 합계가 500m² 미만인 것 ❷ 서점으로서 바닥면적의 합계가 1,000m² 이상인 것 ❸ 총포판매소, 안마시술소, 노래연습장 ❹ 사진관, 표구점, 일반음식점, 독서실, 기원, 장의사 ❺ 동물병원·동물미용실(바닥면적의 합계가 300m² 이상인 것) ❻ 자동차영업소(바닥면적의 합계가 1,000m² 미만인 것) ❼ 다중생활시설(바닥면적 합계가 500m² 미만인 것) ❽ 종교집회장(바닥면적의 합계가 500m² 미만인 것) ❾ 휴게음식점, 제과점(바닥면적의 합계가 300m² 이상인 것) ❿ 단란주점(바닥면적의 합계가 150m² 미만인 것)
문화 및 집회시설	❶ 공연장(바닥면적 합계가 500m² 이상인 것) ❷ 집회장(예식장, 회의장 등) ❸ 관람장(경마장, 경륜장 등) ❹ 전시장(박물관, 미술관 등) ❺ 동물원, 식물원, 수족관
운수시설	❶ 여객자동차터미널 ❷ 철도시설 ❸ 공항시설 ❹ 항만시설
의료시설	❶ 종합병원, 치과병원, 한방병원, 정신병원, 요양병원 ❷ 격리병원
교육연구시설	❶ 학교(유치원 포함) ❷ 도서관
노유자시설	❶ 어린이집 ❷ 노인복지시설
숙박시설	❶ 일반숙박시설 및 생활숙박시설 ❷ 관광숙박시설(관광호텔, 가족호텔, 의료관광호텔, 휴양 콘도미니엄 등) ❸ 다중생활시설(바닥면적의 합계가 500m² 이상인 것)
위락시설	❶ 무도장, 무도학원 ❷ 카지노영업소
동물 및 식물관련 시설	❶ 도축장 ❷ 도계장 ❸ 작물재배사 ❹ 종묘배양시설

※보충 **창고시설**
1. 하역장
2. 물류터미널
3. 집배송시설

※보충 **위험물저장 및 처리시설**
1. 주유소 및 석유판매소
2. 액화석유가스 충전소·판매소·저장소

※보충 **자동차 관련 시설**
1. 주차장
2. 세차장
3. 검사장
4. 정비공장

방송통신시설	❶ 방송국 ❷ 전신전화국 ❸ 촬영소 ❹ 데이터센터
관광휴게시설	❶ 야외음악당 ❷ 야외극장 ❸ 어린이회관 ❹ 관망탑 ❺ 휴게소
장례시설	❶ 장례식장 ❷ 동물 전용의 장례식장

핵심다지기

건축물의 시설군과 세부 용도

시설군	세부 용도
자동차 관련 시설군	자동차 관련 시설
산업 등의 시설군	❶ 공장 ❷ 창고시설 ❸ 위험물저장 및 처리시설 ❹ 자원순환 관련 시설 ❺ 운수시설 ❻ 묘지 관련 시설 ❼ 장례시설
전기통신시설군	❶ 방송통신시설 ❷ 발전시설
문화 및 집회시설군	❶ 문화 및 집회시설 ❷ 종교시설 ❸ 위락시설 ❹ 관광휴게시설
영업시설군	❶ 운동시설 ❷ 숙박시설 ❸ 판매시설 ❹ 제2종 근린생활시설 중 다중생활시설
교육 및 복지시설군	❶ 노유자시설 ❷ 교육연구시설 ❸ 수련시설 ❹ 야영장시설 ❺ 의료시설

근린생활시설군	❶ 제1종 근린생활시설
	❷ 제2종 근린생활시설(다중생활시설은 제외)
주거업무시설군	❶ 단독주택
	❷ 공동주택
	❸ 업무시설
	❹ 교정시설
	❺ 국방 · 군사시설
그 밖의 시설군	동물 및 식물 관련 시설

01 용도변경의 허가 · 신고

사용승인을 받은 건축물의 용도를 변경하려는 자는 다음의 구분에 따라 특별자치
시장 · 특별자치도지사 또는 시장 · 군수 · 구청장의 허가를 받거나 신고를 하여야
한다.

| 허가대상 | 각 시설군에 속하는 건축물의 용도를 상위군에 해당하는 용도로 변경하는 경우 |
| 신고대상 | 각 시설군에 속하는 건축물의 용도를 하위군에 해당하는 용도로 변경하는 경우 |

중요지문 숙박시설을 종교시설로 용도를 변경하려는 경우에는 용도 변경허가를 받아야 한다.   (   )

▶ 정답 ○

02 건축물대장 기재내용 변경신청

시설군 중 같은 시설군 안에서 용도를 변경하려는 자는 국토교통부령으로 정하는
바에 따라 특별자치시장 · 특별자치도지사 또는 시장 · 군수 · 구청장에게 **건축물
대장 기재내용의 변경을 신청하여야 한다.** 다만, 다음에 해당하는 건축물 상호 간
의 용도변경의 경우에는 그러하지 아니하다.

❶ 같은 호에 속하는 건축물 상호 간의 용도변경
❷ 「국토의 계획 및 이용에 관한 법률」이나 그 밖의 관계 법령에서 정하는 용도제
   한에 적합한 범위에서 제1종 근린생활시설과 제2종 근린생활시설 상호 간의 용
   도변경

중요지문 단독주택을 다가구주택으로 변경하는 경우에는 건축물대장 기재내용의 변경을 신청하지 않아도 된다.   (   )

▶ 정답 ○

03 규정의 준용

(1) **사용승인**

허가나 신고대상인 경우로서 용도변경하려는 부분의 바닥면적의 합계가 100m² 이상인 경우의 사용승인에 관하여는 **사용승인에 관한 규정을 준용한다.** 다만, 용도변경하려는 부분의 바닥면적의 합계가 500m² 미만으로서 대수선에 해당되는 공사를 수반하지 아니하는 경우에는 그러하지 아니하다.

(2) **건축사 설계**

허가대상인 경우로서 용도변경하려는 부분의 바닥면적의 합계가 500m² 이상인 용도변경(1층인 축사를 공장으로 용도변경하는 경우로서 증축 · 개축 또는 대수선이 수반되지 아니하고 구조 안전이나 피난 등에 지장이 없는 경우는 제외)의 설계에 관하여는 건축사 설계대상에 관한 규정을 준용한다.

※보충 「건축법」 적용대상지역
1. 전면적 적용지역 : 도시지역, 비도시지역 안의 지구단위계획구역, 동이나 읍
2. 전면적 적용지역 외의 지역 : ❶ 대지와 도로의 관계, ❷ 도로의 지정 · 폐지 또는 변경, ❸ 건축선의 지정, ❹ 건축선에 따른 건축제한, ❺ 방화지구 안의 건축물, ❻ 대지의 분할제한에 관한 규정을 적용하지 아니한다.

예제

甲은 A도 B군에서 숙박시설로 사용승인을 받은 바닥면적의 합계가 3천m²인 건축물의 용도를 변경하려고 한다. 건축법령상 이에 관한 설명으로 틀린 것은?
① 의료시설로 용도를 변경하려는 경우에는 용도변경신고를 하여야 한다.
② 종교시설로 용도를 변경하려는 경우에는 용도변경허가를 받아야 한다.
③ 甲이 바닥면적의 합계 1천m²의 부분에 대해서만 업무시설로 용도를 변경하는 경우에는 사용승인을 받지 않아도 된다.
④ A도지사는 도시 · 군계획에 특히 필요하다고 인정하면 B군수의 용도변경허가를 제한할 수 있다.
⑤ B군수는 甲이 판매시설과 위락시설의 복수용도로 용도변경신청을 한 경우 지방건축위원회의 심의를 거쳐 이를 허용할 수 있다.

해설 ③ 甲이 바닥면적의 합계 1천m²의 부분에 대해서만 업무시설로 용도를 변경하는 경우에는 사용승인을 받아야 한다. 허가나 신고대상인 경우로서 용도변경을 하려는 부분의 바닥면적의 합계가 100m² 이상인 경우에는 사용승인에 관한 규정을 준용하기 때문이다. ▶ 정답 ③

※보충 복수용도의 인정
1. 복수용도는 같은 시설군 내에서 허용할 수 있다.
2. 허가권자는 지방건축위원회의 심의를 거쳐 다른 시설군의 용도 간 복수용도를 허용할 수 있다.

정리 「건축법」의 전면적 적용지역

도시지역

지구단위계획구역

동

읍

섬(인구 500명 이상)

건축허가 및 건축신고

제1절 **건축허가** *제36회

01 건축 관련 입지와 규모의 사전결정

(1) 사전결정의 신청

허가대상 건축물을 건축하려는 자는 건축허가를 신청하기 전에 허가권자에게 그 건축물을 해당 대지에 건축하는 것이 법이나 다른 법령에서 허용되는지에 대한 사전결정을 신청할 수 있다.

(2) 동시신청

사전결정을 신청하는 자는 건축위원회 심의와 「도시교통정비 촉진법」에 따른 교통영향평가서의 검토를 동시에 신청할 수 있다.

(3) 사전협의

허가권자는 사전결정이 신청된 건축물의 대지면적이 「환경영향평가법」에 따른 소규모 환경영향평가대상 사업인 경우 **환경부장관**이나 지방환경관서의 장과 소규모 환경영향평가에 관한 **협의**를 하여야 한다.

(4) 결정의 통지 ⇨ 공고 x

허가권자는 사전결정신청을 받으면 입지, 건축물의 규모, 용도 등을 사전결정한 후 사전결정신청자에게 알려야 한다.

> ※보충 **통지기간**
> 허가권자는 사전결정을 한 후 사전결정서를 사전결정일부터 7일 이내에 사전결정을 신청한 자에게 송부하여야 한다.

(5) 통지의 효과

사전결정 통지를 받은 경우에는 다음의 허가를 받거나 신고 또는 협의를 한 것으로 본다.

> ❶ 「국토의 계획 및 이용에 관한 법률」에 따른 개발행위허가
> ❷ 「산지관리법」에 따른 산지전용허가와 산지전용신고, 산지일시사용허가·신고. 다만, 보전산지인 경우에는 도시지역만 해당된다.
> ❸ 「농지법」에 따른 농지전용허가·신고 및 협의
> ❹ 「하천법」에 따른 하천점용허가

(6) **건축허가 신청의무**

사전결정신청자는 사전결정을 통지받은 날부터 2년 이내에 **건축허가를 신청하여야 하며**, 이 기간에 건축허가를 신청하지 아니하면 사전결정의 효력이 상실된다.

> **※보충** 대지의 소유권을 확보하지 않아도 되는 경우
> ❶ 건축주가 대지의 소유권을 확보하지 못하였으나 그 대지를 사용할 수 있는 권원을 확보한 경우. 다만, 분양을 목적으로 하는 공동주택은 제외한다.
> ❷ 건축하려는 대지에 포함된 국유지 또는 공유지에 대하여 허가권자가 해당 토지의 관리청이 해당 토지를 건축주에게 매각하거나 양여할 것을 확인한 경우
> ❸ 건축주가 집합건물의 공용부분을 변경하기 위하여 「집합건물의 소유 및 관리에 관한 법률」에 따른 결의가 있었음을 증명한 경우
> ❹ 건축주가 집합건물을 재건축하기 위하여 「집합건물의 소유 및 관리에 관한 법률」에 따른 결의가 있었음을 증명한 경우

02 허가권자 등

(1) **허가권자**

❶ **원칙**: 특별자치시장·특별자치도지사 또는 시장·군수·구청장
건축물을 건축하거나 대수선하려는 자는 특별자치시장·특별자치도지사 또는 시장·군수·구청장의 허가를 받아야 한다.

❷ **예외**: 특별시장 또는 광역시장
층수가 21층 이상이거나 연면적의 합계가 10만m² 이상인 건축물(연면적의 10분의 3 이상을 증축하여 층수가 21층 이상으로 되거나 연면적의 합계가 10만m² 이상으로 되는 경우를 포함)을 특별시나 광역시에 건축하려면 특별시장이나 광역시장의 허가를 받아야 한다. 다만, 다음의 어느 하나에 해당하는 건축물의 건축은 제외한다.

> ㉠ 공장(특별시장·광역시장의 허가 ✕)
> ㉡ 창고(특별시장·광역시장의 허가 ✕)
> ㉢ 지방건축위원회의 심의를 거친 건축물(초고층 건축물은 특별시장·광역시장의 허가 ○)

(2) 도지사의 사전승인

시장·군수는 다음에 해당하는 건축물의 건축을 허가하려면 미리 건축계획서와 기본설계도서를 첨부하여 **도지사의 승인**을 받아야 한다.

❶ 층수가 21층 이상이거나 연면적의 합계가 10만m² 이상인 건축물(연면적의 10분의 3 이상을 증축하여 층수가 21층 이상으로 되거나 연면적의 합계가 10만m² 이상으로 되는 경우를 포함). 다만, 다음에 해당하는 건축물은 제외한다.

> ㉠ 공장(도지사의 사전승인 ×)
> ㉡ 창고(도지사의 사전승인 ×)
> ㉢ 지방건축위원회의 심의를 거친 건축물(초고층 건축물은 도지사의 사전승인 ○)

※ 보충 **통보기간**
도지사는 50일 이내에 승인 여부를 시장·군수에게 통보하여야 한다.

❷ 자연환경이나 수질을 보호하기 위하여 도지사가 지정·공고한 구역에 건축하는 3층 이상 또는 연면적의 합계가 1,000m² 이상인 건축물로서 다음의 건축물

> ㉠ 공동주택
> ㉡ 제2종 근린생활시설(일반음식점에 한함)
> ㉢ 업무시설(일반업무시설에 한함)
> ㉣ 숙박시설
> ㉤ 위락시설

중요지문 연면적의 10분의 3을 증축하여 연면적의 합계가 10만m²가 되는 창고를 광역시에 건축하고자 하는 자는 광역시장의 허가를 받아야 한다. ( )

▶ 정답 ×
창고와 공장은 광역시장의 허가대상이 아니다.

❸ 주거환경이나 교육환경 등 주변 환경을 보호하기 위하여 필요하다고 인정하여 도지사가 지정·공고한 구역에 건축하는 위락시설 및 숙박시설에 해당하는 건축물

03 건축허가의 거부

허가권자는 다음의 어느 하나에 해당하는 경우에는 「건축법」이나 다른 법률에도 불구하고 건축위원회의 심의를 거쳐 건축허가를 하지 아니할 수 있다.

❶ 위락시설이나 숙박시설에 해당하는 건축물의 건축을 허가하는 경우 해당 대지에 건축하려는 건축물의 용도·규모·형태가 주거환경이나 교육환경 등 주변 환경을 고려할 때 부적합하다고 인정되는 경우

❷ 「국토의 계획 및 이용에 관한 법률」에 따른 방재지구 및 「자연재해대책법」에 따른 자연재해위험개선지구 등 상습적으로 침수되거나 침수가 우려되는 대통령령으로 정하는 지역에 건축하려는 건축물에 대하여 일부 공간에 거실을 설치하는 것이 부적합하다고 인정되는 경우

04 건축허가 및 착공의 제한

(1) 제한권자

❶ **국토교통부장관의 제한**: 국토교통부장관은 **국토관리를 위하여 특히 필요**하다고 인정하거나 **주무부장관이 국방, 국가유산의 보존, 환경보전 또는 국민경제를 위하여 특히 필요**하다고 인정하여 요청하면 허가권자의 건축허가나 허가를 받은 건축물의 착공을 제한할 수 있다.

❷ **특별시장·광역시장·도지사의 제한**: 특별시장·광역시장·도지사는 **지역계획이나 도시·군계획에 특히 필요**하다고 인정하면 시장·군수·구청장의 건축허가나 허가를 받은 건축물의 착공을 제한할 수 있다. 특별시장·광역시장·도지사는 시장·군수·구청장의 건축허가나 건축물의 착공을 제한한 경우 즉시 **국토교통부장관에게 보고**하여야 하며, 보고를 받은 **국토교통부장관은** 제한내용이 지나치다고 인정하면 **해제를 명할 수 있다.**

(2) 제한절차

국토교통부장관이나 시·도지사는 건축허가나 건축허가를 받은 건축물의 착공을 제한하려는 경우에는 「토지이용규제 기본법」 제8조에 따라 **주민의견을 청취한 후 건축위원회의 심의**를 거쳐야 한다.

(3) 제한기간

건축허가나 건축물의 착공을 제한하는 경우 제한기간은 **2년 이내**로 한다. 다만, 1회에 한하여 1년 이내의 범위에서 제한기간을 **연장**할 수 있다.

(4) 통보 및 공고

국토교통부장관이나 특별시장·광역시장·도지사는 건축허가나 건축물의 착공을 제한하는 경우 제한 목적·기간, 대상 건축물의 용도와 대상 구역의 위치·면적·경계 등을 상세하게 정하여 허가권자에게 통보하여야 하며, 통보를 받은 허가권자는 지체 없이 이를 공고하여야 한다.

중요지문 교육감이 교육환경의 개선을 위하여 특히 필요하다고 인정하여 요청하면 국토교통부장관은 허가를 받은 건축물의 착공을 제한할 수 있다. ( )

▶정답 ×
교육감은 국토교통부장관에게 건축허가나 착공의 제한을 요청할 수 없다.

중요지문 건축허가를 제한하는 경우 건축허가 제한기간은 2년 이내로 하며, 1회에 한하여 1년 이내의 범위에서 제한기간을 연장할 수 있다. ( )

▶정답 ○

05 건축허가의 필수적 취소

허가권자는 허가를 받은 자가 다음의 어느 하나에 해당하면 허가를 취소하여야
한다.

❶ 허가를 받은 날부터 2년(「산업집적활성화 및 공장설립에 관한 법률」에 따라 공
장의 신설·증설 또는 업종변경의 승인을 받은 공장은 3년) 이내에 공사에 착
수하지 아니한 경우
❷ 착공기간 이내에 공사에 착수하였으나 공사의 완료가 불가능하다고 인정되는
경우
❸ 착공신고 전에 경매 또는 공매 등으로 건축주가 대지의 소유권을 상실한 때부
터 6개월이 지난 이후 공사의 착수가 불가능하다고 판단되는 경우

제2절 | **건축신고**

01 신고대상 건축물

허가대상 건축물이라 하더라도 다음에 해당하는 경우에는 미리 특별자치시장·특별
자치도지사 또는 시장·군수·구청장에게 신고를 하면 건축허가를 받은 것으로 본다.

핵심다지기

건축신고대상

1. 바닥면적의 합계가 85m^2 이내의 증축·개축 또는 재축. 다만, 3층 이상 건축물인 경우
   에는 증축·개축 또는 재축하려는 부분의 바닥면적의 합계가 건축물 연면적의 10분의
   1 이내인 경우로 한정한다.
2. 연면적이 200m^2 미만이고 3층 미만인 건축물의 대수선
3. **주요구조부의 해체가 없는 등 대통령령으로 정하는 다음의 대수선**
   ❶ 내력벽의 면적을 30m^2 이상 수선하는 것
   ❷ 기둥, 보, 지붕틀을 세 개 이상 수선하는 것
   ❸ 방화벽 또는 방화구획을 위한 바닥 또는 벽을 수선하는 것
   ❹ 주계단·피난계단 또는 특별피난계단을 수선하는 것

※보충 건축주·설계자·공사시공
자 또는 공사감리자를 변경하는 경
우에는 신고하여야 한다.

4. 소규모 건축물로서 대통령령으로 정하는 다음의 건축물의 건축
   ❶ 연면적의 합계가 100m² 이하인 건축물
   ❷ 건축물의 높이를 3m 이하의 범위에서 증축하는 건축물
   ❸ 「국토의 계획 및 이용에 관한 법률」에 따른 공업지역과 비도시지역 안의 지구단위
     계획구역 및 「산업입지 및 개발에 관한 법률」에 따른 산업단지에서 건축하는 2층
     이하인 건축물로서 연면적의 합계가 500m² 이하인 공장

02 효력의 상실

건축신고를 한 자가 신고일부터 1년 이내에 공사에 착수하지 아니하면 그 신고의
효력은 없어진다. ⇨ 1년의 범위에서 착수기한을 연장할 수 있다.

03 공용건축물에 대한 특례

국가나 지방자치단체가 소유한 대지의 지상 또는 지하 여유공간에 **구분지상권을**
설정하여 다음의 시설을 설치하려는 경우 허가권자는 구분지상권자를 건축주로
보고 구분지상권이 설정된 부분을 대지로 보아 **건축허가를** 할 수 있다.

❶ 문화 및 집회시설(공연장 및 전시장으로 한정한다)
❷ 제2종 근린생활시설(총포판매소, 장의사, 다중생활시설, 제조업소, 단란주점,
  안마시술소 및 노래연습장은 제외한다)
❸ 업무시설(오피스텔은 제외한다)

제3절 **허가**(신고)**에 따른 인·허가 등의 의제사항**

건축허가를 받으면 다음의 허가 등을 받거나 신고를 한 것으로 보며, 공장건축물
의 경우에는 「산업집적활성화 및 공장설립에 관한 법률」에 따라 관련 법률의 인
·허가 등이나 허가 등을 받은 것으로 본다.

PART

02

건축허가(신고) 시 의제사항

1. 공사용 가설건축물의 축조신고
2. 공작물의 축조신고
3. 「국토의 계획 및 이용에 관한 법률」에 따른 개발행위허가
4. 「국토의 계획 및 이용에 관한 법률」에 따른 시행자의 지정과 실시계획의 인가
5. 「산지관리법」에 따른 산지전용허가와 산지전용신고, 산지일시사용허가·신고. 다만, 보전산지인 경우에는 도시지역만 해당된다.
6. 「하수도법」에 따른 배수설비의 설치신고
7. 「하천법」에 따른 하천점용 등의 허가
8. 「도로법」에 따른 도로점용허가
9. 「자연공원법」에 따른 행위허가
10. 「초지법」에 따른 초지전용의 허가 및 신고
11. 이하 생략

중요지문 건축허가를 받은 경우에도 해당 대지를 조성하기 위해 높이 5m의 옹벽을 축조하려면 따로 공작물 축조신고를 하여야 한다. (　　)

▶ 정답 ✕
건축허가를 받은 경우에는 공작물 축조신고를 한 것으로 의제되기 때문에 별도로 공작물 축조신고를 하지 않아도 된다.

제4절 가설건축물 및 사용승인

01 가설건축물

(1) 가설건축물의 허가대상

❶ 도시·군계획시설 및 도시·군계획시설 예정지에서 가설건축물을 건축하려는 자는 특별자치시장·특별자치도지사 또는 시장·군수·구청장의 허가를 받아야 한다.

❷ 가설건축물의 허가요건은 다음과 같다.

> ㉠ 4층 이상인 경우가 아닐 것
> ㉡ 철근콘크리트조 또는 철골철근콘크리트조가 아닐 것
> ㉢ 존치기간은 3년 이내일 것. 다만, 도시·군계획사업이 시행될 때까지 그 기간을 연장할 수 있다.
> ㉣ 전기·수도·가스 등 새로운 간선 공급설비의 설치를 필요로 하지 아니할 것
> ㉤ 공동주택·판매시설·운수시설 등으로서 분양을 목적으로 건축하는 건축물이 아닐 것

정리 신고대상 가설건축물
1. 신고대상 : 조립식 구조로 된 경비용으로 쓰는 연면적이 10m² 이하인 것, 야외흡연실 용도로 쓰는 연면적이 50m² 이하인 것, 주거지역·상업지역 또는 공업지역에 설치하는 농업·어업용 비닐하우스로서 연면적이 100m² 이상인 것
2. 존치기간 : 3년 이내
3. 연장 : 기간만료 7일 전까지 신고

(2) 가설건축물의 축조신고

❶ 허가대상 가설건축물 외에 **재해복구, 흥행, 전람회, 공사용 가설건축물** 등에 해당하는 용도의 가설건축물을 축조하려는 자는 특별자치시장·특별자치도지사 또는 시장·군수·구청장에게 신고한 후 착공하여야 한다.

❷ 신고하여야 하는 가설건축물의 존치기간은 3년 이내로 한다.

(3) 존치기간의 연장

❶ 특별자치시장·특별자치도지사 또는 시장·군수·구청장은 가설건축물의 존치기간 만료일 30일 전까지 해당 가설건축물의 건축주에게 존치기간 만료일, 존치기간 연장 가능 여부, 존치기간이 연장될 수 있다는 사실을 알려야 한다.

❷ 존치기간을 연장하려는 가설건축물의 건축주는 다음의 구분에 따라 특별자치시장·특별자치도지사 또는 시장·군수·구청장에게 허가를 신청하거나 신고하여야 한다.

> ㉠ 허가대상 가설건축물 : 존치기간 만료일 14일 전까지 허가신청
> ㉡ 신고대상 가설건축물 : 존치기간 만료일 7일 전까지 신고

02 사용승인

(1) 사용승인신청

건축주가 허가를 받았거나 신고를 한 건축물의 **건축공사를 완료**[하나의 대지에 둘 이상의 건축물을 건축하는 경우 동(棟)별 공사를 완료한 경우를 포함]한 후 그 건축물을 사용하려면 공사감리자가 작성한 감리완료보고서와 공사완료도서를 첨부하여 허가권자에게 **사용승인**을 신청하여야 한다.

> ❶ 허가대상의 건축물
> ❷ 신고대상의 건축물
> ❸ 허가대상의 가설건축물

(2) 사용승인서의 교부

허가권자는 사용승인신청을 받은 경우에는 그 신청서를 받은 날부터 7일 이내에 검사를 실시하고, 검사에 합격된 건축물에 대하여는 사용승인서를 내주어야 한다. 다만, 해당 지방자치단체의 조례로 정하는 건축물은 사용승인을 위한 검사를 실시하지 아니하고 사용승인서를 내줄 수 있다.

[보충] 상세시공도면 작성요청
연면적의 합계가 5,000m^2 이상인 건축공사의 공사감리자는 필요하다고 인정하면 공사시공자에게 상세시공도면을 작성하도록 요청할 수 있다.

⑶ **건축물의 사용시기**

건축주는 사용승인을 받은 후가 아니면 건축물을 사용하거나 사용하게 할 수 없다. 다만, 다음의 어느 하나에 해당하는 경우에는 그러하지 아니하다.

> ❶ 허가권자가 사용승인서 교부기간 내에 사용승인서를 교부하지 아니한 경우
> ❷ 사용승인서를 교부받기 전에 공사가 완료된 부분이 건폐율, 용적률, 설비, 피난·방화 등 국토교통부령으로 정하는 기준에 적합한 경우로서 임시사용승인(2년 이내, 연장 가능)을 한 경우

⑷ **준공검사 등의 의제**

건축주가 사용승인을 받은 경우에는 다음에 따른 사용승인·준공검사 또는 등록신청 등을 받거나 한 것으로 본다.

> ❶ 「하수도법」에 따른 배수설비의 준공검사 및 개인하수처리시설의 준공검사
> ❷ 「승강기 안전관리법」에 따른 승강기 설치검사
> ❸ 「전기안전관리법」에 따른 전기설비의 사용전검사
> ❹ 「국토의 계획 및 이용에 관한 법률」에 따른 개발행위의 준공검사
> ❺ 「대기환경보전법」에 따른 대기오염물질 배출시설의 가동개시의 신고

대지와 도로

대지

01 대지의 안전 등

(1) 대지의 높이

대지는 인접한 도로면보다 낮아서는 아니 된다. 다만, 대지의 배수에 지장이 없거나 건축물의 용도상 방습(防濕)의 필요가 없는 경우에는 인접한 도로면보다 낮아도 된다.

(2) 습지·매립지

[중요지문] 쓰레기로 매립된 토지에 건축물을 건축하는 경우 성토, 지반 개량 등 필요한 조치를 하여야 한다. ( )

▶정답 ○

습한 토지, 물이 나올 우려가 많은 토지, 쓰레기, 그 밖에 이와 유사한 것으로 매립된 토지에 건축물을 건축하는 경우에는 성토(盛土), 지반 개량 등 필요한 조치를 하여야 한다.

(3) 배수시설의 설치

대지에는 빗물과 오수를 배출하거나 처리하기 위하여 필요한 하수관, 하수구, 저수탱크, 그 밖에 이와 유사한 시설을 하여야 한다.

(4) 옹벽의 설치

손궤(損潰: 무너져 내림)의 우려가 있는 토지에 대지를 조성하려면 옹벽을 설치하거나 그 밖에 필요한 조치를 하여야 한다.

[※보충] 경사도

1:1.5
1(높이)
1.5(가로)

> **※보충** 대지 안의 옹벽 설치
> ❶ 성토 또는 절토하는 부분의 경사도가 1:1.5 이상으로서 높이가 1m 이상인 부분에는 옹벽을 설치할 것
> ❷ 옹벽의 높이가 2m 이상인 경우에는 이를 콘크리트구조로 할 것. 다만, 옹벽에 관한 기술적 기준에 적합한 경우에는 그러하지 아니하다.
> ❸ 옹벽의 외벽면에는 이의 지지 또는 배수를 위한 시설 외의 구조물이 밖으로 튀어나오지 아니하게 할 것

02 대지의 조경

(1) 원칙

면적이 200m² 이상인 대지에 건축을 하는 건축주는 용도지역 및 건축물의 규모에 따라 해당 지방자치단체의 조례로 정하는 기준에 따라 대지에 조경이나 그 밖에 필요한 조치를 하여야 한다.

(2) 예외

다음에 해당하는 건축물에 대하여는 조경 등의 조치를 하지 아니할 수 있다.

❶ 녹지지역에 건축하는 건축물
❷ 면적 5,000m² 미만인 대지에 건축하는 공장
❸ 연면적의 합계가 1,500m² 미만인 공장
❹ 「산업집적활성화 및 공장설립에 관한 법률」에 따른 산업단지의 공장
❺ 축사
❻ 도시·군계획시설 및 도시·군계획시설 예정지에서 건축하는 가설건축물
❼ 연면적의 합계가 1,500m² 미만인 물류시설(주거지역 또는 상업지역에 건축하는 것은 제외)
❽ 관리지역·농림지역 또는 자연환경보전지역(지구단위계획구역으로 지정된 지역은 제외) 안의 건축물

▶ 중요지문 ﹞ 상업지역에 건축하는 물류시설에 대해서는 조경 등의 조치를 하여야 한다.　　　( )

▶ 정답 ○

03 공개공지 등의 확보 ★제36회

(1) 대상지역

다음의 어느 하나에 해당하는 지역의 환경을 쾌적하게 조성하기 위하여 일반이 사용할 수 있도록 대통령령으로 정하는 기준에 따라 소규모 휴식시설 등의 공개공지(空地: 공터) 또는 공개공간을 설치하여야 한다.

❶ 일반주거지역
❷ 준주거지역
❸ 상업지역
❹ 준공업지역
❺ 특별자치시장·특별자치도지사 또는 시장·군수·구청장이 도시화의 가능성이 크거나 노후산업단지의 정비가 필요하다고 인정하여 지정·공고한 구역

▶ 중요지문 ﹞ 일반주거지역, 준주거지역, 상업지역, 준공업지역에 해당하는 지역에 건축물을 건축하는 건축주는 공개공지 등을 설치하여야 한다.　　　( )

▶ 정답 ○

(2) **대상 건축물**

다음의 어느 하나에 해당하는 건축물의 대지에는 공개공지 또는 공개공간(이하 '공개공지 등'이라 한다)을 설치해야 한다. 이 경우 공개공지는 필로티 구조로 설치할 수 있다.

> ❶ 문화 및 집회시설, 종교시설, 판매시설(농수산물유통시설은 제외), 운수시설(여객용 시설만 해당), 업무시설 및 숙박시설로서 해당 용도로 쓰는 바닥면적의 합계가 5,000m² 이상인 건축물
> ❷ 그 밖에 다중이 이용하는 시설로서 건축조례로 정하는 건축물

(3) **확보면적**

공개공지 등의 면적은 **대지면적의 100분의 10 이하의 범위에서 건축조례로** 정한다. 이 경우 조경면적과 매장유산의 현지보존 조치면적을 공개공지 등의 면적으로 할 수 있다.

(4) **설치시설**

공개공지 등을 설치할 때에는 모든 사람들이 환경친화적으로 편리하게 이용할 수 있도록 긴 의자 또는 조경시설 등 건축조례로 정하는 시설을 설치하여야 한다.

(5) **법률규정의 완화**

건축물에 공개공지 등을 설치하는 경우에는 「건축법」 제43조 제2항(건폐율, 용적률, 건축물의 높이제한 완화)에 따라 다음의 범위에서 용적률 및 건축물의 높이제한을 완화하여 적용한다.

> ❶ 용적률은 해당 지역에 적용하는 용적률의 1.2배 이하
> ❷ 건축물의 높이제한은 해당 건축물에 적용하는 높이기준의 1.2배 이하

(6) **공개공지 등의 활용**

공개공지 등에는 **연간 60일 이내의 기간 동안 건축조례로 정하는 바에 따라 주민들을 위한 문화행사를 열거나 판촉활동을 할 수 있다.**

제2절 도로

01 도로의 개념

(1) 통행도로

도로란 보행과 자동차 통행이 가능한 너비 4m 이상의 도로로서 다음의 어느 하나에 해당하는 도로나 그 예정도로를 말한다.

> ❶ 「국토의 계획 및 이용에 관한 법률」, 「도로법」, 「사도법」, 그 밖의 관계 법령에 따라 신설 또는 변경에 관한 고시가 된 도로
> ❷ 건축허가 또는 신고 시에 시·도지사 또는 시장·군수·구청장이 위치를 지정하여 공고한 도로

(2) 차량 통행이 불가능한 도로

특별자치시장·특별자치도지사 또는 시장·군수·구청장이 지형적 조건으로 인하여 차량 통행을 위한 도로의 설치가 곤란하다고 인정하여 그 위치를 지정·공고하는 구간의 너비 3m 이상(길이가 10m 미만인 막다른 도로인 경우에는 너비 2m 이상)인 도로를 말한다.

(3) 막다른 도로

막다른 도로로서 그 도로의 너비가 그 길이에 따라 각각 다음에서 정하는 기준 이상인 도로를 말한다.

막다른 도로의 길이	도로의 너비
10m 미만	2m 이상
10m 이상 35m 미만	3m 이상
35m 이상	6m(도시지역이 아닌 읍·면지역은 4m) 이상

02 도로의 지정, 폐지 및 변경

(1) 도로의 지정

허가권자는 도로의 위치를 지정·공고하려면 그 도로에 대한 이해관계인의 동의를 받아야 한다. 다만, 다음의 어느 하나에 해당하면 **이해관계인의 동의를 받지 아니하고 건축위원회의 심의를 거쳐 도로를 지정할 수 있다.**

> ❶ 허가권자가 이해관계인이 해외에 거주하는 등의 사유로 이해관계인의 동의를 받기가 곤란하다고 인정하는 경우
> ❷ 주민이 오랫동안 통행로로 이용하고 있는 사실상의 통로로서 해당 지방자치단체의 조례로 정하는 것인 경우

(2) 도로의 폐지·변경 ┌→ 예외규정 없음

허가권자는 지정한 <u>도로를 폐지하거나 변경</u>하려면 그 도로에 대한 이해관계인의 동의를 받아야 한다. 그 도로에 편입된 토지의 소유자, 건축주 등이 허가권자에게 지정된 도로의 폐지나 변경을 신청하는 경우에도 또한 같다.

03 대지와 도로의 관계 – 접도의무

(1) 원칙

건축물의 대지는 2m 이상이 도로(자동차만의 통행에 사용되는 도로는 제외)에 접하여야 한다.

(2) 예외

다음의 어느 하나에 해당하면 2m 이상 접하지 않아도 된다.

> ❶ 해당 건축물의 출입에 지장이 없다고 인정되는 경우
> ❷ 건축물의 주변에 광장, 공원, 유원지 등 허가권자가 인정한 공지가 있는 경우
> ❸ 「농지법」에 따른 농막을 건축하는 경우

(3) 강화

연면적의 합계가 2,000m²(공장인 경우에는 3,000m²) 이상인 건축물(축사, 작물 재배사는 제외)의 대지는 너비 6m 이상의 도로에 4m 이상 접하여야 한다.

04 건축선

(1) 원칙

도로와 접한 부분에 건축물을 건축할 수 있는 선[이하 '건축선(建築線)'이라 한다]은 대지와 도로의 경계선으로 한다.

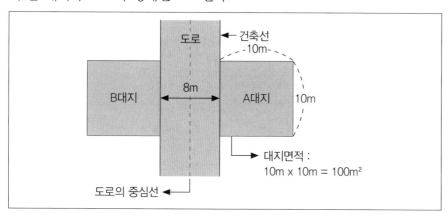

(2) 예외

❶ 소요너비에 미달하는 도로에서의 건축선

㉠ 도로 양쪽에 대지가 존재하는 경우 : 소요너비에 못 미치는 너비의 도로인 경우에는 그 중심선으로부터 그 소요너비의 2분의 1의 수평거리만큼 물러난 선을 건축선으로 한다.

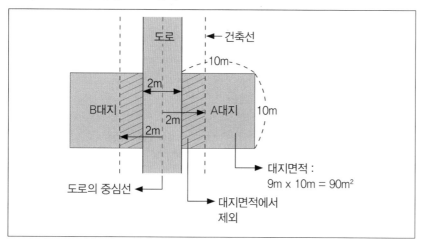

ⓛ 도로의 반대쪽에 경사지 등이 존재하는 경우 : 그 도로의 반대쪽에 경사
지, 하천, 철도, 선로부지 등이 있는 경우에는 그 경사지 등이 있는 쪽의
도로경계선에서 소요너비에 해당하는 수평거리의 선을 건축선으로 한다.

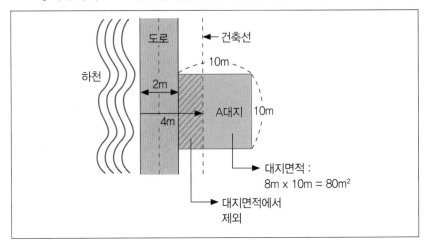

❷ **지정건축선** : 특별자치시장·특별자치도지사 또는 시장·군수·구청장은
시가지 안에서 건축물의 위치나 환경을 정비하기 위하여 필요하다고 인정
하면 도시지역에는 4m 이하의 범위에서 건축선을 따로 지정할 수 있다.

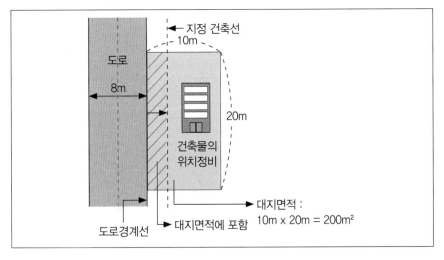

❸ **도로모퉁이에서의 건축선**(가각전제) : 너비 8m 미만인 도로의 모퉁이에 위치한 대지의 도로모퉁이 부분의 건축선은 그 대지에 접한 도로경계선의 교차점으로부터 도로경계선에 따라 다음에 따른 거리를 각각 후퇴한 두 점을 연결한 선으로 한다.

도로의 교차각	해당 도로의 너비		교차되는 도로의 너비
	6m 이상 8m 미만	4m 이상 6m 미만	
90° 미만	4m	3m	6m 이상 8m 미만
	3m	2m	4m 이상 6m 미만
90° 이상 120° 미만	3m	2m	6m 이상 8m 미만
	2m	2m	4m 이상 6m 미만

05 건축선에 따른 건축제한

(1) 건축물과 담장은 건축선의 수직면(垂直面)을 넘어서는 아니 된다. 다만, **지표 아래 부분은 건축선의 수직면을 넘을 수 있다.**

(2) **도로면으로부터 높이 4.5m 이하에 있는 출입구, 창문, 그 밖에 이와 유사한 구조물은 열고 닫을 때 건축선의 수직면을 넘지 아니하는 구조로 하여야 한다.**

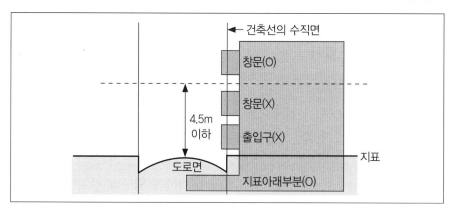

▶ **중요지문** 건축물과 담장은 건축선의 수직면을 넘어서는 아니 된다. 다만, 지표 아래 부분은 건축선의 수직면을 넘을 수 있다. ( )

▶ 정답 ○

건축물의 구조 및 면적산정방법

제1절 **건축물의 구조**

01 구조안전 확인서류의 제출(내진능력공개 대상)

다음에 해당하는 건축물의 건축주는 해당 건축물의 설계자로부터 구조안전의 확인서류를 받아 착공신고를 하는 때에 그 확인서류를 허가권자에게 제출하여야 한다. 다만, 표준설계도서에 따라 건축하는 건축물은 제외한다.

추가 구조안전확인서류 제출
1. 건축물의 용도 및 규모를 고려한 중요도가 높은 건축물로서 국토교통부령으로 정하는 건축물
2. 한쪽 끝은 고정되고 다른 끝은 지지(支持)되지 아니한 구조로 된 보·차양 등이 외벽의 중심선으로부터 3m 이상 돌출된 건축물
3. 특수한 설계·시공·공법 등이 필요한 건축물로서 국토교통부장관이 정하여 고시하는 구조로 된 건축물

❶ 층수가 2층(목구조 건축물의 경우에는 3층) 이상인 건축물
❷ 연면적이 200m² (목구조 건축물의 경우에는 500m²) 이상인 건축물. 다만, 창고, 축사, 작물 재배사는 제외한다.
❸ 높이가 13m 이상인 건축물
❹ 처마높이가 9m 이상인 건축물
❺ 기둥과 기둥 사이의 거리가 10m 이상인 건축물
❻ 단독주택 및 공동주택
❼ 국가적 문화유산으로 보존할 가치가 있는 것으로서 국토교통부령으로 정하는 건축물

02 직통계단의 설치

(1) **직통계단의 위치**(30m 이하)

건축물의 피난층(직접 지상으로 통하는 출입구가 있는 층 및 피난안전구역을 말한다) 외의 층에서는 피난층 또는 지상으로 통하는 직통계단(경사로를 포함)을 거실의 각 부분으로부터 계단(거실로부터 가장 가까운 거리에 있는 계단을 말한다)에 이르는 보행거리가 30m 이하가 되도록 설치하여야 한다.

(2) **피난안전구역**

초고층 건축물(50층 이상이거나 높이 200m 이상)에는 피난층 또는 지상으로 통하는 직통계단과 직접 연결되는 피난안전구역을 지상층으로부터 최대 30개 층마다 1개소 이상 설치하여야 한다.

중요지문 층수가 63층이고 높이가 190m인 초고층 건축물에는 피난층 또는 지상으로 통하는 직통계단과 직접 연결되는 피난안전구역을 지상층으로부터 최대 30개 층마다 1개소 이상 설치하여야 한다.
(   )

▶정답 ○

(3) 옥외피난계단 설치

건축물의 3층 이상인 층(피난층은 제외)으로서 다음의 어느 하나에 해당하는 용도로 쓰는 층에는 직통계단 외에 그 층으로부터 지상으로 통하는 옥외피난계단을 따로 설치하여야 한다.

> ❶ 문화 및 집회시설 중 공연장이나 위락시설 중 주점영업의 용도로 쓰는 층으로서 그 층 거실의 바닥면적의 합계가 300m² 이상인 것
> ❷ 문화 및 집회시설 중 집회장의 용도로 쓰는 층으로서 그 층 거실의 바닥면적의 합계가 1,000m² 이상인 것

(4) 개방공간의 설치

바닥면적의 합계가 3,000m² 이상인 공연장·집회장·관람장 또는 전시장을 지하층에 설치하는 경우에는 각 실에 있는 자가 지하층 각 층에서 건축물 밖으로 피난하여 옥외계단 또는 경사로 등을 이용하여 피난층으로 대피할 수 있도록 천장이 개방된 외부공간을 설치하여야 한다.

03 옥상광장 등의 설치

(1) 난간설치

옥상광장 또는 2층 이상인 층에 있는 노대등[노대(露臺)나 그 밖에 이와 비슷한 것을 말한다]의 주위에는 높이 1.2m 이상의 난간을 설치하여야 한다. 다만, 그 노대등에 출입할 수 없는 구조인 경우에는 그러하지 아니하다.

(2) 옥상광장

5층 이상인 층이 제2종 근린생활시설 중 공연장·종교집회장·인터넷컴퓨터게임시설제공업소(해당 용도로 쓰는 바닥면적의 합계가 각각 300m² 이상인 경우만 해당), 문화 및 집회시설(전시장 및 동·식물원은 제외), 종교시설, 판매시설, 위락시설 중 주점영업 또는 장례시설의 용도로 쓰는 경우에는 피난용도로 쓸 수 있는 광장을 옥상에 설치하여야 한다.

(3) 헬리포트

층수가 11층 이상인 건축물로서 11층 이상인 층의 바닥면적의 합계가 1만m² 이상인 건축물의 옥상에는 다음의 구분에 따른 공간을 확보하여야 한다.

중요지문 바닥면적의 합계가 2,000m²인 전시장을 지하층에 설치하려는 경우에는 지하층과 피난층 사이의 천장이 개방된 외부공간을 설치하여야 한다. ( )

▶정답 ×
바닥면적의 합계가 3,000m² 이상인 전시장을 지하층에 설치하려는 경우에는 지하층과 피난층 사이의 천장이 개방된 외부공간을 설치하여야 한다.

추가 방화지구 안의 공작물
방화지구 안의 공작물로서 간판, 광고탑을 건축물의 지붕 위에 설치하거나 높이 3m 이상의 공작물은 주요부를 불연재료로 하여야 한다.

❶ 건축물의 지붕을 평지붕으로 하는 경우 : 헬리포트를 설치하거나 헬리콥터를 통하여 인명 등을 구조할 수 있는 공간
❷ 건축물의 지붕을 경사지붕으로 하는 경우 : 경사지붕 아래에 설치하는 대피공간

(4) 소음방지를 위한 경계벽

다음의 어느 하나에 해당하는 건축물의 경계벽은 국토교통부령으로 정하는 기준에 따라 설치해야 한다.

❶ 단독주택 중 다가구주택의 각 가구 간 또는 공동주택(기숙사는 제외)의 각 세대 간 경계벽(거실·침실 등의 용도로 쓰지 아니하는 발코니 부분은 제외)
❷ 공동주택 중 기숙사의 침실, 의료시설의 병실, 교육연구시설 중 학교의 교실 또는 숙박시설의 객실 간 경계벽
❸ 제1종 근린생활시설 중 산후조리원의 다음의 어느 하나에 해당하는 경계벽
　㉠ 임산부실 간 경계벽
　㉡ 신생아실 간 경계벽
　㉢ 임산부실과 신생아실 간 경계벽
❹ 제2종 근린생활시설 중 다중생활시설의 호실 간 경계벽
❺ 노유자시설 중 「노인복지법」에 따른 노인복지주택의 각 세대 간 경계벽
❻ 노유자시설 중 노인요양시설의 호실 간 경계벽

(5) 소음방지를 위한 층간바닥

다음의 어느 하나에 해당하는 건축물의 층간바닥(화장실의 바닥은 제외)은 국토교통부령으로 정하는 기준에 따라 설치해야 한다.

❶ 단독주택 중 다가구주택
❷ 공동주택(「주택법」 제15조에 따른 주택건설사업계획승인대상은 제외)
❸ 업무시설 중 오피스텔
❹ 제2종 근린생활시설 중 다중생활시설
❺ 숙박시설 중 다중생활시설

[중요지문] 판매시설 중 상점은 건축물의 가구·세대 등 간 소음방지를 위한 경계벽을 설치하여야 하는 건축물에 해당한다.　　(　)

▶정답 ×
판매시설 중 상점은 건축물의 가구·세대 등 간 소음방지를 위한 경계벽을 설치하여야 하는 건축물에 해당하지 않는다.

(6) 범죄예방기준

국토교통부장관이 정하여 고시하는 범죄예방기준에 따라 건축하여야 하는 건축물은 다음과 같다.

❶ 다가구주택, 아파트, 연립주택 및 다세대주택 → 기숙사(×)
❷ 제1종 근린생활시설 중 일용품을 판매하는 소매점
❸ 제2종 근린생활시설 중 다중생활시설
❹ 문화 및 집회시설(동·식물원은 제외)
❺ 교육연구시설(연구소 및 도서관은 제외)
❻ 노유자시설
❼ 수련시설
❽ 업무시설 중 오피스텔
❾ 숙박시설 중 다중생활시설

> **중요지문** 공동주택 중 기숙사는 국토교통부장관이 정하여 고시하는 건축물, 건축설비 및 대지에 관한 범죄예방기준에 따라 건축하여야 하는 건축물에 해당한다. ( )
>
> ▶정답 ×
> 공동주택 중 기숙사는 국토교통부장관이 정하여 고시하는 건축물, 건축설비 및 대지에 관한 범죄예방기준에 따라 건축하여야 하는 건축물에 해당하지 않는다.

제2절 대지가 지역·지구 또는 구역에 걸치는 경우

01 원칙

대지가 이 법이나 다른 법률에 따른 지역·지구(녹지지역과 방화지구는 제외) 또는 구역에 걸치는 경우에는 대통령령으로 정하는 바에 따라 그 건축물과 대지의 전부에 대하여 대지의 과반(過半)이 속하는 지역·지구 또는 구역 안의 건축물 및 대지 등에 관한 이 법의 규정을 적용한다.

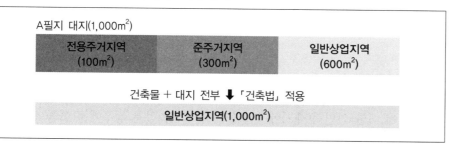

02 예외

(1) 건축물이 방화지구에 걸치는 경우

하나의 건축물이 방화지구와 그 밖의 구역에 걸치는 경우에는 그 전부에 대하여 방화지구 안의 건축물에 관한 「건축법」의 규정을 적용한다. 다만, 건축물의 방화지구에 속한 부분과 그 밖의 구역에 속한 부분의 경계가 방화벽으로 구획되는 경우 그 밖의 구역에 있는 부분에 대하여는 그러하지 아니하다.

(2) 대지가 녹지지역과 그 밖의 지역 등에 걸치는 경우

대지가 녹지지역과 그 밖의 지역·지구 또는 구역에 걸치는 경우에는 각 지역·지구 또는 구역 안의 건축물과 대지에 관한 이 법의 규정을 적용한다. 다만, 녹지지역 안의 건축물이 방화지구에 걸치는 경우에는 위 (1)의 규정에 따른다.

제3절 건폐율·용적률

01 건폐율

대지면적에 대한 건축면적(대지에 건축물이 둘 이상 있는 경우에는 이들 건축면적의 합계로 한다)의 비율(이하 '건폐율'이라 한다)의 최대한도는 「국토의 계획 및 이용에 관한 법률」에 따른 건폐율의 기준에 따른다. 다만, 「건축법」에서 기준을 완화하거나 강화하여 적용하도록 규정한 경우에는 그에 따른다.

$$건폐율 = \frac{건축면적}{대지면적} \times 100$$

02 용적률

대지면적에 대한 연면적(대지에 건축물이 둘 이상 있는 경우에는 이들 연면적의 합계로 한다)의 비율(이하 '용적률'이라 한다)의 최대한도는 「국토의 계획 및 이용에 관한 법률」에 따른 용적률의 기준에 따른다. 다만, 「건축법」에서 기준을 완화하거나 강화하여 적용하도록 규정한 경우에는 그에 따른다.

$$용적률 = \frac{연면적}{대지면적} \times 100$$

중요지문 건축법의 규정을 통하여 국토의 계획 및 이용에 관한 법률상 건폐율의 최대한도를 강화하여 적용할 수 있으나, 이를 완화하여 적용할 수는 없다.   ( )

▶ 정답 ✕
건축법의 규정을 통하여 국토의 계획 및 이용에 관한 법률상 건폐율의 최대한도를 강화하여 적용하거나 완화하여 적용할 수 있다.

추가 용적률을 산정할 때에는 지하층의 면적, 지상층의 주차용(해당 건축물의 부속 용도인 경우만 해당)으로 쓰는 면적, 초고층 건축물과 준초고층 건축물에 설치하는 피난안전구역의 면적, 건축물의 경사지붕 아래에 설치하는 대피공간의 면적은 연면적에서 제외한다.

※핵심 대지의 분할제한

건축물이 있는 대지는 다음에 해당하는 규모 이상의 범위에서 해당 지방자치단체의 조례로 정하는 면적에 못 미치게 분할할 수 없다.
1. 주거지역 : $60m^2$
2. 상업지역 : $150m^2$
3. 공업지역 : $150m^2$
4. 녹지지역 : $200m^2$
5. 기타지역 : $60m^2$

※보충 분할제한 기준
건축물이 있는 대지는 대지와 도로의 관계, 건폐율, 용적률, 대지의 공지, 건축물의 높이제한, 일조등의 확보를 위한 높이제한 규정에 미달되게 분할할 수 없다.

제4절 건축물의 면적 및 높이 등의 산정방법

01 대지면적

대지면적은 대지의 수평투영면적으로 한다. 다만, 다음의 어느 하나에 해당하는 면적은 제외한다.

❶ 대지에 건축선이 정하여진 경우 : 그 건축선과 도로 사이의 대지면적
❷ 대지에 도시·군계획시설인 도로·공원 등이 있는 경우 : 그 도시·군계획시설에 포함되는 대지면적

※보충 대지면적의 산정방법

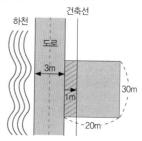

대지면적 : 19m × 30m = 570m²

02 건축면적

건축면적은 건축물의 외벽(외벽이 없는 경우에는 외곽 부분의 기둥을 말한다)의 중심선으로 둘러싸인 부분의 수평투영면적으로 한다. 다만, 다음의 경우에는 건축면적에 산입하지 않는다.

❶ 건축물 지상층에 일반인이나 차량이 통행할 수 있도록 설치한 보행통로나 차량통로
❷ 지하주차장의 경사로
❸ 생활폐기물 보관시설(음식물쓰레기, 의류 등의 수거시설을 말한다)
❹ 지표면으로부터 1m 이하에 있는 부분(창고 중 물품을 입출고하기 위하여 차량을 접안시키는 부분의 경우에는 1.5m 이하에 있는 부분)

※보충 외벽의 중심선으로부터 1m 이상 돌출된 부분이 있는 건축물의 건축면적은 그 돌출된 끝부분으로부터 다음의 수평거리를 후퇴한 선으로 산정한다.
❶ 전통사찰 : 4m 이하
❷ 한옥 : 2m 이하

03 바닥면적

바닥면적은 건축물의 각 층 또는 그 일부로서 벽, 기둥, 그 밖에 이와 비슷한 구획의 중심선으로 둘러싸인 부분의 수평투영면적으로 한다. 다만, 다음의 어느 하나에 해당하는 경우에는 다음에서 정하는 바에 따른다.

❶ 벽·기둥의 구획이 없는 건축물은 그 지붕 끝부분으로부터 수평거리 1m를 후퇴한 선으로 둘러싸인 수평투영면적으로 한다.
❷ 건축물의 노대 등의 바닥은 난간 등의 설치 여부에 관계없이 노대 등의 면적(외벽의 중심선으로부터 노대 등의 끝부분까지의 면적을 말한다)에서 노대 등이 접한 가장 긴 외벽에 접한 길이에 1.5m를 곱한 값을 뺀 면적을 바닥면적에 산입한다.
❸ 필로티나 그 밖에 이와 비슷한 구조(벽면적의 2분의 1 이상이 그 층의 바닥면에서 위층 바닥 아래면까지 공간으로 된 것만 해당)의 부분은 그 부분이 공중의 통행이나 차량의 통행 또는 주차에 전용되는 경우와 공동주택의 경우에는 바닥면적에 산입하지 아니한다.
❹ 승강기탑, 계단탑, 장식탑, 다락[층고(層高)가 1.5m(경사진 형태의 지붕인 경우에는 1.8m) 이하인 것만 해당], 건축물의 내부에 설치하는 냉방설비 배기장치 전용 설치공간, 건축물의 외부 또는 내부에 설치하는 굴뚝, 더스트슈트, 설비덕트와 옥상·옥외 또는 지하에 설치하는 물탱크, 기름탱크, 냉각탑, 정화조, 도시가스 정압기를 설치하기 위한 구조물은 바닥면적에 산입하지 아니한다.
❺ 공동주택으로서 지상층에 설치한 기계실, 전기실, 어린이놀이터, 조경시설 및 생활폐기물 보관시설의 면적은 바닥면적에 산입하지 아니한다.
❻ 건축물을 리모델링하는 경우로서 미관 향상, 열의 손실 방지 등을 위하여 외벽에 부가하여 마감재 등을 설치하는 부분은 바닥면적에 산입하지 아니한다.
❼ 「매장유산 보호 및 조사에 관한 법률」에 따른 현지보존 및 이전보존을 위하여 매장유산 보호 및 전시에 전용되는 부분은 바닥면적에 산입하지 아니한다.

04 연면적

연면적은 하나의 건축물 각 층의 바닥면적의 합계로 하되, 용적률을 산정할 때에는 다음에 해당하는 면적은 연면적에서 제외한다.

❶ 지하층의 면적
❷ 지상층의 주차용(해당 건축물의 부속용도인 경우만 해당)으로 쓰는 면적
❸ 초고층 건축물과 준초고층 건축물에 설치하는 피난안전구역의 면적
❹ 건축물의 경사지붕 아래에 설치하는 대피공간의 면적

05 건축물의 높이

지표면으로부터 그 건축물의 상단까지의 높이[건축물의 1층 전체에 필로티(건축물을 사용하기 위한 경비실, 계단실, 승강기실, 그 밖에 이와 비슷한 것을 포함)가 설치되어 있는 경우에는 건축물의 높이제한 규정을 적용할 때 **필로티의 층고를 제외한 높이**]로 한다. 다만, 다음의 어느 하나에 해당하는 경우에는 다음의 규정에서 정하는 바에 따른다.

❶ 건축물의 옥상에 설치되는 승강기탑·계단탑·망루·장식탑·옥탑 등으로서 그 수평투영면적의 합계가 해당 건축물 건축면적의 8분의 1(「주택법」에 따른 사업계획승인대상인 공동주택 중 세대별 전용면적이 $85m^2$ 이하인 경우에는 6분의 1) 이하인 경우로서 그 부분의 높이가 12m를 넘는 경우에는 그 넘는 부분만 해당 건축물의 높이에 산입한다.
❷ 지붕마루장식·굴뚝·방화벽의 옥상돌출부나 그 밖에 이와 비슷한 옥상돌출물과 난간벽(그 벽면적의 2분의 1 이상이 공간으로 되어 있는 것만 해당)은 그 건축물의 높이에 산입하지 아니한다.

PART 02

06 층고

층고는 방의 바닥구조체 윗면으로부터 위층 바닥구조체의 윗면까지의 높이로 한다. 다만, 한 방에서 층의 높이가 다른 부분이 있는 경우에는 그 각 부분 높이에 따른 면적에 따라 가중평균한 높이로 한다.

07 층수

(1) 승강기탑, 계단탑, 망루, 장식탑, 옥탑, 그 밖에 이와 비슷한 건축물의 옥상 부분으로서 그 수평투영면적의 합계가 해당 건축물 건축면적의 8분의 1(「주택법」에 따른 사업계획승인대상인 공동주택 중 세대별 전용면적이 $85m^2$ 이하인 경우에는 6분의 1) 이하인 것은 층수에 산입하지 아니한다.

(2) **지하층은 건축물의 층수에 산입하지 아니한다.**

(3) 층의 구분이 명확하지 아니한 건축물은 그 건축물의 높이를 **4m마다 하나의 층으로 산정한다.**

(4) 건축물이 부분에 따라 그 층수가 다른 경우에는 그중 **가장 많은 층수를 그 건축물의 층수로 본다.**

Chapter 06 건축물의 높이제한 및 건축협정 등

제1절 건축물의 높이제한

01 가로구역에서의 높이제한

(1) 지정권자

허가권자는 가로구역(도로로 둘러싸인 일단의 지역을 말한다)을 단위로 하여 건축물의 높이를 지정·공고할 수 있다. 다만, 특별자치시장·특별자치도지사 또는 시장·군수·구청장은 가로구역의 높이를 완화하여 적용할 필요가 있다고 판단되는 대지에 대하여는 건축위원회의 심의를 거쳐 높이를 완화하여 적용할 수 있다.

(2) 지정방법

허가권자는 같은 가로구역에서 건축물의 용도 및 형태에 따라 건축물의 높이를 다르게 정할 수 있다.

(3) 조례로 정하는 경우

특별시장이나 광역시장은 도시의 관리를 위하여 필요하면 가로구역별 건축물의 높이를 특별시나 광역시의 조례로 정할 수 있다.

02 일조 등의 확보를 위한 높이제한

(1) 전용주거지역·일반주거지역

전용주거지역과 일반주거지역 안에서 건축하는 건축물의 높이는 일조 등의 확보를 위하여 정북방향의 인접대지경계선으로부터 다음의 범위에서 건축조례로 정하는 거리 이상을 띄어 건축하여야 한다.

> ❶ 높이 10m 이하인 부분 : 인접대지경계선으로부터 1.5m 이상
> ❷ 높이 10m를 초과하는 부분 : 인접대지경계선으로부터 해당 건축물 각 부분의 높이의 2분의 1 이상

중요지문 상업지역에서 건축물을 건축하는 경우에는 일조의 확보를 위하여 건축물을 인접대지경계선으로부터 1.5m 이상 띄어 건축하여야 한다. ( )

▶ 정답 ✕
일조 등의 확보를 위한 높이제한이 적용되는 지역은 전용주거지역과 일반주거지역이다.

※보충 정북방향으로의 높이 제한

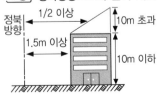

(2) 공동주택

인접 대지경계선 등의 방향으로 채광을 위한 창문 등을 두는 경우와 하나의 대지에 두 동(棟) 이상을 건축하는 경우 중 어느 하나에 해당하는 공동주택(일반상업지역과 중심상업지역에 건축하는 것은 제외)은 채광(採光) 등의 확보를 위하여 대통령령으로 정하는 높이 이하로 하여야 한다.

(3) 적용의 제외

2층 이하로서 높이가 8m 이하인 건축물에는 해당 지방자치단체의 조례로 정하는 바에 따라 일조 등의 확보를 위한 건축물의 높이제한을 적용하지 아니할 수 있다.

중요지문 일반상업지역에 건축하는 공동주택으로서 하나의 대지에 두 동(棟) 이상을 건축하는 경우에는 채광의 확보를 위한 높이제한이 적용된다. ( )

▶ 정답 ×
일반상업지역과 중심상업지역에 건축하는 공동주택은 일조 등의 확보를 위한 높이제한을 적용하지 아니한다.

제2절 특별건축구역

01 특별건축구역의 의의

특별건축구역이란 조화롭고 창의적인 건축물의 건축을 통하여 도시경관의 창출, 건설기술 수준향상 및 건축 관련 제도개선을 도모하기 위하여 이 법 또는 관계 법령에 따라 일부 규정을 적용하지 아니하거나 완화 또는 통합하여 적용할 수 있도록 특별히 지정하는 구역을 말한다.

02 특별건축구역의 지정

(1) 지정대상지역

❶ 국토교통부장관 또는 시·도지사는 다음의 구분에 따라 도시나 지역의 일부가 특별건축구역으로 특례 적용이 필요하다고 인정하는 경우에는 특별건축구역을 지정할 수 있다.

⟡ **국토교통부장관이 지정하는 경우**

> ㉠ 국가가 국제행사 등을 개최하는 도시 또는 지역의 사업구역
> ㉡ 「경제자유구역의 지정 및 운영에 관한 특별법」에 따라 지정된 경제자유구역
> ㉢ 「택지개발촉진법」에 따른 택지개발사업구역

비교 시·도지사가 지정하는 경우
1. 지방자치단체가 국제행사 등을 개최하는 도시 또는 지역의 사업구역
2. 국토교통부장관이 지정하는 경우 중 ㉡부터 ㉑까지

ㄹ 「공공주택 특별법」에 따른 공공주택지구
ㅁ 「도시개발법」에 따른 도시개발구역

❷ 다음의 어느 하나에 해당하는 지역·구역 등에 대하여는 **특별건축구역으로 지정할 수 없다.**

ㄱ 「개발제한구역의 지정 및 관리에 관한 특별조치법」에 따른 개발제한구역
ㄴ 「자연공원법」에 따른 자연공원
ㄷ 「도로법」에 따른 접도구역
ㄹ 「산지관리법」에 따른 보전산지

중요지문 군사기지 및 군사시설 보호구역은 특별건축구역으로 지정될 수 없다. ( )

▶정답 ✕
군사기지 및 군사시설보호구역은 특별건축구역으로 지정될 수 있다.

⑵ **특별건축구역의 건축물**

특별건축구역에서 건축기준 등의 특례사항을 적용하여 건축할 수 있는 건축물은 다음의 어느 하나에 해당되어야 한다.

ㄱ 국가 또는 지방자치단체가 건축하는 건축물
ㄴ 한국토지주택공사 등이 건축하는 건축물
ㄷ 국가철도공단이 건축하는 건축물

⑶ **지정절차 및 해제사유**

❶ **건축위원회의 심의**: 국토교통부장관 또는 특별시장·광역시장·도지사는 지정신청이 접수된 경우에는 지정신청을 받은 날부터 30일 이내에 국토교통부장관이 지정신청을 받은 경우에는 국토교통부장관이 두는 건축위원회(이하 '중앙건축위원회'라고 한다), 특별시장·광역시장·도지사가 지정신청을 받은 경우에는 각각 특별시장·광역시장·도지사가 두는 건축위원회의 심의를 거쳐야 한다.

※보충 지정신청
❶ 중앙행정기관의 장, 시·도지사는 국토교통부장관에게 특별건축구역의 지정을 신청할 수 있다.
❷ 시장·군수·구청장은 특별시장·광역시장·도지사에게 특별건축구역의 지정을 신청할 수 있다.

※보충 지정제안
지정신청기관 외의 자는 사업구역을 관할하는 시·도지사에게 특별건축구역의 지정을 제안할 수 있다.

❷ **해제사유**: 국토교통부장관 또는 시·도지사는 다음의 어느 하나에 해당하는 경우에는 특별건축구역의 전부 또는 일부에 대하여 지정을 해제할 수 있다.

ㄱ 지정신청기관의 요청이 있는 경우
ㄴ 거짓이나 그 밖의 부정한 방법으로 지정을 받은 경우
ㄷ 특별건축구역 지정일부터 5년 이내에 특별건축구역 지정목적에 부합하는 건축물의 착공이 이루어지지 아니하는 경우
ㄹ 특별건축구역 지정요건 등을 위반하였으나 시정이 불가능한 경우

(4) **지정의 효과**

특별건축구역을 지정하거나 변경한 경우에는 「국토의 계획 및 이용에 관한 법률」에 따른 도시·군관리계획의 결정(용도지역·지구·구역의 지정 및 변경은 제외)이 있는 것으로 본다.

(5) **관계 법령의 적용 특례**

❶ **적용의 배제**: 특별건축구역에서 건축하는 건축물에 대하여는 다음의 규정을 적용하지 아니할 수 있다.

> ㉠ 대지 안의 조경
> ㉡ 건축물의 건폐율
> ㉢ 건축물의 용적률
> ㉣ 대지 안의 공지
> ㉤ 건축물의 높이제한
> ㉥ 일조 등의 확보를 위한 건축물의 높이제한

❷ **통합 적용**: 특별건축구역에서는 다음의 관계 법령의 규정에 대하여는 개별 건축물마다 적용하지 아니하고 특별건축구역 전부 또는 일부를 대상으로 통합하여 적용할 수 있다.

> ㉠ 「문화예술진흥법」에 따른 건축물에 대한 미술작품의 설치
> ㉡ 「주차장법」에 따른 부설주차장의 설치
> ㉢ 「도시공원 및 녹지 등에 관한 법률」에 따른 공원의 설치

제3절 **건축협정**

01 건축협정의 체결

토지 또는 건축물의 소유자, 지상권자 등은 전원의 합의로 다음의 어느 하나에 해당하는 지역 또는 구역에서 건축물의 건축·대수선 또는 리모델링에 관한 협정(건축협정)을 체결할 수 있다.

[중요지문] 특별건축구역을 지정한 경우에는 「국토의 계획 및 이용에 관한 법률」에 따른 용도지역·지구·구역의 지정이 있는 것으로 본다. ( )

▶정답 ✕
특별건축구역을 지정한 경우에는 「국토의 계획 및 이용에 관한 법률」에 따른 용도지역·지구·구역의 지정이 있는 것으로 보지 않는다.

[중요지문] 특별건축구역에서는 「주차장법」에 따른 부설주차장의 설치에 관한 규정은 개별 건축물마다 적용하여야 한다. ( )

▶정답 ✕
특별건축구역에서는 「주차장법」에 따른 부설주차장의 설치에 관한 규정을 개별 건축물마다 적용하지 아니하고 통합하여 적용할 수 있다.

❶ 「국토의 계획 및 이용에 관한 법률」에 따라 지정된 지구단위계획구역
❷ 「도시 및 주거환경정비법」에 따른 주거환경개선사업을 시행하기 위하여 지정·고시된 정비구역
❸ 「도시재정비 촉진을 위한 특별법」에 따른 존치지역
❹ 「도시재생 활성화 및 지원에 관한 특별법」에 따른 도시재생활성화지역

02 건축협정운영회의 설립

(1) 협정체결자는 건축협정서 작성 및 건축협정 관리 등을 위하여 필요한 경우 협정체결자 간의 자율적 기구로서 운영회(이하 '건축협정운영회'라 한다)를 설립할 수 있다.

(2) 건축협정운영회를 설립하려면 협정체결자 과반수의 동의를 받아 건축협정운영회의 대표자를 선임하고, 건축협정인가권자에게 신고하여야 한다.

03 건축협정의 인가 및 변경

(1) 협정체결자 또는 건축협정운영회의 대표자는 건축협정서를 작성하여 해당 건축협정인가권자의 인가를 받아야 한다.

(2) 건축협정 체결대상 토지가 둘 이상의 특별자치시 또는 시·군·구에 걸치는 경우 건축협정 체결대상 토지면적의 과반(過半)이 속하는 건축협정인가권자에게 인가를 신청할 수 있다.

(3) 협정체결자 또는 건축협정운영회의 대표자는 **인가받은 사항을 변경**하려면 국토교통부령으로 정하는 바에 따라 **변경인가를 받아야** 한다.

(4) 협정체결자 또는 건축협정운영회의 대표자는 건축협정을 폐지하려는 경우에는 협정체결자 **과반수의 동의**를 받아 국토교통부령으로 정하는 바에 따라 건축협정인가권자에게 **인가를 받아야** 한다.

[중요지문] 건축협정 체결대상 토지가 둘 이상의 특별자치시 또는 시·군·구에 걸치는 경우 건축협정 체결대상 토지면적의 과반이 속하는 건축협정인가권자에게 인가를 신청할 수 있다. ( )

▶ 정답 ○

[중요지문] 건축협정을 폐지하려면 협정체결자 전원의 동의를 받아 건축협정인가권자의 인가를 받아야 한다. ( )

▶ 정답 ✕
건축협정을 폐지하려면 협정체결자 과반수의 동의를 받아 건축협정인가권자의 인가를 받아야 한다.

04 건축협정의 효력 및 승계

(1) 건축협정구역에서 건축물의 건축·대수선 또는 리모델링을 하거나 그 밖에 대통령령으로 정하는 행위를 하려는 소유자 등은 인가·변경인가된 건축협정에 따라야 한다.

(2) 건축협정이 공고된 후 건축협정구역에 있는 토지나 건축물 등에 관한 권리를 협정체결자인 소유자 등으로부터 **이전받거나 설정받은 자**는 협정체결자로서의 **지위를 승계한다.** 다만, 건축협정에서 달리 정한 경우에는 그에 따른다.

05 건축협정에 따른 특례

(1) 건축협정을 체결하여 둘 이상의 건축물 벽을 맞벽으로 하여 건축하려는 경우 맞벽으로 건축하려는 자는 공동으로 건축허가를 신청할 수 있다.

(2) 건축협정의 인가를 받은 건축협정구역에서 연접한 대지에 대하여 다음의 관계 법령의 규정을 **개별 건축물마다 적용하지 아니하고** 건축협정구역의 전부 또는 일부를 대상으로 **통합하여 적용할 수 있다.**

> ❶ 대지의 조경
> ❷ 대지와 도로와의 관계
> ❸ 지하층의 설치
> ❹ 건폐율
> ❺ 「주차장법」에 따른 부설주차장의 설치
> ❻ 「하수도법」에 따른 개인하수처리시설의 설치
>
> 암기TIP▶ 건조한 부대지개!

(3) 건축협정에 따른 특례를 적용하여 착공신고를 한 경우에는 착공신고를 한 날부터 20년이 지난 후에 건축협정의 폐지인가를 신청할 수 있다.

중요지문 건축협정의 인가를 받은 건축협정구역에서 계단의 설치에 관한 규정은 연접한 대지에 대하여 관계 법령의 규정을 개별 건축물마다 적용하지 아니하고 건축협정구역을 대상으로 통합하여 적용할 수 있다. ( )

▶ 정답 ✕
계단의 설치에 관한 규정은 건축협정구역에서 통합하여 적용할 수 없다.

제4절 결합건축

01 결합건축 대상지역

다음의 어느 하나에 해당하는 지역에서 대지 간의 최단거리가 100m 이내의 범위에서 2개의 대지의 건축주가 서로 합의한 경우 2개의 대지를 대상으로 결합건축을 할 수 있다.

❶ 상업지역
❷ 역세권개발구역
❸ 주거환경개선사업의 시행을 위한 구역
❹ 건축협정구역, 특별건축구역, 리모델링활성화구역
❺ 도시재생활성화지역, 건축자산진흥구역

02 결합건축협정서 명시사항

❶ 용도지역
❷ 자연인인 경우 성명, 주소 및 생년월일
❸ 법인, 외국인인 경우 등록번호
❹ 대지별 용적률
❺ 건축계획서

03 결합건축의 절차

허가권자는 「국토의 계획 및 이용에 관한 법률」에 따른 도시·군계획사업에 편입된 대지가 있는 경우 결합건축을 포함한 건축허가를 아니할 수 있다.

04 결합건축의 관리

⑴ **협정체결 유지기간**

최소 30년으로 한다. 다만, 용적률 기준을 종전대로 환원하여 신축·개축·재축하는 경우에는 그러하지 아니하다.

⑵ **결합건축협정서 폐지**

전원의 동의 + 허가권자에게 신고하여야 한다.

⑶ **둘 이상의 대지에 걸치는 경우**

토지면적의 과반이 속하는 건축협정인가권자에게 인가를 신청할 수 있다.

제5절 **이행강제금**

01 **이행강제금의 부과**

⑴ **부과금액**

허가권자는 시정명령을 받은 후 시정기간 내에 시정명령을 이행하지 아니한 건축주 등에 대하여는 그 시정명령의 이행에 필요한 상당한 이행기한을 정하여 그 기한까지 시정명령을 이행하지 아니하면 다음의 이행강제금을 부과한다. 다만, 연면적이 $60m^2$ 이하인 주거용 건축물과 아래 ❷ 중 주거용건축물로서 사용승인 위반, 조경의무면적 위반, 건축물의 높이제한, 일조등의 확보를 위한 높이제한을 위반한 경우에는 다음의 어느 하나에 해당하는 금액의 2분의 1의 범위에서 해당 지방자치단체의 조례로 정하는 금액을 부과한다.

> ❶ 건축물이 건폐율이나 용적률을 초과하여 건축된 경우 또는 허가를 받지 아니하거나 신고를 하지 아니하고 건축된 경우에는 「지방세법」에 따라 해당 건축물에 적용되는 $1m^2$의 시가표준액의 100분의 50에 해당하는 금액에 위반면적을 곱한 금액 이하의 범위에서 대통령령으로 정하는 비율(건폐율 초과: 100분의 80, 용적률 초과: 100분의 90, 무허가: 100분의 100, 무신고: 100분의 70)을 곱한 금액
> ❷ 건축물이 위 ❶ 외의 위반 건축물에 해당하는 경우에는 「지방세법」에 따라 그 건축물에 적용되는 시가표준액에 해당하는 금액의 100분의 10의 범위에서 위반내용에 따라 대통령령으로 정하는 금액

중요지문 용적률을 초과하여 건축한 경우에는 $1m^2$의 시가표준액의 100분의 50에 해당하는 금액에 위반면적을 곱한 금액 이하의 범위에서 100분의 90을 곱한 금액으로 이행강제금을 부과한다. ( )

▶ **정답** ○

(2) 부과절차

❶ 이행강제금의 부과절차

ⓐ 가중부과 : 허가권자는 **영리목적을 위한 위반이나 상습적 위반 등** 대통령령으로 정하는 경우에 부과금액을 100분의 100의 범위에서 해당 지방자치단체의 조례로 정하는 바에 따라 **가중하여야** 한다.

ⓑ 사전계고 : 허가권자는 이행강제금을 부과하기 전에 이행강제금을 부과·징수한다는 뜻을 미리 문서로써 계고(戒告)하여야 한다.

ⓒ 요식행위 : 허가권자는 이행강제금을 부과하는 경우 금액, 부과 사유, 납부기한, 수납기관, 이의제기 방법 및 이의제기 기관 등을 구체적으로 밝힌 문서로 하여야 한다.

ⓓ 부과횟수 : 허가권자는 **최초의 시정명령이 있었던 날을 기준**으로 하여 1년에 2회 이내의 범위에서 해당 지방자치단체의 **조례**로 정하는 횟수만큼 그 시정명령이 이행될 때까지 반복하여 이행강제금을 부과·징수할 수 있다.

ⓔ 부과의 중지 : 허가권자는 시정명령을 받은 자가 이를 **이행**하면 새로운 이행강제금의 부과를 즉시 중지하되, **이미 부과된 이행강제금은 징수하여야** 한다.

ⓕ 미납자에 대한 징수 : 허가권자는 이행강제금 부과처분을 받은 자가 이행강제금을 납부기한까지 내지 아니하면 「지방행정제재·부과금의 징수 등에 관한 법률」에 따라 징수한다.

ⓖ 부과절차 : 이행강제금의 부과 및 징수절차는 국고금관리법 시행규칙을 준용한다.

02 이행강제금의 부과 특례

(1) 부과의 특례

허가권자는 이행강제금을 다음에서 정하는 바에 따라 감경할 수 있다. 다만, 지방자치단체의 조례로 정하는 기간까지 위반내용을 시정하지 아니한 경우는 제외한다.

> ⓐ 축사 등 농업용·어업용 시설로서 500m²(수도권정비계획법에 따른 수도권 외의 지역에서는 1,000m²) 이하인 경우는 5분의 1을 감경
>
> ⓑ 그 밖에 위반 동기, 위반 범위 및 위반 시기 등을 고려하여 대통령령으로 정하는 경우(가중 부과하는 경우는 제외)에는 100분의 75의 범위에서 대통령령으로 정하는 비율을 감경

⑵ 주거용 건축물의 감경

허가권자는 「건축법」 개정 법률의 시행일(1992년 6월 1일을 말한다) 이전에 이 법 또는 이 법에 따른 명령이나 처분을 위반한 주거용 건축물에 관하여는 대통령령으로 정하는 바에 따라 이행강제금을 감경할 수 있다.

> **추가** 대통령령으로 정하는 비율(연면적 85m² 이하 주거용 건축물은 100분의 80, 연면적 85m² 초과 주거용 건축물은 100분의 60)에 따라 이행강제금을 감경할 수 있다.

PART 02

제6절 건축분쟁전문위원회(분쟁위원회)

01 조정 및 재정대상

건축등과 관련된 다음의 분쟁의 조정(調停) 및 재정(裁定)을 하기 위하여 국토교통부에 건축분쟁전문위원회(이하 "분쟁위원회"라 한다)를 둔다.

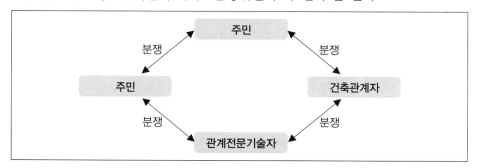

> **추가** 건축관계자
> 건축관계자란 건축주, 설계자, 공사시공자, 공사감리자를 말한다.

02 구성

분쟁위원회는 위원장과 부위원장 각 1명을 포함한 15명 이내의 위원으로 구성한다.

> **※보충** 관계전문기술자
> 관계전문기술자란 건축물의 구조·설비 등 건축물과 관련된 전문기술자격을 보유하고 설계와 공사감리에 참여하여 설계자 및 공사감리자와 협력하는 자를 말한다.

03 위촉

분쟁위원회의 위원장과 부위원장은 위원 중에서 **국토교통부장관**이 위촉한다.

04 의결

분쟁위원회의 회의는 재적위원 과반수의 출석으로 열고 출석위원 과반수의 찬성으로 의결한다.

> **추가** 절차의 비공개
> 분쟁위원회가 행하는 조정 등의 절차는 법 또는 이 영에 특별한 규정이 있는 경우를 제외하고는 공개하지 아니한다.

05 임기

공무원이 아닌 위원의 임기는 3년으로 하되 **연임할 수 있다.**

06 조정 및 재정

구분	조정	재정
신청자	당사자 중 1명 이상	당사자 간의 합의
처리기간	60일 이내 절차 완료(연장 ○)	120일 이내 절차 완료(연장 ○)
위원회	3명 위원	5명 위원
효력	❶ 15일 이내에 수락 여부를 조정위원회에 알려야 한다. ❷ 조정서 기명날인 → 조정내용은 재판상 화해와 동일한 효력을 갖는다.	재정문서 정본 송달된 날부터 60일 이내에 소송이 제기되지 아니하거나 철회 → 재정내용은 재판상 화해와 동일한 효력을 갖는다.
의결	전원 출석 + 과반수 찬성	
공사의 중지	시·도지사 또는 시장·군수·구청장은 위해 방지를 위하여 긴급한 상황이거나 그 밖에 특별한 사유가 없으면 조정 등의 신청이 있다는 이유만으로 해당 공사를 중지하게 하여서는 아니 된다.	
비용부담	분쟁의 조정 등을 위한 감정·진단·시험에 드는 비용은 당사자 간의 합의로 정하는 비율에 따라 당사자가 부담하여야 한다. 다만, 당사자 간에 협의가 되지 아니하면 조정위원회나 재정위원회에서 부담비율을 정한다.	

07 선정대표자

❶ 여러 사람이 공동으로 조정 등의 당사자가 될 때에는 그중에서 3명 이하의 대표자를 선정할 수 있다.

❷ 분쟁위원회는 당사자가 대표자를 선정하지 아니하는 경우 당사자에게 대표자를 선정할 것을 권고할 수 있다.

❸ 선정대표자는 다른 신청인 또는 피선청인을 위하여 그 사건의 조정 등에 관한 모든 행위를 할 수 있다. 다만, 신청을 철회하거나 조정안을 수락하려는 경우에는 서면으로 다른 신청인 또는 피신청인의 동의를 받아야 한다.

❹ 대표자가 선정된 경우에는 다른 신청인 또는 피신청인은 그 선정대표자를 통해서만 그 사건에 관한 행위를 할 수 있다.

❺ 대표자를 선정한 당사자는 필요하다고 인정되면 선정대표자를 해임하거나 변경할 수 있다.

PART

03

도시 및 주거환경정비법

총칙

제1절 **용어의 정의**

이 법에서 사용하는 용어의 뜻은 다음과 같다.

(1) **정비구역**

정비사업을 계획적으로 시행하기 위하여 지정·고시된 구역을 말한다.

(2) **정비사업**

이 법에서 정한 절차에 따라 도시기능을 회복하기 위하여 정비구역에서 정비기반시설을 정비하거나 주택 등 건축물을 개량 또는 건설하는 다음의 사업을 말한다.

▶**중요지문** 주거환경개선사업이라
함은 정비기반시설은 양호하나 노
후·불량 건축물에 해당하는 공동
주택이 밀집한 지역에서 주거환경
을 개선하기 위하여 시행하는 사업
을 말한다.   ( )

▶**정답** ✕
정비기반시설은 양호하나 노후·불
량 건축물에 해당하는 공동주택이
밀집한 지역에서 주거환경을 개선
하기 위한 사업은 재건축사업이다.

주거환경 개선사업	도시저소득 주민이 집단거주하는 지역으로서 정비기반시설이 극히 열악하고 노후·불량건축물이 과도하게 밀집한 지역의 주거환경을 개선하거나 단독주택 및 다세대주택이 밀집한 지역에서 정비기반시설과 공동이용시설 확충을 통하여 주거환경을 보전·정비·개량하기 위한 사업
재개발사업	정비기반시설이 **열악**하고 노후·불량건축물이 **밀집**한 지역에서 주거환경을 개선하거나 **상업지역·공업지역** 등에서 도시기능의 회복 및 상권활성화 등을 위하여 도시환경을 개선하기 위한 사업
공공재개발 사업	다음 요건을 모두 갖추어 시행하는 재개발사업을 '공공재개발사업'이라 한다. ❶ 특별자치시장, 특별자치도지사, 시장, 군수, 자치구의 구청장(이하 '시장·군수등'이라 한다) 또는 토지주택공사등(조합과 공동으로 시행하는 경우를 포함)이 주거환경개선사업의 시행자, 재개발사업의 시행자나 재개발사업의 대행자(이하 '공공재개발사업 시행자'라 한다)일 것 ❷ 건설·공급되는 주택의 전체 세대수 또는 전체 연면적 중 토지등소유자 대상 분양분(지분형 주택은 제외)을 제외한 나머지 주택의 세대수 또는 연면적의 100분의 20 이상 100분의 50 이하의 범위에서 시·도조례로 정하는 비율 이상을 지분형주택, 공공임대주택 또는 공공지원민간임대주택으로 건설·공급할 것
재건축사업	정비기반시설은 양호하나 노후·불량건축물에 해당하는 공동주택이 밀집한 지역에서 주거환경을 개선하기 위한 사업

공공재건축 사업	다음 요건을 모두 갖추어 시행하는 재건축사업을 '공공재건축사업'이라 한다. ❶ 시장·군수등 또는 토지주택공사등(조합과 공동으로 시행하는 경우를 포함)이 재건축사업의 시행자나 재건축사업의 대행자(이하 '공공재건축사업 시행자'라 한다)일 것 ❷ 종전의 용적률, 토지면적, 기반시설 현황 등을 고려하여 공공재건축사업을 추진하는 단지의 종전 세대수의 100분의 160에 해당하는 세대수 이상을 건설·공급할 것. 다만, 정비구역의 지정권자가 「국토의 계획 및 이용에 관한 법률」에 따른 도시·군기본계획, 토지이용 현황 등 대통령령으로 정하는 불가피한 사유로 해당하는 세대수를 충족할 수 없다고 인정하는 경우에는 그러하지 아니하다.

(3) 노후·불량건축물

다음의 어느 하나에 해당하는 건축물을 말한다.

❶ 건축물이 훼손되거나 일부가 멸실되어 붕괴, 그 밖의 안전사고의 우려가 있는 건축물을 말한다.

❷ 도시미관을 저해하거나 노후화된 건축물로서 대통령령으로 정하는 바에 따라 다음의 어느 하나에 해당하는 건축물을 말한다.

> ㉠ 준공된 후 20년 이상 30년 이하의 범위에서 조례로 정하는 기간이 지난 건축물
> ㉡ 「국토의 계획 및 이용에 관한 법률」 규정에 따른 도시·군기본계획의 경관에 관한 사항에 어긋나는 건축물

중요지문 건축물이 훼손되거나 일부가 멸실되어 붕괴, 그 밖의 안전사고의 우려가 있는 건축물은 노후·불량건축물에 해당한다. ( )

▶정답 ○

(4) 정비기반시설

도로·상하수도·구거(溝渠 : 도랑)**·공원·공용주차장·공동구**(국토의 계획 및 이용에 관한 법률에 따른 공동구를 말한다. 이하 같다), 그 밖에 주민의 생활에 필요한 **열·가스** 등의 공급시설로서 대통령령으로 정하는 시설을 말한다.

(5) 공동이용시설

주민이 공동으로 사용하는 **놀이터·마을회관·공동작업장**, 그 밖에 대통령령으로 정하는 시설을 말한다.

(6) 대지

정비사업으로 조성된 토지를 말한다.

정리 대통령령으로 정하는 시설
1. 정비기반시설 : 녹지, 하천, 공공공지, 광장, 소방용수시설, 비상대피시설, 가스공급시설, 지역난방시설
2. 공동이용시설 : 공동으로 사용하는 구판장·세탁장·화장실 및 수도, 탁아소·어린이집·경로당 등 노유자시설

(7) **주택단지**

주택 및 부대시설·복리시설을 건설하거나 대지로 조성되는 일단의 토지로서 다음의 어느 하나에 해당하는 일단의 토지를 말한다.

> ❶ 「주택법」에 따른 사업계획승인을 받아 주택 및 부대시설·복리시설을 건설한 일단의 토지
> ❷ 위 ❶에 따른 일단의 토지 중 도시·군계획시설인 도로나 그 밖에 이와 유사한 시설로 분리되어 따로 관리되고 있는 각각의 토지
> ❸ 위 ❶에 따른 일단의 토지 둘 이상이 공동으로 관리되고 있는 경우 그 전체 토지
> ❹ 재건축사업의 범위에 따라 분할된 토지 또는 분할되어 나가는 토지
> ❺ 「건축법」에 따라 건축허가를 받아 아파트 또는 연립주택을 건설한 일단의 토지

(8) **사업시행자**

정비사업을 시행하는 자를 말한다.

(9) **토지등소유자**

다음의 어느 하나에 해당하는 자를 말한다. 다만, 「자본시장과 금융투자업에 관한 법률」에 따른 신탁업자(이하 '신탁업자'라 한다)가 사업시행자로 지정된 경우 토지등소유자가 정비사업을 목적으로 신탁업자에게 신탁한 토지 또는 건축물에 대하여는 위탁자를 토지등소유자로 본다.

> ❶ 주거환경개선사업 및 재개발사업의 경우에는 정비구역에 위치한 토지 또는 건축물의 소유자 또는 그 지상권자
> ❷ 재건축사업의 경우에는 정비구역에 위치한 건축물 및 그 부속토지의 소유자

(10) **토지주택공사등**

「한국토지주택공사법」에 따라 설립된 한국토지주택공사 또는 「지방공기업법」에 따라 주택사업을 수행하기 위하여 설립된 **지방공사**를 말한다.

(11) **정관 등**

❶ 조합의 정관

❷ 사업시행자인 토지등소유자가 자치적으로 정한 규약

❸ 시장·군수등, 토지주택공사등 또는 신탁업자가 작성한 시행규정

기본계획의 수립 및 정비구역의 지정

제1절 도시 및 주거환경정비 기본방침

국토교통부장관은 도시 및 주거환경을 개선하기 위하여 10년마다 다음의 사항을 포함한 기본방침을 정하고, 5년마다 타당성을 검토하여 그 결과를 기본방침에 반영하여야 한다.

---

❶ 도시 및 주거환경 정비를 위한 국가 정책 방향
❷ 도시 · 주거환경정비기본계획의 수립 방향
❸ 노후 · 불량 주거지 조사 및 개선계획의 수립
❹ 도시 및 주거환경 개선에 필요한 재정지원계획

제2절 도시 · 주거환경정비기본계획(기본계획)

01 수립권자 및 타당성 검토

(1) 특별시장 · 광역시장 · 특별자치시장 · 특별자치도지사 또는 시장은 관할 구역에 대하여 도시 · 주거환경정비기본계획(이하 '기본계획'이라 한다)을 10년 단위로 수립하여야 한다. 다만, 도지사가 대도시가 아닌 시로서 기본계획을 수립할 필요가 없다고 인정하는 시에 대하여는 기본계획을 수립하지 아니할 수 있다.

(2) 특별시장 · 광역시장 · 특별자치시장 · 특별자치도지사 또는 시장(이하 '기본계획의 수립권자'라 한다)은 기본계획에 대하여 5년마다 타당성을 검토하여 그 결과를 기본계획에 반영하여야 한다.

02 기본계획의 내용

(1) 기본계획에는 다음의 사항이 포함되어야 한다.

---

❶ 정비사업의 기본방향
❷ 정비사업의 계획기간
❸ 인구 · 건축물 · 토지 이용 · 정비기반시설 · 지형 및 환경 등의 현황

[정리] 기본계획과 정비계획과의 관계
기본계획은 정비계획 수립의 지침이 되는 계획이다.

[중요지문] 도지사가 대도시가 아닌 시로서 기본계획을 수립할 필요가 없다고 인정하는 시에 대하여는 기본계획을 수립하지 아니할 수 있다. ( )

▶정답 ○

❹ 주거지 관리계획

❺ 토지이용계획·정비기반시설계획·공동이용시설설치계획 및 교통계획

❻ 녹지·조경·에너지공급·폐기물처리 등에 관한 환경계획

❼ 사회복지시설 및 주민문화시설 등의 설치계획

❽ 도시의 광역적 재정비를 위한 기본방향

❾ 정비구역으로 지정할 예정인 구역(이하 '정비예정구역'이라 한다)의 개략적 범위

❿ 단계별 정비사업 추진계획(정비예정구역별 정비계획의 수립시기를 포함)

⓫ 건폐율·용적률 등에 관한 건축물의 밀도계획

⓬ 세입자에 대한 주거안정대책

⓭ 그 밖에 주거환경 등을 개선하기 위하여 필요한 사항으로서 대통령령으로 정하는 사항

(2) 기본계획의 수립권자는 기본계획에 다음의 사항을 포함하는 경우에는 정비예정구역의 개략적인 범위 및 단계별 정비사업 추진계획을 생략할 수 있다.

❶ 생활권의 설정, 생활권별 기반시설 설치계획 및 주택수급계획

❷ 생활권별 주거지의 정비·보전·관리의 방향

(3) 기본계획의 작성기준 및 작성방법은 국토교통부장관이 정하여 고시한다.

03 수립절차

(1) **주민 및 지방의회 의견청취**

❶ **공람** : 기본계획의 수립권자는 기본계획을 수립하거나 변경하려는 경우에는 **14일 이상 주민에게 공람**하여 의견을 들어야 하며, 제시된 의견이 타당하다고 인정되면 이를 기본계획에 반영하여야 한다.

❷ **지방의회 의견청취** : 기본계획의 수립권자는 공람과 함께 지방의회의 의견을 들어야 한다. 이 경우 지방의회는 기본계획의 수립권자가 기본계획을 통지한 날부터 60일 이내에 의견을 제시하여야 하며, 의견제시 없이 60일이 지난 경우 이의가 없는 것으로 본다.

❸ **경미한 변경** : 대통령령으로 정하는 경미한 사항을 변경하는 경우에는 주민 공람과 지방의회의 의견청취 절차를 거치지 아니할 수 있다.

중요지문 기본계획을 수립하고자 하는 때에는 14일 이상 주민에게 공람하고 지방의회의 의견을 들어야 한다. ( )

▶ 정답 ○

(2) 기본계획의 확정(승인) 및 고시

❶ **기본계획의 확정** : 기본계획의 수립권자(대도시의 시장이 아닌 시장은 제외)는 기본계획을 수립하거나 변경하려면 관계 행정기관의 장과 협의한 후 「국토의 계획 및 이용에 관한 법률」에 따른 지방도시계획위원회의 심의를 거쳐야 한다. 다만, 대통령령으로 정하는 경미한 사항을 변경하는 경우에는 관계 행정기관의 장과의 협의 및 지방도시계획위원회의 심의를 거치지 아니한다.

❷ **기본계획의 승인** : 대도시의 시장이 아닌 시장은 기본계획을 수립하거나 변경하려면 도지사의 승인을 받아야 하며, 도지사가 이를 승인하려면 관계 행정기관의 장과 협의한 후 지방도시계획위원회의 심의를 거쳐야 한다. 다만, 경미한 변경의 경우에는 도지사의 승인을 받지 아니할 수 있다.

❸ **경미한 변경** : '대통령령이 정하는 경미한 사항을 변경하는 경우'라 함은 다음의 경우를 말한다.

> ㉠ 정비기반시설(영 제3조 제9호에 해당하는 시설은 제외한다)의 규모를 확대하거나 그 면적을 10% 미만의 범위에서 축소하는 경우
> ㉡ 정비사업의 계획기간을 단축하는 경우
> ㉢ 공동이용시설에 대한 설치계획을 변경하는 경우
> ㉣ 사회복지시설 및 주민문화시설 등에 대한 설치계획을 변경하는 경우
> ㉤ 구체적으로 면적이 명시된 정비예정구역의 면적을 20% 미만의 범위에서 변경하는 경우
> ㉥ 단계별 정비사업 추진계획을 변경하는 경우
> ㉦ 건폐율 및 용적률을 각 20% 미만의 범위에서 변경하는 경우
> ㉧ 정비사업의 시행을 위하여 필요한 재원조달에 관한 사항을 변경하는 경우
> ㉨ 「국토의 계획 및 이용에 관한 법률」에 따른 도시 · 군기본계획의 변경에 따라 기본계획을 변경하는 경우

❹ **기본계획의 고시** : 기본계획의 수립권자는 기본계획을 수립하거나 변경한 때에는 지체 없이 이를 해당 지방자치단체의 공보에 고시하고 일반인이 열람할 수 있도록 하여야 한다.

❺ **기본계획의 보고** : 기본계획의 수립권자는 기본계획을 고시한 때에는 국토교통부령으로 정하는 방법 및 절차에 따라 국토교통부장관에게 보고하여야 한다.

정리 **기본계획의 승인**

특별시장 · 광역시장 · 특별자치시장 · 특별자치도지사 · 시장이 수립

↓

시장(대도시 시장은 제외)만 도지사의 승인

중요지문 기본계획을 수립한 때에는 지체 없이 해당 지방자치단체의 공보에 고시하여야 한다.
( )

▶정답 ○

제3절 | 정비계획의 입안 및 정비구역의 지정

01 재건축진단

(1) 재건축진단의 실시

❶ 시장·군수 등은 정비예정구역별 정비계획의 수립시기가 도래한 때부터 사업시행계획인가 전까지 재건축진단을 실시하여야 한다.

❷ 시장·군수 등은 위 ❶에도 불구하고 다음의 어느 하나에 해당하는 경우에는 재건축진단을 실시하여야 한다. 이 경우 시장·군수 등은 재건축진단에 드는 비용을 해당 재건축진단의 실시를 요청하는 자에게 부담하게 할 수 있다.

> ㉠ 정비계획의 입안을 요청하려는 자가 입안을 요청하기 전에 해당 정비예정구역 또는 사업예정구역에 위치한 건축물 및 그 부속토지의 소유자 10분의 1 이상의 동의를 받아 재건축진단의 실시를 요청하는 경우
> ㉡ 정비계획의 입안을 제안하려는 자가 입안을 제안하기 전에 해당 정비예정구역에 위치한 건축물 및 그 부속토지의 소유자 10분의 1 이상의 동의를 받아 재건축진단의 실시를 요청하는 경우
> ㉢ 정비예정구역을 지정하지 아니한 지역에서 재건축사업을 하려는 자가 사업예정구역에 있는 건축물 및 그 부속토지의 소유자 10분의 1 이상의 동의를 받아 재건축진단의 실시를 요청하는 경우
> ㉣ 정비계획을 입안하여 주민에게 공람한 지역 또는 정비구역으로 지정된 지역에서 재건축사업을 시행하려는 자가 해당 구역에 있는 건축물 및 그 부속토지의 소유자 10분의 1 이상의 동의를 받아 재건축진단의 실시를 요청하는 경우
> ㉤ 시장·군수 등의 승인을 받은 추진위원회 또는 사업시행자가 재건축진단의 실시를 요청하는 경우

(2) 재건축진단의 대상

❶ 재건축사업의 재건축진단은 주택단지(인접한 단지를 포함한다)의 건축물을 대상으로 한다. 다만, 다음에 해당하는 주택단지 내 건축물의 경우에는 재건축진단 대상에서 제외할 수 있다.

> ㉠ 천재지변 등으로 주택이 붕괴되어 신속히 재건축을 추진할 필요가 있다고 시장·군수등이 인정하는 것
> ㉡ 주택의 구조안전상 사용금지가 필요하다고 시장·군수등이 인정하는 것
> ㉢ 노후·불량건축물 수에 관한 기준을 충족한 경우 잔여 건축물

   ⓔ 진입도로 등 기반시설 설치를 위하여 불가피하게 정비구역에 포함된 것으로 시장·군수등이 인정하는 건축물

   ⓜ 「시설물의 안전 및 유지관리에 관한 특별법」의 시설물로서 같은 법 제16조에 따라 지정받은 안전등급이 D(미흡) 또는 E(불량)인 건축물

❷ 시장·군수 등은 다음에 해당하는 재건축진단기관에 의뢰하여 주거환경 적합성, 해당 건축물의 구조안전성, 건축마감, 설비노후도 등에 관한 재건축진단을 실시하여야 한다.

   ㉠ 「과학기술분야 정부출연연구기관 등의 설립·운영 및 육성에 관한 법률」에 따른 한국건설기술연구원

   ㉡ 「시설물의 안전 및 유지관리에 관한 특별법」에 따른 안전진단전문기관

   ㉢ 「국토안전관리원법」에 따른 국토안전관리원

(3) **재건축진단 결과보고서 제출**

재건축진단을 의뢰받은 재건축진단기관은 국토교통부장관이 정하여 고시하는 기준(건축물의 내진성능 확보를 위한 비용을 포함)에 따라 재건축진단을 실시하여야 하며, 재건축진단 결과보고서를 작성하여 시장·군수 등 및 재건축진단의 실시를 요청한 자에게 제출하여야 한다.

(4) **사업시행계획인가 여부 결정**

시장·군수 등은 재건축진단의 결과와 도시계획 및 지역여건 등을 종합적으로 검토하여 사업시행계획인가 여부를 결정하여야 한다.

(5) **시행결정 취소 등의 요청**

❶ **결과보고서 제출** : 시장·군수등(특별자치시장 및 특별자치도지사는 제외한다. 이하 같다)은 재건축진단 결과보고서를 제출받은 경우에는 지체 없이 **특별시장·광역시장·도지사**에게 결정내용과 해당 재건축진단 결과보고서를 제출하여야 한다.

❷ **적정성 여부에 대한 검토**

   ㉠ 시·도지사는 필요한 경우 「국토안전관리원법」에 따른 국토안전관리원 또는 「과학기술분야 정부출연연구기관 등의 설립·운영 및 육성에 관한 법률」에 따른 한국건설기술연구원에 재건축진단 결과의 적정성 여부에 대한 검토를 의뢰할 수 있다.

〔중요지문〕 시·도지사는 필요한 경우 국토안전관리원에 재건축진단 결과의 적정성 여부에 대한 검토를 의뢰할 수 있다. ( )

▶정답 ○

    ⓛ 국토교통부장관은 시·도지사에게 재건축진단 결과보고서의 제출을 요
청할 수 있으며, 필요한 경우 시·도지사에게 재건축진단 결과의 적정성
여부에 대한 검토를 요청할 수 있다.

    ⓒ 재건축진단 결과의 적정성 여부에 따른 검토 비용은 적정성 검토를 의뢰
또는 요청한 국토교통부장관 또는 시·도지사가 부담한다.

    ⓔ 재건축진단 결과의 적정성 여부에 따른 검토를 의뢰받은 기관은 적정성
여부에 대한 검토를 의뢰받은 날부터 60일 이내에 재건축진단 결과를 시
·도지사에게 제출하여야 한다. 다만, 부득이한 경우에는 30일의 범위에
서 한 차례만 연장할 수 있다.

❸ **시정요구** : 특별시장·광역시장·도지사는 검토결과에 따라 필요한 경우 시
장·군수 등에게 재건축진단에 대한 시정요구 등 대통령령으로 정하는 조
치를 요청할 수 있으며, 시장·군수 등은 특별한 사유가 없으면 그 요청에
따라야 한다.

02 정비계획의 입안 ★제36회

(1) 정비구역의 지정 및 신청

❶ 특별시장·광역시장·특별자치시장·특별자치도지사·시장 또는 군수(광
역시의 군수는 제외하며, 이하 '정비구역의 지정권자'라 한다)는 기본계획에 적
합한 범위에서 노후·불량건축물이 밀집하는 등 대통령령으로 정하는 요건
에 해당하는 구역에 대하여 정비계획을 결정하여 정비구역을 지정(변경지정
을 포함)할 수 있다.

❷ 천재지변, 「재난 및 안전관리 기본법」 또는 「시설물의 안전 및 유지관리에
관한 특별법」에 따른 사용제한·사용금지, 그 밖의 불가피한 사유로 긴급하
게 정비사업을 시행하려는 경우에는 기본계획을 수립하거나 변경하지 아니
하고 정비구역을 지정할 수 있다.

❸ 정비구역의 지정권자는 정비구역의 **진입로 설치를 위하여 필요한 경우**에는
진입로 지역과 그 **인접지역을 포함하여 정비구역을 지정할 수 있다.**

❹ 정비구역의 지정권자는 정비구역 지정을 위하여 직접 정비계획을 입안할
수 있다.

❺ 자치구의 구청장 또는 광역시의 군수(이하 '구청장등'이라 한다)는 정비계획을
입안하여 특별시장·광역시장에게 정비구역 지정을 신청하여야 한다. 이 경
우 지방의회 의견을 첨부하여야 한다.

(2) 정비계획의 내용

정비계획에는 다음의 사항이 포함되어야 한다.

> ❶ 정비사업의 명칭
> ❷ 정비구역 및 그 면적
> ❸ 토지등소유자별 분담금 추산액 및 산출근거
> ❹ 도시·군계획시설의 설치에 관한 계획
> ❺ 공동이용시설 설치계획
> ❻ 건축물의 주용도·건폐율·용적률·높이에 관한 계획
> ❼ 환경보전 및 재난방지에 관한 계획
> ❽ 정비구역 주변의 교육환경 보호에 관한 계획
> ❾ 세입자 주거대책
> ❿ 정비사업시행 예정시기
> ⓫ 「국토의 계획 및 이용에 관한 법률」 지구단위계획의 사항에 관한 계획(필요
> 한 경우로 한정)

(3) 정비계획의 입안절차

❶ 주민 및 지방의회 의견청취

ⓖ 공람 : 정비계획의 입안권자는 정비계획을 입안하거나 변경하려면 주민에게 서면으로 통보한 후 **주민설명회 및 30일 이상 주민에게 공람**하여 의견을 들어야 하며, 제시된 의견이 타당하다고 인정되면 이를 정비계획에 반영하여야 한다.

ⓛ 지방의회 의견청취 : 정비계획의 입안권자는 주민공람과 함께 지방의회의 의견을 들어야 한다. 이 경우 지방의회는 정비계획의 입안권자가 정비계획을 통지한 날부터 60일 이내에 의견을 제시하여야 하며, 의견제시 없이 60일이 지난 경우 이의가 없는 것으로 본다.

ⓒ 경미한 변경 : 대통령령으로 정하는 다음의 경미한 사항을 변경하는 경우에는 주민에 대한 서면통보, 주민설명회, 주민공람 및 지방의회의 의견청취 절차를 거치지 아니할 수 있다.

> ⓐ 정비구역의 면적을 10% 미만의 범위에서 변경하는 경우(정비구역을 분할, 통합 또는 결합하는 경우는 제외)
> ⓑ 정비기반시설의 위치를 변경하는 경우와 정비기반시설 규모를 10% 미만의 범위에서 변경하는 경우
> ⓒ 공동이용시설 설치계획을 변경하는 경우
> ⓓ 재난방지에 관한 계획을 변경하는 경우

ⓔ 정비사업시행 예정시기를 3년의 범위에서 조정하는 경우
ⓕ 건축물의 건폐율 또는 용적률을 축소하거나 10% 미만의 범위에서 확대하는 경우
ⓖ 건축물의 최고 높이를 변경하는 경우
ⓗ 용적률을 완화하여 변경하는 경우

(4) 정비계획의 입안제안

❶ **입안의 제안** : 토지등소유자 또는 추진위원회는 다음의 어느 하나에 해당하는 경우에는 정비계획의 입안권자에게 정비계획의 입안을 제안할 수 있다.

> ㉠ 토지등소유자가 토지주택공사등을 사업시행자로 지정 요청하려는 경우
> ㉡ 정비사업을 통하여 공공지원민간임대주택을 공급하거나 임대할 목적으로 주택을 주택임대관리업자에게 위탁하려는 경우로서 정비계획의 입안을 요청하려는 경우
> ㉢ 토지등소유자가 공공재개발사업 또는 공공재건축사업을 추진하려는 경우

❷ **제안의 동의** : 토지등소유자가 정비계획의 입안권자에게 정비계획의 입안을 제안하려는 때에는 토지등소유자의 3분의 2 이하 및 토지면적 3분의 2 이하의 범위에서 시·도조례로 정하는 비율 이상의 동의를 받은 후 제안서에 정비계획도서, 계획설명서, 그 밖의 필요한 서류를 첨부하여 정비계획의 입안권자에게 제출하여야 한다.

❸ **반영 여부의 통보** : 정비계획의 입안권자는 제안이 있는 경우에는 제안일부터 60일 이내에 정비계획에의 반영 여부를 제안자에게 통보하여야 한다. 다만, 부득이한 사정이 있는 경우에는 한 차례만 30일을 연장할 수 있다.

❹ **입안에의 활용** : 정비계획의 입안권자는 제안을 정비계획에 반영하는 경우에는 제안서에 첨부된 정비계획도서와 계획설명서를 정비계획의 입안에 활용할 수 있다.

03 정비구역의 지정

(1) 지정권자

[정리] **지정권자**
국토교통부장관은 정비구역의 지정권자에 해당하지 않는다.

특별시장·광역시장·특별자치시장·특별자치도지사·시장 또는 군수(광역시의 군수는 제외)이다.

❶ **도시계획위원회의 심의** : 정비구역의 지정권자는 정비구역을 지정하거나 변경지정하려면 지방도시계획위원회의 심의를 거쳐야 한다. 다만, 경미한 사항을 변경하는 경우에는 지방도시계획위원회의 심의를 거치지 아니할 수 있다.

❷ **지정고시** : 정비구역의 지정권자는 정비구역을 지정(변경지정을 포함한다. 이 하 같다)하거나 정비계획을 결정(변경결정을 포함한다. 이하 같다)한 때에는 정비계획을 포함한 정비구역 지정의 내용을 해당 지방자치단체의 공보에 고시하여야 한다.

❸ **보고 및 열람** : 정비구역의 지정권자는 정비계획을 포함한 정비구역을 지정 ・고시한 때에는 국토교통부령으로 정하는 방법 및 절차에 따라 국토교통 부장관에게 그 지정의 내용을 보고하여야 하며, 관계 서류를 일반인이 열람 할 수 있도록 하여야 한다.

⑵ **지정・고시의 효과**

❶ **지구단위계획 및 지구단위계획구역의 결정・고시 의제** : 정비구역의 지정・ 고시가 있는 경우 해당 정비구역 및 정비계획 중 「국토의 계획 및 이용에 관한 법률」 지구단위계획의 어느 하나에 해당하는 사항은 지구단위계획구 역 및 지구단위계획으로 결정・고시된 것으로 본다.

❷ **정비구역의 지정・고시 의제** : 「국토의 계획 및 이용에 관한 법률」에 따른 지구단위계획구역에 대하여 정비계획의 내용을 모두 포함한 지구단위계획 을 결정・고시(변경 결정・고시하는 경우를 포함)하는 경우 해당 지구단위계 획구역은 정비구역으로 지정・고시된 것으로 본다.

⑶ **정비구역의 분할・통합 및 결합**

❶ 정비구역의 지정권자는 정비사업의 효율적인 추진 또는 도시의 경관보호를 위하여 필요하다고 인정하는 경우에는 다음의 방법에 따라 정비구역을 지 정할 수 있다.

> ㉠ 하나의 정비구역을 둘 이상의 정비구역으로 분할
> ㉡ 서로 연접한 정비구역을 하나의 정비구역으로 통합
> ㉢ 서로 연접하지 아니한 둘 이상의 구역(제8조 제1항에 따라 대통령령으로 정하는 요건에 해당하는 구역으로 한정) 또는 정비구역을 하나의 정비구 역으로 결합

❷ 정비구역을 분할・통합하거나 서로 떨어진 구역을 하나의 정비구역으로 결 합하여 지정하려는 경우 시행방법과 절차에 관한 세부사항은 시・도조례로 정한다.

제4절 정비구역에서의 행위제한

01 허가대상 개발행위

(1) 허가대상

정비구역에서 다음의 어느 하나에 해당하는 행위를 하려는 자는 시장·군수 등의 허가를 받아야 한다. 허가받은 사항을 변경하려는 때에도 또한 같다.

> ❶ 건축물의 건축 등 : 「건축법」에 따른 건축물(가설건축물을 포함)의 건축 또는 용도변경
> ❷ 공작물의 설치 : 인공을 가하여 제작한 시설물(건축법에 따른 건축물은 제외)의 설치
> ❸ 토지의 형질변경 : 절토(땅깎기)·성토(흙쌓기)·정지(땅고르기)·포장 등의 방법으로 토지의 형상을 변경하는 행위, 토지의 굴착 또는 공유수면의 매립
> ❹ 토석의 채취 : 흙·모래·자갈·바위 등의 토석을 채취하는 행위(다만, 토지의 형질변경을 목적으로 하는 것은 위 ❸에 따름)
> ❺ 토지분할
> ❻ 물건을 쌓아놓는 행위 : 이동이 쉽지 아니한 물건을 1개월 이상 쌓아놓는 행위
> ❼ 죽목의 벌채 및 식재

(2) 사업시행자의 의견청취

시장·군수등은 개발행위에 대한 허가를 하고자 하는 경우로서 사업시행자가 있는 경우에는 미리 그 사업시행자의 의견을 들어야 한다.

(3) 허용사항

다음의 어느 하나에 해당하는 행위는 허가를 받지 아니하고 할 수 있다.

❶ 재해복구 또는 재난수습에 필요한 응급조치를 위한 행위

❷ 기존 건축물의 붕괴 등 안전사고의 우려가 있는 경우 해당 건축물에 대한 안전조치를 위한 행위

❸ 대통령령으로 정하는 다음의 어느 하나에 해당하는 행위로서 「국토의 계획 및 이용에 관한 법률」에 따른 개발행위허가의 대상이 아닌 것을 말한다.

> ㉠ 농림수산물의 생산에 직접 이용되는 것으로서 국토교통부령이 정하는 간이공작물의 설치(비닐하우스, 버섯재배사, 종묘배양장, 퇴비장 등)
> ㉡ 경작을 위한 토지의 형질변경

ⓒ 정비구역의 개발에 지장을 주지 아니하고 자연경관을 손상하지 아니하는 범위에서의 토석의 채취
ⓔ 정비구역에 존치하기로 결정된 대지 안에서 물건을 쌓아놓는 행위
ⓜ 관상용 죽목의 임시식재(경작지에서의 임시식재는 제외)

02 기득권 보호 및 조치

(1) 기득권 보호

허가를 받아야 하는 행위로서 정비구역의 지정 및 고시 당시 이미 관계 법령에 따라 행위허가를 받았거나 허가를 받을 필요가 없는 행위에 관하여 그 공사 또는 사업에 착수한 자는 정비구역이 지정·고시된 날부터 30일 이내에 그 공사 또는 사업의 진행상황과 시행계획을 첨부하여 시장·군수등에게 신고한 후 이를 계속 시행할 수 있다.

정리 기득권 보호
1.「도시개발법」: 착수 + 30일 이내에 신고
2.「도시 및 주거환경정비법」: 착수 + 30일 이내에 신고

(2) 위반자에 대한 조치

시장·군수등은 위반한 자에게 원상회복을 명할 수 있다. 이 경우 명령을 받은 자가 그 의무를 이행하지 아니하는 때에는 시장·군수등은 「행정대집행법」에 따라 대집행할 수 있다.

03 국토의 계획 및 이용에 관한 법률과의 관계

(1) 규정의 준용

허가에 관하여 이 법에 규정된 사항을 제외하고는 「국토의 계획 및 이용에 관한 법률」 개발행위허가의 절차, 개발행위허가의 기준 등, 개발행위에 대한 도시계획위원회의 심의, 개발행위허가의 이행보증 등 및 준공검사의 규정을 준용한다.

(2) 허가의 의제

정비구역에서 개발행위허가를 받은 경우에는 「국토의 계획 및 이용에 관한 법률」에 따라 개발행위허가를 받은 것으로 본다.

중요지문 정비구역에서 허가를 받은 행위는 「국토의 계획 및 이용에 관한 법률」에 따른 개발행위허가를 받은 것으로 본다. ( )

▶정답 ○

04 개발행위의 소급제한 등

(1) 소급제한

국토교통부장관, 시·도지사, 시장, 군수 또는 구청장(자치구의 구청장을 말한다. 이하 같다)은 비경제적인 건축행위 및 투기 수요의 유입을 막기 위하여 기본계획을 공람 중인 정비예정구역 또는 정비계획을 수립 중인 지역에 대하여 3년 이내의 기간(1년의 범위에서 한 차례만 연장할 수 있다)을 정하여 대통령령으로 정하는 방법과 절차에 따라 다음의 행위를 제한할 수 있다.

> ❶ 건축물의 건축
> ❷ 토지의 분할
> ❸ 「건축법」에 따른 건축물대장 중 일반건축물대장을 집합건축물대장으로 전환
> ❹ 「건축법」에 따른 건축물대장 중 집합건축물대장의 전유부분 분할

(2) 조합원 모집제한

정비예정구역 또는 정비구역(이하 '정비구역등'이라 한다)에서는 「주택법」에 따른 지역주택조합의 조합원을 모집해서는 아니 된다.

(예 제)

도시 및 주거환경정비법령상 정비구역에서의 행위 중 시장·군수등의 허가를 받아야 하는 것을 모두 고른 것은? (단, 재해복구 또는 재난수습과 관련 없는 행위임)

> ㉠ 가설건축물의 건축
> ㉡ 죽목의 벌채
> ㉢ 공유수면의 매립
> ㉣ 이동이 쉽지 아니한 물건을 1개월 이상 쌓아놓는 행위

① ㉠, ㉡   ② ㉢, ㉣
③ ㉠, ㉡, ㉢   ④ ㉡, ㉢, ㉣
⑤ ㉠, ㉡, ㉢, ㉣

해설 ⑤ 정비구역에서 가설건축물의 건축(㉠), 죽목의 벌채(㉡), 공유수면의 매립(㉢), 이동이 쉽지 아니한 물건을 1개월 이상 쌓아놓는 행위(㉣)는 시장·군수등에게 허가를 받아야 한다. ▶정답 ⑤

제5절 | 정비구역등의 해제

01 지정권자의 해제

(1) 해제사유

❶ 정비구역의 지정권자는 다음의 어느 하나에 해당하는 경우에는 정비구역등을 해제하여야 한다.

㉠ 정비예정구역에 대하여 기본계획에서 정한 정비구역 지정 예정일부터 3년이 되는 날까지 특별자치시장, 특별자치도지사, 시장 또는 군수가 정비구역을 지정하지 아니하거나 구청장등이 정비구역의 지정을 신청하지 아니하는 경우

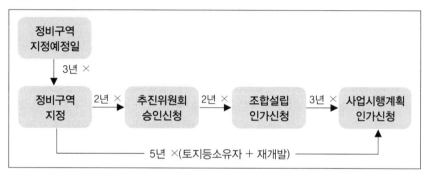

㉡ 재개발사업·재건축사업(조합이 시행하는 경우로 한정)이 다음의 어느 하나에 해당하는 경우

ⓐ 토지등소유자가 정비구역으로 지정·고시된 날부터 2년이 되는 날까지 추진위원회의 승인을 신청하지 아니하는 경우(정비구역 지정·고시 후에 추진위원회를 구성하는 경우로 한정한다)

ⓑ 토지등소유자가 정비구역으로 지정·고시된 날부터 3년이 되는 날까지 조합설립인가를 신청하지 아니하는 경우(추진위원회를 구성하지 아니하는 경우로 한정한다)

ⓒ 추진위원회가 추진위원회 승인일(정비구역 지정·고시 전에 추진위원회를 구성하는 경우에는 정비구역지정·고시일로 본다)부터 2년이 되는 날까지 조합설립인가를 신청하지 아니하는 경우

ⓓ 조합이 조합설립인가를 받은 날부터 3년이 되는 날까지 사업시행계획인가를 신청하지 아니하는 경우

㉢ 토지등소유자가 시행하는 재개발사업으로서 토지등소유자가 정비구역으로 지정·고시된 날부터 5년이 되는 날까지 사업시행계획인가를 신청하지 아니하는 경우

중요지문 정비구역의 지정권자는 조합이 조합설립인가를 받은 날부터 3년이 되는 날까지 사업시행계획 인가를 신청하지 아니하는 경우에는 정비구역등을 해제하여야 한다. ( )

▶정답 ○

❷ 구청장등은 정비구역등의 해제사유에 해당하는 경우에는 특별시장·광역시장에게 정비구역등의 해제를 요청하여야 한다.

(2) 해제요청 절차

❶ **주민 의견청취** : 특별자치시장, 특별자치도지사, 시장, 군수 또는 구청장등이 다음의 어느 하나에 해당하는 경우에는 30일 이상 주민에게 공람하여 의견을 들어야 한다.

> ㉠ 정비구역등을 해제하는 경우
> ㉡ 정비구역등의 해제를 요청하는 경우

❷ **해제의 연장** : 정비구역의 지정권자는 다음의 어느 하나에 해당하는 경우에는 제1항 제1호부터 제3호까지의 규정(정비구역등의 해제사유)에 따른 해당 기간을 2년의 범위에서 연장하여 정비구역등을 해제하지 아니할 수 있다.

> ㉠ 정비구역등의 토지등소유자(조합을 설립한 경우에는 조합원을 말한다)가 100분의 30 이상의 동의로 제1항 제1호부터 제3호까지의 규정(정비구역등의 해제사유)에 따른 해당 기간이 도래하기 전까지 연장을 요청하는 경우
> ㉡ 정비사업의 추진 상황으로 보아 주거환경의 계획적 정비 등을 위하여 정비구역등의 존치가 필요하다고 인정하는 경우

02 정비구역등의 직권해제

(1) 해제사유(재량)

정비구역의 지정권자는 다음의 어느 하나에 해당하는 경우 지방도시계획위원회의 심의를 거쳐 정비구역등을 해제할 수 있다.

> ❶ 정비사업의 시행으로 토지등소유자에게 과도한 부담이 발생할 것으로 예상되는 경우
> ❷ 정비구역등의 추진 상황으로 보아 지정목적을 달성할 수 없다고 인정되는 경우
> ❸ 토지등소유자의 100분의 30 이상이 정비구역등(추진위원회가 구성되지 아니한 구역으로 한정)의 해제를 요청하는 경우

⑵ 해제의 효과

❶ **용도지역 등의 환원** : 정비구역등이 해제된 경우에는 정비계획으로 변경된 용도지역, 정비기반시설 등은 정비구역 지정 이전의 상태로 환원된 것으로 본다.

❷ **고시** : 정비구역등이 해제·고시된 경우 추진위원회 구성승인 또는 조합설립인가는 취소된 것으로 보고, 시장·군수등은 해당 지방자치단체의 공보에 그 내용을 고시하여야 한다.

추가✎ 도시재생선도지역 지정 요청
정비구역 등이 해제된 경우 정비구역의 지정권자는 해제된 정비구역등을 「도시재생 활성화 및 지원에 관한 특별법」에 따른 도시재생선도지역으로 지정하도록 국토교통부장관에게 요청할 수 있다.

PART 03

예제 ‖‖

도시 및 주거환경정비법령상 정비구역의 지정권자가 정비구역등을 해제하여야 하는 경우가 아닌 것은?(단, 추진위원회는 정비구역 지정·고시된 지역에서 구성하는 것을 전제로 한다)

① 정비예정구역에 대하여 기본계획에서 정한 정비구역 지정 예정일부터 3년이 되는 날까지 구청장등이 정비구역의 지정을 신청하지 아니하는 경우

② 조합에 의한 재건축사업에서 추진위원회가 추진위원회 승인일부터 2년이 되는 날까지 조합설립인가를 신청하지 아니하는 경우

③ 조합에 의한 재개발사업에서 토지등소유자가 정비구역으로 지정·고시된 날부터 2년이 되는 날까지 조합설립추진위원회의 승인을 신청하지 아니하는 경우

④ 조합에 의한 재건축사업에서 조합이 조합설립인가를 받은 날부터 3년이 되는 날까지 사업시행계획인가를 신청하지 아니하는 경우

⑤ 토지등소유자가 시행하는 재개발사업으로서 토지등소유자가 정비구역으로 지정·고시된 날부터 4년이 되는 날까지 사업시행계획인가를 신청하지 아니하는 경우

해설 ⑤ 토지등소유자가 시행하는 재개발사업으로서 토지등소유자가 정비구역으로 지정·고시된 날부터 5년이 되는 날까지 사업시행계획인가를 신청하지 아니하는 경우 정비구역등을 해제하여야 한다.

▶정답 ⑤

03 정비사업의 시행

정비사업은 주거환경개선사업, 재개발사업, 재건축사업을 말하며, 각 정비사업의 시행방법은 다음과 같다.

주거환경개선사업	주거환경개선사업은 다음에 해당하는 방법 또는 이를 혼용하는 방법으로 한다. 1. 사업시행자가 정비구역에서 정비기반시설 및 공동이용시설을 새로 설치하거나 확대하고 토지등소유자가 스스로 주택을 보전·정비하거나 개량하는 방법(현지개량방법) 2. 사업시행자가 정비구역의 전부 또는 일부를 수용하여 주택을 건설한 후 토지등소유자에게 우선 공급하거나 대지를 토지등소유자 또는 토지등소유자 외의 자에게 공급하는 방법(수용방법) 3. 사업시행자가 환지로 공급하는 방법(환지방법) 4. 사업시행자가 정비구역에서 인가받은 관리처분계획에 따라 주택 및 부대시설·복리시설을 건설하여 공급하는 방법(관리처분방법)
재개발사업	재개발사업은 정비구역에서 인가받은 관리처분계획에 따라 건축물을 건설하여 공급하거나 환지로 공급하는 방법으로 한다.
재건축사업	재건축사업은 정비구역에서 인가받은 관리처분계획에 따라 건축물을 건설하여 공급하는 방법으로 한다.

중요지문 주거환경개선사업 시행자는 정비구역에서 정비기반시설 및 공동이용시설을 새로이 설치하거나 확대하고 토지등소유자가 스스로 주택을 개량하는 방법 및 환지로 공급하는 방법으로 사업을 시행할 수 있다. ( )

▶정답 ○

추가 공동주택 외 건축물
재건축사업에 따라 주택, 부대시설, 복리시설(공동주택 외 건축물이라 함)을 건설하여 공급하는 경우에는 「국토의 계획 및 이용에 관한 법률」에 따른 준주거지역 및 상업지역에서만 건설할 수 있다. 이 경우 공동주택 외 건축물의 연면적은 전체 건축물 연면적의 100분의 30 이하이어야 한다.

01 주거환경개선사업의 시행자 – 시장·군수등, 토지주택공사등, 공익법인

(1) **현지개량방법**으로 시행하는 주거환경개선사업은 시장·군수등이 직접 시행하되, 토지주택공사등을 사업시행자로 지정하여 시행하게 하려는 경우에는 정비계획입안을 위한 공람공고일 현재 토지등소유자의 과반수의 동의를 받아야 한다.

(2) **수용방법, 환지방법, 관리처분방법**으로 시행하는 주거환경개선사업은 시장·군수등이 직접 시행하거나 다음에서 정한 자에게 시행하게 할 수 있다.

정리 정비사업의 시행자
1. 주거환경개선사업 : 시장·군수등, 토지주택공사등
2. 재개발사업 : 조합 또는 토지등소유자(20인 미만)
3. 재건축사업 : 조합

❶ 시장·군수등이 다음에 해당하는 자를 사업시행자로 지정하는 경우

> ㉠ 토지주택공사등
> ㉡ 주거환경개선사업을 시행하기 위하여 국가, 지방자치단체, 토지주택공사등 또는 「공공기관의 운영에 관한 법률」에 따른 공공기관이 총지분의 100분의 50을 초과하는 출자로 설립한 법인

❷ 시장·군수등이 위 ❶에 해당하는 자와 다음의 어느 하나에 해당하는 자를 공동시행자로 지정하는 경우

> ㉠ 「건설산업기본법」에 따른 건설업자(이하 '건설업자'라 한다)
> ㉡ 「주택법」에 따라 건설업자로 보는 등록사업자(이하 '등록사업자'라 한다)

(3) **수용방법**에 따라 시행하려는 경우에는 정비계획 입안을 위한 공람공고일 현재 해당 정비예정구역의 **토지 또는 건축물의 소유자 또는 지상권자의 3분의 2 이상의 동의와 세입자**(공람공고일 3개월 전부터 해당 정비예정구역에 3개월 이상 거주하고 있는 자를 말한다) **세대수의 과반수의 동의를 각각 받아야 한다.** 다만, 세입자의 세대수가 토지등소유자의 2분의 1 이하인 경우 등 대통령령으로 정하는 사유가 있는 경우에는 세입자의 동의절차를 거치지 아니할 수 있다.

(4) 시장·군수등은 천재지변, 그 밖의 불가피한 사유로 건축물이 붕괴할 우려가 있어 긴급히 정비사업을 시행할 필요가 있다고 인정하는 경우에는 토지등소유자 및 세입자의 동의 없이 자신이 직접 시행하거나 토지주택공사등을 사업시행자로 지정하여 시행하게 할 수 있다.

추가 세입자의 동의를 거치지 않아도 되는 경우(영 제18조)
1. 세입자의 세대수가 토지등소유자의 2분의 1 이하인 경우
2. 정비구역 지정고시일 현재 해당 지역이 속한 시·군·구에 「공공주택 특별법」에 따른 공공주택(임대주택만 해당) 등 세입자가 입주가능한 임대주택이 충분하여 임대주택을 건설할 필요가 없다고 시·도지사가 인정하는 경우
3. 현지개량방법, 환지방법 또는 관리처분방법으로 사업을 시행하는 경우

02 재개발사업의 시행자 – 조합 또는 토지등소유자(20인 미만)

재개발사업은 다음의 어느 하나에 해당하는 방법으로 시행할 수 있다.

❶ 조합이 시행하거나 조합이 조합원의 과반수의 동의를 받아 시장·군수등, 토지주택공사등, 건설업자, 등록사업자 또는 대통령령으로 정하는 요건을 갖춘 자(신탁업자와 한국부동산원)와 공동으로 시행하는 방법
❷ 토지등소유자가 20인 미만인 경우에는 토지등소유자가 시행하거나 토지등소유자가 토지등소유자의 과반수의 동의를 받아 시장·군수등, 토지주택공사등, 건설업자, 등록사업자 또는 신탁업자와 한국부동산원과 공동으로 시행하는 방법

03 재건축사업의 시행자 - 조합

재건축사업은 조합이 시행하거나 조합이 조합원의 과반수의 동의를 받아 시장·군수등, 토지주택공사등, 건설업자 또는 등록사업자와 공동으로 시행할 수 있다.

04 재개발사업 · 재건축사업의 공공시행자

(1) 시장·군수등은 재개발사업 및 재건축사업이 다음의 어느 하나에 해당하는 때에는 직접 정비사업을 시행하거나 토지주택공사등(토지주택공사등이 건설업자 또는 등록사업자와 공동으로 시행하는 경우를 포함)을 사업시행자로 지정하여 정비사업을 시행하게 할 수 있다.

❶ 천재지변, 「재난 및 안전관리 기본법」 또는 「시설물의 안전 및 유지관리에 관한 특별법」에 따른 사용제한·사용금지, 그 밖의 불가피한 사유로 긴급하게 정비사업을 시행할 필요가 있다고 인정하는 때

❷ 정비계획에서 정한 정비사업시행 예정일부터 2년 이내에 사업시행계획인가를 신청하지 아니하거나 사업시행계획인가를 신청한 내용이 위법 또는 부당하다고 인정하는 때(재건축사업의 경우는 제외)

❸ 추진위원회가 시장·군수등의 구성승인을 받은 날부터 3년 이내에 조합설립인가를 신청하지 아니하거나 조합이 조합설립인가를 받은 날부터 3년 이내에 사업시행계획인가를 신청하지 아니한 때

❹ 지방자치단체의 장이 시행하는 「국토의 계획 및 이용에 관한 법률」에 따른 도시·군계획사업과 병행하여 정비사업을 시행할 필요가 있다고 인정하는 때

❺ 순환정비방식으로 정비사업을 시행할 필요가 있다고 인정하는 때

❻ 사업시행계획인가가 취소된 때

❼ 해당 정비구역의 국·공유지 면적 또는 국·공유지와 토지주택공사등이 소유한 토지를 합한 면적이 전체 토지면적의 2분의 1 이상으로서 토지등소유자의 과반수가 시장·군수등 또는 토지주택공사등을 사업시행자로 지정하는 것에 동의하는 때

❽ 해당 정비구역의 토지면적 2분의 1 이상의 토지소유자와 토지등소유자의 3분의 2 이상에 해당하는 자가 시장·군수등 또는 토지주택공사등을 사업시행자로 지정할 것을 요청하는 때

⑵ 취소·고시

시장·군수등이 직접 정비사업을 시행하거나 토지주택공사등을 사업시행자로 지정·고시한 때에는 그 고시일 다음 날에 추진위원회의 구성승인 또는 조합설립인가가 취소된 것으로 본다.

05 재개발사업·재건축사업의 지정개발자

⑴ 시장·군수등은 재개발사업 및 재건축사업이 다음의 어느 하나에 해당하는 때에는 토지등소유자, 「사회기반시설에 대한 민간투자법」에 따른 민관합동법인 또는 지정개발자를 사업시행자로 지정하여 정비사업을 시행하게 할 수 있다.

> ❶ 천재지변, 「재난 및 안전관리 기본법」 또는 「시설물의 안전 및 유지관리에 관한 특별법」에 따른 사용제한·사용금지, 그 밖의 불가피한 사유로 긴급하게 정비사업을 시행할 필요가 있다고 인정하는 때
> ❷ 정비계획에서 정한 정비사업시행 예정일부터 2년 이내에 사업시행계획인가를 신청하지 아니하거나 사업시행계획인가를 신청한 내용이 위법 또는 부당하다고 인정하는 때(재건축사업의 경우는 제외)
> ❸ 재개발사업 및 재건축사업의 조합설립을 위한 동의요건 이상에 해당하는 자가 신탁업자를 사업시행자로 지정하는 것에 동의하는 때

핵심다지기

지정개발자
1. 정비구역의 토지 중 정비구역 전체 면적 대비 50% 이상의 토지를 소유한 자로서 토지등소유자의 50% 이상의 추천을 받은 자
2. 「사회기반시설에 대한 민간투자법」에 따른 민관합동법인(민간투자사업의 부대사업으로 시행하는 경우에 한한다)으로서 토지등소유자의 50% 이상의 추천을 받은 자
3. 신탁업자로서 토지등소유자의 50% 이상의 추천을 받은 자

⑵ 취소·고시

시장·군수등이 지정개발자를 사업시행자로 지정·고시한 때에는 그 고시일 다음 날에 추진위원회의 구성승인 또는 조합설립인가가 취소된 것으로 본다. 이 경우 시장·군수등은 해당 지방자치단체의 공보에 해당 내용을 고시하여야 한다.

예제

도시 및 주거환경정비법령상 군수가 직접 재개발사업을 시행할 수 있는 사유에 해당하지 <u>않는</u> 것은?

① 해당 정비구역의 토지면적 2분의 1 이상의 토지소유자와 토지등소유자의 3분의 2 이 상에 해당하는 자가 군수의 직접시행을 요청하는 때
② 해당 정비구역의 국·공유지 면적이 전체 토지면적의 3분의 1 이상으로서 토지등소유 자의 과반수가 군수의 직접시행에 동의하는 때
③ 순환정비방식으로 정비사업을 시행할 필요가 있다고 인정하는 때
④ 천재지변으로 인하여 긴급히 정비사업을 시행할 필요가 있다고 인정하는 때
⑤ 고시된 정비계획에서 정한 정비사업 시행예정일부터 2년 이내에 사업시행계획인가를 신청하지 아니한 때

해설 ② 해당 정비구역의 국·공유지 면적이 전체 토지면적의 2분의 1 이상으로서 토지등소유자의 과반 수가 시장·군수등 또는 토지주택공사등을 사업시행자로 지정하는 것에 동의하는 때에는 시장 ·군수등이 사업을 시행할 수 있다.   ▶정답 ②

제3절 **재개발·재건축사업의 대행자 등**

◈ **사업대행의 체계**

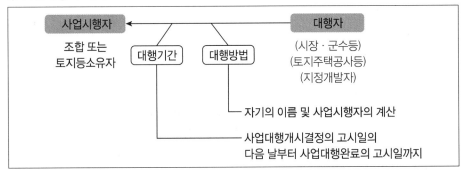

01 대행자의 지정

중요지문 시장·군수등은 조합 이 정비사업을 계속 추진하기 어려 워 정비사업의 목적을 달성할 수 없다고 인정하는 때에는 해당 조합 을 대신하여 직접 정비사업을 시행 할 수 있다.   ( )

▶정답 ○

(1) **대행사유**

시장·군수등은 다음의 어느 하나에 해당하는 경우에는 해당 조합 또는 토지 등소유자를 대신하여 직접 정비사업을 시행하거나 토지주택공사등 또는 지정 개발자에게 해당 조합 또는 토지등소유자를 대신하여 정비사업을 시행하게 할 수 있다.

> ❶ 장기간 정비사업이 지연되거나 권리관계에 관한 분쟁 등으로 해당 조합 또는 토지등소유자가 시행하는 정비사업을 계속 추진하기 어렵다고 인정하는 경우
> ❷ 토지등소유자(조합을 설립한 경우에는 조합원을 말한다)의 과반수 동의로 요청하는 경우

(2) 사업대행개시결정

❶ 시장·군수등은 정비사업을 직접 시행하거나 지정개발자 또는 토지주택공사등으로 하여금 정비사업을 대행하게 하고자 하는 때에는 사업대행개시결정을 하여 해당 지방자치단체의 공보 등에 고시하여야 한다.

❷ 시장·군수등은 토지등소유자 및 사업시행자에게 고시내용을 통지하여야 한다.

추가 고시내용
1. 영 제20조 제1항 각 호의 사항
2. 대행개시결정일
3. 사업대행자
4. 대행사항

PART
03

(3) 사업대행의 방법

❶ **대행기간 및 방법** : 사업대행개시결정의 고시가 있은 때에는 사업대행자는 그 고시한 날의 다음 날부터 사업대행완료를 고시하는 날까지 자기의 이름 및 사업시행자의 계산으로 사업시행자의 업무를 집행하고 재산을 관리한다.

❷ **재산상 부담을 가하는 행위** : 시장·군수등이 아닌 사업대행자는 재산의 처분, 자금의 차입 그 밖에 사업시행자에게 재산상 부담을 가하는 행위를 하고자 하는 때에는 미리 시장·군수등의 승인을 받아야 한다.

❸ **대행자의 의무** : 사업대행자는 대행의 업무를 하는 경우 선량한 관리자로서의 의무를 다하여야 하며, 필요한 때에는 사업시행자에게 협조를 요청할 수 있고, 사업시행자는 특별한 사유가 없는 한 이에 응하여야 한다.

> **중요지문** 시장·군수등이 아닌 사업대행자는 사업시행자에게 재산상의 부담을 가하는 행위를 하고자 하는 때에는 미리 시장·군수등의 승인을 받아야 한다.　( )
>
> ▶정답 ○

(4) 대행자의 권리

❶ **대행자의 권리** : 정비사업을 대행하는 시장·군수등, 토지주택공사등 또는 지정개발자(이하 '사업대행자'라 한다)는 사업시행자에게 청구할 수 있는 보수 또는 비용의 상환에 대한 권리로써 사업시행자에게 귀속될 대지 또는 건축물을 압류할 수 있다.

❷ **이자의 청구** : 사업대행자가 사업시행자에게 보수 또는 비용의 상환을 청구함에 있어서는 그 보수 또는 비용을 지출한 날 이후의 이자를 청구할 수 있다.

> **중요지문** 정비사업의 대행자는 사업시행자에게 청구할 수 있는 보수에 대한 권리로써 사업시행자에게 귀속될 건축물을 압류할 수 있다.
> 　　　　　　 ( )
>
> ▶정답 ○

(5) 사업대행의 완료

❶ **사업대행완료 보고** : 사업대행자는 사업대행의 원인이 된 사유가 없어지거나 등기를 완료한 때에는 사업대행을 완료하여야 한다. 이 경우 시장·군수

등이 아닌 사업대행자는 미리 시장·군수등에게 사업대행을 완료할 뜻을 보고하여야 한다.

❷ **사업대행완료 고시** : 시장·군수등은 사업대행이 완료된 때에는 사업대행완료일을 해당 지방자치단체의 공보 등에 고시하고, 토지등소유자 및 사업시행자에게 각각 통지하여야 한다.

02 시공자 선정

◈ 시공자 선정의 체계

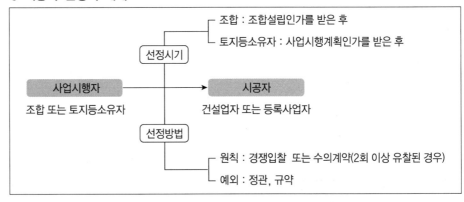

(1) 조합은 조합설립인가를 받은 후 조합총회에서 경쟁입찰 또는 수의계약(2회 이상 경쟁입찰이 유찰된 경우로 한정)의 방법으로 건설업자 또는 등록사업자를 시공자로 선정하여야 한다. 다만, 조합원이 100인 이하인 정비사업은 조합총회에서 정관으로 정하는 바에 따라 선정할 수 있다.

(2) **토지등소유자가 재개발사업을 시행하는 경우에는 사업시행계획인가를 받은 후 규약에 따라 건설업자 또는 등록사업자를 시공자로 선정하여야 한다.**

(3) 시장·군수등이 법 제26조 제1항 및 법 제27조 제1항(천재지변 등 불가피한 사유로 긴급하게 정비사업을 시행할 필요가 있다고 인정하는 때)에 따라 직접 정비사업을 시행하거나 토지주택공사등 또는 지정개발자를 사업시행자로 지정한 경우 사업시행자는 사업시행자 지정·고시 후 경쟁입찰 또는 수의계약의 방법으로 건설업자 또는 등록사업자를 시공자로 선정하여야 한다.

(4) 조합은 시공자 선정을 위한 입찰에 참여하는 건설업자 또는 등록사업자가 토지등소유자에게 시공에 관한 정보를 제공할 수 있도록 합동설명회를 2회 이상 개최하여야 한다.

▶**중요지문** 재개발사업을 토지등소유자가 시행하는 경우에는 경쟁입찰의 방법으로 시공자를 선정하여야 한다. ( )

▶**정답** ✕
재개발사업을 토지등소유자가 시행하는 경우에는 규약에 따라 시공자를 선정하여야 한다.

(5) 주민대표회의 또는 토지등소유자 전체회의가 시공자를 추천한 경우 사업시행자는 추천받은 자를 시공자로 선정하여야 한다. 이 경우 시공자와의 계약에 관해서는 「지방자치단체를 당사자로 하는 계약에 관한 법률」 또는 「공공기관의 운영에 관한 법률」을 적용하지 아니한다.

(6) 사업시행자는 선정된 시공자와 공사에 관한 계약을 체결할 때에는 기존 건축물의 철거 공사에 관한 사항을 포함시켜야 한다.

중요지문 사업시행자는 선정된 시공자와 공사에 관한 계획을 체결할 때에는 기존 건축물의 철거공사에 관한 사항을 포함하여야 한다. ( )

▶ 정답 ○

제4절 조합설립추진위원회 및 정비사업조합 ★제36회

⊗ 정비사업조합 설립절차

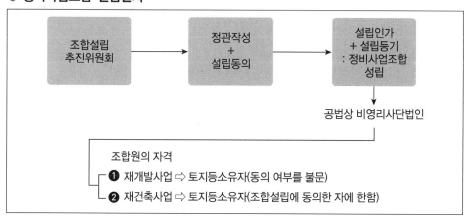

---

01 조합설립추진위원회

(1) 추진위원회의 구성

조합을 설립하려는 경우에는 다음의 사항에 대하여 토지등소유자 **과반수의 동의**를 받아 조합설립을 위한 추진위원회를 구성하여 **시장·군수등의 승인**을 받아야 한다.

> ❶ 추진위원회 위원장(이하 '추진위원장'이라 한다)을 포함한 5명 이상의 추진위원회 위원(이하 '추진위원'이라 한다)
> ❷ 운영규정

추가 정비사업에 대하여 공공지원을 하려는 경우에는 추진위원회를 구성하지 아니할 수 있다(법 제31조 제4항).

(2) 조합설립 동의 의제

추진위원회의 구성에 동의한 토지등소유자(이하 '추진위원회 동의자'라 한다)는 조합의 설립에 동의한 것으로 본다. 다만, 조합설립인가를 신청하기 전에 시장·군수등 및 추진위원회에 조합설립에 대한 반대의 의사표시를 한 추진위원회 동의자의 경우에는 그러하지 아니하다.

02 추진위원회의 기능

(1) 추진위원회의 업무

추진위원회는 다음의 업무를 수행할 수 있다.

> ❶ 정비사업전문관리업자의 선정 및 변경
> ❷ 설계자의 선정 및 변경
> ❸ 개략적인 정비사업 시행계획서의 작성
> ❹ 조합설립인가를 받기 위한 준비업무
> ❺ 그 밖에 조합설립을 추진하기 위하여 대통령령으로 정하는 업무

추가 대통령령으로 정하는 업무 (영 제26조)
1. 추진위원회 운영규정의 작성
2. 토지등소유자의 동의서의 접수
3. 조합설립을 위한 창립총회의 개최
4. 조합정관의 초안 작성
5. 그 밖에 추진위원회 운영규정으로 정하는 업무

(2) 정비사업전문관리업자의 선정

추진위원회가 정비사업전문관리업자를 선정하려는 경우에는 추진위원회 승인을 받은 후 경쟁입찰 또는 수의계약(2회 이상 경쟁입찰이 유찰된 경우로 한정)의 방법으로 선정하여야 한다.

(3) 창립총회 개최의무

추가 창립총회의 개최시기
추진위원회는 조합설립의 동의를 받은 후 조합설립의 인가신청 전에 조합설립을 위한 창립총회를 개최하여야 한다.

❶ **창립총회의 개최** : 추진위원회는 조합설립인가를 신청하기 전에 대통령령으로 정하는 방법 및 절차에 따라 조합설립을 위한 창립총회를 개최하여야 한다.

❷ **창립총회의 통지** : 추진위원회는 창립총회 14일 전까지 회의목적·안건·일시·장소·참석자격 및 구비사항 등을 인터넷 홈페이지를 통해 공개하고, 토지등소유자에게 등기우편으로 발송·통지하여야 한다.

❸ **창립총회의 소집** : 창립총회는 추진위원회 위원장의 직권 또는 토지등소유자 5분의 1 이상의 요구로 추진위원회 위원장이 소집한다.

❹ **창립총회의 업무** : 창립총회에서는 다음의 업무를 처리한다.

> ㉠ 조합정관의 확정
> ㉡ 조합임원의 선임
> ㉢ 대의원의 선임

❺ **창립총회의 의사결정** : 창립총회의 의사결정은 토지등소유자의 과반수 출석과 출석한 토지등소유자 과반수 찬성으로 결의한다. 다만, 조합임원 및 대의원의 선임은 확정된 정관에서 정하는 바에 따라 선출한다.

03 추진위원회의 조직 및 운영

⑴ 조직

추진위원회는 추진위원회를 대표하는 추진위원장 1명과 감사를 두어야 한다.

⑵ 운영규정

국토교통부장관은 추진위원회의 공정한 운영을 위하여 다음의 사항을 포함한 추진위원회의 운영규정을 정하여 고시하여야 한다.

> ❶ 추진위원의 선임방법 및 변경
> ❷ 추진위원의 권리·의무
> ❸ 추진위원회의 업무범위
> ❹ 추진위원회의 운영방법
> ❺ 토지등소유자의 운영경비 납부
> ❻ 추진위원회 운영자금의 차입

⑶ 경비의 납부

추진위원회는 운영규정에 따라 운영하여야 하며, 토지등소유자는 운영에 필요한 경비를 운영규정에 따라 납부하여야 한다.

⑷ 포괄승계

추진위원회는 수행한 업무를 총회에 보고하여야 하며, 그 업무와 관련된 권리·의무는 조합이 **포괄승계**한다.

⑸ 관련 서류의 인계

추진위원회는 사용경비를 기재한 회계장부 및 관계 서류를 조합설립인가일부터 30일 이내에 조합에 인계하여야 한다.

04 조합의 설립인가

(1) 조합설립의무

시장·군수등, 토지주택공사등 또는 지정개발자가 아닌 자가 정비사업을 시행하려는 경우에는 토지등소유자로 구성된 조합을 설립하여야 한다. 다만, 토지등소유자가 재개발사업을 시행하려는 경우에는 그러하지 아니하다.

(2) 재개발사업의 동의요건

재개발사업의 추진위원회(추진위원회를 구성하지 아니하는 경우에는 토지등소유자를 말한다)가 조합을 설립하려면 **토지등소유자의 4분의 3 이상 및 토지면적의 2분의 1 이상의 토지소유자의 동의**를 받아 다음의 사항을 첨부하여 정비구역 지정·고시 후 시장·군수등의 인가를 받아야 한다.

> ❶ 정관
> ❷ 정비사업비와 관련된 자료 등 국토교통부령으로 정하는 서류
> ❸ 그 밖에 시·도조례로 정하는 서류

(3) 재건축사업의 동의요건

❶ 재건축사업의 추진위원회(추진위원회를 구성하지 아니하는 경우에는 토지등소유자를 말한다)가 조합을 설립하려는 때에는 주택단지의 공동주택의 각 동(복리시설의 경우에는 주택단지의 복리시설 전체를 하나의 동으로 본다)**별 구분소유자의 과반수 동의**(공동주택의 각 동별 구분소유자가 5 이하인 경우는 제외)와 주택단지의 전체 구분소유자의 100분의 70 이상 및 토지면적의 100분의 70 이상의 토지소유자의 동의를 받아 정관 등을 첨부하여 정비구역 지정·고시 후 시장·군수등의 인가를 받아야 한다.

❷ 주택단지가 아닌 지역이 정비구역에 포함된 때에는 주택단지가 아닌 지역의 토지 또는 건축물 소유자의 4분의 3 이상 및 토지면적의 3분의 2 이상의 토지소유자의 동의를 받아야 한다.

(4) 변경에 대한 동의요건

재개발사업과 주택단지에서 시행하는 재건축사업에 따라 설립된 조합이 인가받은 사항을 변경하고자 하는 때에는 총회에서 조합원의 3분의 2 이상의 찬성으로 의결하고, 정관 등을 첨부하여 시장·군수등의 인가를 받아야 한다. 다만, 대통령령으로 정하는 다음의 경미한 사항을 변경하려는 때에는 총회의 의결 없이 시장·군수등에게 신고하고 변경할 수 있다.

추가 신고수리기간
시장·군수등은 법 제35조 제5항 단서에 따른 신고를 받은 날부터 20일 이내에 신고수리 여부를 신고인에게 통지하여야 한다.

❶ 착오·오기 또는 누락임이 명백한 사항
❷ 조합의 명칭 및 주된 사무소의 소재지와 조합장의 성명 및 주소(조합장의 변경이 없는 경우로 한정한다)
❸ 토지 또는 건축물의 매매 등으로 인하여 조합원의 권리가 이전된 경우의 조합원의 교체 또는 신규가입
❹ 건설되는 건축물의 설계 개요의 변경
❺ 정비사업비의 변경
❻ 현금청산으로 인하여 정관에서 정하는 바에 따라 조합원이 변경되는 경우
❼ 정비구역 또는 정비계획의 변경에 따라 변경되어야 하는 사항. 다만, 정비구역 면적이 10% 이상의 범위에서 변경되는 경우는 제외한다.

(5) 사업주체의 의제

조합이 정비사업을 시행하는 경우 「주택법」을 적용할 때에는 조합을 같은 법에 따른 사업주체로 보며, 조합설립인가일부터 같은 법에 따른 주택건설사업 등의 등록을 한 것으로 본다.

05 토지등소유자의 동의방법

(1) 동의방법

❶ 다음에 대한 동의(동의한 사항의 철회 또는 반대의 의사표시를 포함)는 서면동의서 또는 전자서명동의서를 제출하는 방법으로 한다. 이 경우 서면동의서는 토지등소유자가 성명을 적고 지장(指章)을 날인하는 방법으로 하며, 주민등록증, 여권 등 신원을 확인할 수 있는 신분증명서의 사본을 첨부하여야 한다.

　⊙ 정비구역등 해제의 연장을 요청하는 경우
　ⓒ 정비구역의 해제에 동의하는 경우
　ⓒ 주거환경개선사업의 시행자를 토지주택공사등으로 지정하는 경우
　ⓔ 토지등소유자가 재개발사업을 시행하려는 경우 등

❷ 토지등소유자가 해외에 장기체류하거나 법인인 경우 등 불가피한 사유가 있다고 시장·군수등이 인정하는 경우에는 토지등소유자의 인감도장을 찍은 서면동의서에 해당 인감증명서를 첨부하는 방법으로 할 수 있다.

(2) 산정방법

토지등소유자의 동의는 다음의 기준에 따라 산정한다.

중요지문 조합설립추진위원회의 조합설립을 위한 토지등소유자의 동의는 구두로도 할 수 있다. ( )

▶정답 ✕
조합설립추진위원회의 조합설립을 위한 토지등소유자의 동의는 구두로는 할 수 없고, 서면으로 하여야 한다.

❶ 주거환경개선사업, 재개발사업의 경우에는 다음의 기준에 의할 것

> ㉠ 1필지의 토지 또는 하나의 건축물을 여럿이서 공유하는 경우에는 해당 토지 또는 건축물의 토지등소유자의 4분의 3 이상의 동의를 받아 이를 대표하는 1인을 토지등소유자로 산정할 것
>
> ㉡ 토지에 지상권이 설정되어 있는 경우 토지의 소유자와 해당 토지의 지상권자를 대표하는 1인을 토지등소유자로 산정할 것
>
> ㉢ 1인이 다수 필지의 토지 또는 다수의 건축물을 소유하고 있는 경우에는 필지나 건축물의 수에 관계없이 토지등소유자를 1인으로 산정할 것
>
> ㉣ 둘 이상의 토지 또는 건축물을 소유한 공유자가 동일한 경우에는 그 공유자 여럿을 대표하는 1인을 토지등소유자로 산정할 것

❷ 재건축사업의 경우에는 다음의 기준에 따를 것

> ㉠ 소유권 또는 구분소유권을 여럿이서 공유하는 경우에는 그 여럿을 대표하는 1인을 토지등소유자로 산정할 것
>
> ㉡ 1인이 둘 이상의 소유권 또는 구분소유권을 소유하고 있는 경우에는 소유권 또는 구분소유권의 수에 관계없이 토지등소유자를 1인으로 산정할 것
>
> ㉢ 둘 이상의 소유권 또는 구분소유권을 소유한 공유자가 동일한 경우에는 그 공유자 여럿을 대표하는 1인을 토지등소유자로 할 것

❸ 추진위원회의 구성 또는 조합의 설립에 동의한 자로부터 토지 또는 건축물을 취득한 자는 추진위원회의 구성 또는 조합의 설립에 동의한 것으로 볼 것

❹ 토지건물등기사항증명서·건물등기사항증명서·토지대장 및 건축물관리대장에 소유자로 등재될 당시 주민등록번호의 기록이 없고 기록된 주소가 현재 주소와 다른 경우로서 소재가 확인되지 아니한 자는 토지등소유자의 수 또는 공유자 수에서 제외할 것

❺ 국·공유지에 대해서는 그 재산관리청 각각을 토지등소유자로 산정할 것

(3) 동의를 철회하거나 반대의 의사표시를 하려는 토지등소유자는 철회서에 토지등소유자가 성명을 적고 지장(指章)을 날인한 후 주민등록증 및 여권 등 신원을 확인할 수 있는 신분증명서 사본을 첨부하여 동의의 상대방 및 시장·군수등에게 내용증명의 방법으로 발송하여야 한다. 이 경우 시장·군수등이 철회서를 받은 때에는 지체 없이 동의의 상대방에게 철회서가 접수된 사실을 통지하여야 한다.

(4) 동의의 철회나 반대의 의사표시는 철회서가 동의의 상대방에게 도달한 때 또는 시장·군수등이 동의의 상대방에게 철회서가 접수된 사실을 통지한 때 중 빠른 때에 효력이 발생한다.

06 조합의 법인격 등

(1) 법적 성격

조합은 법인으로 한다.

(2) 성립시기

조합은 조합설립인가를 받은 날부터 30일 이내에 주된 사무소의 소재지에서 대통령령으로 정하는 다음의 사항을 등기하는 때에 성립한다.

❶ 설립목적
❷ 조합의 명칭
❸ 주된 사무소의 소재지
❹ 설립인가일
❺ 임원의 성명 및 주소
❻ 임원의 대표권을 제한하는 경우에는 그 내용
❼ 전문조합관리인을 선정한 경우에는 그 성명 및 주소

(3) 조합의 명칭

조합은 명칭에 '정비사업조합'이라는 문자를 사용하여야 한다.

(4) 민법의 준용

조합에 관하여는 이 법에 규정된 사항을 제외하고는 「민법」 중 사단법인에 관한 규정을 준용한다.

07 조합원의 자격 등

(1) 조합원의 자격

정비사업의 조합원(사업시행자가 신탁업자인 경우에는 위탁자를 말한다)은 토지등소유자(재건축사업의 경우에는 재건축사업에 동의한 자만 해당)로 하되, 다음에 해당하는 때에는 그 여러 명을 대표하는 1명을 조합원으로 본다.

❶ 토지 또는 건축물의 소유권과 지상권이 여러 명의 공유에 속하는 때
❷ 조합설립인가(조합설립인가 전에 신탁업자를 사업시행자로 지정한 경우에는 사업시행자의 지정을 말한다) 후 1명의 토지등소유자로부터 토지 또는 건축물의 소유권이나 지상권을 양수하여 여러 명이 소유하게 된 때

중요지문 조합설립인가를 받은 경우에는 따로 등기를 하지 않아도 조합이 성립된다.   (   )

▶정답 ×
조합은 등기하는 때에 성립한다.

PART 03

(2) 조합원의 지위 양도

「주택법」에 따른 투기과열지구로 지정된 지역에서 재건축사업을 시행하는 경우 조합설립인가 후, 재개발사업을 시행하는 경우에는 관리처분계획의 인가 후 해당 정비사업의 건축물 또는 토지를 양수(매매·증여, 그 밖의 권리의 변동을 수반하는 모든 행위를 포함하되, 상속·이혼으로 인한 양도·양수의 경우는 제외) 한 자는 조합원이 될 수 없다. 다만, 양도인이 다음의 어느 하나에 해당하는 경 우 그 양도인으로부터 그 건축물 또는 토지를 양수한 자는 그러하지 아니하다.

❶ 세대원(세대주가 포함된 세대의 구성원을 말한다)의 근무상 또는 생업상의 사정이나 질병치료·취학·결혼으로 세대원이 모두 해당 사업구역에 위치 하지 아니한 특별시·광역시·특별자치시·특별자치도·시 또는 군으로 이전하는 경우
❷ 상속으로 취득한 주택으로 세대원 모두 이전하는 경우
❸ 세대원 모두 해외로 이주하거나 세대원 모두 2년 이상 해외에 체류하려는 경우
❹ 1세대 1주택자로서 양도하는 주택에 대한 소유기간이 10년 이상 및 거주기 간 5년 이상인 경우
❺ 지분형주택을 공급받기 위하여 건축물 또는 토지를 토지주택공사등과 공유 하려는 경우
❻ 공공임대주택, 「공공주택 특별법」에 따른 공공분양주택의 공급 및 대통령 령으로 정하는 사업을 목적으로 건축물 또는 토지를 양수하려는 공공재개 발사업 시행자에게 양도하려는 경우

(3) 손실보상

사업시행자는 조합원의 자격을 취득할 수 없는 경우 정비사업의 토지, 건축물 또는 그 밖의 권리를 취득한 자에게 손실보상을 하여야 한다.

08 정관의 작성 및 변경

(1) 정관의 기재사항

조합의 정관에는 다음의 사항이 포함되어야 한다.

❶ 조합의 명칭 및 사무소의 소재지
❷ 조합원의 자격
❸ 조합원의 제명·탈퇴 및 교체

❹ 정비구역의 위치 및 면적

❺ 조합임원의 수 및 업무의 범위

❻ 조합임원의 권리·의무·보수·선임방법·변경 및 해임

❼ 대의원의 수, 선임방법, 선임절차 및 대의원회의 의결방법

❽ 조합의 비용부담 및 조합의 회계

❾ 정비사업의 시행연도 및 시행방법

❿ 총회의 소집 절차·시기 및 의결방법

⓫ 총회의 개최 및 조합원의 총회소집 요구

⓬ 법 제73조 제3항(분양신청을 하지 아니한 자)에 따른 이자 지급

⓭ 정비사업비의 부담 시기 및 절차

⓮ 정비사업이 종결된 때의 청산절차

⓯ 청산금의 징수·지급의 방법 및 절차

⓰ 시공자·설계자의 선정 및 계약서에 포함될 내용

⓱ 정관의 변경절차

(2) **표준정관**

시·도지사는 표준정관을 작성하여 보급할 수 있다.

(3) **정관의 변경**

조합이 정관을 변경하려는 경우에는 총회를 개최하여 조합원 과반수의 찬성으로 시장·군수등의 인가를 받아야 한다. 다만, 조합원의 자격, 조합원의 제명·탈퇴 및 교체, 정비구역의 위치 및 면적, 조합의 비용부담 및 조합의 회계, 정비사업비의 부담 시기 및 절차 또는 시공자·설계자의 선정 및 계약서에 포함될 내용의 경우에는 조합원 3분의 2 이상의 찬성으로 한다.

〔예제〕||||||||||||||||||||||||||||||||||||||||||||||||||||||||||||||||||||||||||||||||||||||||||

도시 및 주거환경정비법령상 조합의 정관을 변경하기 위하여 조합원 3분의 2 이상의 찬성이 필요한 사항이 <u>아닌</u> 것은?

① 대의원의 수 및 선임절차

② 조합원의 자격에 관한 사항

③ 정비구역의 위치 및 면적

④ 조합의 비용부담 및 조합의 회계

⑤ 시공자·설계자의 선정 및 계약서에 포함될 내용

〔해설〕 ① 조합이 대의원의 수 및 선임절차를 변경하려면 조합원 과반수의 찬성으로 한다.　　▶정답 ①

09 조합의 임원

(1) 조합의 임원

조합은 조합원으로서 정비구역에 위치한 건축물 또는 토지(재건축사업의 경우에는 건축물과 그 부속토지를 말한다)를 소유한 자(하나의 건축물 또는 토지의 소유권을 다른 사람과 공유한 경우에는 가장 많은 지분을 소유한 경우로 한정한다) 중 다음의 어느 하나의 요건을 갖춘 조합장 1명과 이사, 감사를 임원으로 둔다. 이 경우 조합장은 선임일부터 관리처분계획인가를 받을 때까지는 해당 정비구역에서 거주(영업을 하는 자의 경우 영업을 말한다)하여야 한다.

❶ 정비구역에서 거주하고 있는 자로서 선임일 직전 3년 동안 정비구역 내 거주기간이 1년 이상일 것
❷ 정비구역에 위치한 건축물 또는 토지(재건축사업의 경우에는 건축물과 그 부속토지를 말한다)를 5년 이상 소유하고 있을 것

[중요지문] 토지등소유자의 수가 100명 미만인 조합에는 감사를 두지 않을 수 있다. (   )

▶정답 ✕
토지등소유자의 수가 100명 미만인 경우라도 조합에는 감사를 두어야 한다.

(2) 조합임원의 수

조합에 두는 이사의 수는 3명 이상으로 하고, 감사의 수는 1명 이상 3명 이하로 한다. 다만, 토지등소유자의 수가 100명을 초과하는 경우에는 이사의 수를 5명 이상으로 한다.

(3) 임원선출의 위탁

조합은 총회 의결을 거쳐 조합임원의 선출에 관한 선거관리를 「선거관리위원회법」에 따라 선거관리위원회에 위탁할 수 있다.

(4) 조합임원의 임기

조합임원의 임기는 3년 이하의 범위에서 정관으로 정하되, 연임할 수 있다.

(5) 조합임원의 선출방법

조합임원의 선출방법 등은 정관으로 정한다. 다만, 시장·군수등은 다음의 어느 하나의 해당하는 경우 시·도조례로 정하는 바에 따라 변호사·회계사·기술사 등으로서 대통령령으로 정하는 요건을 갖춘 자를 전문조합관리인으로 선정하여 조합임원의 업무를 대행하게 할 수 있다.

❶ 조합임원이 사임, 해임, 임기만료, 그 밖에 불가피한 사유 등으로 직무를 수행할 수 없는 때부터 6개월 이상 선임되지 아니한 경우
❷ 총회에서 조합원 과반수의 출석과 출석 조합원 과반수의 동의로 전문조합관리인의 선정을 요청하는 경우

[추가] 전문조합관리인
1. 시장·군수등은 전문조합관리인의 선정이 필요하다고 인정하거나 조합원 3분의 1 이상이 전문조합관리인의 선정을 요청하면 공개모집을 통하여 전문조합관리인을 선정할 수 있다. 이 경우 조합 또는 추진위원회의 의견을 들어야 한다.
2. 전문조합관리인의 임기는 3년으로 한다.

10 조합임원의 직무 등

(1) 조합장은 조합을 대표하고, 그 사무를 총괄하며, 총회 또는 대의원회의 의장이 된다.

(2) 조합장이 대의원회의 의장이 되는 경우에는 대의원으로 본다.

(3) 조합장 또는 이사가 자기를 위하여 조합과 계약이나 소송을 할 때에는 감사가 조합을 대표한다.

(4) 조합임원은 같은 목적의 정비사업을 하는 다른 조합의 임원 또는 직원을 겸할 수 없다.

> **[중요지문]** 이사의 자기를 위한 조합과의 계약에 관하여는 감사가 조합을 대표한다. ( )
>
> ▶ 정답 ○

11 조합임원 또는 전문조합관리인의 결격사유 및 해임

(1) **조합임원 또는 전문조합관리인의 결격사유**

다음의 어느 하나에 해당하는 자는 조합임원 또는 전문조합관리인이 될 수 없다.

❶ 미성년자·피성년후견인 또는 피한정후견인
❷ 파산선고를 받고 복권되지 아니한 자
❸ 금고 이상의 실형을 선고받고 그 집행이 종료(종료된 것으로 보는 경우를 포함)되거나 집행이 면제된 날부터 2년이 지나지 아니한 자
❹ 금고 이상의 형의 집행유예를 받고 그 유예기간 중에 있는 자
❺ 이 법을 위반하여 벌금 100만원 이상의 형을 선고받고 10년이 지나지 아니한 자
❻ 조합설립 인가권자에 해당하는 지방자치단체의 장, 지방의회의원 또는 그 배우자·직계존속·직계비속

(2) **임원의 퇴임**

조합임원이 다음의 어느 하나에 해당하는 경우에는 당연 퇴임한다.

❶ 결격사유에 해당하게 되거나 선임 당시 그에 해당하는 자이었음이 밝혀진 경우
❷ 조합임원이 법 제41조 제1항에 따른 자격요건을 갖추지 못한 경우

(3) **퇴임 전 행위의 효력**

퇴임된 임원이 퇴임 전에 관여한 행위는 그 효력을 잃지 아니한다.

> **[중요지문]** 조합임원이 결격사유에 해당하여 퇴임한 경우 그 임원이 퇴임 전에 관여한 행위는 효력을 잃는다. ( )
>
> ▶ 정답 ✕
> 조합임원이 결격사유에 해당하여 퇴임하더라도 퇴임된 임원이 퇴임 전에 관여한 행위는 그 효력을 잃지 않는다.

(4) 조합임원의 해임

조합임원은 조합원 10분의 1 이상의 요구로 소집된 총회에서 조합원 과반수의 출석과 출석 조합원 과반수의 동의를 받아 해임할 수 있다.

(5) 전문조합관리인의 선정

시장·군수등이 전문조합관리인을 선정한 경우 전문조합관리인이 업무를 대행할 임원은 당연 퇴임한다.

12 총회개최 및 의결사항

(1) 총회

조합에는 조합원으로 구성되는 총회를 둔다.

(2) 총회의 소집

추가✓ **사전통지**
총회를 소집하려는 자는 총회 개최 7일 전까지 회의목적·안건·일시 및 장소와 의결권의 행사기간 및 장소 등 의결권 행사에 필요한 사항을 정하여 조합원에게 통지하여야 한다.

❶ 총회는 조합장이 직권으로 소집하거나 조합원 5분의 1(정관의 기재사항 중 조합임원의 권리·의무·보수·선임방법·변경 및 해임에 관한 사항을 변경하기 위한 총회의 경우는 10분의 1) 이상 또는 대의원 3분의 2 이상의 요구로 조합장이 소집한다.

❷ 조합임원의 사임, 해임 또는 임기만료 후 6개월 이상 조합임원이 선임되지 아니한 경우에는 시장·군수등이 조합임원 선출을 위한 총회를 소집할 수 있다.

(3) 총회의 의결사항

다음의 사항은 총회의 의결을 거쳐야 한다.

> ❶ 정관의 변경(경미한 사항의 변경은 이 법 또는 정관에서 총회 의결사항으로 정한 경우로 한정)
> ❷ 자금의 차입과 그 방법·이자율 및 상환방법
> ❸ 정비사업비의 세부 항목별 사용계획이 포함된 예산안 및 예산의 사용내역
> ❹ 예산으로 정한 사항 외에 조합원에게 부담이 되는 계약
> ❺ 시공자·설계자 및 감정평가법인등(시장·군수등이 선정·계약하는 감정평가법인등은 제외)의 선정 및 변경. 다만, 감정평가법인등 선정 및 변경은 총회의 의결을 거쳐 시장·군수등에게 위탁할 수 있다.
> ❻ 정비사업전문관리업자의 선정 및 변경
> ❼ 조합임원의 선임 및 해임

❽ 정비사업비의 조합원별 분담내역

❾ 사업시행계획서의 작성 및 변경(정비사업의 중지 또는 폐지에 관한 사항을 포함하며, 같은 항 단서에 따른 경미한 변경은 제외)

❿ 관리처분계획의 수립 및 변경(경미한 변경은 제외)

⓫ 조합의 해산과 조합 해산 시의 회계보고

⓬ 청산금의 징수·지급(분할징수·분할지급을 포함)

⓭ 시행자가 부과하는 부과금에 따른 비용의 금액 및 징수방법

(4) 총회에 상정

총회의 의결사항 중 이 법 또는 정관에 따라 조합원의 동의가 필요한 사항은 총회에 상정하여야 한다.

(5) 총회의 의결정족수

❶ 총회의 의결은 이 법 또는 정관에 다른 규정이 없으면 조합원 과반수의 출석과 출석 조합원의 과반수 찬성으로 한다.

❷ 사업시행계획서의 작성 및 변경(경미한 변경은 제외) 및 관리처분계획의 수립 및 변경(경미한 변경은 제외)의 경우에는 조합원 과반수의 찬성으로 의결한다. 다만, 정비사업비가 100분의 10(생산자물가상승률분, 분양신청을 하지 아니한 자에 대한 손실보상 금액은 제외) 이상 늘어나는 경우에는 조합원 3분의 2 이상의 찬성으로 의결하여야 한다.

(6) 의결권 행사방법

조합원은 서면으로 의결권을 행사하거나 다음의 어느 하나에 해당하는 경우에는 대리인을 통하여 의결권을 행사할 수 있다. 서면으로 의결권을 행사하는 경우에는 정족수를 산정할 때에 출석한 것으로 본다.

❶ 조합원이 권한을 행사할 수 없어 배우자, 직계존비속 또는 형제자매 중에서 성년자를 대리인으로 정하여 위임장을 제출하는 경우

❷ 해외에 거주하는 조합원이 대리인을 지정하는 경우

❸ 법인인 토지등소유자가 대리인을 지정하는 경우. 이 경우 법인의 대리인은 조합임원 또는 대의원으로 선임될 수 있다.

(7) 총회의 출석요건

총회의 의결은 조합원의 100분의 10 이상이 직접 출석하여야 한다. 다만, 시공자의 선정을 의결하는 총회의 경우에는 조합원의 과반수가 직접 출석하여야

추가 전자적 방법의 우선 이용
조합은 조합원의 참여를 확대하기 위하여 조합원이 전자적 방법을 우선적으로 이용하도록 노력하여야 한다.

중요지문 관리처분계획의 수립 및 변경을 의결하는 총회의 경우에는 조합원의 100분의 10 이상이 직접 출석하여야 한다. ( )

▶정답 ✕
관리처분계획의 수립 및 변경을 의결하는 총회의 경우에는 조합원의 100분의 20 이상이 직접 출석하여야 한다.

하고, 창립총회, 시공자 선정 취소를 위한 총회, 사업시행계획서의 작성 및 변경, 관리처분계획의 수립 및 변경, 정비사업비의 사용 및 변경을 의결하는 총회의 경우에는 조합원의 100분의 20 이상이 직접 출석하여야 한다.

13 대의원회

(1) 대의원회 설치(필수기관)

조합원의 수가 **100명 이상**인 조합은 대의원회를 두어야 한다.

(2) 대의원의 수

> **정리** 대의원의 수
> 조합원이 3,000명인 경우 대의원의 수는 100명 이상 300명 이하이다.

대의원회는 조합원의 10분의 1 이상으로 구성한다. 다만, 조합원의 10분의 1이 100명을 넘는 경우에는 조합원의 10분의 1의 범위에서 100명 이상으로 구성할 수 있다.

(3) 대의원의 자격 및 권한

> **정리** 대의원의 자격
> 조합장이 아닌 조합임원은 이사와 감사를 말한다.

❶ 조합장이 아닌 조합임원은 대의원이 될 수 없다.

❷ 대의원회는 총회의 의결사항 중 대통령령으로 정하는 다음의 사항 외에는 총회의 권한을 대행할 수 있다.

> ㉠ 정관의 변경에 관한 사항
> ㉡ 자금의 차입과 그 방법·이자율 및 상환방법에 관한 사항
> ㉢ 예산으로 정한 사항 외에 조합원의 부담이 될 계약에 관한 사항
> ㉣ 시공자·설계자 또는 감정평가법인등의 선정 및 변경에 관한 사항(시장·군수등이 선정·계약하는 감정평가법인등은 제외)
> ㉤ 정비사업전문관리업자의 선정 및 변경에 관한 사항
> ㉥ 조합임원과 대의원의 선임 및 해임에 관한 사항. 다만, 정관이 정하는 바에 따라 임기 중 궐위된 자(조합장은 제외)를 보궐선임하는 경우는 제외한다.
> ㉦ 사업시행계획서의 작성 및 변경에 관한 사항(경미한 변경은 제외)
> ㉧ 관리처분계획의 수립 및 변경에 관한 사항(경미한 변경은 제외)
> ㉨ 총회에 상정하여야 하는 사항
> ㉩ 조합의 합병 또는 해산에 관한 사항. 다만, 사업완료로 인한 해산인 경우는 제외한다.
> ㉪ 건축물의 설계개요의 변경에 관한 사항
> ㉫ 정비사업비의 변경에 관한 사항

⑷ 대의원회 소집 및 의결

❶ 대의원은 조합원 중에서 선출한다.

❷ 대의원회의 소집은 집회 7일 전까지 그 회의의 목적·안건·일시 및 장소를 기재한 서면을 대의원에게 통지하는 방법에 의한다. 이 경우 정관이 정하는 바에 따라 대의원회의 소집내용을 공고하여야 한다.

❸ 대의원회는 재적대의원 과반수의 출석과 출석대의원 과반수의 찬성으로 의결한다. 다만, 그 이상의 범위에서 정관이 달리 정하는 경우에는 그에 따른다.

❹ 특정한 대의원의 이해와 관련된 사항에 대해서는 그 대의원은 의결권을 행사할 수 없다.

> **정리 대의원회 소집**
> 다음의 어느 하나에 해당하는 때에는 조합장은 해당일부터 14일 이내에 대의원회를 소집하여야 한다.
> 1. 정관으로 정하는 바에 따라 소집청구가 있는 때
> 2. 대의원의 3분의 1 이상이 회의 목적사항을 제시하여 청구하는 때

예제

도시 및 주거환경정비법령상 재개발사업조합에 관한 설명으로 옳은 것은?
① 재개발사업 추진위원회가 조합을 설립하려면 시·도지사의 인가를 받아야 한다.
② 조합원의 수가 50명 이상인 조합은 대의원회를 두어야 한다.
③ 조합원의 자격에 관한 사항에 대하여 정관을 변경하려는 경우에는 총회에서 조합원 3분의 2 이상의 찬성으로 한다.
④ 조합의 이사는 대의원회에서 해임될 수 있다.
⑤ 조합의 이사는 조합의 대의원을 겸할 수 있다.

해설 ① 재개발사업 추진위원회가 조합을 설립하려면 시장·군수등의 인가를 받아야 한다.
② 조합원의 수가 100명 이상인 조합은 대의원회를 두어야 한다.
④ 조합의 이사는 대의원회에서 해임될 수 없고, 총회의 의결을 거쳐야 한다.
⑤ 조합의 이사는 조합의 대의원을 겸할 수 없다. ▶**정답** ③

---

14 주민대표회의

⑴ 구성의무

토지등소유자가 시장·군수등 또는 토지주택공사등의 사업시행을 원하는 경우에는 정비구역 지정·고시 후 주민대표기구(이하 '주민대표회의'라 한다)를 구성하여야 한다. 다만, 협약 등이 체결된 경우에는 정비구역 지정·고시 이전에 주민대표회의를 구성할 수 있다.

추가✓ **동의의 승계**
주민대표회의의 구성에 동의한 자
는 사업시행자의 지정에 동의한 것
으로 본다. 다만, 사업시행자의 지
정 요청 전에 시장·군수등 및 주민
대표회의에 사업시행자의 지정에
대한 반대의 의사표시를 한 토지등
소유자의 경우에는 그러하지 아니
하다.

⑵ 구성원 및 동의

❶ 주민대표회의는 위원장을 포함하여 5명 이상 25명 이하로 구성한다.

❷ 주민대표회의에는 위원장과 부위원장 각 1명과, 1명 이상 3명 이하의 감사
를 둔다.

❸ 주민대표회의는 토지등소유자의 과반수의 동의를 받아 구성하며, 국토교통
부령으로 정하는 방법 및 절차에 따라 시장·군수등의 승인을 받아야 한다.

⑶ 의견제시

주민대표회의 또는 세입자(상가세입자를 포함)는 사업시행자가 다음의 사항에
관하여 시행규정을 정하는 때에 의견을 제시할 수 있다.

❶ 건축물의 철거
❷ 주민의 이주(세입자의 퇴거에 관한 사항을 포함)
❸ 토지 및 건축물의 보상(세입자에 대한 주거이전비 등 보상에 관한 사항을
포함)
❹ 정비사업비의 부담
❺ 세입자에 대한 임대주택의 공급 및 입주자격

⑷ 경비의 지원

시장·군수등 또는 토지주택공사등은 주민대표회의의 운영에 필요한 경비의
일부를 해당 정비사업비에서 지원할 수 있다.

15 토지등소유자 전체회의

⑴ 의결사항

사업시행자로 지정된 신탁업자는 다음의 사항에 관하여 해당 정비사업의 토
지등소유자(재건축사업의 경우에는 신탁업자를 사업시행자로 지정하는 것에 동의
한 토지등소유자를 말한다) 전원으로 구성되는 회의(이하 '토지등소유자 전체회의'
라 한다)의 의결을 거쳐야 한다.

❶ 시행규정의 확정 및 변경
❷ 정비사업비의 사용 및 변경
❸ 정비사업전문관리업자와의 계약 등 토지등소유자의 부담이 될 계약
❹ 시공자의 선정 및 변경
❺ 정비사업비의 토지등소유자별 분담내역

❻ 자금의 차입과 그 방법·이자율 및 상환방법

❼ 사업시행계획서의 작성 및 변경(정비사업의 중지 또는 폐지에 관한 사항을 포함하며, 경미한 변경은 제외)

❽ 관리처분계획의 수립 및 변경(경미한 변경은 제외)

❾ 청산금의 징수·지급(분할징수·분할지급을 포함)과 조합해산 시의 회계보고

❿ 시행자가 부과하는 부과금에 따른 비용의 금액 및 징수방법

⓫ 그 밖에 토지등소유자에게 부담이 되는 것으로 시행규정으로 정하는 사항

⑵ 회의 소집

토지등소유자 전체회의는 사업시행자가 직권으로 소집하거나 토지등소유자 5분의 1 이상의 요구로 사업시행자가 소집한다.

제5절 사업시행계획 등 ★제36회

⑴ 사업시행계획서의 작성

사업시행자는 정비계획에 따라 다음의 사항을 포함하는 사업시행계획서를 작성하여야 한다.

❶ 토지이용계획(건축물배치계획을 포함)

❷ 정비기반시설 및 공동이용시설의 설치계획

❸ 임시거주시설을 포함한 주민이주대책

❹ 세입자의 주거 및 이주 대책

❺ 사업시행기간 동안의 정비구역 내 가로등 설치, 폐쇄회로 텔레비전 설치 등 범죄예방대책

❻ 임대주택의 건설계획(재건축사업의 경우는 제외)

❼ 국민주택규모 주택의 건설계획(주거환경개선사업의 경우는 제외)

❽ 공공지원민간임대주택 또는 임대관리 위탁주택의 건설계획(필요한 경우로 한정)

❾ 건축물의 높이 및 용적률 등에 관한 건축계획

❿ 정비사업의 시행과정에서 발생하는 폐기물의 처리계획

⓫ 교육시설의 교육환경 보호에 관한 계획(정비구역부터 200m 이내에 교육시설이 설치되어 있는 경우로 한정)

⓬ 정비사업비

정리 사업시행계획의 위치

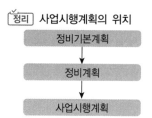

정비기본계획 → 정비계획 → 사업시행계획

중요지문 사업시행계획서에는 사업시행기간 동안의 정비구역 내 가로등 설치, 폐쇄회로 텔레비전 설치 등 범죄예방대책이 포함되어야 한다. (　)

▶정답 ○

⑵ 사업시행계획의 동의

❶ **토지등소유자인 시행자** : 토지등소유자가 재개발사업을 시행하려는 경우에는 사업시행계획인가를 신청하기 전에 사업시행계획서에 대하여 토지등소유자의 4분의 3 이상 및 토지면적의 2분의 1 이상의 토지소유자의 동의를 받아야 한다. 다만, 인가받은 사항을 변경하려는 경우에는 규약으로 정하는 바에 따라 토지등소유자의 과반수의 동의를 받아야 하며, 경미한 사항의 변경인 경우에는 토지등소유자의 동의를 필요로 하지 아니한다.

❷ **지정개발자인 시행자** : 지정개발자가 정비사업을 시행하려는 경우에는 사업시행계획인가를 신청하기 전에 **토지등소유자의 과반수의 동의 및 토지면적의 2분의 1 이상의 토지소유자의 동의를 받아야 한다.** 다만, 경미한 사항의 변경인 경우에는 토지등소유자의 동의를 필요로 하지 아니한다.

⑶ 사업시행계획의 인가

추가 🖉 **교육감과의 협의**
시장·군수등은 사업시행계획인가 (시장·군수등이 사업시행계획서를 작성한 경우를 포함)를 하려는 경우 정비구역부터 200m 이내에 교육시설이 설치되어 있는 때에는 해당 지방자치단체의 교육감 또는 교육장과 협의하여야 하며, 인가받은 사항을 변경하는 경우에도 또한 같다.

❶ **인가신청** : 사업시행자(공동시행의 경우를 포함하되, 사업시행자가 시장·군수등인 경우는 제외)는 정비사업을 시행하려는 경우에는 사업시행계획서에 정관 등과 그 밖에 국토교통부령으로 정하는 서류를 첨부하여 시장·군수등에게 제출하고 사업시행계획인가를 받아야 하고, 인가받은 사항을 변경하거나 정비사업을 중지 또는 폐지하려는 경우에도 또한 같다. 다만, 대통령령으로 정하는 다음의 경미한 사항을 변경하려는 때에는 시장·군수등에게 신고하여야 한다.

> ㉠ 정비사업비를 10%의 범위에서 변경하거나 관리처분계획의 인가에 따라 변경하는 때. 다만, 「주택법」 제2조 제5호에 따른 국민주택을 건설하는 사업인 경우에는 주택도시기금의 지원금액이 증가되지 아니하는 경우만 해당한다.
>
> ㉡ 건축물이 아닌 부대시설·복리시설의 설치규모를 확대하는 때(위치가 변경되는 경우는 제외)
>
> ㉢ 대지면적을 10%의 범위에서 변경하는 때
>
> ㉣ 세대수와 세대당 주거전용면적을 변경하지 않고 세대당 주거전용면적의 10%의 범위에서 세대 내부구조의 위치 또는 면적을 변경하는 때
>
> ㉤ 내장재료 또는 외장재료를 변경하는 때
>
> ㉥ 사업시행계획인가의 조건으로 부과된 사항의 이행에 따라 변경하는 때
>
> ㉦ 건축물의 설계와 용도별 위치를 변경하지 아니하는 범위에서 건축물의 배치 및 주택단지 안의 도로선형을 변경하는 때
>
> ㉧ 사업시행자의 명칭 또는 사무소 소재지를 변경하는 때

　　ⓩ 정비구역 또는 정비계획의 변경에 따라 사업시행계획서를 변경하는 때
　　ⓩ 조합설립변경 인가에 따라 사업시행계획서를 변경하는 때

❷ **통보** : 시장·군수등은 특별한 사유가 없으면 사업시행계획서의 제출이 있은 날부터 **60일 이내**에 인가 여부를 결정하여 사업시행자에게 통보하여야 한다.

❸ **정비사업비의 예치**

　ㄱ 지정개발자의 예치 : 시장·군수등은 재개발사업의 사업시행계획인가를 하는 경우 해당 정비사업의 사업시행자가 지정개발자(지정개발자가 토지등소유자인 경우로 한정)인 때에는 정비사업비의 **100분의 20**의 범위에서 시·도조례로 정하는 금액을 예치하게 할 수 있다.

　ㄴ 예치금 반환 : 예치금은 청산금의 지급이 완료된 때에 이를 반환한다.

❹ **공람과 의견청취**

　ㄱ 공람 : 시장·군수등은 사업시행계획인가를 하거나 사업시행계획서를 작성하려는 경우에는 대통령령으로 정하는 방법 및 절차에 따라 관계 서류의 사본을 14일 이상 일반인이 공람할 수 있게 하여야 한다. 다만, 경미한 사항을 변경하려는 경우에는 그러하지 아니하다.

　ㄴ 의견제출 : 토지등소유자 또는 조합원, 그 밖에 정비사업과 관련하여 이해관계를 가지는 자는 공람기간 이내에 시장·군수등에게 서면으로 의견을 제출할 수 있다.

❺ **고시** : 시장·군수등은 사업시행계획인가(시장·군수등이 사업시행계획서를 작성한 경우를 포함)를 하거나 정비사업을 변경·중지 또는 폐지하는 경우에는 그 내용을 해당 지방자치단체의 공보에 고시하여야 한다.

⑷ **다른 법률의 인가·허가 등의 의제**

사업시행자가 사업시행계획인가를 받은 때(시장·군수등이 직접 정비사업을 시행하는 경우에는 사업시행계획서를 작성한 때를 말한다)에는 다음의 인가·허가·결정·승인·신고·등록·협의·동의·심사·지정 또는 해제(이하 '인·허가 등'이라 한다)가 있은 것으로 보며, 사업시행계획인가의 고시가 있은 때에는 다음의 관계 법률에 따른 인·허가등의 고시·공고 등이 있은 것으로 본다.

> ※**보충** 「도시 및 주거환경정비법」상 공람기간
> 1. 기본계획의 공람 : 14일 이상
> 2. 정비계획의 공람 : 30일 이상
> 3. 사업시행계획의 공람 : 14일 이상
> 4. 관리처분계획의 공람 : 30일 이상

> ⊙ 「주택법」에 따른 사업계획의 승인
> ⊙ 「공공주택 특별법」에 따른 주택건설사업계획의 승인
> ⓒ 「건축법」에 따른 건축허가, 같은 법에 따른 가설건축물의 건축허가 또는 축조신고 및 같은 법에 따른 건축협의
> ⓔ 「도로법」에 따른 도로관리청이 아닌 자에 대한 도로공사 시행의 허가 및 같은 법에 따른 도로의 점용 허가
> ⓜ 「사방사업법」에 따른 사방지의 지정해제
> ⓗ 「농지법」에 따른 농지전용의 허가·협의 및 같은 법에 따른 농지전용신고
> ⊘ (이하 생략)

예제

도시 및 주거환경정비법령상 사업시행계획 등에 관한 설명으로 틀린 것은?

① 시장·군수등은 재개발사업의 사업시행계획인가를 하는 경우 해당 정비사업의 사업시행자가 지정개발자인 때에는 정비사업비의 100분의 30의 금액을 예치하게 할 수 있다.

② 사업시행계획서에는 사업시행기간 동안의 정비구역 내 가로등 설치, 폐쇄회로 텔레비전 설치 등 범죄예방대책이 포함되어야 한다.

③ 시장·군수등은 사업시행계획인가를 하려는 경우 정비구역으로부터 200m 이내에 교육시설이 설치되어 있는 때에는 해당 지방자치단체의 교육감 또는 교육장과 협의하여야 한다.

④ 사업시행자는 일부 건축물의 존치 또는 리모델링에 관한 내용이 포함된 사업시행계획서를 작성하여 사업시행계획인가를 신청할 수 있다.

⑤ 사업시행자가 사업시행계획인가를 받은 후 대지면적을 10%의 범위 안에서 변경하는 경우 시장·군수등에게 신고하여야 한다.

해설 ① 시장·군수등은 재개발사업의 사업시행계획인가를 하는 경우 해당 정비사업의 사업시행자가 지정개발자(지정개발자가 토지등소유자인 경우로 한정)인 때에는 정비사업비의 100분의 20의 범위에서 시·도조례로 정하는 금액을 예치하게 할 수 있다. ▶ 정답 ①

제6절 정비사업시행을 위한 조치

01 임시거주시설 설치

(1) 임시거주시설 설치의무

사업시행자는 주거환경개선사업 및 재개발사업의 시행으로 철거되는 주택의 소유자 또는 세입자에게 해당 정비구역 안과 밖에 위치한 임대주택 등의 시설에 임시로 거주하게 하거나 주택자금의 융자를 알선하는 등 임시거주에 상응하는 조치를 하여야 한다.

(2) 토지의 일시 사용

사업시행자는 임시거주시설의 설치 등을 위하여 필요한 때에는 국가·지방자치단체, 그 밖의 공공단체 또는 개인의 시설이나 토지를 일시 사용할 수 있다.

(3) 국·공유지의 무상사용

국가 또는 지방자치단체는 사업시행자로부터 임시거주시설에 필요한 건축물이나 토지의 사용신청을 받은 때에는 **다음의 사유가 없으면 이를 거절하지 못한다.** 이 경우 **사용료 또는 대부료는 면제한다.**

> ❶ 제3자와 이미 매매계약을 체결한 경우
> ❷ 사용신청 이전에 사용계획이 확정된 경우
> ❸ 제3자에게 이미 사용허가를 한 경우

(4) 원상회복

사업시행자는 정비사업의 공사를 완료한 때에는 완료한 날부터 30일 이내에 임시거주시설을 철거하고, 사용한 건축물이나 토지를 원상회복하여야 한다.

(5) 손실보상

❶ **협의** : 사업시행자는 공공단체(지방자치단체는 제외) 또는 개인의 시설이나 토지를 일시 사용함으로써 손실을 입은 자가 있는 경우에는 손실을 보상하여야 하며, 손실을 보상하는 경우에는 손실을 입은 자와 협의하여야 한다.

❷ **재결신청** : 사업시행자 또는 손실을 입은 자는 손실보상에 관한 협의가 성립되지 아니하거나 협의할 수 없는 경우에는 「공익사업을 위한 토지 등의 취득 및 보상에 관한 법률」에 따라 설치되는 관할 토지수용위원회에 재결을 신청할 수 있다.

[정리] 임시거주시설을 위한 일시 사용

1. 임시수용 등의 조치의무
   ❶ 주거환경개선사업
   ❷ 재개발사업
2. 무상사용 : 국가 또는 지방자치단체의 시설
3. 손실보상 : 공공단체(지방자치단체는 제외) 또는 개인의 시설

PART 03

▶중요지문 사업시행으로 철거되는 주택의 소유자 또는 세입자를 위하여 사업시행자가 지방자치단체의 건축물을 임시수용시설로 사용하는 경우 사용료 또는 대부료는 면제된다.　　(　　)

▶정답 ○

❸ 「공익사업을 위한 토지 등의 취득 및 보상에 관한 법률」 준용 : 손실보상은
이 법에 규정된 사항을 제외하고는 「공익사업을 위한 토지 등의 취득 및 보
상에 관한 법률」을 준용한다.

02 임시상가의 설치

재개발사업의 사업시행자는 사업시행으로 이주하는 상가세입자가 사용할 수 있
도록 정비구역 또는 정비구역 인근에 임시상가를 설치할 수 있다.

03 매도청구

(1) 매도청구 대상

재건축사업의 사업시행자는 사업시행계획인가의 고시가 있은 날부터 30일 이
내에 다음의 자에게 조합설립 또는 사업시행자의 지정에 관한 동의 여부를 회
답할 것을 서면으로 촉구하여야 한다.

> ❶ 조합설립에 동의하지 아니한 자
> ❷ 시장·군수등, 토지주택공사등 또는 신탁업자의 사업시행자 지정에 동의하
> 지 아니한 자

(2) 의견 회답기간

촉구를 받은 토지등소유자는 촉구를 받은 날부터 2개월 이내에 회답하여야 한다.

(3) 매도청구 기간

회답기간이 지나면 사업시행자는 그 기간이 만료된 때부터 2개월 이내에 조합
설립 또는 사업시행자 지정에 동의하지 아니하겠다는 뜻을 회답한 토지등소
유자와 건축물 또는 토지만 소유한 자에게 건축물 또는 토지의 소유권과 그
밖의 권리를 매도할 것을 청구할 수 있다.

04 주거환경개선사업의 특례

(1) 국민주택채권 매입의 면제

주거환경개선사업에 따른 건축허가를 받은 때와 부동산등기(소유권 보존등기
또는 이전등기로 한정)를 하는 때에는 「주택도시기금법」의 국민주택채권의 매
입에 관한 규정을 적용하지 아니한다.

추가〉 부동의의 간주
회답기간 내에 회답하지 아니한 경
우 그 토지등소유자는 조합설립 또
는 사업시행자의 지정에 동의하지
아니하겠다는 뜻을 회답한 것으
로 본다(법 제64조 제3항).

(2) **도시 · 군계획시설의 설치기준**

주거환경개선구역에서 「국토의 계획 및 이용에 관한 법률」에 따른 도시 · 군
계획시설의 결정 · 구조 및 설치의 기준 등에 필요한 사항은 국토교통부령으
로 정하는 바에 따른다.

(3) **건축법 적용의 특례**

사업시행자는 주거환경개선구역에서 다음의 어느 하나에 해당하는 사항은 시
· 도조례로 정하는 바에 따라 기준을 따로 정할 수 있다.

> ❶ 「건축법」에 따른 대지와 도로의 관계(소방활동에 지장이 없는 경우로 한정)
> ❷ 「건축법」에 따른 건축물의 높이 제한(사업시행자가 공동주택을 건설 · 공급
> 하는 경우로 한정)

제7절 관리처분계획 등 ★제36회

01 분양신청

(1) **분양통지 및 공고**

❶ 사업시행자는 사업시행계획인가의 고시가 있은 날(사업시행계획인가 이후 시
공자를 선정한 경우에는 시공자와 계약을 체결한 날)부터 **90일**(대통령령으로 정
하는 경우에는 1회에 한하여 30일의 범위에서 연장할 수 있다) **이내**에 다음의 사
항을 토지등소유자에게 **통지**하고, 분양의 대상이 되는 대지 또는 건축물의
내역 등을 해당 지역에서 발간되는 일간신문에 공고하여야 한다.

> ㉠ 분양대상자별 종전의 토지 또는 건축물의 명세 및 사업시행계획인가의
> 고시가 있은 날을 기준으로 한 가격(사업시행계획인가 전에 철거된 건축
> 물은 시장 · 군수등에게 허가를 받은 날을 기준으로 한 가격)
> ㉡ 분양대상자별 분담금의 추산액
> ㉢ 분양신청기간
> ㉣ 그 밖에 대통령령으로 정하는 사항

❷ 분양신청기간은 **통지한 날부터 30일 이상 60일 이내**로 하여야 한다. 다만,
사업시행자는 관리처분계획의 수립에 지장이 없다고 판단하는 경우에는 분
양신청기간을 20일의 범위에서 한 차례만 연장할 수 있다.

추가 ✏ **분양통지 및 공고의 기산점**
분양통지 및 공고의 기산점은 원칙
적으로 사업시행인가의 고시가 있
은 날인데, 이는 분양대상자별 종전
의 토지 또는 건축물의 가격평가의
기준시점이 되기도 한다.

추가 ✏ **분양공고에 포함되어야 하
는 사항**
1. 사업시행인가의 내용
2. 정비사업의 종류 · 명칭 및 정비
 구역의 위치 · 면적
3. 분양신청기간 및 장소
4. 분양대상 대지 또는 건축물의
 내역
5. 분양신청자격
6. 분양신청방법
7. 토지등소유자외의 권리자의 권
 리신고방법
8. 분양을 신청하지 아니한 자에
 대한 조치

❸ 대지 또는 건축물에 대한 분양을 받으려는 토지등소유자는 분양신청기간에 대통령령으로 정하는 방법 및 절차에 따라 사업시행자에게 대지 또는 건축물에 대한 분양신청을 하여야 한다.

(2) 손실보상에 관한 협의

❶ 사업시행자는 관리처분계획이 인가·고시된 다음 날부터 90일 이내에 다음에서 정하는 자와 토지, 건축물 또는 그 밖의 권리의 손실보상에 관한 협의를 하여야 한다. 다만, 사업시행자는 분양신청기간 종료일의 다음 날부터 협의를 시작할 수 있다.

> ㉠ 분양신청을 하지 아니한 자
> ㉡ 분양신청기간 종료 이전에 분양신청을 철회한 자
> ㉢ 분양신청을 할 수 없는 자
> ㉣ 인가된 관리처분계획에 따라 분양대상에서 제외된 자

❷ 사업시행자는 위 ❶에 따른 협의가 성립되지 아니하면 그 기간의 만료일 다음 날부터 60일 이내에 수용재결을 신청하거나 매도청구소송을 제기하여야 한다.

02 관리처분계획의 수립

(1) 관리처분계획의 내용

사업시행자는 분양신청기간이 종료된 때에는 분양신청의 현황을 기초로 다음의 사항이 포함된 관리처분계획을 수립하여 시장·군수등의 인가를 받아야 하며, 관리처분계획을 변경·중지 또는 폐지하려는 경우에도 또한 같다. 다만, 대통령령으로 정하는 경미한 사항을 변경하려는 경우에는 시장·군수등에게 신고하여야 한다. 이 경우 시장·군수등은 신고를 받은 날부터 20일 이내에 신고수리 여부를 신고인에게 통지하여야 한다.

❶ 분양설계

❷ 분양대상자의 주소 및 성명

❸ 분양대상자별 분양예정인 대지 또는 건축물의 추산액(임대관리 위탁주택에 관한 내용을 포함)

❹ 분양대상자별 종전의 토지 또는 건축물 명세 및 사업시행계획인가 고시가 있는 날을 기준으로 한 가격(사업시행계획인가 전에 철거된 건축물은 시장·군수등에게 허가를 받은 날을 기준으로 한 가격)

추가 ▷ 경미한 사항의 변경
1. 계산착오·오기·누락 등에 따른 조서의 단순정정인 때(불이익을 받는 자가 없는 경우에 한한다)
2. 정관 및 사업시행계획인가의 변경에 따라 관리처분계획을 변경하는 때
3. 매도청구에 대한 판결에 따라 관리처분계획을 변경하는 때
4. 사업시행자의 변동에 따른 권리·의무의 변동이 있는 경우로서 분양설계의 변경을 수반하지 아니하는 경우
5. 주택분양에 관한 권리를 포기하는 토지등소유자에 대한 임대주택의 공급에 따라 관리처분계획을 변경하는 때
6. 「민간임대주택에 관한 특별법」에 따른 임대사업자의 주소(법인인 경우에는 법인의 소재지와 대표자의 성명 및 주소)를 변경하는 경우

❺ 정비사업비의 추산액(재건축사업의 경우에는 재건축초과이익 환수에 관한 법률에 따른 재건축부담금에 관한 사항을 포함) 및 그에 따른 조합원 분담규모 및 분담시기

❻ 분양대상자의 종전 토지 또는 건축물에 관한 소유권 외의 권리명세

❼ 세입자별 손실보상을 위한 권리명세 및 그 평가액

❽ 정비사업의 시행으로 인하여 새롭게 설치되는 정비기반시설의 명세와 용도가 폐지되는 정비기반시설의 명세

❾ 기존 건축물의 철거예정시기

(2) **관리처분계획 작성 시 재산평가방법**

정비사업에서 분양대상자별 분양예정인 대지 또는 건축물의 추산액, 분양대상자별 종전의 토지 또는 건축물의 명세 및 사업시행계획인가의 고시가 있은 날을 기준으로 한 가격, 세입자별 손실보상을 위한 권리명세 및 그 평가액 등 재산 또는 권리를 평가할 때에는 다음의 방법에 의한다.

❶ 「감정평가 및 감정평가사에 관한 법률」에 따른 감정평가법인등 중 다음의 구분에 따른 감정평가법인등이 평가한 금액을 산술평균하여 산정한다. 다만, 관리처분계획을 변경·중지 또는 폐지하려는 경우 분양예정 대상인 대지 또는 건축물의 추산액과 종전의 토지 또는 건축물의 가격은 사업시행자 및 토지등소유자 전원이 합의하여 산정할 수 있다.

> ㉠ 주거환경개선사업 또는 재개발사업 : 시장·군수등이 선정·계약한 2인 이상의 감정평가법인등
> ㉡ 재건축사업 : 시장·군수등이 선정·계약한 1인 이상의 감정평가법인등과 조합총회의 의결로 선정·계약한 1인 이상의 감정평가법인등

❷ 사업시행자는 감정평가를 하려는 경우 시장·군수등에게 감정평가법인등의 선정·계약을 요청하고 감정평가에 필요한 비용을 미리 예치하여야 한다. 시장·군수등은 감정평가가 끝난 경우 예치된 금액에서 감정평가 비용을 직접 지급한 후 나머지 비용을 사업시행자와 정산하여야 한다.

(3) **관리처분의 방법**

❶ 주거환경개선사업 및 재개발사업의 경우 관리처분은 다음의 방법 및 기준에 따른다.

정리 **재산평가방법(재개발사업)**

> ㉠ 1개의 건축물의 대지는 1필지의 토지가 되도록 정할 것. 다만, 주택단지의 경우에는 그러하지 아니하다.
> ㉡ 정비구역의 토지등소유자(지상권자를 제외한다. 이하 같다)에게 분양할 것. 다만, 공동주택을 분양하는 경우 시·도조례로 정하는 금액·규모·취득시기 또는 유형에 대한 기준에 부합하지 아니하는 토지등소유자는 시·도조례로 정하는 바에 의하여 분양대상에서 제외할 수 있다.

❷ 재건축사업의 경우 관리처분은 조합이 조합원 전원의 동의를 받아 그 기준을 따로 정하는 경우에는 그에 따른다.

(4) 관리처분계획의 수립기준

관리처분계획의 내용은 다음의 기준에 따른다.

❶ **작성기준** : 종전의 토지 또는 건축물의 면적·이용 상황·환경, 그 밖의 사항을 종합적으로 고려하여 대지 또는 건축물이 균형 있게 분양신청자에게 배분되고 합리적으로 이용되도록 한다.

❷ **증·감환지** : 지나치게 좁거나 넓은 토지 또는 건축물은 넓히거나 좁혀 대지 또는 건축물이 적정 규모가 되도록 한다.

❸ **환지부지정** : 너무 좁은 토지 또는 건축물을 취득한 자나 정비구역 지정 후 분할된 토지 또는 집합건물의 구분소유권을 취득한 자에게는 **현금으로** 청산할 수 있다.

❹ **위해방지를 위한 조치** : 재해 또는 위생상의 위해를 방지하기 위하여 토지의 규모를 조정할 특별한 필요가 있는 때에는 너무 좁은 토지를 넓혀 토지를 갈음하여 보상을 하거나 건축물의 일부와 그 건축물이 있는 대지의 공유지분을 교부할 수 있다.

❺ **분양설계 작성기준** : 분양설계에 관한 계획은 분양신청기간이 만료하는 날을 기준으로 하여 수립한다.

❻ **1주택 공급원칙** : 1세대 또는 1명이 하나 이상의 주택 또는 토지를 소유한 경우 1주택을 공급하고, 같은 세대에 속하지 아니하는 2명 이상이 1주택 또는 1토지를 공유한 경우에는 **1주택만 공급한다**. 다만, 다음의 경우에는 각 방법에 따라 주택을 공급할 수 있다.

㉠ 소유한 주택 수만큼 공급 : 다음의 어느 하나에 해당하는 토지등소유자에게
는 소유한 주택의 수만큼 공급할 수 있다.
ⓐ 과밀억제권역에 위치하지 아니한 재건축사업의 토지등소유자. 다만,
투기과열지구 또는 「주택법」에 따라 지정된 조정대상지역에서 사업
시행계획인가를 신청하는 재건축사업의 토지등소유자는 제외한다.
ⓑ 근로자(공무원인 근로자를 포함) 숙소, 기숙사 용도로 주택을 소유하
고 있는 토지등소유자
ⓒ 국가, 지방자치단체 및 토지주택공사등
㉡ 2주택 공급 : 분양대상자별 종전의 토지 또는 건축물 명세 및 사업시행계
획인가 고시가 있은 날을 기준으로 한 가격의 범위 또는 종전 주택의 주
거전용면적의 범위에서 2주택을 공급할 수 있고, 이 중 1주택은 주거전용
면적을 60m^2 이하로 한다. 다만, 60m² 이하로 공급받은 1주택은 소유권
이전고시일 다음 날부터 3년이 지나기 전에는 주택을 전매(매매·증여나
그 밖에 권리의 변동을 수반하는 모든 행위를 포함하되 상속의 경우는 제
외)하거나 전매를 알선할 수 없다.
㉢ 3주택 공급 : 과밀억제권역에 위치한 재건축사업의 경우에는 토지등소유자
가 소유한 주택 수의 범위에서 3주택까지 공급할 수 있다. 다만, 투기과열
지구 또는 조정대상지역에서 사업시행계획인가를 신청하는 재건축사업의
경우에는 그러하지 아니하다.

(5) 분양받을 권리의 산정기준일

정비사업을 통하여 분양받을 건축물이 다음의 어느 하나에 해당하는 경우에
는 정비구역지정·고시가 있은 날 또는 시·도지사가 투기를 억제하기 위하
여 기본계획 수립을 위한 주민공람의 공고일 후 정비구역 지정·고시 전에 따
로 정하는 날(이하 '기준일'이라 한다)의 다음 날을 기준으로 건축물을 분양받을
권리를 산정한다.

❶ 1필지의 토지가 여러 개의 필지로 분할되는 경우
❷ 집합건물법에 따른 집합건물이 아닌 건축물이 도시정비법에 따른 집합건물
로 전환되는 경우
❸ 하나의 대지 범위에 속하는 동일인 소유의 토지와 주택 등 건축물을 토지와
주택 등 건축물로 각각 분리하여 소유하는 경우
❹ 나대지에 건축물을 새로 건축하거나 기존 건축물을 철거하고 다세대주택,
그 밖의 공동주택을 건축하여 토지등소유자의 수가 증가하는 경우
❺ 「집합건물의 소유 및 관리에 관한 법률」에 따른 전유부분의 분할로 토지등
소유자의 수가 증가하는 경우

정리 **권리 산정기준일**
해당 토지 또는 주택 등 건축물을
분양받을 수 있는 권리산정의 시점
은 다음과 같다.
1. 원칙 : 정비구역 지정고시일
2. 예외 : 기준일(시·도지사가 투기
억제를 위하여 따로 정한 경우)
3. 대상행위(토지등소유자를 증가
시키는 행위)
❶ 토지분할
❷ 다세대 전환
❸ 토지와 건축물 분리소유
❹ 건축물 신축

(6) 고시의무

시·도지사는 기준일을 따로 정하는 경우에는 기준일·지정사유·건축물을 분양받을 권리의 산정기준 등을 해당 지방자치단체의 공보에 고시하여야 한다.

03 관리처분계획의 공람 및 인가

(1) 공람 및 의견청취

사업시행자는 관리처분계획인가를 신청하기 전에 관계 서류의 사본을 30일 이상 토지등소유자에게 공람하게 하고 의견을 들어야 한다. 다만, 대통령령으로 정하는 경미한 사항을 변경하려는 경우에는 토지등소유자의 공람 및 의견청취 절차를 거치지 아니할 수 있다.

(2) 인가 여부의 통보 및 고시

❶ **통보** : 시장·군수등은 사업시행자의 관리처분계획인가의 신청이 있는 날부터 30일 이내에 인가 여부를 결정하여 사업시행자에게 통보하여야 한다. 다만, 시장·군수등은 관리처분계획의 타당성 검증을 요청하는 경우에는 관리처분계획인가의 신청을 받은 날부터 60일 이내에 인가 여부를 결정하여 사업시행자에게 통지하여야 한다.

❷ **타당성 검증 요청** : 시장·군수등은 다음의 어느 하나에 해당하는 경우에는 대통령령으로 정하는 공공기관에 관리처분계획의 타당성 검증을 요청하여야 한다. 이 경우 시장·군수등은 타당성 검증 비용을 사업시행자에게 부담하게 할 수 있다.

> ㉠ 관리처분계획수립에 따른 정비사업비가 사업시행계획수립에 따른 정비사업비 기준으로 100분의 10 이상으로서 대통령령으로 정하는 비율 이상 늘어나는 경우
> ㉡ 관리처분계획수립에 따른 조합원 분담규모가 분양대상자별 분담금의 추산액 총액 기준으로 100분의 20 이상으로서 대통령령으로 정하는 비율 이상 늘어나는 경우
> ㉢ 조합원 5분의 1 이상이 관리처분계획인가 신청이 있는 날부터 15일 이내에 시장·군수등에게 타당성 검증을 요청한 경우

❸ **고시** : 시장·군수등이 관리처분계획을 인가하는 때에는 그 내용을 해당 지방자치단체의 공보에 고시하여야 한다.

04 관리처분계획에 따른 처분 등

(1) 조성된 대지 등의 처분

❶ 정비사업의 시행으로 조성된 대지 및 건축물은 관리처분계획에 따라 처분 또는 관리하여야 한다.

❷ 사업시행자는 정비사업의 시행으로 건설된 건축물을 인가받은 관리처분계획에 따라 토지등소유자에게 공급하여야 한다.

(2) 입주자 모집조건 등

사업시행자는 정비구역에 주택을 건설하는 경우에는 입주자 모집조건·방법·절차, 입주금(계약금·중도금 및 잔금을 말한다)의 납부 방법·시기·절차, 주택공급 방법·절차 등에 관하여「주택법」제54조에도 불구하고 시장·군수등의 승인을 받아 따로 정할 수 있다.

(3) 잔여분에 대한 처리

사업시행자는 분양신청을 받은 후 잔여분이 있는 경우에는 정관 등 또는 사업시행계획으로 정하는 목적을 위하여 그 잔여분을 보류지(건축물을 포함)로 정하거나 조합원 또는 토지등소유자 이외의 자에게 분양할 수 있다.

(4) 임대주택 인수의무

국토교통부장관, 시·도지사, 시장, 군수, 구청장 또는 토지주택공사등은 조합이 요청하는 경우 재개발사업의 시행으로 건설된 임대주택을 인수하여야 한다.

(5) 지분형주택의 공급

사업시행자가 토지주택공사등인 경우에는 분양대상자와 사업시행자가 공동 소유하는 방식으로 주택(이하 '지분형주택'이라 한다)을 공급할 수 있다.

> ❶ 지분형주택의 규모는 주거전용면적 60m² 이하인 주택으로 한정한다.
> ❷ 지분형주택의 공동 소유기간은 소유권을 취득한 날부터 10년의 범위에서 사업시행자가 정하는 기간으로 한다.

(6) 토지임대부 분양주택의 전환

국토교통부장관, 시·도지사, 시장, 군수, 구청장 또는 토지주택공사등은 정비구역에 세입자와 면적이 90m² 미만의 토지를 소유한 자로서 건축물을 소유하지 아니한 자 또는 바닥면적이 40m² 미만의 사실상 주거를 위하여 사용하는

중요지문 주거환경개선사업의 시행자는 정비사업의 시행으로 건설된 건축물을 인가된 사업시행계획에 따라 토지등소유자에게 공급하여야 한다. ( )

▶ 정답 ✕
사업시행자는 정비사업의 시행으로 건설된 건축물을 인가된 관리처분계획에 따라 토지등소유자에게 공급하여야 한다.

추가 재개발사업의 임대주택 인수의무
조합이 재개발사업의 시행으로 건설된 임대주택의 인수를 요청하는 경우 시·도지사 또는 시장, 군수, 구청장이 우선하여 인수하여야 한다.

건축물을 소유한 자로서 토지를 소유하지 아니한 자의 요청이 있는 경우에는 인수한 임대주택의 일부를 「주택법」에 따른 **토지임대부 분양주택으로 전환하여 공급하여야 한다.**

05 관리처분계획 고시의 효과

(1) 사용·수익의 정지

종전의 토지 또는 건축물의 소유자·지상권자·전세권자·임차권자 등 권리자는 관리처분계획인가의 고시가 있은 때에는 소유권 이전고시가 있는 날까지 종전의 토지 또는 건축물을 사용하거나 수익할 수 없다. **다만, 다음의 어느 하나에 해당하는 경우에는 그러하지 아니하다.**

> ❶ 사업시행자의 동의를 받은 경우
> ❷ 「공익사업을 위한 토지 등의 취득 및 보상에 관한 법률」에 따른 손실보상이 완료되지 아니한 경우

(2) 건축물의 철거

❶ **원칙** : 사업시행자는 관리처분계획의 인가를 받은 후 기존의 건축물을 철거하여야 한다.

❷ **예외** : 사업시행자는 다음의 어느 하나에 해당하는 경우에는 **기존 건축물 소유자의 동의 및 시장·군수등의 허가를 받아 해당 건축물을 철거할 수 있다.** 이 경우 건축물의 철거는 토지등소유자로서의 권리·의무에 영향을 주지 아니한다.

> ㉠ 「재난 및 안전관리 기본법」, 「주택법」, 「건축법」 등 관계 법령에서 정하는 기존 건축물의 붕괴 등 안전사고의 우려가 있는 경우
> ㉡ 폐공가(廢空家)의 밀집으로 범죄발생의 우려가 있는 경우

❸ **철거시기의 제한** : 시장·군수등은 사업시행자가 기존의 건축물을 철거하거나 철거를 위하여 점유자를 퇴거시키려는 경우 다음의 어느 하나에 해당하는 시기에는 건축물을 철거하거나 점유자를 퇴거시키는 것을 제한할 수 있다.

> ㉠ 일출 전과 일몰 후
> ㉡ 호우, 대설, 폭풍해일, 지진해일, 태풍, 강풍, 풍랑, 한파 등으로 해당 지역에 중대한 재해발생이 예상되어 기상청장이 「기상법」에 따라 특보를 발표한 때
> ㉢ 「재난 및 안전관리 기본법」에 따른 재난이 발생한 때

(3) 용익권자를 위한 조치

❶ **계약해지** : 정비사업의 시행으로 지상권·전세권 또는 임차권의 설정 목적을 달성할 수 없는 때에는 그 권리자는 계약을 해지할 수 있다.

❷ **금전반환청구권** : 계약을 해지할 수 있는 자가 가지는 전세금·보증금, 그 밖의 계약상의 금전의 반환청구권은 사업시행자에게 행사할 수 있다.

❸ **구상권의 행사** : 금전의 반환청구권의 행사로 해당 금전을 지급한 사업시행자는 해당 토지등소유자에게 구상할 수 있다.

❹ **건축물 등의 압류** : 사업시행자는 구상이 되지 아니하는 때에는 해당 토지등소유자에게 귀속될 대지 또는 건축물을 압류할 수 있다. 이 경우 압류한 권리는 저당권과 동일한 효력을 가진다.

❺ **계약기간에 대한 특례** : 관리처분계획의 인가를 받은 경우 지상권·전세권 설정계약 또는 임대차계약의 계약기간은 「민법」 제280조·제281조 및 제312조 제2항, 「주택임대차보호법」 제4조 제1항, 「상가건물 임대차보호법」 제9조 제1항을 적용하지 아니한다.

〔 예제 〕||||||||||||||||||||||||||||||||||||||||||||||||||||||||||||||||||||||||||||||||||||

도시 및 주거환경정비법령상 사업시행자가 인가받은 관리처분계획을 변경하고자 할 때 시장·군수등에게 신고하여야 하는 경우가 <u>아닌</u> 것은?

① 사업시행자의 변동에 따른 권리·의무의 변동이 있는 경우로서 분양설계의 변경을 수반하지 아니하는 경우
② 재건축사업에서의 매도청구에 대한 판결에 따라 관리처분계획을 변경하는 경우
③ 주택분양에 관한 권리를 포기하는 토지등소유자에 대한 임대주택의 공급에 따라 관리처분계획을 변경하는 경우
④ 계산착오·오기·누락 등에 따른 조서의 단순정정인 경우로서 불이익을 받는 자가 있는 경우
⑤ 정관 및 사업시행계획인가의 변경에 따라 관리처분계획을 변경하는 경우

〔해설〕 ④ 계산착오·오기·누락 등에 따른 조서의 단순정정인 경우로서 불이익을 받는 자가 있는 경우에는 시장·군수등의 인가를 받아야 한다.　　　　　　　　　　　　　　　▶ 정답 ④

제8절 공사완료에 따른 조치 등

01 정비사업의 준공인가

(1) 시장 · 군수등의 준공인가

추가 시장 · 군수 등의 준공인가
사업시행자는 자체적으로 처리한 준공인가결과를 시장 · 군수등에게 통보한 때에는 그 사실을 분양대상자에게 지체 없이 통지하여야 한다.

시장 · 군수등이 아닌 사업시행자가 정비사업 공사를 완료한 때에는 대통령령으로 정하는 방법 및 절차에 따라 시장 · 군수등의 준공인가를 받아야 한다. 다만, 사업시행자가 토지주택공사인 경우로서 「한국토지주택공사법」에 따라 준공인가 처리결과를 시장 · 군수등에게 통보한 경우에는 그러하지 아니하다.

(2) 준공검사 실시 및 의뢰

준공인가신청을 받은 시장 · 군수등은 지체 없이 준공검사를 실시하여야 한다. 이 경우 시장 · 군수등은 효율적인 준공검사를 위하여 필요한 때에는 관계 행정기관 · 공공기관 · 연구기관, 그 밖의 전문기관 또는 단체에게 준공검사의 실시를 의뢰할 수 있다.

(3) 준공인가 및 공사완료고시

❶ 시장 · 군수등은 준공검사를 실시한 결과 정비사업이 인가받은 사업시행계획대로 완료되었다고 인정되는 때에는 준공인가를 하고 공사의 완료를 해당 지방자치단체의 공보에 고시하여야 한다.

❷ 시장 · 군수등은 직접 시행하는 정비사업에 관한 공사가 완료된 때에는 그 완료를 해당 지방자치단체의 공보에 고시하여야 한다.

(4) 준공인가 전 사용허가

추가 건축물의 사용허가
시장 · 군수등은 사용허가를 하는 때에는 동별 · 세대별 또는 구획별로 사용허가를 할 수 있다.

시장 · 군수등은 준공인가를 하기 전이라도 완공된 건축물이 사용에 지장이 없는 등 대통령령으로 정하는 기준에 적합한 경우에는 입주예정자가 완공된 건축물을 사용할 수 있도록 사업시행자에게 허가할 수 있다. 다만, 시장 · 군수등이 사업시행자인 경우에는 허가를 받지 아니하고 입주예정자가 완공된 건축물을 사용하게 할 수 있다.

(5) 준공인가에 따른 정비구역의 해제

❶ 정비구역의 지정은 준공인가의 고시가 있는 날(관리처분계획을 수립하는 경우에는 이전고시가 있는 때를 말한다)의 다음 날에 해제된 것으로 본다.

❷ 위 ❶에 따른 정비구역의 해제는 조합의 존속에 영향을 주지 아니한다.

02 소유권이전고시 등

(1) 소유권 이전의 절차

사업시행자는 공사완료고시가 있는 때에는 지체 없이 대지확정측량을 하고 토지의 분할절차를 거쳐 관리처분계획에서 정한 사항을 분양받을 자에게 통지하고 대지 또는 건축물의 소유권을 이전하여야 한다. 다만, 정비사업의 효율적인 추진을 위하여 필요한 경우에는 해당 정비사업에 관한 공사가 전부 완료되기 전이라도 완공된 부분은 준공인가를 받아 대지 또는 건축물별로 분양받을 자에게 소유권을 이전할 수 있다.

(2) 이전고시와 소유권 취득

사업시행자는 대지 및 건축물의 소유권을 이전하려는 때에는 그 내용을 해당 지방자치단체의 공보에 고시한 후 시장·군수등에게 보고하여야 한다. 이 경우 대지 또는 건축물을 분양받을 자는 소유권이전고시가 있은 날의 다음 날에 그 대지 또는 건축물의 소유권을 취득한다.

(3) 조합의 해산

❶ 조합장은 소유권 이전고시가 있은 날부터 1년 이내에 조합해산을 위한 총회를 소집하여야 한다.

❷ 조합장이 1년 이내에 총회를 소집하지 아니한 경우 조합원 5분의 1 이상의 요구로 소집된 총회에서 조합원 과반수의 출석과 출석 조합원 과반수의 동의를 받아 해산을 의결할 수 있다. 이 경우 요구자 대표로 선출된 자가 조합해산을 위한 총회의 소집 및 진행을 할 때에는 조합장의 권한을 대행한다.

❸ 시장·군수등은 조합이 정당한 사유 없이 위 ❶ 또는 ❷에 따라 해산을 의결하지 아니하는 경우에는 조합설립인가를 취소할 수 있다.

❹ 해산하는 조합에 청산인이 될 자가 없는 경우에는 「민법」제83조에도 불구하고 시장·군수등은 법원에 청산인의 선임을 청구할 수 있다.

03 대지 및 건축물에 대한 권리의 확정

(1) 지상권 등의 권리이전

대지 또는 건축물을 분양받을 자에게 소유권을 이전한 경우 종전의 토지 또는 건축물에 설정된 지상권·전세권·저당권·임차권·가등기담보권·가압류 등 등기된 권리 및 「주택임대차보호법」의 요건을 갖춘 임차권은 소유권을 이전받은 대지 또는 건축물에 설정된 것으로 본다.

정리 분양받을 대지나 건축물의 소유권 취득

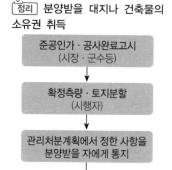

(2) 환지 등의 의제

취득하는 대지 또는 건축물 중 토지등소유자에게 분양하는 대지 또는 건축물은 「도시개발법」에 따라 행하여진 환지로 본다.

04 이전등기 및 다른 등기의 제한

(1) 이전의 등기

사업시행자는 소유권이전고시가 있은 때에는 지체 없이 대지 및 건축물에 관한 등기를 지방법원지원 또는 등기소에 촉탁 또는 신청하여야 한다.

추가 이전등기의 방식
소유권이전등기는 소유권을 이전받은 토지등소유자의 신청이 아니라 사업시행자의 촉탁이나 신청에 의한 일괄 등기방식을 취하고 있다.

(2) 다른 등기의 제한

정비사업에 관하여 소유권이전고시가 있은 날부터 소유권이전등기가 있을 때까지는 저당권 등의 다른 등기를 하지 못한다.

05 청산금

(1) 의의

대지 또는 건축물을 분양받은 자가 종전에 소유하고 있던 토지 또는 건축물의 가격과 분양받은 대지 또는 건축물의 가격 사이에 차이가 있는 경우 사업시행자는 소유권이전고시가 있은 후에 그 차액에 상당하는 금액(이하 '청산금'이라 한다)을 분양받은 자로부터 징수하거나 분양받은 자에게 지급하여야 한다.

(2) 분할징수 및 지급

사업시행자는 정관등에서 분할징수 및 분할지급을 정하고 있거나 총회의 의결을 거쳐 따로 정한 경우에는 **관리처분계획인가 후부터 소유권이전고시가 있은 날까지** 일정 기간별로 분할징수하거나 분할지급할 수 있다.

(3) 청산금 산정기준

사업시행자는 종전에 소유하고 있던 토지 또는 건축물의 가격과 분양받은 대지 또는 건축물의 가격을 평가하는 경우 그 토지 또는 건축물의 규모·위치·용도·이용 상황·정비사업비 등을 참작하여 평가하여야 한다.

(4) 청산금의 징수방법

❶ **강제징수 및 징수위탁** : 시장·군수등인 사업시행자는 청산금을 납부할 자가 이를 납부하지 아니하는 경우 지방세 체납처분의 예에 따라 징수(분할징

수를 포함)할 수 있으며, **시장·군수등이 아닌 사업시행자**는 시장·군수등에게 청산금의 징수를 **위탁할 수 있다.** 이 경우 사업시행자는 징수한 금액의 100분의 4에 해당하는 금액을 해당 시장·군수등에게 교부하여야 한다.

❷ **청산금의 공탁** : 청산금을 지급받을 자가 받을 수 없거나 받기를 거부한 때에는 사업시행자는 그 청산금을 **공탁할 수 있다.**

❸ **청산금의 소멸시효** : 청산금을 지급(분할지급을 포함)받을 권리 또는 이를 징수(분할징수를 포함)할 권리는 소유권이전고시일의 **다음 날부터 5년간** 행사하지 아니하면 소멸한다.

중요지문 청산금을 납부할 자가 이를 납부하지 아니하는 경우 시장·군수등이 아닌 사업시행자는 지방세 체납처분의 예에 의하여 이를 징수할 수 있다. ( )

▶**정답** ✕
시장·군수등이 아닌 사업시행자는 지방세 체납처분의 예에 따라 징수할 수 없고, 시장·군수등에게 청산금의 징수를 위탁할 수 있다.

PART 03

(5) **저당권자의 물상대위**

정비구역에 있는 토지 또는 건축물에 저당권을 설정한 권리자는 사업시행자가 저당권이 설정된 토지 또는 건축물의 소유자에게 **청산금을 지급하기 전에** **압류절차를 거쳐 저당권을 행사할 수 있다.**

⬙ **저당권자의 물상대위**

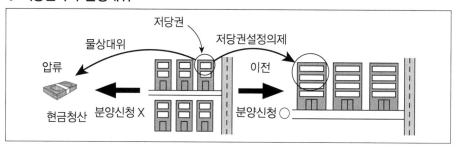

예제

도시 및 주거환경정비법령상 공사완료에 따른 조치 등에 관한 설명으로 **틀린** 것은?
① 사업시행자인 지방공사가 정비사업 공사를 완료한 때에는 시장·군수등의 준공인가를 받아야 한다.
② 시장·군수등은 준공인가 전 사용허가를 하는 때에는 동별·세대별 또는 구획별로 사용허가를 할 수 있다.
③ 관리처분계획을 수립하는 경우 정비구역의 지정은 이전고시가 있은 날의 다음 날에 해제된 것으로 본다.
④ 준공인가에 따른 정비구역의 해제가 있으면 조합은 해산된 것으로 본다.
⑤ 관리처분계획에 따라 소유권을 이전하는 경우 건축물을 분양받을 자는 이전고시가 있은 날의 다음 날에 그 건축물의 소유권을 취득한다.

해설 ④ 준공인가에 따른 정비구역의 해제는 조합의 존속에 영향을 주지 아니한다. ▶**정답** ④

비용의 부담 등

01 비용부담

(1) 원칙

정비사업비는 이 법 또는 다른 법령에 특별한 규정이 있는 경우를 제외하고는 사업시행자가 부담한다.

(2) 예외

시장·군수등은 시장·군수등이 아닌 사업시행자가 시행하는 정비사업의 정비계획에 따라 설치되는 다음의 시설에 대하여는 그 건설에 드는 비용의 전부 또는 일부를 부담할 수 있다.

❶ 도로, 상·하수도, 공원, 공용주차장, 공동구, 녹지, 하천, 공공공지, 광장
❷ 임시거주시설

02 관리자의 비용부담

(1) 기반시설 관리자의 비용부담

❶ 시장·군수등은 자신이 시행하는 정비사업으로 현저한 이익을 받는 정비기반시설의 관리자가 있는 경우에는 대통령령으로 정하는 방법 및 절차에 따라 해당 정비사업비의 일부를 그 정비기반시설의 관리자와 협의하여 그 관리자에게 부담시킬 수 있다.

❷ 정비기반시설 관리자가 부담하는 비용의 총액은 해당 정비사업에 소요된 비용(정비사업의 조사·측량·설계 및 감리에 소요된 비용을 제외한다)의 3분의 1을 초과해서는 아니 된다. 다만, 다른 정비기반시설의 정비가 그 정비사업의 주된 내용이 되는 경우에는 그 부담비용의 총액은 해당 정비사업에 소요된 비용의 2분의 1까지로 할 수 있다.

❸ 시장·군수등은 정비사업비의 일부를 정비기반시설의 관리자에게 부담시키려는 때에는 정비사업에 소요된 비용의 명세와 부담 금액을 명시하여 해당 관리자에게 통지하여야 한다.

(2) 공동구

❶ 사업시행자는 정비사업을 시행하는 지역에 전기 · 가스 등의 공급시설을 설치하기 위하여 공동구를 설치하는 경우에는 다른 법령에 따라 그 공동구에 수용될 시설을 **설치할 의무가 있는 자**에게 공동구의 설치에 드는 비용을 부담시킬 수 있다.

❷ 공동구점용예정자가 부담할 공동구의 설치에 드는 비용의 부담비율은 공동구의 점용예정면적비율에 따른다.

❸ 사업시행자는 사업시행계획인가의 고시가 있은 후 지체 없이 공동구점용예정자에게 산정된 부담금의 납부를 통지하여야 한다.

❹ **부담금의 납부통지를 받은 공동구점용예정자**는 공동구의 설치공사가 착수되기 전에 부담금액의 **3분의 1 이상**을 납부하여야 하며, 그 잔액은 공사완료고시일전까지 납부하여야 한다.

❺ 공동구 관리비용은 **연도별로 산출**하여 부과한다.

(3) 보조 및 융자

❶ 시장 · 군수등은 **사업시행자가 토지주택공사등**인 주거환경개선사업과 관련하여 정비기반시설 및 공동이용시설, 임시거주시설을 건설하는 경우 건설에 드는 **비용의 전부 또는 일부**를 토지주택공사등에게 **보조**하여야 한다.

❷ 국가 또는 지방자치단체는 **시장 · 군수등이 아닌 사업시행자**가 시행하는 정비사업에 드는 **비용의 일부를 보조 또는 융자하거나 융자를 알선**할 수 있다.

❸ 국가 또는 지방자치단체는 정비사업에 필요한 비용을 보조 또는 융자하는 경우 순환정비방식의 정비사업에 우선적으로 지원할 수 있다.

❹ 국가 또는 지방자치단체는 **토지임대부 분양주택**을 공급받는 자에게 해당 공급비용의 전부 또는 일부를 보조 또는 융자할 수 있다.

03 국 · 공유재산의 처분

(1) 관리청과의 협의

❶ 시장 · 군수등은 인가하려는 사업시행계획 또는 직접 작성하는 사업시행계획서에 국유 · 공유재산의 처분에 관한 내용이 포함되어 있는 때에는 미리 관리청과 협의하여야 한다. 이 경우 관리청이 불분명한 재산 중 도로 · 구거(도랑) 등은 국토교통부장관을, 하천은 환경부장관을, 그 외의 재산은 기획재정부장관을 관리청으로 본다.

> **정리 비용의 조달**
> 사업시행자는 토지등소유자로부터 정비사업의 비용과 정비사업의 시행과정에서 발생한 수입의 차액을 부과금으로 부과 · 징수할 수 있다.

❷ 협의를 받은 관리청은 20일 이내에 의견을 제시하여야 한다.

❸ 정비구역의 국유·공유재산은 정비사업 외의 목적으로 매각되거나 양도될 수 없다.

⑵ 국·공유재산의 우선매각 등

❶ **수의계약** : 정비구역의 국유·공유재산은 사업시행자 또는 점유자 및 사용자에게 다른 사람에 우선하여 수의계약으로 매각 또는 임대될 수 있다.

❷ **용도폐지 의제** : 다른 사람에 우선하여 매각 또는 임대될 수 있는 국유·공유재산은 사업시행계획인가의 고시가 있은 날부터 종전의 용도가 폐지된 것으로 본다.

❸ **국·공유지의 평가** : 정비사업을 목적으로 우선하여 매각하는 국·공유지는 사업시행계획인가의 고시가 있은 날을 기준으로 평가하며, 주거환경개선사업의 경우 매각가격은 평가금액의 100분의 80으로 한다. 다만, 사업시행계획인가의 고시가 있은 날부터 3년 이내에 매매계약을 체결하지 아니한 국·공유지는 「국유재산법」 또는 「공유재산 및 물품 관리법」에서 정한다.

PART

04

공간정보의 구축 및 관리 등에 관한 법률

01 법의 목적(제1조)

이 법은 측량의 기준 및 절차와 지적공부(토지정보등록부)·부동산종합공부(不動産綜合公簿)의 작성 및 관리 등에 관한 사항을 규정함으로써 **국토의 효율적 관리 및 국민의 소유권 보호**에 기여함을 목적으로 한다.

02 용어 정의(제2조)

기본측량	모든 측량의 기초가 되는 공간정보를 제공하기 위하여 **국토교통부장관이 실시하는 측량**을 말한다.
공공측량	**국가, 지방자치단체,** 그 밖에 대통령령으로 정하는 기관이 관계 법령에 따른 사업 등을 시행하기 위하여 기본측량을 기초로 실시하는 측량을 말한다.
지적측량	토지를 **지적공부에 등록**하거나 지적공부에 등록된 **경계점을 지상에** 복원하기 위하여 필지의 **경계** 또는 **좌표와 면적**을 정하는 측량을 말하며, **지적확정측량 및 지적재조사측량을 포함**한다.
지적확정측량	도시개발사업, 농어촌정비사업 등이 **끝나 토지의 표시를 새로 정하기** 위하여 실시하는 지적측량을 말한다.
지적재조사측량	**지적재조사사업에 따라** 토지의 표시를 새로 정하기 위하여 실시하는 지적측량을 말한다.
일반측량	**기본측량, 공공측량 및 지적측량 외의 측량**을 말한다.
지적소관청	특별자치시장, 시장(「제주특별자치도 설치 및 국제자유도시 조성을 위한 특별법」에 따른 행정시의 시장을 포함하며, 「지방자치법」에 따라 자치구가 아닌 구를 두는 시의 시장은 제외한다)·**군수 또는 구청장(자치구가 아닌 구의 구청장을 포함한다)**을 말한다.
지적공부	토지대장, 임야대장, 공유지연명부, 대지권등록부, 지적도, 임야도 및 경계점좌표등록부 등 지적측량 등을 통하여 조사된 **토지의 표시와 해당 토지의 소유자 등을 기록한 대장 및 도면**(정보처리시스템을 통하여 기록·저장된 것을 포함한다)을 말한다.

연속지적도	지적측량을 하지 아니하고 전산화된 지적도 및 임야도 파일을 이용하여, 도면상 경계점들을 연결하여 작성한 도면으로서 **측량에 활용할 수 없는 도면**을 말한다.
부동산종합공부	**토지**의 표시와 **소유자**에 관한 사항, **건축물**의 표시와 소유자에 관한 사항, 토지의 이용 및 **규제**에 관한 사항, 부동산의 **가격**에 관한 사항 등 부동산에 관한 종합정보를 정보관리체계를 통하여 기록·저장한 것을 말한다.
토지의 표시	지적공부에 토지의 소재·지번(地番)·지목(地目)·면적·경계 또는 좌표를 등록한 것을 말한다.
필지	대통령령으로 정하는 바에 따라 구획되는 **토지의 등록단위**를 말한다.
지번	필지에 부여하여 지적공부에 **등록한 번호**를 말한다.
지번부여지역	지번을 부여하는 단위지역으로서 **동·리** 또는 이에 준하는 지역을 말한다.
경계점	필지를 구획하는 선의 굴곡점으로서 지적도나 임야도에 도해(圖解) 형태로 등록하거나 경계점좌표등록부에 좌표 형태로 등록하는 점을 말한다.
경계	필지별로 경계점들을 직선으로 연결하여 지적공부에 등록한 선을 말한다.
지목	토지의 주된 용도에 따라 토지의 종류를 구분하여 지적공부에 등록하는 것을 말한다.
면적	지적공부에 등록한 필지의 **수평면상 넓이**를 말한다.
토지의 이동	토지의 표시를 새로 정하거나 변경 또는 말소하는 것을 말한다.
등록전환	임야대장 및 임야도에 등록된 토지를 **토지대장 및 지적도**에 옮겨 등록하는 것을 말한다.
축척변경	지적도에 등록된 경계점의 **정밀도**를 높이기 위하여 작은 축척을 큰 축척으로 변경하여 등록하는 것을 말한다.

01 지적측량 의무(제23조) ↔ **합병(×), 지목변경(×)**

다음의 어느 하나에 해당하는 경우에는 지적측량을 하여야 한다.

❶ 지적기준점을 정하는 경우
❷ 지적측량성과를 검사하는 경우
❸ 지적공부를 복구하는 경우
❹ 토지를 신규등록하는 경우
❺ 토지를 등록전환하는 경우
❻ 토지를 분할하는 경우
❼ 바다가 된 토지의 등록을 말소하는 경우
❽ 축척을 변경하는 경우
❾ 지적공부의 등록사항을 정정하는 경우
❿ 도시개발사업 등의 시행지역에서 토지의 이동이 있는 경우
⓫ 지적재조사에 관한 특별법」에 따른 지적재조사사업에 따라 토지의 이동이 있는 경우
⓬ 경계점을 지상에 복원하는 경우

02 지적위원회

(1) **중앙지적위원회** : 다음의 사항을 심의·의결하기 위하여 국토교통부에 둔다.

❶ 지적 관련 정책 개발 및 업무개선 등에 관한 사항
❷ 지적측량기술의 연구·개발 및 보급에 관한 사항
❸ 지적측량 적부심사에 대한 재심사
❹ 지적기술자의 양성에 관한 사항
❺ 지적기술자의 업무정지 처분 및 징계요구에 관한 사항

(2) **지방지적위원회**

지적측량에 대한 적부심사 청구사항을 심의·의결하기 위하여 시·도에 둔다.

03 중앙지적위원회와 축척변경위원회의 비교

구분	중앙지적위원회(영 제20조)	축척변경위원회(영 제79조)
구성	5명 이상 10명 이하의 위원으로 구성	5명 이상 10명 이하의 위원으로 구성 (1/2분 이상을 토지소유자로 하여야 함)
회의	❶ **회의 소집** ➡ 회의 5일 전까지 위원에게 서면통지 ❷ **개의** ➡ 재적위원 과반수 출석 　**의결** ➡ 출석위원 과반수 찬성	
심의 · 의결	❶ 지적측량적부의 **재심사** ※ **지방지적위원회** 　➡ **지적측량적부의 심사** ❷ 지적 관련 정책 **개발** 및 업무 **개선** ❸ 지적측량기술의 연구**개발** 및 **보급** ❹ 지적기술자의 **양성**에 관한 사항 ❺ 지적기술자의 **업무정지** 및 **징계 요구**	❶ 지번별 **제곱미터당 금액**의 결정 과 **청산금**의 산정에 관한 사항 ❷ **청산금**의 이의신청에 관한 사항 ❸ 축척변경 시행계획에 관한 사항 ❹ 그 밖에 축척변경과 관련하여 지 적소관청이 회의에 부치는 사항

04 손해배상책임의 보장

(1) **보험가입 등** : 지적측량수행자는 손해배상책임을 보장하기 위하여 다음의 구분에 따라 보증보험에 가입하거나 공간정보산업협회가 운영하는 보증 또는 공제에 가입하는 방법으로 보증설정을 하여야 한다.

> ❶ 지적측량업자 : 보장기간 10년 이상 및 보증금액 1억원 이상
> ❷ 한국국토정보공사 : 보증금액 20억원 이상

(2) **보증설정기간** : 지적측량업자는 지적측량업 등록증을 발급받은 날(신청한 날 ×)부터 10일 이내에 보증설정을 해야 하며, 보증설정을 했을 때에는 이를 증명하는 서류를 시·도지사 또는 대도시 시장에게 제출해야 한다.

01 토지의 조사 및 등록(제64조)

등록의 주체	국토교통부장관은 모든 토지에 대하여 필지별로 소재·지번·지목·면적·경계 또는 좌표 등을 조사·측량하여 지적공부에 **등록하여야 한다.**
관리의 주체	지적공부에 등록하는 지번·지목·면적·경계 또는 좌표는 **토지의 이동이 있을 때 토지소유자**(법인이 아닌 사단이나 재단의 경우에는 그 대표자나 관리인을 말한다)**의 신청을 받아 지적소관청이 결정한다.** 다만, 신청이 없으면 **지적소관청이 직권으로** 조사·측량하여 결정할 수 있다.

ⓘ 토지이동현황 조사계획 : 지적소관청은 토지의 이동현황을 직권으로 조사·측량하여 토지의 지번·지목·면적·경계 또는 좌표를 결정하려는 때에는 토지이동현황 조사계획을 수립하여야 한다. 이 경우 토지이동현황 조사계획은 시·군·구별로 수립하되, 부득이한 사유가 있는 때에는 읍·면·동별로 수립할 수 있다.

02 지번(영 제56조)

(1) 지번의 구성

❶ 지번은 지적소관청이 지번부여지역(동·리)별로 차례대로 부여한다.
❷ 지번은 북서에서 남동으로 순차적으로 부여한다.
❸ 지번은 본번과 부번으로 구성하되, 본번과 부번 사이에 "−" 표시로 연결한다. 이 경우 "−" 표시는 "의"라고 읽는다.
❹ 지번은 아라비아숫자로 표기하되, 임야대장 및 임야도에 등록하는 토지의 지번은 숫자 앞에 "산"자를 붙인다.

(2) 지번의 변경

지적소관청은 지적공부에 등록된 지번을 변경할 필요가 있다고 인정하면 시·도지사나 대도시 시장의 승인을 받아 지번부여지역의 전부 또는 일부에 대하여 지번을 새로 부여할 수 있다.

> **※보충** 시·도지사 또는 대도시 시장의 승인을 받아야 하는 경우
> ❶ 지번을 변경하는 경우
> ❷ 축척을 변경하는 경우
> ❸ 지적공부를 반출하는 경우

(3) **결번**

지적소관청은 지번에 결번이 생긴 때에는 지체 없이 그 사유를 **결번대장**에 적어 **영구히 보존**하여야 한다.

(4) **지번의 부여방법**

❶ **신규등록 및 등록전환에 따른 지번부여**

원칙	신규등록 및 등록전환의 경우에는 그 지번부여지역에서 **인접토지의 본번에 부번을 붙여서** 지번을 부여한다.
예외	다음의 어느 하나에 해당하는 경우에는 그 지번부여지역의 **최종 본번의 다음 순번부터 본번으로 하여** 순차적으로 지번을 부여할 수 있다. ㉠ 대상토지가 그 지번부여지역의 **최종 지번의 토지에 인접**하여 있는 경우 ㉡ 대상토지가 이미 등록된 토지와 **멀리 떨어져 있어서** 등록된 토지의 본번에 부번을 부여하는 것이 **불합리한 경우** ㉢ 대상토지가 **여러 필지**로 되어 있는 경우

> **중요지문** 신규등록 및 등록전환의 경우에 대상토지가 여러 필지로 되어 있는 경우에는 그 지번부여지역의 최종 본번의 다음 순번부터 본번으로 하여 순차적으로 지번을 부여할 수 있다.　(　)
>
> ▶정답 ○

핵심 노트 신규등록 및 등록전환에 따른 지번부여

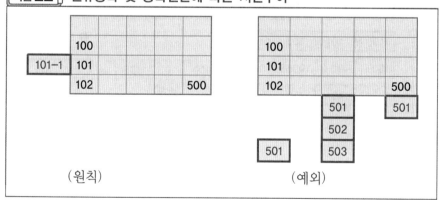

(원칙)　　　　　(예외)

❷ 분할에 따른 지번부여

원칙	분할 후의 필지 중 1필지의 지번은 분할 전의 지번으로 하고, 나머지 필지의 지번은 본번의 최종 부번 다음 순번으로 부번을 부여한다.
예외	주거·사무실 등의 건축물이 있는 필지에 대해서는 분할 전의 지번을 우선하여 부여하여야 한다.

핵심 노트 ▶ 분할에 따른 지번부여

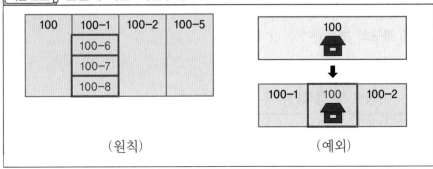

(원칙) (예외)

❸ 합병에 따른 지번부여

원칙	합병 대상 지번 중 선순위의 지번을 그 지번으로 하되, 본번으로 된 지번이 있을 때에는 본번 중 선순위의 지번을 합병 후의 지번으로 한다.
예외	토지소유자가 합병 전의 필지에 주거·사무실 등의 건축물이 있어서 그 건축물이 위치한 지번을 합병 후의 지번으로 신청할 때에는 그 **지번**을 **합병 후의 지번**으로 부여하여야 한다.

핵심 노트 ▶ 합병에 따른 지번부여

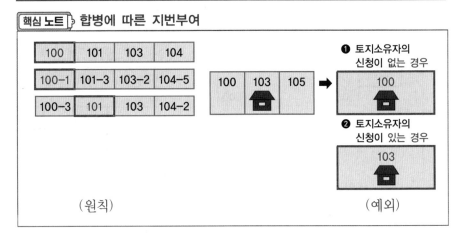

(원칙) (예외)

중요지문 토지소유자가 합병 전의 필지에 주거·사무실 등의 건축물이 있어서 그 건축물이 위치한 지번을 합병 후의 지번으로 신청한 경우에도 합병대상 지번 중 선순위의 지번으로 부여하여야 한다. ( )

▶정답 ×
토지소유자가 합병 전의 필지에 주거·사무실 등의 건축물이 있어서 그 건축물이 위치한 지번을 합병 후의 지번으로 신청한 경우에는 그 지번을 합병 수의 지번으로 부여하여야 한다.

❹ 지적확정측량을 실시한 지역의 지번부여【축척변경, 지번변경, 행정구역개편지역에 준용】

원칙	지적확정측량을 실시한 지역의 각 필지에 지번을 새로 부여하는 경우에는 다음의 지번을 제외한 본번으로 부여한다. ㉠ 지적확정측량을 실시한 지역의 종전의 지번과 지적확정측량을 실시한 지역 밖에 있는 본번이 같은 지번이 있을 때에는 그 지번 ㉡ 지적확정측량을 실시한 지역의 경계에 걸쳐 있는 지번
예외	부여할 수 있는 종전 지번의 수가 새로 부여할 지번의 수보다 적을 때에는 ㉠ 블록 단위로 하나의 본번을 부여한 후 필지별로 부번을 부여하거나, ㉡ 그 지번부여지역의 최종 본번 다음 순번부터 본번으로 하여 차례로 지번을 부여할 수 있다.

※보충 도시개발사업 등 준공 전 지번부여(규칙 제61조)
지적소관청은 도시개발사업 등이 준공되기 전에 사업시행자가 지번부여 신청을 하면 지번을 부여할 수 있으며, 도시개발사업 등이 준공되기 전에 지번을 부여하는 때에는 사업계획도에 따르되, 지적확정측량을 실시한 지역의 지번부여 방법에 따라 지번을 부여하여야 한다.

핵심 노트 ▷ 지적확정측량 실시지역(도시개발사업지역)의 지번부여

※ 축척변경지역, 지번변경지역, 행정구역 개편지역에 준용

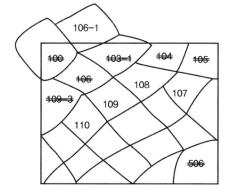

106-1

~~100~~   ~~103-1~~   ~~104~~   ~~105~~
~~106~~   108
~~109-3~~   109   107
110
~~506~~

107	108	109	110

(원칙)

1-1	1-2	2-1	2-2
1-4	1-3	2-4	2-3
3-1	3-2	4-1	4-2
3-4	3-3	4-4	4-3

(예외 ❶)

501	502	503	504
508	507	506	505
509	510	511	512
516	515	514	513

(예외 ❷)

03 지목(영 제58조)

1	전	❶ 물을 상시적으로 이용하지 않고 곡물·원예작물(과수류는 제외한다)·약초·뽕나무·닥나무·묘목·관상수 등의 식물을 주로 **재배**하는 토지 ❷ 식용으로 **죽순을 재배하는 토지**
2	답	**물을 상시적으로 직접 이용**하여 벼·연(蓮)·미나리·왕골 등의 식물을 주로 **재배**하는 토지
3	과수원	❶ 사과·배·밤·호두·귤나무 등 **과수류를 집단적으로 재배**하는 토지 ❷ 과수원에 접속된 저장고 등 **부속시설물의 부지** ※ 주거용 건축물의 부지는 "대"로 한다.
4	목장용지	❶ 축산업 및 낙농업을 하기 위하여 초지를 조성한 토지, 가축을 사육하는 축사부지 ❷ 목장용지에 접속된 **부속시설물의 부지** ※ 주거용 건축물의 부지는 "대"로 한다.
5	임야	산림 및 원야를 이루고 있는 수림지·죽림지·**암석지·자갈땅·모래땅·습지·황무지** 등의 토지
6	광천지	지하에서 온수·약수·석유류 등이 **용출**되는 용출구와 그 유지에 사용되는 부지 ※ 온수·약수·석유류 등을 일정한 장소로 운송하는 송수관·송유관 및 저장시설의 부지는 제외한다.
7	염전	바닷물을 끌어들여 소금을 채취하기 위하여 조성된 토지와 이에 접속된 제염장 등 부속시설물의 부지 ※ 천일제염 방식으로 하지 아니하고 동력으로 바닷물을 끌어들여 소금을 제조하는 공장시설물의 부지는 제외한다.
8	대	❶ 영구적 건축물 중 **주거·사무실·점포**와 박물관·극장·미술관 등 **문화시설**과 이에 접속된 정원 및 부속시설물의 부지 ❷ 「국토의 계획 및 이용에 관한 법률」 등 관계 법령에 따른 **택지조성공사가 준공된 토지**
9	공장용지	❶ 제조업을 하고 있는 공장시설물의 부지 ❷ 관계 법령에 따른 공장부지 조성공사가 준공된 토지 ❸ 공장용지와 같은 구역에 있는 **의료시설 등 부속시설물의 부지**
10	학교용지	학교의 교사와 이에 접속된 체육장 등 부속시설물의 부지

11	주차장	❶ 자동차 등의 주차에 필요한 독립적인 시설을 갖춘 부지와 주차전용 건축물 및 이에 접속된 부속시설물의 부지 ❷ **다음의 어느 하나에 해당하는 시설의 부지는 제외**한다. ※ 노상주차장 및 부설주차장 ※ 자동차 등의 판매 목적으로 설치된 물류장 및 야외전시장
12	주유소	❶ 석유·석유제품, 액화석유가스, 전기 또는 수소 등의 판매를 위하여 일정한 설비를 갖춘 시설물의 부지 ❷ 저유소 및 원유저장소의 부지와 이에 접속된 부속시설물의 부지 ※ 자동차·선박·기차 등의 제작 또는 정비공장 안에 설치된 급유·송유 시설 등의 부지는 제외한다.
13	창고용지	물건 등을 **보관**하거나 **저장**하기 위하여 독립적으로 설치된 보관시설물의 부지와 이에 접속된 부속시설물의 부지
14	도로	❶ 일반 공중의 교통 운수를 위하여 보행이나 차량운행에 필요한 일정한 설비 또는 형태를 갖추어 이용되는 토지 ❷ 「도로법」 등 관계 법령에 따라 도로로 개설된 토지 ❸ **고속도로의 휴게소 부지** ❹ 2필지 이상에 진입하는 통로로 이용되는 토지 ※ 아파트·공장 등 단일 용도의 일정한 단지 안에 설치된 통로 등은 제외한다.
15	철도용지	교통 운수를 위하여 일정한 **궤도** 등의 설비와 형태를 갖추어 이용되는 토지와 이에 접속된 역사·차고·발전시설 및 공작창 등 부속시설물의 부지
16	제방	조수·자연유수·모래·바람 등을 막기 위하여 설치된 방조제·방수제·방사제·방파제 등의 부지
17	하천	**자연의 유수가 있거나 있을 것으로 예상되는 토지**
18	구거	❶ 용수 또는 배수를 위하여 일정한 형태를 갖춘 **인공적인 수로**·둑 및 그 부속시설물의 부지 ❷ **자연의 유수가 있거나 있을 것으로 예상되는 소규모 수로**부지
19	유지	❶ 물이 고이거나 상시적으로 물을 저장하고 있는 **댐·저수지·소류지·호수·연못** 등의 토지 ❷ 연·왕골 등이 **자생하는 배수가 잘 되지 아니하는 토지**
20	양어장	**육상**에 인공으로 조성된 수산생물의 번식 또는 양식을 위한 시설을 갖춘 부지와 이에 접속된 부속시설물의 부지
21	수도용지	물을 정수하여 공급하기 위한 취수·저수·도수·정수·송수 및 배수 시설의 부지 및 이에 접속된 부속시설물의 부지

중요지문 「주차장법」에 따른 노상주차장의 부지의 지목은 주차장으로 한다. ( )

▶**정답** ✕
노상주차장 부지의 지목은 주차장이 아니다.

PART **04**

중요지문 고속도로의 휴게소 부지의 지목은 도로로 한다. ( )

▶**정답** ○

중요지문 자연의 유수가 있을 것으로 예상되는 소규모 수로부지의 지목은 하천으로 한다. ( )

▶**정답** ✕
소규모 수로부지의 지목은 구거로 한다.

22	공원	일반 공중의 보건·휴양 및 정서생활에 이용하기 위한 시설을 갖춘 토지로서 「국토의 계획 및 이용에 관한 법률」에 따라 공원 또는 녹지로 결정·고시된 토지
23	체육용지	국민의 건강증진 등을 위한 체육활동에 적합한 시설과 형태를 갖춘 종합운동장·실내체육관·야구장·골프장·스키장·승마장·경륜장 등 체육시설의 토지와 이에 접속된 부속시설물의 부지 ※ 체육시설로서의 영속성과 독립성이 미흡한 정구장·골프연습장·실내수영장 및 체육도장과 유수를 이용한 요트장 및 카누장 등의 토지는 제외한다.
24	유원지	일반 공중의 위락·휴양 등에 적합한 시설물을 종합적으로 갖춘 수영장·유선장·낚시터·어린이놀이터·동물원·식물원·민속촌·경마장·야영장 등의 토지와 이에 접속된 부속시설물의 부지
25	종교용지	일반 공중의 종교의식을 위하여 예배·법요·설교·제사 등을 하기 위한 교회·사찰·향교 등 건축물의 부지와 이에 접속된 부속시설물의 부지
26	사적지	국가유산으로 지정된 역사적인 유적·고적·기념물 등을 보존하기 위하여 구획된 토지 ※ 학교용지·공원·종교용지 등 다른 지목으로 된 토지에 있는 유적·고적·기념물 등을 보호하기 위하여 구획된 토지는 제외한다.
27	묘지	❶ 사람의 시체나 유골이 매장된 토지 ❷ 묘지공원으로 결정·고시된 토지 및 봉안시설과 이에 접속된 부속시설물의 부지 ※ 묘지의 관리를 위한 건축물의 부지는 "대"로 한다.
28	잡종지	❶ 갈대밭, 실외에 물건을 쌓아두는 곳, 돌을 캐내는 곳, 흙을 파내는 곳, 야외시장 및 공동우물 ※ 원상회복을 조건으로 돌을 캐내는 곳 또는 흙을 파내는 곳으로 허가된 토지는 제외한다. ❷ 변전소, 송신소, 수신소 및 송유시설 등의 부지 ❸ 여객자동차터미널, 자동차운전학원 및 폐차장 등 자동차와 관련된 독립적인 시설물을 갖춘 부지 ❹ 공항시설 및 항만시설 부지 ❺ 도축장, 쓰레기처리장 및 오물처리장 등의 부지

[중요지문] 묘지의 관리를 위한 건축물의 부지의 지목은 묘지로 한다. ( )

▶ 정답 ✕
묘지의 관리를 위한 건축물의 부지의 지목은 대로 한다.

보충 학습 **지목의 표기방법** ＊제36회

❶ 토지대장과 임야대장에 등록할 때에는 지목명칭 전체를 기록하여야 한다.
❷ 지적도와 임야도에 등록할 때에는 부호로 기록하여야 한다.

지목	부호	지목	부호
전	전	철도용지	철
답	답	제방	제
과수원	과	하천	천
목장용지	목	구거	구
임야	임	유지	유
광천지	광	양어장	양
염전	염	수도용지	수
대	대	공원	공
공장용지	장	체육용지	체
학교용지	학	유원지	원
주차장	차	종교용지	종
주유소용지	주	사적지	사
창고용지	창	묘지	묘
도로	도	잡종지	잡

중요지문 지목이 유원지인 토지를 지적도에 등록할 때에는 "유"로 표기하여야 한다. (   )

▶정답 ✕
"유"가 아니라 "원"으로 표기하여야 한다.

보충 학습 **지목 설정의 원칙**

❶ **1필 1목의 원칙**
1필지마다 하나의 지목을 설정할 것

❷ **주지목(용도)추종의 원칙**
1필지가 둘 이상의 용도로 활용되는 경우에는 주된 용도에 따라 지목을 설정할 것

❸ **영속성의 원칙**(일시변경불변의 원칙)
토지가 일시적 또는 임시적인 용도로 사용될 때에는 지목을 변경하지 아니한다.

중요지문 토지가 일시적 또는 임시적인 용도로 사용될 때에는 지목을 변경하지 아니한다. (   )

▶정답 ○

04 **경계**(제64조) ★제36회

(1) **지상경계의 결정** : 지상 경계의 결정기준은 다음의 구분에 따른다. 다만, 지상 경계의 구획을 형성하는 구조물 등의 소유자가 다른 경우에는 그 소유권에 따라 지상 경계를 결정한다.

지상경계의 설정	
❶ 연접되는 토지 간에 높낮이 차이가 없는 경우 : 그 구조물 등의 **중앙**을 경계로 한다.	
❷ 연접되는 토지 간에 높낮이 차이가 있는 경우 : 그 구조물 등의 **하단부**를 경계로 한다.	
❸ 도로 · 구거 등의 토지에 절토(땅깎기)된 부분이 있는 경우 : 그 경사면의 **상단부**를 경계로 한다.	
❹ 토지가 해면 또는 수면에 접하는 경우 : **최대만조위 또는 최대만수위**가 되는 선을 경계로 한다.	
❺ 공유수면매립지의 토지 중 제방 등을 토지에 편입하여 등록하는 경우 : **바깥쪽 어깨부분**을 경계로 한다.	

[중요지문] 도로 · 구거 등의 토지에 절토된 부분이 있는 경우 그 경사면의 중앙을 경계로 한다. ( )

▶ 정답 ✕
경사면의 중앙이 아니라 경사면의 상단부를 경계로 한다.

(2) **지상경계의 구분**

❶ 토지의 지상경계는 둑, 담장이나 그 밖에 구획의 목표가 될 만한 구조물 및 경계점표지 등으로 구분한다.

❷ 지적소관청은 토지의 이동에 따라 **지상경계**를 새로 정한 경우에는 다음의 사항을 등록한 **지상경계점등록부**를 작성 · 관리하여야 한다.

┌───┐
│ ㉠ 토지의 소재   │
│ ㉡ 지번   │
│ ㉢ 경계점 좌표(경계점좌표등록부 시행지역에 한정한다)   │
│ ㉣ 경계점 위치 설명도   │
│ ㉤ 공부상 지목과 실제 토지이용 지목   │
│ ㉥ 경계점의 사진 파일   │
│ ㉦ 경계점표지의 종류 및 경계점의 위치   │
└───┘

※핵심 토지소유자의 성명은 지상 경계점등록부에 등록할 사항에 해당하지 않는다.

【 앞면 】

지 상 경 계 점 등 록 부

소재 및 지번	인천광역시 남동구 구월동 159번지				
공부상 지목	대	**실제 토지이용 지목**	전	**면적**	200

위치도
(토지의 위치를 나타낼 수 있는 개략적 도면)

토지이용계획	1종 전용주거지역
개별공시지가	123,400원
측 량 자	2015년 5월 4일
	지적기사 박철수
검 사 자	2015년 5월 16일
	지적기사 김영철
입 회 인	측량의뢰인: 김영희
	이해관계인: 최순희

번호	경계점표지의 종류	경계점 위치
1	목재	전과 대지의 경계
2	목재	콘크리트 도로 끝선
3	철못 3호	옹벽상단
4	철못 3호	담장모서리

【 뒷면 】

경계점좌표(경계점좌표등록부 시행지역만 해당함)

부호	좌 표		부호	좌 표	
	X	Y		X	Y
	m	m		m	m

번호	경계점 위치 설명도	경계점의 사진 파일
1	● ← 담장 중앙에서 1m <table><tr><td>측점</td><td>측정거리(m)</td></tr><tr><td>ㄱ</td><td></td></tr><tr><td>ㄴ</td><td></td></tr><tr><td>ㄷ</td><td></td></tr></table>	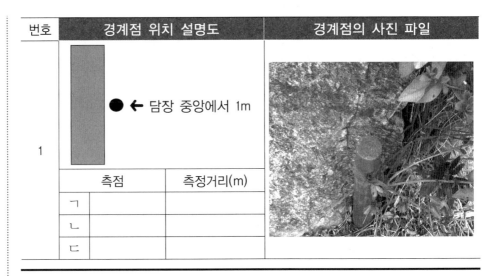

❸ 다음의 어느 하나에 해당하는 경우에는 지상 경계점에 경계점표지를 설치하여 측량할 수 있다.

> ㉠ 도시개발사업 등의 사업시행자가 사업지구의 경계를 결정하기 위하여 토지를 분할하려는 경우
> ㉡ 공공사업시행자와 행정기관의 장 또는 지방자치단체의 장이 토지를 취득하기 위하여 분할하려는 경우
> ㉢ 국토계획법에 따른 도시·군관리계획 결정고시와 지형도면 고시가 된 지역의 도시·군관리계획선에 따라 토지를 분할하려는 경우
> ㉣ 토지소유자가 토지의 분할을 신청하는 경우
> ㉤ 관계 법령에 따라 인가·허가 등을 받아 토지를 분할하려는 경우

(3) 분할에 따른 경계의 설정방법

분할에 따른 지상 경계는 지상건축물을 걸리게 결정해서는 아니 된다. 다만, 다음의 어느 하나에 해당하는 경우에는 그러하지 아니하다.

> ㉠ 법원의 확정판결이 있는 경우
> ㉡ 공공사업 등에 따라 학교용지·도로·철도용지·제방·하천·구거·유지·수도용지 등의 지목으로 되는 토지를 분할하는 경우
> ㉢ 도시개발사업 등의 사업시행자가 사업지구의 경계를 결정하기 위하여 토지를 분할하려는 경우
> ㉣ 국토계획법에 따른 도시·군관리계획 결정고시와 지형도면 고시가 된 지역의 도시·군관리계획선에 따라 토지를 분할하려는 경우

05 **면적**(영 제60조) ⇒ 면적의 단위는 제곱미터로 한다.

(1) **1m² 미만에 끝수가 있는 경우**

❶ 0.5m² 미만 : 버린다.

❷ 0.5m² 초과 : 올린다.

❸ 0.5m² 일 때에는 구하려는 끝자리의 숫자가 0 또는 짝수이면 버리고 홀수이면 올린다.

※ 최소면적단위 : 1필지의 면적이 1m² 미만일 때에는 1m²로 한다.

(2) **지적도의 축척이 600분의 1인 지역과 경계점좌표등록부에 등록하는 지역은 m² 이하 한 자리 단위로 하되, 0.1m² 미만의 끝수가 있는 경우**

❶ 0.05m² 미만 : 버린다.

❷ 0.05m² 초과 : 올린다.

❸ 0.05m² 일 때에는 구하려는 끝자리의 숫자가 0 또는 짝수이면 버리고 홀수이면 올린다.

※ 최소면적단위 : 1필지의 면적이 0.1m² 미만일 때에는 0.1m²로 한다.

(3) **면적의 결정방법**

1/1,000, 1/1,200, 1/2,400, 1/3,000, 1/6,000 축척	1/500, 1/600 축척
※ 최소면적단위 ➡ 1m²	※ 최소면적단위 ➡ 0.1m²
123.4m² ⇨ 123m²	123.34m² ⇨ 123.3m²
123.6m² ⇨ 124m²	123.36m² ⇨ 123.4m²
123.5m² ⇨ 124m²(홀수)	123.35m² ⇨ 123.4m²(홀수)
124.5m² ⇨ 124m²(짝수)	123.45m² ⇨ 123.4m²(짝수)
0.3m² ⇨ 1m²	0.03m² ⇨ 0.1m²
123.41m² ⇨ 123m²	123.441m² ⇨ 123.4m²
123.51m² ⇨ 124m²	123.451m² ⇨ 123.5m²

지적공부(토지정보등록부)

01 지적공부의 의의

지적공부는 토지의 소재, 지번, 지목, 경계 또는 좌표와 면적 등 지적에 관한 내용을 등록하여 공적으로 증명하는 장부로서 크게 대장(토지대장·임야대장·공유지연명부·대지권등록부)·도면(지적도·임야도) 및 경계점좌표등록부로 구성되어 있으며, 정보처리시스템을 통하여 기록·저장된 것을 포함한다.

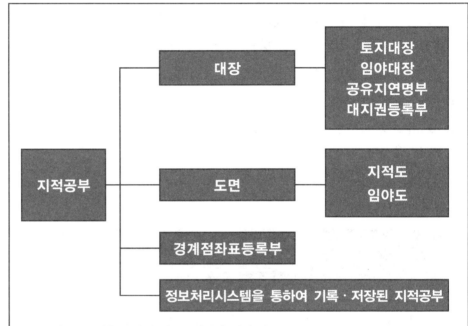

※ **정보처리시스템을 통하여 기록·저장된 지적공부**
  1. 정보처리시스템에 의해 처리할 수 있는 형태로 작성된 자기디스크·자기테이프 등에 지적공부의 등록사항을 기록·저장 및 관리하는 집합물을 말한다.
  2. 지적공부에 등록할 사항을 정보처리시스템을 통하여 기록·저장된 지적공부에서 관리하는 경우에는 이를 해당 지적공부에 등록하지 아니할 수 있다.

02 지적공부의 보존 및 반출(제69조)

보존 및 관리	❶ 지적공부 지적소관청은 해당 청사에 지적서고를 설치하고 그곳에 지적공부(정보처리시스템을 통하여 기록·저장한 경우는 제외한다)를 영구히 보존하여야 한다. ❷ 정보처리시스템을 통하여 기록·저장된 경우 지적공부를 정보처리시스템을 통하여 기록·저장한 경우 관할 시·도지사, 시장·군수 또는 구청장은 그 지적공부를 지적정보관리체계에 영구히 보존하여야 한다. ❸ 정보관리체계 구축 국토교통부장관은 정보처리시스템에 따라 보존하여야 하는 지적공부가 멸실되거나 훼손될 경우를 대비하여 지적공부를 복제하여 관리하는 정보관리체계를 구축하여야 한다. ❹ 전담기구의 설치·운영 국토교통부장관은 지적공부의 효율적인 관리 및 활용을 위하여 지적정보 전담 관리기구를 설치·운영한다.
반출	다음의 어느 하나에 해당하는 경우 외에는 해당 청사 밖으로 지적공부를 반출할 수 없다. ❶ 천재지변이나 그 밖에 이에 준하는 재난을 피하기 위하여 필요한 경우 ❷ 관할 시·도지사 또는 대도시 시장의 승인을 받은 경우

중요지문 지적공부를 정보처리시스템을 통하여 기록·저장한 경우 관할 시·도지사, 시장·군수 또는 구청장은 그 지적공부를 지적정보관리체계에 영구히 보존하여야 한다. (   )

▶정답 ○

중요지문 지적소관청은 관할시·도지사의 승인을 받은 경우 지적서고에 보존되어 있는 지적공부를 해당 청사 밖으로 반출할 수 있다. (   )

▶정답 ○

◆ 지적공부의 복구

(1) 지적소관청(정보처리시스템을 통하여 기록·저장된 지적공부의 경우에는 시·도지사, 시장·군수 또는 구청장)은 지적공부의 전부 또는 일부가 멸실되거나 훼손된 경우에는 지체 없이 이를 복구하여야 한다.

(2) 지적소관청이 지적공부를 복구할 때에는 멸실·훼손 당시의 지적공부와 가장 부합된다고 인정되는 관계 자료에 따라 토지의 표시에 관한 사항을 복구하여야 한다.

(3) 소유자에 관한 사항은 부동산등기부나 법원의 확정판결에 따라 복구하여야 한다.

03 등록사항

(1) 토지(임야)대장의 등록사항

❶ 토지의 소재

❷ 지번

❸ 지목

❹ 면적

❺ 소유자의 성명 또는 명칭, 주소 및 주민등록번호(국가, 지방자치단체, 법인, 법인 아닌 사단이나 재단 및 외국인의 경우에는 등록번호를 말한다)

❻ 고유번호

❼ 도면번호, 장번호 및 축척

❽ 토지의 이동사유

❾ 토지소유자가 변경된 날과 그 원인

❿ 토지등급 또는 기준수확량

⓫ 개별공시지가와 그 기준일

> **중요지문** 개별공시지가와 그 기준일은 토지대장과 임야대장에 등록한다. ( )
>
> ▶ 정답 ○

고유번호	1316000101-10365-0000	토 지 대 장		도면번호		장번호	
소 재	지 번	서울시 동작구 노량진동 365		축 척	1:1,200		
토 지 표 시				**소**	**유**	**자**	
지 목	면 적	토지이동 사유		변 동 일 자	주	등 록 번 호	
				변 동 원 인	소	성 명	
과수원	500m^2	2010년 5월 1일 신규등록(매립 준공)		년 월 일		박철수	
과수원	400m^2	2015년 8월 8일 분할되어 본번에 -1을 부함		년 월 일			
공장용지	400m^2	2016년 9월 9일 지목변경		년 월 일			
공장용지	600m^2	2020년 1월 3일 366번지와 합병		년 월 일			
등 급 수 정		2011년 1월 1일 수정	2011년 1월 1일 수정				
토지등급 (기준수확량등급)		82	91				
개별공시지가 기준일		2015년 1월 2일	2016년 1월 1일				용도지역
개별공시지가		1,200,000	1,500,000				

고유번호의 구성

1316000101 - 1 0365-0000
행정구역에 관한 번호   지적공부번호   지번에 관한 번호

1 ⇨ **토지대장에 등록된 토지**

2 ⇨ **임야대장에 등록된 토지**

⑵ **공유지연명부(공동소유자명부) 등록사항** ⇒ **토지소유자가 2인 이상**

❶ 토지의 소재

❷ 지번

❸ 소유권 지분

❹ 소유자의 성명 또는 명칭, 주소 및 주민등록번호

❺ 고유번호

❻ 장번호

❼ 토지소유자가 변경된 날과 그 원인

중요지문 지적도면의 번호는 공유지연명부에 등록하여야 하는 사항이다. ( )

▶정답 ✕
지적도면의 번호는 공유지연명부에 등록하여야 하는 사항이 아니다.

고유번호	1316000101-10365-0000	공 유 지 연 명 부		장번호	
토지소재 및 지번		서울시 서초구 서초동 123번지		비 고	
순번	변 동 일 자	소유권 지분	소 유 자		
	변 동 원 인		주 소	등록번호	
				성 명	
5	2020년 6월 23일 소유권이전	1/2	서울시 서초구 서초동 123번지	801221-1234567 박철수	
6	2020년 6월 23일 소유권이전	1/2	서울시 서초구 서초동 123번지	851221-2234567 김영희	
	년 월 일				

(3) 대지권등록부 등록사항 ⇒ 집합건물인 경우

❶ 토지의 소재
❷ 지번
❸ 대지권 비율
❹ 소유자의 성명 또는 명칭, 주소 및 주민등록번호
❺ 고유번호
❻ 건물의 명칭, 전유부분의 건물표시
❼ 장번호
❽ 토지소유자가 변경된 날과 그 원인
❾ 소유권 지분

고유번호		대 지 권 등 록 부		건물명칭	신동아APT
토지소재 및 지번	서울시 서초구 서초동 123번지	대지권 비율	150/1234	전유부분 건물표시	405동 203호
변동일자	소유권 지분	소 유 자			
변동원인		주 소		등록번호	
				성 명	
2020년 6월 23일	1/2	서울시 서초구 서초동 123번지		801221-1234567	
소유권이전				박철수	
2020년 6월 23일	1/2	서울시 서초구 서초동 123번지		851221-2234567	
소유권이전				김영희	
년 월 일					

⑷ 도면(지적도 및 임야도)

❶ 토지의 소재
❷ 지번
❸ 지목
❹ 경계
❺ 색인도
❻ 도면의 제명 및 축척
❼ 도곽선과 그 수치
❽ 좌표에 의하여 계산된 경계점 간의 거리(경계점좌표 등록부를 갖춰두는 지역으로 한정한다)
❾ 삼각점 및 지적기준점의 위치
❿ 건축물 및 구조물 등의 위치

[중요지문] 소유권 지분은 지적도에 등록하여야 하는 사항이다.
(   )

▶ 정답 ✕
소유권지분은 지적도에 등록하여야 하는 사항이 아니다.

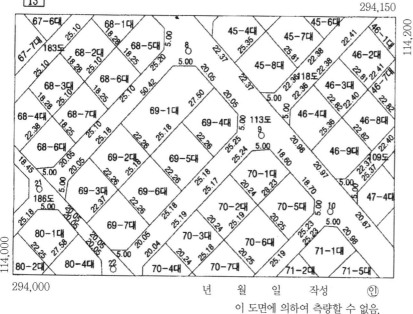

이 도면에 의하여 측량할 수 없음.

🔷 경계점좌표등록부를 두는 지역의 지적도

❶ 경계점좌표등록부를 갖춰 두는 지역의 지적도에는 해당 도면의 제명 끝에 "(좌표)"라고 표시하고, 도곽선의 오른쪽 아래 끝에 "이 도면에 의하여 측량을 할 수 없음"이라고 적어야 한다.

❷ 지적도면의 축척은 다음의 구분에 따른다.
1. 지적도: 1/500, 1/600, 1/1,000, 1/1,200, 1/2,400, 1/3,000, 1/6,000
2. 임야도: 1/3,000, 1/6,000
3. 경계점좌표등록부(지적확정측량 또는 축척변경을 실시한 지역) : 1/500

(5) **경계점좌표등록부** *제36회

❶ 토지의 소재
❷ 지번
❸ 좌표
❹ 고유번호
❺ 지적도면의 번호
❻ 장번호
❼ 부호 및 부호도

중요지문 소유자와 부호도는 경계점좌표등록부에 등록하여야 하는 사항이다. ( )

▶정답 ×
소유자는 경계점좌표등록부에 등록하여야 하는 사항이 아니다.

🔷 경계점좌표등록부

고유번호		경 계 점 좌 표 등 록 부			도면번호		장번호	
토지소재		지번			비 고			
부 호 도		부호	좌 표		부호	좌 표		
			X	Y		X	Y	
1 ☐ 2 3 4		1	443116.67	218732.37				
		2	443090.31	218534.08				
		3	443225.03	218211.05				
		4	443083.49	218654.38				

🔒 지적공부의 등록사항 총정리

구 분	대 장				도 면		경계점좌표 등록부
	토지 대장	임야 대장	공유지 연명부	대지권 등록부	지적도	임야도	
소재 · 지번	●	●	●	●	●	●	●
지목 · 축척	●	●			●	●	
고유번호	●	●	●	●			●
장번호	●	●	●	●			●
도면번호	●	●			●	●	●
소유자 (성명 · 주소 · 주민등록번호 · 소유자가 변경된 날과 그 원인)	●	●	●	●			
소유권의 지분			●	●			
면적 토지이동사유 개별공시지가	●	●					
대지권의 비율 건물의 명칭 전유부분의 건물 표시				●			
좌표 부호 및 부호도							●
경계 색인도 도면의 제명 도곽선과 그 수치 삼각점 · 지적 기준점의 위치 건축물 · 구조물 의 위치 좌표에 의하여 계 산된 경계점 간의 거리(경계점좌표 등록부 비치지역)					●	●	

04 지적공부의 열람 및 등본 발급

(1) 열람 또는 발급

열람/발급	❶ 지적공부 지적공부를 열람하거나 그 등본을 발급받으려는 자는 해당 **지적소관청**에 그 열람 또는 발급을 신청하여야 한다. ❷ 정보처리시스템을 통하여 기록·저장된 지적공부 정보처리시스템을 통하여 기록·저장된 지적공부(지적도 및 임야도는 제외한다)를 열람하거나 그 등본을 발급받으려는 경우에는 **특별자치시장, 시장·군수 또는 구청장이나 읍·면·동의 장**에게 신청할 수 있다.

(2) 지적전산자료의 신청

❶ 지적공부에 관한 전산자료(지적전산자료)를 이용하거나 활용하려는 자는 **관계 중앙행정기관의 심사를 거쳐** 다음의 구분에 따라 지적전산자료를 신청하여야 한다.

㉠ **전국 단위의 지적전산자료**	국토교통부장관, 시·도지사 또는 지적소관청
㉡ **시·도 단위의 지적전산자료**	시·도지사 또는 지적소관청
㉢ **시·군·구 단위의 지적전산자료**	지적소관청

❷ 다음의 어느 하나에 해당하는 경우에는 관계 **중앙행정기관의 장의 심사를** 받지 아니할 수 있다.

> ㉠ 중앙행정기관의 장, 그 소속 기관의 장 또는 지방자치단체의 장이 신청하는 경우
> ㉡ 토지소유자가 자기 토지에 대한 지적전산자료를 신청하는 경우
> ㉢ 토지소유자가 사망하여 그 상속인이 피상속인의 토지에 대한 지적전산자료를 신청하는 경우
> ㉣ 개인정보를 제외한 지적전산자료를 신청하는 경우

05 부동산 종합공부(제76조 등)

등록사항	❶ 토지의 표시와 소유자에 관한 사항(지적공부의 내용) ❷ 건축물의 표시와 소유자에 관한 사항(건축물대장의 내용) ❸ 토지의 이용 및 규제에 관한 사항(토지이용계획확인서의 내용) ❹ 부동산의 가격에 관한 사항(개별공시지가, 개별주택가격 및 공동주택 가격 공시내용) ❺ 부동산의 권리에 관한 사항
관리운영	❶ 지적소관청은 부동산의 효율적 이용과 부동산과 관련된 정보의 종합 적 관리·운영을 위하여 부동산종합공부를 관리·운영한다. ❷ 지적소관청은 부동산종합공부를 영구히 보존하여야 하며, 부동산종합 공부의 멸실 또는 훼손에 대비하여 이를 별도로 복제하여 관리하는 정 보관리체계를 구축하여야 한다. ❸ 부동산종합공부의 등록사항을 관리하는 기관의 장은 지적소관청에 상 시적으로 관련 정보를 제공하여야 한다. ❹ 지적소관청은 부동산종합공부의 정확한 등록 및 관리를 위하여 필요 한 경우에는 등록사항을 관리하는 기관의 장에게 관련 자료의 제출을 요구할 수 있다. ❺ 지적소관청은 불일치 등록사항에 대해서는 등록사항을 관리하는 기관의 장에게 그 내용을 통지하여 등록사항 정정을 요청할 수 있다.
열람신청	부동산종합공부를 열람하거나 부동산종합공부 기록사항의 전부 또는 일 부에 관한 증명서를 발급받으려는 자는 지적소관청이나 읍·면·동의 장 에게 신청할 수 있다.
등록사항의 정정	❶ 토지등소유자는 부동산종합공부의 등록사항에 잘못이 있음을 발견하 면 지적소관청에 그 정정을 신청할 수 있다. ❷ 지적소관청은 부동산종합공부의 등록사항에 잘못이 있음을 발견하면 직권으로 조사·측량하여 정정할 수 있다.

중요지문 지적공부의 내용 중 토지의 소유자에 관한 사항은 부동산종합공부의 등록사항이다.
( )

▶정답 ○

※보충 지적소관청은 부동산종합공부의 등록사항 정정을 위하여 등록사항 상호 간에 일치하지 아니하는 사항(불일치 등록사항)을 확인 및 관리하여야 한다.

중요지문 부동산종합공부의 등록사항에 잘못이 있는 경우에는 지적소관청의 직권정정만 허용된다.
( )

▶정답 ×
토지소유자도 부동산종합공부의 등록사항에 잘못이 있음을 발견하면 지적소관청에 정정을 신청할 수 있다.

토지의 이동

토지의 이동 : 토지의 표시를 새로이 정하거나 변경 또는 말소하는 것

토지의 이동	❶ 신규등록 ❷ 등록전환 ❸ 분할 ❹ 바다로 된 토지의 등록말소 ❺ 축척변경 ❻ 등록사항의 정정	지적측량 ○
	❶ 합병 ❷ 지목변경	지적측량 ×
토지의 이동에 해당하지 않는 것	토지소유자의 변경, 토지소유자의 주소변경, 등급수정 등	

[중요지문] 토지소유자의 주소변
경은 토지의 이동에 해당한다.
( )

▶정답 ✕
토지소유자의 주소변경은 토지의
이동에 해당하지 않는다.

01 신규등록 : 지적공부에 등록하지 않은 토지를 새로이 등록하는 것

(1) 대상토지 및 신청의무

대상토지	❶ 새로 조성된 토지 ❷ 지적공부에 등록되어 있지 아니한 토지
신청의무	토지소유자는 신규등록할 토지가 있으면 그 사유가 발생한 날부터 60일 이내에 지적소관청에 신규등록을 신청하여야 한다.

(2) 첨부서면

소유권에 관한 서류	❶ 법원의 **확정판결서** 정본 또는 사본 ❷ 「공유수면 관리 및 매립에 관한 법률」에 따른 **준공검사확인증** 사본 ❸ 도시계획구역의 토지를 그 지방자치단체의 명의로 등록하는 때에는 **기획재정부장관과 협의한** 문서의 사본 ❹ 그 밖에 소유권을 증명할 수 있는 서류의 사본 ※ 등기사항증명서·등기필정보·등기완료통지서(✕)
제출의 면제	위 ❶~❹의 서류를 지적소관청이 관리하는 경우에는 지적소관청의 확인으로 그 서류의 제출을 갈음할 수 있다.

02 등록전환 : 임야대장 및 임야도에 등록되어 있는 토지를 토지대장 및 지적도에 옮겨 등록하는 것

(1) 대상토지 및 신청의무

대상토지	❶ 「산지관리법」에 따른 산지전용허가·신고, 산지일시사용허가·신고, 「건축법」에 따른 건축허가·신고 또는 그 밖의 **관계 법령에 따른 개발행위 허가 등을 받은 경우** ❷ 대부분의 토지가 **등록전환**되어 나머지 토지를 임야도에 계속 존치하는 것이 **불합리한 경우** ❸ 임야도에 등록된 토지가 **사실상 형질변경**되었으나 지목변경을 할 수 없는 경우 ❹ **도시·군관리계획선에** 따라 토지를 **분할하는 경우**
신청의무	토지소유자는 등록전환의 사유가 발생한 날부터 **60일 이내**에 지적소관청에 등록전환을 신청하여야 한다.

(2) 면적의 결정

허용범위	❶ 임야대장의 면적과 등록전환될 면적의 차이가 **허용범위 이내**인 경우 : **등록전환될 면적을** 등록전환면적으로 결정한다. ❷ 임야대장의 면적과 등록전환될 면적의 차이가 **허용범위를 초과하**는 경우 : 임야대장의 면적 또는 임야도의 경계를 **지적소관청이 직권으로 정정하**여야 한다.

03 분할 : 1필지의 토지를 2필지 이상 나누어 등록하는 것

분할을 신청할 수 있는 경우는 다음과 같다. 다만, 관계 법령에 따라 해당 토지에 대한 분할이 개발행위 허가 등의 대상인 경우에는 개발행위 허가 등을 받은 이후에 분할을 신청할 수 있다.

대상토지	❶ **소유권이전, 매매** 등을 위하여 필요한 경우 ❷ 토지이용상 **불합리한 지상 경계를 시정**하기 위한 경우
신청의무	토지소유자는 지적공부에 등록된 **1필지의 일부가 형질변경** 등으로 용도가 변경된 경우에는 따라 용도가 변경된 날부터 **60일 이내**에 지적소관청에 토지의 분할을 신청하여야 한다. 이 경우 토지소유자는 토지의 분할신청과 지목변경신청서를 함께 제출하여야 한다.

중요지문 지적도에 등록된 토지가 사실상 형질변경되었으나 지목을 변경할 수 없는 경우에는 등록전환을 신청할 수 있다. (　)

▶정답 ×
지적도가 아니라 임야도에 등록된 토지가 사실상 형질변경되었으나 지목을 변경할 수 없는 경우에 등록전환을 신청할 수 있다.

중요지문 토지소유자는 지적공부에 등록된 1필지의 일부가 형질변경 등으로 용도가 변경된 경우 그날부터 60일 이내에 지적소관청에 토지의 분할을 신청하여야 한다. (　)

▶정답 ○

04 합병 : 지적측량(×)

(1) 대상토지 및 신청의무

대상토지	❶ 주택법에 따른 공동주택의 부지 ❷ 도로, 제방, 하천, 구거, 유지, 공장용지, 학교용지, 철도용지, 수도용지, 체육용지 등의 지목으로서 연접하여 있으나 구획 내에 2필지 이상으로 등록된 토지
신청의무	토지소유자는 합병하여야 할 토지가 있으면 그 사유가 발생한 날부터 60일 이내에 지적소관청에 합병을 신청하여야 한다.

(2) 합병할 수 없는 경우

<table>
<tr><td>

❶ 합병하려는 토지의 지번부여지역, 지목 또는 소유자가 서로 다른 경우
❷ 합병하려는 토지의 지적도 및 임야도의 축척이 서로 다른 경우
❸ 합병하려는 각 필지가 서로 연접하지 아니한 경우
❹ 합병하려는 토지가 등기된 토지와 등기되지 아니한 토지인 경우
❺ 합병하려는 토지에 다음의 합병이 가능한 등기 외의 등기가 있는 경우
   ※ 합병가능한 등기
      ㉠ 소유권 · 지상권 · 전세권 또는 임차권의 등기
      ㉡ 승역지에 대한 지역권의 등기
      ㉢ 합병하려는 토지 전부에 대한 등기원인 및 그 연월일과 접수번호가 같은 저당권의 등기
      ㉣ 합병하려는 토지 전부에 대한 등기사항이 **동일한** 신탁등기
❻ 합병하려는 각 필지의 지목은 같으나 일부 토지의 용도가 다르게 되어 분할 대상 토지인 경우. 다만 합병신청과 동시에 토지의 용도에 따라 분할신청하는 경우는 제외한다.
❼ 합병하려는 토지의 소유자별 공유지분이 다른 경우
❽ 합병하려는 토지가 구획정리, 경지정리 또는 축척변경을 시행하고 있는 지역의 토지와 그 지역 밖의 토지인 경우
❾ 합병하려는 토지소유자의 주소가 서로 다른 경우
   다만, 지적소관청이 등기사항증명서, 주민등록표 초본 등을 확인한 결과 토지소유자가 동일인임을 확인할 수 있는 경우는 제외한다.

</td></tr>
</table>

중요지문 합병하려는 토지의 지목이 다른 경우에는 합병을 신청할 수 있다. (　　)

▶정답 ×
지목이 다른 경우에는 합병을 신청할 수 없다.

중요지문 합병하려는 토지의 소유자별 공유지분이 다른 경우에는 합병을 신청할 수 없다. (　　)

▶정답 ○

05 지목변경

(1) 대상토지 및 신청의무

대상토지	❶ 「국토의 계획 및 이용에 관한 법률」 등 관계 법령에 따른 **토지의 형질변경** 등의 공사가 **준공**된 경우 ❷ 토지나 건축물의 **용도가 변경**된 경우 ❸ 도시개발사업 등의 원활한 추진을 위하여 사업시행자가 공사 준공 전에 **토지의 합병**을 신청하는 경우
신청의무	토지소유자는 지목변경 할 토지가 있으면 그 사유가 발생한 날부터 60일 이내에 지적소관청에 지목변경을 신청하여야 한다.

추가 지목변경신청서
토지등소유자는 지목변경을 신청할 때에는 지목변경사유를 적은 신청서에 국토교통부령으로 정하는 서류를 첨부하여 지적소관청에 제출하여야 한다.

(2) 절차

지목변경 신청에 따른 첨부서류를 해당 지적소관청이 관리하는 경우에는 지적소관청의 확인으로 그 서류의 제출을 갈음할 수 있다.

06 바다로 된 토지의 등록말소

대상토지	지적소관청은 지적공부에 **등록된 토지**가 지형의 변화 등으로 **바다로 된** 경우로서 원상으로 회복될 수 없거나 다른 지목의 토지로 될 가능성이 없는 경우에는 지적공부에 등록된 **토지소유자**에게 지적공부의 **등록말소 신청**을 하도록 **통지**하여야 한다.
직권말소	지적소관청은 토지소유자가 통지를 받은 날부터 **90일** 이내에 등록말소 신청을 하지 아니하면 **직권**으로 등록을 **말소**한다.
회복등록	지적소관청은 말소한 토지가 지형의 변화 등으로 다시 토지가 된 경우에는 지적측량성과 및 등록말소 등 관계자료에 따라 토지로 **회복등록**을 할 수 있다.
통지	지적공부의 등록사항을 말소하거나 회복등록하였을 때에는 그 정리 결과를 **토지소유자** 및 해당 **공유수면의 관리청**에 **통지**하여야 한다.

중요지문 지적소관청은 바다로 된 토지의 등록말소 신청을 하도록 통지받은 토지소유자가 그 통지를 받은 날부터 60일 이내에 등록말소신청을 하지 아니하면 등록을 말소한다. ( )

▶정답 ×
60일이 아니라 90일 이내에 등록말소를 신청하지 아니하면 등록을 말소한다.

🔓 **토지이동의 종류별 대상토지(총정리)**

종류	대상토지	신청의무
신규등록	❶ 새로 조성된 토지 ❷ 지적공부에 등록되어 있지 아니한 토지	60일
등록전환	❶ 「산지관리법」에 따른 산지전용허가·신고, 산지일시사용허가·신고, 「건축법」에 따른 건축허가·신고 또는 그 밖의 관계 법령에 따른 개발행위 허가 등을 받은 경우 ❷ 대부분의 토지가 등록전환되어 나머지 토지를 임야도에 계속 존치하는 것이 불합리한 경우 ❸ 임야도에 등록된 토지가 사실상 형질변경되었으나 지목변경을 할 수 없는 경우 ❹ 도시·군관리계획선에 따라 토지를 분할하는 경우	60일
분할	❶ 1필지의 일부가 형질변경 등으로 용도가 다르게 된 경우	60일
	❷ 소유권이전·매매 등을 위하여 필요한 경우 ❸ 토지이용상 불합리한 지상 경계를 시정하기 위한 경우	없음
합병	❶ 「주택법」에 따른 공동주택부지의 경우 ❷ 도로, 제방, 하천, 구거, 유지, 공장용지, 학교용지, 철도용지, 수도용지, 공원, 체육용지 등의 지목으로서 연접하여 있으나 구획 내에 2필지 이상으로 등록된 경우	60일
지목변경	❶ 「국토의 계획 및 이용에 관한 법률」 등 관계 법령에 따른 토지의 형질변경 등의 공사가 준공된 경우 ❷ 토지 또는 건축물의 용도가 변경된 경우 ❸ 도시개발사업 등의 원활한 사업추진을 위하여 사업시행자가 공사 준공 전에 토지합병을 신청한 경우	60일
바다로 된 토지의 등록말소	지적공부에 등록된 토지가 지형의 변화 등으로 바다로 된 경우로서 원상으로 회복될 수 없거나 다른 지목의 토지로 될 가능성이 없는 경우	90일

07 축척변경 ★제36회

(1) 의의

지적소관청은 ❶ 잦은 토지의 이동으로 1필지의 규모가 작아서 소축척으로는 지적측량성과의 결정이나 토지의 이동에 따른 정리를 하기가 곤란하거나, ❷ 하나의 지번부여지역에 서로 다른 축척의 지적도가 있는 경우에는 **토지소유자의 신청 또는 지적소관청의 직권으로** 일정한 지역을 정하여 그 지역의 축척을 변경할 수 있다.

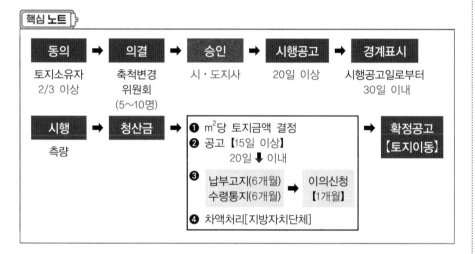

(2) 절차

동의 및 승인	지적소관청은 축척변경을 하려면 축척변경 시행지역의 **토지소유자 3분의 2 이상의 동의**를 받아 축척변경위원회의 의결을 거친 후 **시·도지사 또는 대도시 시장의 승인**을 받아야 한다. ※ 다음의 어느 하나에 해당하는 경우에는 축척변경위원회의 의결 및 시·도지사 또는 대도시 시장의 승인 없이 축척변경을 할 수 있다. ❶ 합병하려는 토지가 축척이 다른 **지적도**에 각각 등록되어 있어 축척변경을 하는 경우 ❷ 도시개발사업 등의 시행지역에 있는 토지로서 그 **사업 시행**에서 제외된 토지의 축척변경을 하는 경우
시행공고	지적소관청은 시·도지사 또는 대도시 시장으로부터 축척변경 승인을 받았을 때에는 지체 없이 **20일 이상** 공고하여야 한다.
경계표시	축척변경 시행지역의 **토지소유자 또는 점유자**는 시행공고가 된 날부터 **30일 이내**에 시행공고일 현재 점유하고 있는 경계에 경계점표지를 설치하여야 한다.

중요지문 지적소관청은 축척변경을 하려면 축척변경 시행지역의 토지소유자 3분의 2 이상의 동의를 받아야 한다.   (   )

▶정답 ○

청산금	❶ 지적소관청은 축척변경에 관한 측량을 한 결과 측량 전에 비하여 면적의 증감이 있는 경우에는 그 증감면적에 대하여 청산을 하여야 한다. ※ 다음의 어느 하나에 해당하는 경우에는 청산하지 아니한다. 　㉠ 필지별 증감면적이 허용범위 이내인 경우. 다만, 축척변경위원회의 의결이 있는 경우는 제외한다. 　㉡ 토지소유자 전원이 청산하지 아니하기로 합의하여 서면으로 제출한 경우 ❷ 청산을 할 때에는 축척변경위원회의 의결을 거쳐 지번별 제곱미터당 금액을 정하여야 한다. 이 경우 지적소관청은 시행공고일 현재를 기준으로 그 축척변경 시행지역의 토지에 대하여 지번별 제곱미터당 금액을 미리 조사하여 축척변경위원회에 제출하여야 한다. ❸ 청산금은 작성된 축척변경 지번별 조서의 필지별 증감면적에 결정된 지번별 제곱미터당 금액을 곱하여 산정한다. ❹ 지적소관청은 청산금을 산정하였을 때에는 청산금이 결정되었다는 뜻을 **15일 이상 공고**하여 일반인이 열람할 수 있게 하여야 한다. ❺ 청산금을 산정한 결과 청산금의 합계에 차액이 생긴 경우 **초과액**은 그 **지방자치단체의 수입**으로 하고, **부족액**은 그 **지방자치단체가 부담**한다.
납부고지	❶ 지적소관청은 청산금의 결정을 공고한 날부터 **20일 이내**에 토지소유자에게 청산금의 납부고지(6개월 이내 납부) 또는 수령통지(6개월 이내 지급)를 하여야 한다. ❷ 지적소관청은 청산금을 내야 하는 자가 청산금에 관한 이의신청을 하지 아니하고 청산금을 내지 아니하면 지방행정제재·부과금의 징수 등에 관한 법률에 따라 징수할 수 있다.
이의신청	❶ 청산금에 관하여 이의가 있는 자는 납부고지 또는 수령통지를 받은 날부터 **1개월 이내**에 지적소관청에 이의신청을 할 수 있다. ❷ 이의신청을 받은 지적소관청은 1개월 이내에 축척변경위원회의 심의·의결을 거쳐 그 인용 여부를 결정한 후 지체 없이 그 내용을 이의신청인에게 **통지**하여야 한다.
확정공고	청산금의 납부 및 지급이 완료되었을 때에는 지적소관청은 지체 없이 축척변경의 확정공고를 하여야 한다. 이 경우 **확정공고일에 토지의 이동**이 있는 것으로 본다.

중요지문 지적소관청은 청산금의 결정을 공고할 날부터 15일 이내에 토지소유자에게 청산금의 납부고지 또는 수령통지를 하여야 한다. (　)

▶ 정답 ×
15일이 아니라 20일 이내에 납부고지 또는 수령통지를 하여야 한다.

(3) 축척변경위원회(축척변경에 관한 심의·의결하기 위하여 지적소관청에 두는 기구)

구성	❶ 축척변경위원회는 5명 이상 10명 이하의 위원으로 구성하되, 위원의 2분의 1 이상을 토지소유자로 하여야 한다. 이 경우 그 축척변경 시행지역의 토지소유자가 5명 이하일 때에는 토지소유자 전원을 위원으로 위촉하여야 한다. ❷ 위원은 축척변경 시행지역의 토지소유자로서 지역 사정에 정통한 사람과 지적에 관하여 전문지식을 가진 사람 중에서 지적소관청이 위촉하고, 위원장은 위원 중에서 지적소관청이 지명한다.
기능	축척변경위원회는 지적소관청이 회부하는 다음의 사항을 심의·의결한다. ❶ 축척변경 시행계획에 관한 사항 ❷ 지번별 제곱미터당 금액의 결정과 청산금의 산정에 관한 사항 ❸ 청산금의 이의신청에 관한 사항 ❹ 그 밖에 축척변경과 관련하여 지적소관청이 회의에 부치는 사항

중요지문 축척변경위원회는 5명 시상 20명 이하의 위원으로 구성하되, 위원의 2분의 1 이상을 토지소유자로 하여야 한다. ( )

정답 ✕
축척변경위원회는 5명 이상 10명 이하의 위원으로 구성한다.

08 등록사항의 정정

(1) 토지소유자의 정정신청

토지소유자는 지적공부의 등록사항에 잘못이 있음을 발견하면 지적소관청에 그 정정을 신청할 수 있다.

토지의 표시정정	※ 정정으로 인한 인접토지의 경계가 변경되는 경우 제출 서류 ❶ 인접 토지소유자의 승낙서 ❷ 인접 토지소유자가 승낙하지 아니하는 경우에는 이에 대항할 수 있는 확정판결서 정본
소유자의 표시정정	❶ 등기필증, 등기완료통지서, 등기사항증명서, 등기전산정보자료 지적소관청이 등록사항을 정정할 때 그 정정사항이 토지소유자에 관한 사항인 경우에는 등기필증, 등기완료통지서, 등기사항증명서 또는 등기관서에서 제공한 등기전산정보자료에 따라 정정하여야 한다. ❷ 가족관계 기록사항에 관한 증명서 미등기 토지에 대하여 토지소유자의 성명 또는 명칭, 주민등록번호, 주소 등에 관한 사항의 정정을 신청한 경우로서 그 등록사항이 명백히 잘못된 경우에는 가족관계 기록사항에 관한 증명서에 따라 정정하여야 한다.

(2) 지적소관청의 직권정정

지적소관청은 지적공부의 등록사항에 잘못이 있음을 발견하면 직권으로 조사·측량하여 정정할 수 있다.

직권정정 사유	❶ 지적측량성과와 다르게 정리된 경우 ❷ 토지이동정리 결의서의 내용과 다르게 정리된 경우 ❸ 지적도 및 임야도에 등록된 필지가 면적의 증감 없이 경계의 위치만 잘못된 경우 ❹ 지적공부의 작성 또는 재작성 당시 잘못 정리된 경우 ❺ 지적위원회의 의결서 내용에 따라 지적공부의 등록사항을 정정하여야 하는 경우 ❻ 지적공부의 등록사항이 잘못 입력된 경우 ❼ 면적 환산이 잘못된 경우 ❽ 토지합필등기신청의 각하에 따른 등기관의 통지가 있는 경우(지적소관청의 착오로 잘못 합병한 경우에만 해당한다) ❾ 1필지가 각각 다른 지적도나 임야도에 등록되어 있는 경우로서 지적공부에 등록된 면적과 측량한 실제면적은 일치하지만 지적도나 임야도에 등록된 경계가 서로 접합되지 않아 지적도나 임야도에 등록된 경계를 지상의 경계에 맞추어 정정하여야 하는 토지가 발견된 경우

(3) 신청의 특례

행정구역의 명칭변경	❶ 행정구역의 명칭이 변경되었으면 지적공부에 등록된 토지의 소재는 새로운 행정구역의 명칭으로 변경된 것으로 본다. ❷ 지번부여지역의 일부가 행정구역의 개편으로 다른 지번부여지역에 속하게 되었으면 지적소관청은 새로 속하게 된 지번부여지역의 지번을 부여하여야 한다.
사업시행자의 신청	❶ 도시개발사업, 농어촌정비사업, 토지개발사업으로 인한 토지이동의 경우에는 사업시행자가 지적소관청에 토지의 이동을 신청하여야 한다. ⇒ 토지의 이동은 형질변경 등의 공사가 준공된 때에 이루어진 것으로 본다. ❷ 도시개발사업 등의 착수 또는 변경의 신고가 된 토지의 소유자가 해당 토지의 이동을 원하는 경우에는 해당 사업의 시행자에게 그 토지의 이동을 신청하도록 요청하여야 한다. ❸ 도시개발사업 등의 착수·변경 또는 완료 사실의 신고는 그 사유가 발생한 날부터 15일 이내에 하여야 한다. ❹ 토지의 이동 신청은 신청대상지역이 환지를 수반하는 경우에는 사업완료 신고로써 토지이동신청을 갈음할 수 있다. ❺ 주택법에 따른 주택건설사업의 시행자가 파산 등의 이유로 토지의 이동 신청을 할 수 없을 때에는 그 주택의 시공을 보증한 자 또는 입주예정자 등이 신청할 수 있다. ❻ 도시개발사업 등이 준공되기 전에 사업시행자가 지번부여 신청을 하면 사업계획도에 따라 지번을 부여할 수 있다.

대위신청	다음의 어느 하나에 해당하는 자는 이 법에 따라 토지소유자가 하여야 하는 신청을 대신할 수 있다. 다만, 등록사항 정정 대상토지는 제외한다. ❶ 공공사업 등에 따라 학교용지·도로·철도용지·제방·하천·구거·유지·수도용지 등의 지목으로 되는 토지인 경우 : 해당 사업의 시행자 ❷ 국가나 지방자치단체가 취득하는 토지인 경우 : 해당 토지를 관리하는 행정기관의 장 또는 지방자치단체의 장 ❸ 「주택법」에 따른 공동주택의 부지인 경우 : 「집합건물의 소유 및 관리에 관한 법률」에 따른 관리인(관리인이 없는 경우에는 공유자가 선임한 대표자) 또는 해당 사업의 시행자 ❹ 「민법」 제404조에 따른 채권자

09 소유자정리·등기촉탁 등

(1) 토지소유자의 정리

등기부에 의한 정리	지적공부에 등록된 **토지소유자의 변경사항**은 등기관서에서 등기한 것을 증명하는 등기필증, 등기완료통지서, 등기사항증명서 또는 등기관서에서 제공한 등기전산정보자료에 따라 정리한다. 다만, 신규등록하는 토지의 소유자는 지적소관청이 직접 조사하여 등록한다.
불부합 통지	등기부에 적혀 있는 토지의 표시가 지적공부와 일치하지 아니하면 **토지소유자를 정리할 수 없다.** 이 경우 토지의 표시와 지적공부가 일치하지 아니하다는 사실을 관할 **등기관서에 통지**하여야 한다.
무주부동산의 정리	국유재산법에 따른 총괄청이나 중앙관서의 장이 소유자 없는 부동산에 대한 소유자 등록을 신청하는 경우 지적소관청은 지적공부에 해당 토지의 소유자가 등록되지 아니한 경우에만 등록할 수 있다.
직권 또는 신청에 의한 정리	지적소관청은 필요하다고 인정하는 경우에는 관할 등기관서의 등기부를 열람하여 지적공부와 부동산등기부가 일치하는지 여부를 조사·확인하여야 하며, 일치하지 아니하는 사항을 발견하면 등기사항증명서 또는 등기관서에서 제공한 등기전산정보자료에 따라 지적공부를 직권으로 정리하거나, 토지소유자나 그 밖의 이해관계인에게 그 지적공부와 부동산등기부가 일치하게 하는 데에 필요한 신청 등을 하도록 요구할 수 있다.
등기부의 열람	지적소관청 소속 공무원이 지적공부와 부동산등기부의 부합 여부를 확인하기 위하여 등기부를 열람하거나, 등기사항증명서의 발급을 신청하거나, 등기전산정보자료의 제공을 요청하는 경우 그 수수료는 무료로 한다.

(2) 등기촉탁(지적소관청 ⇒ 등기소에 등기신청)

지적소관청은 다음에 해당하는 **지적공부 정리**로 인하여 **토지의 표시 변경**에 관한 등기를 할 필요가 있는 경우에는 지체 없이 관할 등기관서에 그 **등기를 촉탁**하여야 한다. 이 경우 등기촉탁은 국가가 국가를 위하여 하는 등기로 본다.

> ❶ 토지의 조사·등록 등
> ❷ 새로 지번을 부여한 경우
> ❸ 축척변경을 한 경우
> ❹ 직권으로 등록사항을 정정한 경우
> ❺ 바다로 된 토지의 등록을 말소하거나 회복한 경우
> ❻ 행정구역의 명칭변경 등
> ※ 신규등록(×), ※ 소유자정리(×)

(3) 지적정리의 통지대상 및 시기

통지대상	지적소관청이 다음의 사항을 지적공부에 등록하거나 지적공부를 복구 또는 말소하거나 등기촉탁을 하였으면 해당 **토지소유자에게 통지**하여야 한다. ❶ 지적소관청이 직권으로 조사·측량하여 토지 이동정리를 한 경우 ❷ 새로운 지번을 부여한 경우 ❸ 지적공부를 복구한 경우 ❹ 바다로 된 토지의 등록말소를 직권으로 정리한 경우 ❺ 지적소관청이 직권으로 등록사항을 정정하는 경우 ❻ 행정구역 개편으로 지적소관청이 새로이 지번을 부여한 경우 ❼ 도시개발사업 등의 사업시행자가 토지이동을 신청하여 정리한 경우 ❽ 토지소유자가 하여야 할 신청을 대위하여 정리한 경우 ❾ 토지표시의 변경에 관한 등기촉탁을 한 경우 ※ 등기완료 통지내역 등에 따라 지적공부의 소유자를 정리한 경우(×)
통지시기	지적소관청이 토지소유자에게 지적정리 등을 통지하여야 하는 시기는 다음의 구분에 따른다. ❶ 토지의 표시에 관한 **변경등기가 필요한 경우** : 그 등기완료의 통지서를 접수한 날부터 15일 이내 ❷ 토지의 표시에 관한 **변경등기가 필요하지 아니한 경우** : 지적공부에 **등록한 날부터 7일 이내**

보칙

01 청문

국토교통부장관, 시·도지사 또는 대도시 시장은 다음의 어느 하나에 해당하는 처분을 하려는 경우에는 청문을 하여야 한다.

❶ 측량업의 등록취소
❷ 성능검사대행자의 등록취소

02 토지 등에의 출입

출입사유	이 법에 따라 **측량을 하거나, 측량기준점을 설치하거나, 토지의 이동을 조사**하는 자는 그 측량 또는 조사 등에 필요한 경우에는 타인의 토지·건물·공유수면 등("토지 등"이라 한다)에 출입하거나 일시 사용할 수 있으며, 특히 필요한 경우에는 나무, 흙, 돌, 그 밖의 장애물(이하 "장애물"이라 한다)을 변경하거나 제거할 수 있다.
출입통지	타인의 토지 등에 출입하려는 자는 관할 특별자치시장, 특별자치도지사, 시장·군수 또는 구청장의 허가를 받아야 하며, 출입하려는 날의 3일 전까지 해당 토지 등의 소유자·점유자 또는 관리인에게 그 일시와 장소를 **통지**하여야 한다. 다만, 행정청인 자는 허가를 받지 아니하고 타인의 토지 등에 출입할 수 있다.
소유자 등의 동의	타인의 토지 등을 일시 사용하거나 장애물을 변경 또는 제거하려는 자는 그 **소유자·점유자 또는 관리인의 동의**를 받아야 한다. 다만, 소유자·점유자 또는 관리인의 동의를 받을 수 없는 경우 행정청인 자는 관할 특별자치시장, 특별자치도지사, 시장·군수 또는 구청장에게 그 사실을 **통지**하여야 하며, **행정청이 아닌 자**는 미리 관할 특별자치시장, 특별자치도지사, 시장·군수 또는 구청장의 **허가**를 받아야 한다.
의견청취	특별자치시장, 특별자치도지사, 시장·군수 또는 구청장은 허가를 하려면 미리 그 소유자·점유자 또는 관리인의 의견을 들어야 한다.

일시사용 통지	토지 등을 일시 사용하거나 장애물을 변경 또는 제거하려는 자는 토지 등을 사용하려는 날이나 장애물을 변경 또는 제거하려는 날의 **3일 전**까지 그 소유자 · 점유자 또는 관리인에게 **통지**하여야 한다. 다만, 토지 등의 소유자 · 점유자 또는 관리인이 현장에 없거나 주소 또는 거소가 분명하지 아니할 때에는 관할 특별자치시장, 특별자치도지사, 시장 · 군수 또는 구청장에게 통지하여야 한다.
점유자 승낙	해 뜨기 전이나 해가 진 후에는 그 토지등의 점유자의 승낙 없이 택지나 담장 또는 울타리로 둘러싸인 타인의 토지에 출입할 수 없다.
수인의무	토지 등의 점유자는 정당한 사유 없이 토지에의 출입 등의 행위를 방해하거나 거부하지 못한다.
손실보상	❶ 토지에의 출입 등의 행위로 손실을 받은 자가 있으면 그 행위를 한 자는 그 손실을 보상하여야 한다. ❷ 손실보상에 관하여는 손실을 보상할 자와 손실을 받은 자가 협의하여야 한다. ❸ 손실을 보상할 자 또는 손실을 받은 자는 협의가 성립되지 아니하거나 협의를 할 수 없는 경우에는 관할 토지수용위원회에 **재결**을 신청할 수 있다.

PART

05

부동산등기법

총칙

01 법의 목적

이 법은 부동산등기에 관한 사항을 규정함을 목적으로 한다.

02 용어 정의

등기부	전산정보처리조직에 의하여 **입력 · 처리된 등기정보자료**를 대법원규칙으로 정하는 바에 따라 편성한 것을 말한다.
등기부부본자료	등기부와 동일한 내용으로 **보조기억장치에 기록된 자료**를 말한다.
등기기록	1필의 토지 또는 1개의 건물에 관한 등기정보자료를 말한다.
등기필정보	등기부에 새로운 권리자가 기록되는 경우에 그 권리자를 확인하기 위하여 등기관이 작성한 정보를 말한다.

03 등기할 수 있는 권리

등기는 **부동산의 표시**와 다음의 어느 하나에 해당하는 **권리의 보존, 이전, 설정, 변경, 처분의 제한 또는 소멸**에 대하여 한다.

❶ 소유권
❷ 지상권
❸ 지역권
❹ 전세권
❺ 저당권
❻ 권리질권
❼ 채권담보권
❽ 임차권
※ 유치권(×), 점유권(×), 동산질권(×), 분묘기지권(×)

※보충
질권은 담보물권이다. 부동산은 저당권이 설정되지만, 부동산이 아닌 동산이나 채권 및 주식 등 권리에는 질권이 설정될 수 있다.

※보충
❶ 설정 : 당사자 간의 계약에 의하여 새로이 소유권 이외의 권리를 창설하는 것(저당권 설정, 전세권 설정, 지상권 설정, 지역권 설정 등)
❷ 보존 : 미등기부동산에 대하여 소유권의 존재를 공시하기 위하여 처음으로 하는 등기
❸ 변경 : 권리내용의 변경(존속기간의 연장, 지료나 임료의 증감)인 실체법상의 변경 외에 부동산 표시의 변경이나 등기명의인 표시의 변경 등을 포함한다.
❹ 처분제한 : 소유자나 기타 권리자가 가지는 권리의 처분 기능을 제한하는 것(가압류, 처분금지 가처분 등)

04 권리의 순위

❶ 같은 부동산에 관하여 등기한 권리의 순위는 법률에 다른 규정이 없으면 등기한 순서에 따른다.
❷ 등기의 순서는 등기기록 중 같은 구에서 한 등기 상호 간에는 순위번호에 따르고, 다른 구에서 한 등기 상호 간에는 접수번호에 따른다.
❸ 부기등기의 순위는 주등기의 순위에 따른다.
❹ 같은 주등기에 관한 부기등기 상호 간의 순위는 그 등기 순서에 따른다.

05 효력발생시기

❶ 등기신청은 등기신청정보가 전산정보처리조직에 저장된 때 접수된 것으로 본다.
❷ 등기관이 등기를 마친 경우 그 등기는 접수한 때부터 효력을 발생한다.

중요지문 등기관이 등기를 마쳤을 때에는 신청인에게 그 사실을 알려야 하며, 신청인이 등기완료의 통지를 받은 때부터 그 등기의 효력이 발생한다. ( )

▶정답 ✕
등기를 마친 경우 그 등기는 접수한 때부터 등기의 효력이 발생한다.

등기소와 등기관

01 등기소 ★제36회

구분	의의
관할	등기사무는 부동산의 소재지를 관할하는 지방법원, 그 지원 또는 등기소에서 담당한다.
지정	부동산이 여러 등기소의 관할구역에 걸쳐 있을 때에는 각 등기소를 관할하는 상급법원의 장이 관할 등기소를 지정한다.
위임	대법원장은 어느 등기소의 관할에 속하는 사무를 다른 등기소에 위임하게 할 수 있다.
정지	❶ 대법원장은 다음의 어느 하나에 해당하는 경우로서 등기소에서 정상적인 등기사무의 처리가 어려운 경우에는 기간을 정하여 등기사무의 정지를 명하거나 대법원 규칙으로 정하는 바에 따라 등기사무의 처리를 위하여 필요한 처분을 명령할 수 있다. ㉠ 재난 및 안전관리 기본법의 재난이 발생한 경우 ㉡ 정전 또는 정보통신망의 장애가 발생한 경우 ❷ 대법원장은 대법원규칙으로 정하는 바에 따라 정지명령에 관한 권한을 법원행정처장에게, 처분명령에 관한 권한을 법원행정처장 또는 지방법원장에게 위임할 수 있다.

02 등기관

(1) 등기사무의 처리

❶ 등기사무는 등기소에 근무하는 법원서기관·등기사무관·등기주사 또는 등기주사보 중에서 지방법원장이 지정하는 자["등기관"]가 처리한다.
❷ 등기관은 등기사무를 전산정보처리조직을 이용하여 등기부에 등기사항을 기록하는 방식으로 처리하여야 한다.
❸ 등기관은 접수번호의 순서에 따라 등기사무를 처리하여야 한다.
❹ 등기관이 등기사무를 처리한 때에는 등기사무를 처리한 등기관이 누구인지 알 수 있는 조치를 하여야 한다.

(2) 업무처리의 제한

❶ 등기관은 자기, 배우자 또는 4촌 이내의 친족("배우자 등")이 등기신청인인 때에는 그 등기소에서 소유권등기를 한 성년자로서 등기관의 배우자 등이 아닌 자 2명 이상의 참여가 없으면 등기를 할 수 없다. 배우자 등의 관계가 끝난 후에도 같다.

❷ 등기관은 조서를 작성하여 참여인과 같이 기명날인 또는 서명을 하여야 한다.

등기부 등

01 등기부의 구분 등

(1) **등기부의 종류** : 등기부는 토지등기부와 건물등기부로 구분한다.

(2) **등기부의 보존** : 등기부는 영구히 보존하여야 한다.

중요지문 등기부와 폐쇄한 등기 기록은 영구히 보존하여야 한다.

( )

▶정답 ○

(3) **보관·관리(중앙관리소) 및 반출**

반출가능사유	전쟁·천재지변	법원의 명령·촉탁, 영장
등기부 및 부속서류	가능	불가능
신청서 및 부속서류	가능	가능

(4) **신탁원부 등의 보존기간**

보조기억장치에 저장한 정보는 다음의 구분에 따른 기간 동안 보존하여야 한다.

영구보존 장부	신탁원부, 공동담보(전세)목록, 도면, 매매목록
5년 보존 장부	신청정보 및 첨부정보와 취하정보

02 물적편성주의

(1) **등기기록**

❶ **원칙** : 등기부는 1필지의 토지 또는 1개의 건물에 대하여 1개의 등기기록을 둔다.

❷ **예외** : 구분건물에 있어서는 1동 건물 전부에 대하여 1개의 등기기록을 둔다.

(2) **구성**

표제부	갑구	을구
부동산의 표시	소유권에 관한 사항	소유권 외의 권리에 관한 사항

※보충 관련판례
구분건물의 요건(구조상 독립성 및 이용상 독립성)을 갖춘 1동의 건물을 신축한 경우 소유자는 1동 전체를 단독건물로 등기할 수도 있고, 1동의 건물을 각각 구분하여 구분건물로 등기할 수도 있다. 또한 단독건물로 등기한 후 구분건물로 변경할 수도 있고, 구분건물을 단독건물로 변경할 수도 있다.

03 일반건물의 1등기기록

고유번호 1355-2001-003654

【 표 제 부 】		(건물의 표시)		
표시 번호	접 수	소재지번	건물내역	등기원인 및 기타사항
1	○년○월○일	서울시 서초구 서초동 100	시멘트벽돌 슬라브지붕 2층주택 120.34㎡ 지하실 40㎡	도면편철장 제5책 37장

【 갑 구 】		(소유권에 관한 사항)		
순위 번호	등기목적	접 수	등기원인	권리자 및 기타사항
1	소유권보존	○년○월○일 제4562호		소유자　　　박철수 630724-1057413 서울 동작구 상도동 14
2	소유권이전	○년○월○일 제3877호	○년○월○일 매매	소유자　　　김영희 730521-2256418 서울 강남구 역삼동 70

【 을 구 】		(소유권 이외의 권리에 관한 사항)		
순위 번호	등기목적	접 수	등기원인	권리자 및 기타사항
1	**저당권설정**	○년○월○일 제8755호	○년○월○일 설정계약	**채권액　　　금 2억원** 채무자　　　김영희 서울 강남구 역삼동 70 저당권자　　㈜ 우리은행 서울 강남구 신사동 120
2	**전세권설정**	○년○월○일 제3123호	2○년○월○일 설정계약	**전세금　　　금 1억원** **범 위　　　건물전부** 전세권자　　　한영훈 서울 종로구 관수동 20

04 등기부부본자료의 작성

등기관이 **등기를 마쳤을 때**에는 **등기부부본자료를 작성**하여야 한다.

> ❶ 등기부부본자료는 전산정보처리조직으로 작성하여야 한다.
> ❷ 등기부부본자료는 법원행정처장이 지정하는 장소에 보관하여야 한다.
> ❸ 등기부부본자료는 등기부와 동일하게 관리하여야 한다.

05 등기부의 손상과 복구

중요지문 등기부의 부속서류가 손상·멸실될 염려가 있을 때에는 대법원장은 그 방지를 위하여 필요한 처분을 명령할 수 있다. (   )

▶ 정답 ○

> ❶ 등기부의 전부 또는 일부가 손상되거나 손상될 염려가 있을 때에는 대법원장은 등기부의 복구·손상방지 등 필요한 처분을 명령할 수 있다.
> ❷ 등기부의 부속서류가 손상·멸실의 염려가 있을 때에는 대법원장은 그 방지를 위하여 필요한 처분을 명령할 수 있다.
> ❸ 대법원장은 처분명령에 관한 권한을 법원행정처장 또는 지방법원장에게 위임할 수 있다.

06 등기사항의 열람 등

추가 폐쇄한 등기기록의 열람 및 등기사항증명서의 발급은 관할 등기소가 아닌 등기소에 대하여도 할 수 있다.

> ❶ 누구든지 수수료를 내고 등기기록에 기록되어 있는 사항의 전부 또는 일부의 열람과 이를 증명하는 등기사항증명서의 발급을 청구할 수 있다. 다만, 등기기록의 부속서류에 대하여는 이해관계 있는 부분만 열람을 청구할 수 있다.
> ❷ 등기기록의 열람 및 등기사항증명서의 발급 청구는 관할 등기소가 아닌 등기소에 대하여도 할 수 있다.
> ❸ 등기관이 등기기록에 등기된 사항을 새로운 등기기록에 옮겨 기록한 때에는 종전 등기기록을 폐쇄하여야 한다.
> ❹ 폐쇄한 등기기록은 영구히 보존하여야 한다.
> ❺ 등기관이 같은 토지에 관하여 중복하여 마쳐진 등기기록을 발견한 경우에는 중복등기기록 중 어느 하나의 등기기록을 폐쇄하여야 한다.
> ❻ 폐쇄된 등기기록의 소유권의 등기명의인 또는 등기상 이해관계인은 그 토지가 폐쇄된 등기기록의 소유권의 등기명의인의 소유임을 증명하여 폐쇄된 등기기록의 부활을 신청할 수 있다.
> ※ 중복등기기록의 정리는 실체의 관계에 영향을 미치지 아니한다.

01 신청주의

(1) **신청 또는 촉탁** : 등기는 당사자의 신청 또는 관공서의 촉탁에 따라 한다. 다만, 법률에 다른 규정이 있는 경우에는 그러하지 아니하다.

(2) **1건 1신청주의** : 등기의 신청은 1건당 1개의 부동산에 관한 신청정보를 제공하는 방법으로 하여야 한다. 다만, **등기목적과 등기원인이 동일한 경우**에는 여러 개의 부동산에 관한 **신청정보를 일괄하여 제공하는 방법**으로 할 수 있다.

추가 📝 **일괄신청**
같은 채권의 담보를 위하여 소유자가 다른 여러 개의 부동산에 대한 저당권설정등기를 신청하는 경우에는 1건의 신청정보로 일괄하여 신청할 수 있다.

(3) **신청방법**

> ❶ 방문신청 : 신청인 또는 그 대리인이 등기소에 출석하여 신청정보 및 첨부정보를 적은 서면을 제출하는 방법. 다만, 대리인이 변호사나 법무사인 경우에는 사무원을 등기소에 출석하게 하여 그 서면을 제출할 수 있다.
> ❷ 전자신청 : 전산정보처리조직을 이용(이동통신단말장치에서 사용되는 애플리케이션을 통하여 이용하는 경우를 포함한다)하여 신청정보 및 첨부정보를 보내는 방법

(4) **전자신청의 방법 등**

❶ **전자신청 당사자** : 전자신청은 당사자가 직접 하거나 자격자대리인(변호사 또는 법무사)이 당사자를 대리하여 한다. 다만, **법인 아닌 사단이나 재단은 전자신청을 할 수 없으며**, 외국인의 경우에는 일정한 요건(외국인등록 또는 국내거소신고)을 갖추어야 한다.

❷ **사용자 등록** : 전자신청을 하기 위해서는 그 등기신청을 하는 당사자 또는 등기신청을 대리할 수 있는 자격자대리인이 최초의 등기신청 전에 사용자등록을 하여야 한다.

❸ **제출 서류** : 사용자등록 신청서에는 **인감증명과 함께 주소를 증명하는 서면**을 첨부하여야 한다.

❹ **유효기간** : 사용자등록의 **유효기간은 3년**으로 한다. 이 유효기간이 지난 경우에는 사용자등록을 다시 하여야 한다.

❺ **연장** : 사용자등록의 유효기간 만료일 3개월 전부터 만료일까지는 그 유효기간의 연장을 신청할 수 있으며, 그 연장기간은 3년으로 한다. → 유효기간 연장은 전자문서로 신청할 수 있다.

중요지문 비법인사단은 사용자 등록을 하고 등기에 관하여 전자신청을 할 수 있다. ( )

▶정답 ✕
비법인사단은 전자신청을 할 수 없다.

PART

05

02 등기의 당사자 능력 ★제36회

등기신청적격이 있는 경우	등기신청적격이 없는 경우
❶ 자연인, 법인, 외국인	❶ 태아
❷ 법인 아닌 사단·재단(종중·아파트입주자대표회의)	
❸ 학교법인	❸ 학교(국립·공립·사립)
❹ 특별법상 조합(농협, 축협, 수협)	❹ 민법상 조합
❺ 지방자치단체(시·도/시·군·구)	❺ 읍·면, 동·리

※핵심 등기신청

❶ 종중, 문중, 그 밖에 대표자나 관리인이 있는 법인 아닌 사단이나 재단에 속하는 부동산의 등기에 관하여는 그 사단이나 재단을 등기권리자 또는 등기의무자로 한다.

❷ 등기는 그 사단이나 재단의 명의로 그 대표자나 관리인이 신청한다.

❸ 등기원인이 발생한 후에 등기권리자 또는 등기의무자에 대하여 상속이나 그 밖의 포괄승계가 있는 경우에는 상속인이나 그 밖의 포괄승계인이 그 등기를 신청할 수 있다.

❹ 채권자는 「민법」 제404조에 따라 채무자를 대위하여 등기를 신청할 수 있다.

추가 비법인사단의 대표자나 관리인이 등기를 신청한 경우 등기관은 등기를 마치면 그 대표자나 관리인에게 등기필정보를 제공한다.

03 등기신청인 ★제36회

(1) **공동신청** : 등기는 법률에 다른 규정이 없는 경우에는 **등기권리자와 등기의무자가 공동으로 신청**한다.

(2) **단독신청**

소유권 보존등기	소유권보존등기 또는 소유권보존등기의 말소등기는 등기명의인으로 될 자 또는 **등기명의인이 단독으로 신청**한다.
상속, 합병	상속, 법인의 합병, 그 밖에 포괄승계에 따른 등기는 **등기권리자가 단독으로 신청**한다.
판결에 의한 등기	❶ 등기절차의 이행 또는 인수를 명하는 판결에 의한 등기는 승소한 등기권리자 또는 등기의무자가 단독으로 신청한다. ❷ 공유물을 분할하는 판결에 의한 등기는 등기권리자 또는 등기의무자가 단독으로 신청한다.

변경등기	❶ 부동산표시의 변경이나 경정의 등기는 소유권의 **등기명의인**이 단독으로 신청한다. ❷ 등기명의인표시의 변경이나 경정의 등기는 해당 권리의 **등기명의인**이 단독으로 신청한다.
신탁등기	❶ 신탁재산에 속하는 부동산의 신탁등기는 수탁자가 단독으로 신청한다. ❷ 수탁자가 타인에게 신탁재산에 대하여 신탁을 설정하는 경우 해당 신탁재산에 속하는 부동산에 관한 권리이전등기에 대하여는 새로운 신탁의 수탁자를 등기권리자로 하고 원래 신탁의 수탁자를 등기의무자로 한다. 이 경우 해당 신탁재산에 속하는 부동산의 신탁등기는 새로운 신탁의 수탁자가 단독으로 신청한다.

04 각하(제29조)

등기관은 다음의 어느 하나에 해당하는 경우에만 이유를 적은 결정으로 신청을 각하하여야 한다. 다만, 신청의 잘못된 부분이 보정될 수 있는 경우로서 신청인이 등기관이 보정을 명한 날의 다음 날까지 그 **잘못된 부분을 보정**하였을 때에는 그러하지 아니하다.

법 제29조	각하사유	실행된 경우
제1호	사건이 그 등기소의 관할이 아닌 경우	당연무효 (직권말소)
제2호	사건이 등기할 것이 아닌 경우	
제3호	신청할 권한이 없는 자가 신청한 경우	실체관계에 부합하면 **유효**
제4호	방문신청규정에 따라 등기를 신청할 때에 당사자나 그 대리인이 출석하지 아니한 경우	
제5호	신청정보의 제공이 대법원규칙으로 정한 방식에 맞지 아니한 경우	
제6호	신청정보의 부동산 또는 등기의 목적인 권리의 표시가 등기기록과 일치하지 아니한 경우	
제7호	신청정보의 등기의무자의 표시가 등기기록과 일치하지 아니한 경우. 다만, 포괄승계인이 신청하는 경우에는 제외한다.	
제8호	신청정보와 등기원인을 증명하는 정보가 일치하지 아니한 경우	
제9호	등기에 필요한 첨부정보를 제공하지 아니한 경우	

중요지문 공유물을 분할하는 판결에 의한 등기는 등기권리자 또는 등기의무자가 단독으로 신청한다. (   )

▶정답 ○

중요지문 신탁재산에 속하는 부동산의 신탁등기는 위탁자가 단독으로 신청한다. (   )

▶정답 ×
신탁등기는 수탁자가 단독으로 신청한다.

중요지문 사건이 등기할 것이 아닌 경우에는 등기관이 직권으로 등기를 말소할 수 있다. (   )

▶정답 ○

제10호	취득세, 등록면허세 또는 수수료를 내지 아니하거나 등기신청과 관련하여 다른 법률에 따라 부과된 의무를 이행하지 아니한 경우
제11호	신청정보 또는 등기기록의 부동산의 표시가 토지대장·임야대장 또는 건축물대장과 일치하지 아니한 경우

05 행정구역의 변경

행정구역 또는 그 명칭이 변경되었을 때에는 등기기록에 기록된 행정구역 또는 그 명칭에 대하여 **변경등기가 있는 것으로 본다.**

06 등기의 경정 등

(1) 착오 등의 통지

등기관이 등기를 마친 후 그 등기에 **착오나 빠진 부분이 있음을 발견**하였을 때에는 지체 없이 그 사실을 **등기권리자와 등기의무자에게 알려야 하고,** 등기권리자와 등기의무자가 없는 경우에는 등기명의인에게 알려야 한다. 다만, 등기권리자, 등기의무자 또는 등기명의인이 **각 2인 이상인 경우에는 그중 1인에게 통지**하면 된다. ⇒ 채권자 대위등기신청 시 채권자에게 통지(2인 이상인 경우에는 1인에게 통지)

(2) 직권경정

등기관이 등기의 착오나 빠진 부분이 **등기관의 잘못으로 인한 것임을 발견**한 경우에는 지체 없이 그 등기를 **직권으로 경정**하여야 한다. 다만, 등기상 이해관계 있는 제3자가 있는 경우에는 **제3자의 승낙**이 있어야 한다.

(3) 새 등기기록에의 이기

등기기록에 기록된 사항이 많아 취급하기에 불편하게 되는 등 합리적 사유로 등기기록을 옮겨 기록할 필요가 있는 경우에 등기관은 **현재 효력이 있는 등기**만을 새로운 등기기록에 옮겨 기록할 수 있다.

※보충) 경정등기
등기사항의 원시적 일부 불일치(착오 또는 빠진 사항)를 시정하기 위한 등기이다.

중요지문 등기관은 등기권리자, 등기의무자 또는 등기명의인이 각 2인 이상인 경우에는 직권으로 경정등기를 한 사실을 그 모두에게 알려야 한다. (　　)

▶ 정답 ×
등기권리자, 등기의무자 또는 등기명의인이 각 2인 이상인 경우에는 그중 1인에게 통지하면 된다.

표시에 관한 등기

01 토지의 표시에 관한 등기

⑴ 등기사항

등기관은 **토지 등기기록의 표제부에** 다음의 사항을 기록하여야 한다.

❶ 표시번호
❷ 접수연월일
❸ 소재와 지번
❹ 지목
❺ 면적
❻ 등기원인

⑵ 변경등기신청

토지의 분할, 합병이 있는 경우와 **등기사항에 변경이** 있는 경우에는 그 토지 소유권의 **등기명의인은** 그 사실이 있는 때부터 **1개월 이내에** 그 등기를 신청하여야 한다.

⑶ 직권에 의한 표시변경등기

❶ 등기관이 지적소관청으로부터 토지의 표시와 등기표시의 불일치 통지를 받은 경우에 1개월 이내에 등기명의인으로부터 **등기신청이 없을 때에는** 그 통지서의 기재내용에 따른 변경의 등기를 **직권으로** 하여야 한다.

❷ 위 ❶의 등기를 하였을 때에는 등기관은 지체 없이 그 사실을 지적소관청과 소유권의 등기명의인에게 알려야 한다. 다만, 등기명의인이 **2인 이상인** 경우에는 그중 1인에게 **통지하면** 된다.

⑷ 합필제한

❶ 합필하려는 토지에 **다음의 등기 외의** 권리에 관한 등기가 있는 경우에는 합필의 등기를 할 수 없다.

㉠ 소유권·지상권·전세권·임차권 및 승역지에 하는 지역권의 등기
㉡ 합필하려는 모든 토지에 있는 등기원인 및 그 연월일과 접수번호가 동일한 저당권에 관한 등기
㉢ 합필하려는 모든 토지에 있는 등기사항이 동일한 신탁등기

❷ 등기관이 ❶항을 위반한 등기의 신청을 각하하면 지체 없이 그 사유를 지적소관청에 알려야 한다.

(5) 합필의 특례

❶ 토지합병절차를 마친 후 합필등기를 하기 전에 합병된 토지 중 어느 토지에 관하여 소유권이전등기가 된 경우라 하더라도 이해관계인의 승낙이 있으면 해당 토지의 소유권의 등기명의인들은 합필 후의 토지를 공유로 하는 합필등기를 신청할 수 있다.

❷ 토지합병절차를 마친 후 합필등기를 하기 전에 합병된 토지 중 어느 토지에 관하여 합필등기의 제한 사유에 해당하는 권리에 관한 등기가 된 경우라 하더라도 이해관계인의 승낙이 있으면 해당 토지의 소유권의 등기명의인은 그 권리의 목적물을 합필 후의 토지에 관한 지분으로 하는 합필등기를 신청할 수 있다.

(6) 멸실등기신청

토지가 멸실된 경우에는 그 토지 소유권의 등기명의인은 그 사실이 있는 때부터 1개월 이내에 그 등기를 신청하여야 한다.

02 건물의 표시에 관한 등기

(1) 등기사항

❶ 등기관은 건물 등기기록의 표제부에 다음의 사항을 기록하여야 한다.

> ㉠ 표시번호
> ㉡ 접수연월일
> ㉢ 소재와 지번 및 건물명칭(건축물대장에 건물명칭이 기재되어 있는 경우만 해당한다) 및 번호. 같은 지번 위에 1개의 건물만 있는 경우에는 건물번호는 기록하지 아니한다.
> ㉣ 건물의 종류, 구조와 면적. 부속건물이 있는 경우에는 부속건물의 종류, 구조와 면적도 함께 기록한다.
> ㉤ 등기원인
> ㉥ 도면의 번호(같은 지번 위에 여러 개의 건물이 있는 경우와 구분건물인 경우로 한정한다)

추가 ◈ 요역지

요역지(要役地 : 편익필요지)에 하는 지역권의 등기가 있는 경우에는 합필 후의 토지 전체를 위한 지역권으로 하는 합필등기를 신청하여야 한다.

고유번호 1355-2001-003654

【 표 제 부 】		(건물의 표시)		
표시번호	접 수	소재지번	건물내역	등기원인 및 기타사항
1	○년○월○일	서울시 서초구 서초동 100	시멘트벽돌 슬라브지붕 2층주택 120.34㎡ 지하실 40㎡	도면편철장 제5책 37면

⑵ **구분건물**

❶ 등기할 건물이 구분건물인 경우에 등기관은 1동 건물의 등기기록의 표제부에는 소재와 지번, 건물명칭 및 번호를 기록하고 전유부분의 등기기록의 표제부에는 건물번호를 기록하여야 한다.

❷ 구분건물에 대지사용권으로서 건물과 분리하여 처분할 수 없는 것(대지권)이 있는 경우에는 등기관은 1동 건물의 등기기록의 표제부에 대지권의 목적인 토지의 표시에 관한 사항을 기록하고 전유부분의 등기기록의 표제부에는 대지권의 표시에 관한 사항을 기록하여야 한다.

❸ 등기관이 대지권등기를 하였을 때에는 **직권**으로 대지권의 목적인 토지의 등기기록에 소유권, 지상권, 전세권 또는 임차권이 **대지권이라는 뜻을 기록**하여야 한다.

[중요지문] 등기관이 대지권 등기를 하였을 때에는 직권으로 대지권의 목적인 토지의 등기기록에 소유권, 지상권, 전세권 또는 임차권이 대지권이라는 뜻을 기록하여야 한다. ( )

▶정답 ○

1동건물의 표제부

고유번호 1301-1906-637584

【 표 제 부 】		(1동 건물의 표시)		
표시번호	접 수	소재지번, 건물명칭 및 번호	건물내역	등기원인 및 기타사항
1	년 월 일	서울시 강남구 서초동 70, 71 신동아아파트 제101동	5층 아파트 1층 637㎡ 2층 637㎡ 3층 637㎡ 4층 637㎡ 5층 637㎡	도면번호 제20호

(토지의 표시)				
표시번호	소재 지번	지목	면적	등기원인 및 기타사항
1	1. 서울특별시 강남구 서초동 70 2. 서울특별시 강남구 서초동 71	대 대	$1,759m^2$ $745m^2$	○년○월○일

전유부분의 표제부

【표 제 부】		(전유부분의 건물의 표시)		
표시번호	접 수	건물번호	건물내역	등기원인 및 기타사항
1	년 월 일	제1층 제101호	철근콘크리트조 $96m^2$	도면번호 제20호
(대지권의 표시)				
표시번호	대지권의 종류		대지권의 비율	등기원인 및 기타사항
1	1. 소유권대지권 2. 지상권대지권		1,759분의 47 745분의 47	○년○월○일 대지권 ○년○월○일 대지권
2				**별도등기 있음** 1토지(근저당권설정등기) 2토지(근저당권설정등기)

【갑 구】		(소유권에 관한 사항)		
순위번호	등기목적	접 수	등기원인	권리자 및 기타사항
2	소유권이전	○년○월○일	매매	**소유자 박철수** 서울특별시 동작구 대방동

【을 구】		(소유권 외의 권리에 관한 사항)		
순위번호	등기목적	접 수	등기원인	권리자 및 기타사항
1	저당권설정	○년○월○일	설정계약	**저당권자 (주)우리은행** 채권액 금 1억원 채무자 박철수

(3) 변경등기신청

❶ 건물의 **분할, 구분, 합병**이 있는 경우와 등기사항에 **변경**이 있는 경우에는 그 건물 소유권의 등기명의인은 그 사실이 있는 때부터 **1개월 이내**에 그 등기를 **신청**하여야 한다.

❷ 구분건물로서 **표시등기만 있는** 건물에 관하여는 제65조 각 호에 해당하는 자가 ❶항에 따른 변경등기를 신청하여야 한다.

> 제65조(소유권보존등기의 신청인)
> 미등기의 토지 또는 건물에 관한 소유권보존등기는 다음의 어느 하나에 해당하는 자가 신청할 수 있다.
> ㉠ 토지대장, 임야대장 또는 건축물대장에 최초의 소유자로 등록되어 있는 자 또는 그 상속인, 그 밖의 포괄승계인
> ㉡ 확정판결에 의하여 자기의 소유권을 증명하는 자
> ㉢ 수용으로 인하여 소유권을 취득하였음을 증명하는 자
> ㉣ 특별자치도지사, 시장, 군수 또는 구청장(자치구의 구청장을 말한다)의 확인에 의하여 자기의 소유권을 증명하는 자(건물의 경우로 한정한다)

❸ **구분건물**로서 그 **대지권의 변경**이나 소멸이 있는 경우에는 구분건물의 소유권의 등기명의인은 1동의 건물에 속하는 다른 구분건물의 소유권의 등기명의인을 대위하여 그 등기를 신청할 수 있다.

❹ 건물이 **구분건물**인 경우에 그 건물의 등기기록 중 **1동 표제부에 기록하는 등기사항에 관한 변경등기**는 그 구분건물과 같은 1동의 건물에 속하는 **다른 구분건물**에 대하여도 변경등기로서의 **효력이 있다.**

(4) 합병제한

❶ 합병하려는 건물에 **다음의 등기 외의** 권리에 관한 등기가 있는 경우에는 **합병의 등기를 할 수 없다.**

> ㉠ 소유권·전세권·임차권의 등기(지상권×, 지역권×)
> ㉡ 합병하려는 모든 건물에 있는 등기원인 및 그 연월일과 접수번호가 동일한 저당권에 관한 등기
> ㉢ 합병하려는 모든 건물에 있는 등기사항이 동일한 신탁등기

❷ 등기관이 ❶항을 위반한 등기의 신청을 각하하면 지체 없이 그 사유를 건축물대장 소관청에 알려야 한다.

추가 변경등기
등기가 마쳐진 후에 발생한 후발적 일부 불일치를 시정하는 등기를 말한다.

중요지문 구분건물의 등기기록 중 1동 표제부에 관한 변경등기는 그 구분건물과 같은 1동의 건물에 속하는 다른 구분건물에 대하여는 변경등기로서의 효력이 없다. ( )

▶ 정답 ×
구분건물의 등기기록 중 1동 표제부에 관한 변경등기는 그 구분건물과 같은 1동의 건물에 속하는 다른 구분건물에 대하여는 변경등기로서의 효력이 있다.

추가 멸실등기
토지의 함몰·포락 또는 건물의 소실·붕괴 등으로 인하여 1개의 부동산 전부가 물리적으로 소멸하는 경우 표시란에 하는 사실의 등기를 말한다.

(5) 멸실등기의 신청

❶ 건물이 멸실된 경우에는 그 건물 소유권의 등기명의인은 그 사실이 있는 때부터 1개월 이내에 그 등기를 신청하여야 한다.

❷ 건물소유권의 등기명의인이 1개월 이내에 멸실등기를 신청히지 아니하면 그 건물대지의 소유자가 건물 소유권의 등기명의인을 대위하여 그 등기를 신청할 수 있다.

❸ 구분건물로서 그 건물이 속하는 1동 전부가 멸실된 경우에는 그 **구분건물의 소유권의 등기명의인**은 1동의 건물에 속하는 다른 구분건물의 소유권의 등기명의인을 대위하여 1동 전부에 대한 멸실등기를 신청할 수 있다.

(6) 건물의 부존재

❶ 존재하지 아니하는 건물에 대한 등기가 있을 때에는 그 소유권의 등기명의인은 지체 없이 그 건물의 **멸실등기**를 신청하여야 한다.

중요지문 존재하지 아니하는 건물에 대한 등기가 있을 때에는 그 소유권의 등기명의인은 지체 없이 그 건물의 멸실등기를 신청하여야 한다. ( )

▶ 정답 ○

❷ 그 건물 소유권의 등기명의인이 등기를 신청하지 아니하는 경우에는 그 건물대지의 소유자가 건물 소유권의 등기명의인을 대위하여 그 등기를 신청할 수 있다.

❸ 존재하지 아니하는 건물이 구분건물인 경우에는 그 **구분건물의 소유권의 등기명의인**은 1동의 건물에 속하는 다른 구분건물의 소유권의 등기명의인을 대위하여 1동 전부에 대한 멸실등기를 신청할 수 있다.

(7) 등기상 이해관계인이 있는 건물의 멸실

소유권 외의 권리가 등기되어 있는 건물에 대한 멸실등기의 신청이 있는 경우에 등기관은 그 권리의 **등기명의인**에게 1개월 이내의 기간을 정하여 그 기간까지 이의를 진술하지 아니하면 멸실등기를 한다는 뜻을 알려야 한다. 다만, 건축물대장에 건물멸실의 뜻이 기록되어 있거나 소유권 외의 권리의 등기명의인이 멸실등기에 동의한 경우에는 그러하지 아니하다.

중요지문 1동의 건물에 속하는 구분건물 중 일부만에 관하여 소유권보존등기를 신청하는 경우에는 나머지 구분건물의 표시에 관한 등기를 동시에 신청하여야 한다. ( )

▶ 정답 ○

(8) 구분건물의 표시에 관한 등기

❶ 1동의 건물에 속하는 구분건물 중 일부만에 관하여 소유권보존등기를 신청하는 경우에는 나머지 구분건물의 표시에 관한 등기를 동시에 신청하여야 한다.

❷ 구분건물의 소유자는 1동에 속하는 다른 구분건물의 소유자를 대위하여 그 건물의 표시에 관한 등기를 신청할 수 있다.

❸ 구분건물이 아닌 건물로 등기된 건물에 접속하여 **구분건물을 신축한 경우**에 그 신축건물의 소유권보존등기를 신청할 때에는 구분건물이 아닌 건물을 구분건물로 변경하는 **건물의 표시변경등기를 동시에 신청하여야 한다.** 이 경우 구분건물의 소유자는 다른 건물소유자를 대위하여 신청할 수 있다.

(9) **규약상 공용부분의 등기**

❶ 「집합건물의 소유 및 관리에 관한 법률」에 따른 공용부분이라는 뜻의 등기는 소유권의 등기명의인이 신청하여야 한다. 이 경우 공용부분인 건물에 소유권 외의 권리에 관한 등기가 있을 때에는 그 권리의 등기명의인의 승낙이 있어야 한다.

❷ 공용부분이라는 뜻을 정한 **규약을 폐지한 경우**에 공용부분의 취득자는 지체 없이 소유권보존등기를 신청하여야 한다.

권리에 관한 등기

01 통칙

(1) 등기사항(제48조)

❶ 등기관이 갑구 또는 을구에 권리에 관한 등기를 할 때에는 다음의 사항을 기록하여야 한다.

> ❶ 순위번호
> ❷ 등기목적
> ❸ 접수연월일 및 접수번호
> ❹ 등기원인 및 그 연월일
> ❺ 권리자(권리자의 성명 또는 명칭 외에 주민등록번호 또는 부동산등기용등록번호와 주소 또는 사무소 소재지를 함께 기록하여야 한다)
> ※ 법인 아닌 사단이나 재단 명의의 등기를 할 때에는 그 대표자나 관리인의 성명, 주소 및 주민등록번호를 함께 기록하여야 한다.
> ※ 권리자가 2인 이상인 경우에는 권리자별 지분을 기록하여야 하고 등기할 권리가 합유인 때에는 그 뜻을 기록하여야 한다.

【 갑 구 】		(소유권에 관한 사항)		
순위번호	등기목적	접 수	등기원인	권리자 및 기타사항
1	소유권보존	○년○월○일 제3877호		**소유자 박철수** 630724-1057413 서울 동작구 상도동 14
2	소유권이전	○년○월○일 제4562호	○년○월○일 매매	**소유자 김영희** 730521-2256418 서울 강남구 역삼동 70

【 을 구 】	(소유권 이외의 권리에 관한 사항)			
순위번호	등기목적	접 수	등기원인	권리자 및 기타사항
1	저당권설정	○년○월○일 제3123호	○년○월○일 설정계약	**채권액**　　　**금 2억원** **채무자**　　　**김영희** 서울 강남구 역삼동 70 **저당권자**　　㈜ **우리은행** 서울 강남구 신사동 120
2	전세권설정	○년○월○일 제8755호	○년○월○일 설정계약	**전세금**　　　**금 1억원** **범 위**　　　**건물전부** **전세권자**　　**한영훈** 서울 종로구 관수동 20

(2) **등록번호 부여절차**(제49조)

국가・지방자치단체・국제기관 및 외국정부	국토교통부장관이 지정・고시
주민등록번호가 없는 재외국민	대법원 소재지 관할 등기소의 **등기관**
법인	주된 사무소 소재지 관할 등기소의 **등기관**
법인 아닌 사단이나 재단 및 국내에 영업소나 사무소의 설치 등기를 하지 아니한 외국법인	**시장**(행정시의 시장을 포함하며, 「지방자치법」에 따라 자치구가 아닌 구를 두는 시의 시장은 제외 한다), **군수 또는 구청장**
외국인	체류지(국내에 **체류지가 없는 경우**에는 대법원 소 재지에 **체류지가 있는 것으로 본다**)를 관할하는 **지방출입국・외국인관서의 장**

(3) **등기필정보**(제50조)

❶ 등기관이 새로운 권리에 관한 **등기**를 마쳤을 때에는 등기필정보를 작성하여 **등기권리자에게 통지**하여야 한다. 다만, 다음의 어느 하나에 해당하는 경우에는 **그러하지 아니하다.**

> ㉠ 등기권리자가 등기필정보의 통지를 원하지 아니하는 경우
> ㉡ 국가 또는 지방자치단체가 등기권리자인 경우
> ㉢ 대법원규칙으로 정하는 경우

❷ 등기권리자와 등기의무자가 공동으로 권리에 관한 등기를 신청하는 경우에 신청인은 그 신청정보와 함께 통지받은 등기의무자의 등기필정보를 등기소에 제공하여야 한다. 승소한 등기의무자가 단독으로 권리에 관한 등기를 신청하는 경우에도 또한 같다.

중요지문 국가・지방자치단체・국제기관 및 외국정부의 부동산 등기용등록번호는 법무부장관이 지정・고시한다.　　　( )

▶ **정답** ✕
국가・지방자치단체・국제기관 및 외국정부의 부동산등기용 등록번호는 국토교통부장관이 지정・고시한다.

보충 새로운 권리에 관한 등기
보존・설정・이전등기

등기필정보 및 등기완료통지

권 리 자	: 박철수
(주민)등록번호	: 630724-*******
주 소	: 서울시 동작구 상도동 14
부동산고유번호	: 1102-2017-002634
부 동 산 소 재	: [건물] 서울시 서초구 서초동 100
접 수 일 자	: 2015년 3월 3일 접 수 번 호 : 4562
등 기 목 적	: 소유권보존

▶ 부착기준선

일련번호 : A77C-LO71-35J5

비밀번호 (기재순서 : 순번-비밀번호)

01-7952	11-7072	21-2009	31-8842	41-3168
02-5790	12-7320	22-5102	32-1924	42-7064
03-1568	13-9724	23-1903	33-1690	43-4443
04-8861	14-8752	24-5554	34-3155	44-6994
05-1205	15-8608	25-7023	35-9695	45-2263
06-8893	16-5164	26-3856	36-6031	46-2140
07-5311	17-1538	27-2339	37-8569	47-3151
08-3481	18-3188	28-8119	38-9800	48-5318
09-7450	19-7312	29-1505	39-6977	49-1314
10-1176	20-1396	30-3488	40-6567	50-6459

2015년 3월 5일

서울중앙지방법원 등기국

◈ 보안스티커 안에는 다음 번 등기신청 시에 필요한 일련번호와 50개의 비밀번호가 기재되어 있습니다.
◈ 등기신청 시 일련번호와 비밀번호 1개를 임의로 선택하여 해당 순번과 함께 신청서에 기재하면 종래의 등기필증을 첨부한 것과 동일한 효력이 있으며, 등기필정보 및 등기완료통지서면 자체를 첨부하는 것이 아님을 유의하시기 바랍니다.
◈ 따라서 등기신청서 등기필정보 및 등기완료통지서면을 거래상대방이나 대리인에게 줄 필요가 없고, 대리인에게 위임한 경우에는 일련번호와 비밀번호 50개 중 1개와 해당 순번만 알려 주시면 됩니다.
등기필정보 및 등기완료통지서는 종래의 등기필증을 대신하여 발행된 것으로 분실시 재발급되지 아니하니 보관에 각별히 유의하시기 바랍니다.

※보충	등기필정보를 제공하지 않는 경우 본인확인방법
출석확인	등기의무자의 등기필정보가 없을 때에는 등기의무자 또는 그 법정대리인이 등기소에 출석하여 등기관으로부터 등기의무자등임을 확인받아야 한다.
위임확인	등기신청인의 대리인(변호사나 법무사만을 말한다)이 등기의무자 등으로부터 위임받았음을 확인한 경우
공증서면	신청서 중 등기의무자등의 작성부분에 관하여 공증을 받은 경우

(4) **부기등기**(제52조)

등기관이 다음의 등기를 할 때에는 부기로 하여야 한다. 다만, ❺의 등기는 등기상 이해관계 있는 제3자의 승낙이 없는 경우에는 그러하지 아니하다.

> ❶ 등기명의인표시의 변경이나 경정의 등기
> ❷ 소유권 외의 권리의 이전등기 ↔ 소유권 외의 권리설정등기(주등기)
> ❸ 소유권 외의 권리를 목적으로 하는 권리에 관한 등기
> ❹ 소유권 외의 권리에 대한 처분제한 등기
> ❺ 권리의 변경이나 경정의 등기 ⇒ 제3자의 승낙이 있는 경우에 한한다.
> ❻ 일부말소회복등기 ↔ 전부말소회복등기(주등기)
> ❼ 환매특약등기
> ❽ 권리소멸약정등기
> ❾ 공유물 분할금지의 약정등기

(5) **환매특약등기**(제53조)

등기관이 환매특약의 등기를 할 때에는 다음의 사항을 기록하여야 한다. 다만, ❸은 등기원인에 그 사항이 정하여져 있는 경우에만 기록한다.

> ❶ 매수인이 지급한 대금(필요적 기재)
> ❷ 매매비용(필요적 기록)
> ❸ 환매기간(임의적 기록)

추가 ✎ 부기등기
1. 등기관이 부기등기를 할 때에는 주등기 또는 부기등기의 순위번호에 가지번호를 붙여서 하여야 한다.
2. 하나의 주등기에 여러 개의 부기등기를 할 수 있고, 부기등기의 부기등기도 가능하다.
3. 부기등기의 순위는 주등기의 순위에 의하고, 부기등기 상호 간의 순위는 그 등기의 순서에 의한다.

PART 05

【갑구】 (소유권에 관한 사항)

순위번호	등기목적	접수	등기원인	권리자 및 기타사항
1	소유권이전	1997년 4월 3일 제132호	1997년 3월 10일 매매	소유자 박철수 경기 고양 ○○○ ○○번지
2	소유권이전	1997년 4월 3일 제132호	2005년 2월 2일 환매특약부 매매	소유자 김영희 서울 서대문구 ○○동 145-1
2-1	환매특약 (부기등기)	1997년 4월 3일 제132호	2005년 2월 2일 특약	환매대금 금430,000,000원 환매기간 2005년 2월 2일 ~ 2009년 2월 2일 환매권자 박철수
(2-1)-1	환매권이전등기	부기등기의 부기등기		등기원인 : 환매권매매
3	소유권이전등기	환매권실행등기 / 주등기		등기원인 : 환매(공동신청)

(6) 약정등기 및 말소등기

❶ **약정등기** : 등기원인에 권리의 소멸에 관한 약정이 있을 경우 신청인은 그 약정에 관한 등기를 신청할 수 있다.

❷ **사망 또는 해산으로 인한 말소등기** : 등기명의인인 사람의 사망 또는 법인의 해산으로 권리가 소멸한다는 약정이 등기되어 있는 경우에 사람의 사망 또는 법인의 해산으로 그 권리가 소멸하였을 때에는, 등기권리자는 그 사실을 증명하여 단독으로 해당 등기의 말소를 신청할 수 있다.

❸ **소재불명과 말소등기**

> ❶ 등기권리자가 등기의무자의 소재불명으로 인하여 공동으로 등기의 말소를 신청할 수 없을 때에는 「민사소송법」에 따라 공시최고(公示催告)를 신청할 수 있다.
> ❷ 제권판결이 있으면 등기권리자가 그 사실을 증명하여 단독으로 등기의 말소를 신청할 수 있다.

❹ **제3자가 있는 등기의 말소**

> ❶ 등기의 말소를 신청하는 경우에 그 말소에 대하여 등기상 이해관계 있는 제3자가 있을 때에는 제3자의 승낙이 있어야 한다.
> ❷ 등기를 말소할 때에는 등기상 이해관계 있는 제3자 명의의 등기는 등기관이 직권으로 말소한다.

❺ 직권에 의한 등기의 말소

> ㉠ 등기관이 등기를 마친 후 그 등기가 등기소 관할이 아닌 경우 또는 등기할 것이 아닌 경우에 해당된 것임을 발견하였을 때에는 등기권리자, 등기의무자와 등기상 이해관계 있는 제3자에게 1개월 이내의 기간을 정하여 그 기간에 이의를 진술하지 아니하면 등기를 말소한다는 뜻을 통지하여야 한다.
> ㉡ 등기관은 말소에 관하여 이의를 진술한 자가 있으면 그 이의에 대한 결정을 하여야 한다.
> ㉢ 등기관은 이의를 진술한 자가 없거나 이의를 각하한 경우에는 등기를 직권으로 말소하여야 한다.

❻ 말소등기의 회복 : 말소된 등기의 회복을 신청하는 경우에 등기상 이해관계 있는 제3자가 있을 때에는 그 **제3자의 승낙이 있어야 한다.**

(7) 대지사용권의 취득

> ❶ 구분건물을 신축한 자가 대지사용권을 가지고 있는 경우에 대지권에 관한 등기를 하지 아니하고 구분 건물에 관하여만 소유권이전등기를 마쳤을 때에는 현재의 구분건물의 소유명의인과 공동으로 대지사용권에 관한 이전등기를 신청할 수 있다.
> ❷ 구분건물을 신축하여 양도한 자가 그 건물의 대지사용권을 나중에 취득하여 이전하기로 약정한 경우에는 제❶항을 준용한다.
> ❸ 제❶항 및 제❷항에 따른 등기는 대지권에 관한 등기와 동시에 신청하여야 한다.

※보충 대지사용권
구분소유자가 전유부분을 소유하기 위하여 건물의 대지에 대하여 가지는 권리를 말한다.

(8) 구분건물의 등기기록에 대지권 등기가 되어 있는 경우

> ❶ 대지권을 등기한 후에 한 건물의 권리에 관한 등기는 대지권에 대하여 동일한 등기로서 효력이 있다. 다만, 그 등기에 건물만에 관한 것이라는 뜻의 부기가 되어 있을 때에는 그러하지 아니하다.
> ❷ 대지권에 대한 등기로서의 효력이 있는 등기와 대지권의 목적인 토지의 등기기록 중 해당 구에 한 등기의 순서는 접수번호에 따른다.
> ❸ 대지권이 등기된 구분건물의 등기기록에는 건물만에 관한 소유권이전등기 또는 저당권설정등기, 그 밖에 이와 관련이 있는 등기를 할 수 없다.
> ❹ 토지의 소유권이 대지권인 경우에 대지권이라는 뜻의 등기가 되어 있는 토지의 등기기록에는 소유권이전등기, 저당권설정등기, 그 밖에 이와 관련이 있는 등기를 할 수 없다.
> ❺ 지상권, 전세권 또는 임차권이 대지권인 경우에는 제❹항을 준용한다.

※보충 대지권
구분건물의 소유자가 전유부분을 소유하기 위하여 건물의 대지에 가지는 대지사용권 중에서 전유부분과 분리처분할 수 없는 것을 대지권이라 한다.

(9) **소유권 변경사실의 통지**

등기관이 다음의 등기를 하였을 때에는 지체 없이 그 사실을 **토지의 경우에는 지적소관청에**, 건물의 경우에는 건축물대장 소관청에 각각 알려야 한다.

> ❶ 소유권의 보존 또는 이전
> ❷ 소유권의 등기명의인표시의 변경 또는 경정
> ❸ 소유권의 변경 또는 경정
> ❹ 소유권의 말소 또는 말소회복

(10) **과세자료의 제공**

등기관이 소유권의 보존 또는 이전의 등기(가등기를 포함)를 하였을 때에는 지체 없이 그 사실을 부동산 소재지 관할 세무서장에게 통지하여야 한다.

02 소유권에 관한 등기

(1) **소유권보존등기**(제64조, 제65조)

❶ **등기사항** : 등기관이 소유권보존등기를 할 때에는 **등기원인과 그 연월일을 기록하지 아니한다.**

❷ **신청인** : 미등기의 토지 또는 건물에 관한 소유권보존등기는 다음의 어느 하나에 해당하는 자가 신청할 수 있다.

> ㉠ 토지대장, 임야대장 또는 건축물대장에 최초의 소유자로 등록되어 있는 자 또는 그 상속인, 그 밖의 포괄승계인
> ㉡ 확정판결에 의하여 자기의 소유권을 증명하는 자
> ㉢ 수용으로 인하여 소유권을 취득하였음을 증명하는 자
> ㉣ 특별자치도지사, 시장, 군수 또는 구청장(자치구 구청장을 말한다)의 확인에 의하여 자기의 소유권을 증명하는 자(건물의 경우로 한정한다)

(2) **미등기부동산의 처분제한 등기와 직권보존**(제66조)

> ❶ 등기관이 미등기부동산에 대하여 법원의 촉탁에 따라 소유권의 처분제한의 등기를 할 때에는 직권으로 소유권보존등기를 하고, 처분제한의 등기를 명하는 법원의 재판에 따라 소유권의 등기를 한다는 뜻을 기록하여야 한다.
> ❷ 등기관이 건물에 대한 소유권보존등기를 하는 경우에는 제65조(소유권보존등기의 신청인)를 적용하지 아니한다. 다만, 그 건물이 「건축법」상 사용승

인을 받아야 할 건물임에도 사용승인을 받지 아니하였다면 그 사실을 표제부에 기록하여야 한다.

❸ 등기된 건물에 대하여 사용승인이 이루어진 경우에는 그 건물 소유권의 등기명의인은 1개월 이내에 기록에 대한 말소등기를 신청하여야 한다.

(3) **소유권의 일부이전**(제67조)

❶ 등기관이 소유권의 일부에 관한 이전등기를 할 때에는 이전되는 **지분을 기록하여야 한다.** 이 경우 등기원인에 「민법」제268조 제1항 단서의 **약정이 있을 때에는** 그 약정에 관한 **사항도 기록하여야 한다.**

❷ 약정의 변경등기는 공유자 전원이 공동으로 신청하여야 한다.

(4) **거래가액의 등기**(제68조)

등기관이 「부동산 거래신고 등에 관한 법률」에서 정하는 계약을 등기원인으로 한 소유권이전등기를 하는 경우에는 **거래가액을 기록한다.**

03 용익권에 관한 등기

구분	필요적 기재사항
지상권	목적, 범위
지역권	목적, 범위, 요역지, 승역지의 일부에 대하여 지역권설정등기 시 부분표시한 도면의 번호
전세권	전세금 또는 전전세금, 범위
임차권	차임, 범위

(1) **지상권의 등기사항**

등기관이 지상권설정의 등기를 할 때에는 제48조에서 **규정한 사항**(순위번호, 등기목적, 접수연월일 및 접수번호, 등기원인 및 그 연월일, 권리자) 외에 다음의 사항을 **기록하여야 한다.** 다만, 제❸호부터 제❺호까지는 등기원인에 그 약정이 있는 경우에만 기록한다.

❶ 지상권설정의 목적
❷ 범위
❸ 존속기간
❹ 지료와 지급시기

[중요지문] 소유권 일부이전등기를 할 때에는 이전되는 지분은 기록하지 않아도 된다. ( )

▶정답 ×
소유권 일부 이전 등기를 할 때에는 지분을 기록하여야 한다.

PART 05

❺ 「민법」 제289조의2 제1항 후단의 약정

❻ 지상권설정의 범위가 토지의 일부인 경우에는 그 부분을 표시한 도면의 번호

【 을 구 】		(소유권 외의 권리에 관한 사항)		
순위 번호	등기목적	접 수	등기원인	권리자 및 기타사항
1	지상권 설정	○년○월○일 제2123호	○년○월○일 설정계약	목적 건물 소유 범위 토지의 일부 존속기간 ○년○월○일부터 30년 지　료　매월 말일 지상권자　박 철수 　　460102-1037627 　　서울 관악구 신림동
1-1	지상권 이전	○년○월○일 제24424호	○년○월○일 양도	지상권자　김 영희 　　470304-1028612 　　서울 종로구 원서동

(2) 지역권의 등기사항

등기관이 **승역지**의 등기기록에 지역권설정의 등기를 할 때에는 제48조 제1항 제1호부터 제4호까지에서 규정한 사항(순위번호, 등기목적, 접수연월일 및 접수번호, 등기원인 및 그 연월일) 외에 다음의 사항을 기록하여야 한다. 다만, 제❹호는 등기원인에 그 약정이 있는 경우에만 기록한다.

❶ 지역권설정의 목적

❷ 범위

❸ 요역지

❹ 「민법」 제292조 제1항 단서, 제297조 제1항 단서 또는 제298조의 약정

❺ 승역지의 일부에 지역권설정의 등기를 할 때에는 그 부분을 표시한 도면의 번호

[중요지문] 지역권에서 범위는 등기원인에 그 약정이 있는 경우에만 기록하여야 하는 사항이다. (　)

▶정답 ✕
지역권에서 범위는 약정이 없는 경우에도 기록하여야 하는 사항이다.

🔓 승역지

【 을 구 】		(소유권 외의 권리에 관한 사항)		
순위 번호	등기목적	접 수	등기원인	권리자 및 기타사항
1	지역권 설정	○년○월○일 제83201호	○년○월○일 설정계약	목적　　**통행** 범위　　**동측 50m²** 요역지　**충남 부여군 외산면 만 수리 10**

(3) 요역지지역권의 등기사항

등기관이 승역지에 지역권설정의 등기를 하였을 때에는 직권으로 요역지의 등기기록에 다음의 사항을 기록하여야 한다.

❶ 순위번호
❷ 등기목적
❸ 승역지
❹ 지역권설정의 목적
❺ 범위
❻ 등기연월일

🔓 요역지

【 을 구 】		(소유권 외의 권리에 관한 사항)		
순위 번호	등기목적	접 수	등기원인	권리자 및 기타사항
1	요역지 지역권			승역지　**충남 부여군 외산면 만수리 11** 목적　　**통행** 범위　　**동측 50m²** 　　　　○년○월○일 등기

(4) 전세권의 등기사항

등기관이 전세권설정이나 전전세의 등기를 할 때에는 제48조에서 규정한 사항 외에 다음의 사항을 기록하여야 한다. 다만, ❸부터 ❺까지는 등기원인에 그 약정이 있는 경우에만 기록한다.

※보충 **준용규정**
여러 개의 부동산에 관한 권리를 목적으로 하는 전세권설정의 등기를 하는 경우에는 제78조(공동저당의 등기)를 준용한다.

❶ 전세금 또는 전전세금

❷ 범위

❸ 존속기간

❹ 위약금 또는 배상금

❺ 「민법」제306조 단서의 약정

❻ 전세권설정이나 전전세의 범위가 부동산의 일부인 경우에는 그 부분을 표시한 도면의 번호

【 을 구 】		(소유권 외의 권리에 관한 사항)		
순위 번호	등기목적	접 수	등기원인	권리자 및 기타사항
1	전세권 설정	○년○월○일 제5555호	○년○월○일 설정계약	전세금 1억원 범위 건물 전부 전세권자 박 철수 510402-2047123 서울 노원구 창동 120
1-1	1번 전세권 이전	○년○월○일 제9123호	○년○월○일 양도	전세권자 김 영희 460808-1064895 서울 송파구 잠실동 78

(5) **전세금반환채권의 일부양도에 따른 일부이전등기**

❶ 등기관이 전세금반환채권의 일부 양도를 원인으로 한 **전세권 일부이전등기**를 할 때에는 **양도액을 기록한다.**

❷ 전세권 일부이전등기의 신청은 전세권의 존속기간의 만료 전에는 할 수 없다. 다만, 존속기간 만료 전이라도 해당 전세권이 소멸하였음을 증명하여 신청하는 경우에는 그러하지 아니하다.

(6) **임차권의 등기사항**

등기관이 임차권 설정 또는 임차물 전대의 등기를 할 때에는 제48조에서 규정한 사항 외에 다음의 사항을 기록하여야 한다. 다만, ❸부터 ❻까지는 등기원인에 그 사항이 있는 경우에만 기록한다.

❶ 차임

❷ 범위

❸ 차임지급시기

중요지문 등기관이 전세금반환채권의 일부 양도를 원인으로 한 전세권일부이전등기를 할 때 양도액은 기록하지 않는다. (   )

▶정답 ✕
전세권 일부이전등기를 할 때에는 양도액은 기록한다.

❹ 존속기간. 다만, 처분능력 또는 처분권한 없는 임대인에 의한 「민법」 제619 조의 단기임대차인 경우에는 그 뜻도 기록한다.

❺ 임차보증금

❻ 임차권의 양도 또는 임차물의 전대에 대한 임대인의 동의

❼ 임차권설정 또는 임차물전대의 범위가 부동산의 일부인 때에는 그 부분을 표시한 도면의 번호

🔒 설정계약에 의한 경우

【 을 구 】		(소유권 외의 권리에 관한 사항)		
순위 번호	등기목적	접 수	등기원인	권리자 및 기타사항
1	**주택 임차 권 설정**	○년○월○일 제31234호	○년○월○일 주택임차권 설정계약	임차보증금　　금 1억원 **차임**　　　　월 1백만원 **범위**　　　　주택 전부 존속기간　　　○년○월○일까지 주민등록일자　○년○월○일 점유개시일자　○년○월○일 임차권자　　　김 영희

04 담보권에 관한 등기

구분	필요적 기재사항
저당권	❶ **채권액** ❷ **채무자의 성명 또는 명칭과 주소 또는 사무소 소재지**
근저당권	❶ **채권최고액** ❷ **채무자의 성명 또는 명칭과 주소 또는 사무소 소재지**
저당권부채권에 대한 질권	❶ **채권액 또는 채권최고액** ❷ **채무자의 성명 또는 명칭과 주소 또는 사무소 소재지** ❸ **변제기와 이자의 약정이 있는 경우에는 그 내용**
채권담보권	❶ **채권액 또는 채권최고액** ❷ **채무자의 성명 또는 명칭과 주소 또는 사무소 소재지**

(1) 저당권의 등기사항

등기관이 **저당권설정의 등기**를 할 때에는 제48조에서 규정한 사항 외에 다음의 사항을 기록하여야 한다. 다만, ❸부터 ❽까지는 등기원인에 그 약정이 있는 경우에만 기록한다.

❶ 채권액
❷ 채무자의 성명 또는 명칭과 주소 또는 사무소 소재지
❸ 변제기
❹ 이자 및 그 발생기·지급시기
❺ 원본 또는 이자의 지급장소
❻ 채무불이행으로 인한 손해배상에 관한 약정
❼ 「민법」 제358조 단서의 약정
❽ 채권의 조건

【을구】			(소유권 외의 권리에 관한 사항)	
순위번호	등기목적	접 수	등기원인	권리자 및 기타사항
1	저당권 설정	○년○월○일 제9123호	○년○월○일 설정계약	채권액 금 1억원 채무자 박 철수 　　　　　서울 강서구 방화동 80 저당권자 ㈜우리은행 　　　　　110111−2365321 　　　　　서울 강남구 신사동 120

(2) 근저당권의 등기사항

등기관은 저당권의 내용이 **근저당권인 경우**에는 제48조에서 규정한 사항 외에 다음의 사항을 기록하여야 한다. 다만, ❸ 및 ❹는 등기원인에 그 약정이 있는 경우에만 기록한다.

❶ 채권최고액
❷ 채무자의 성명 또는 명칭과 주소 또는 사무소 소재지
❸ 「민법」 제358조 단서의 약정
❹ 존속기간

⑶ **저당권부채권의 등기사항**

등기관이 저당권부채권에 대한 질권의 등기를 할 때에는 제48조에서 규정한 사항 외에 다음의 사항을 기록하여야 한다.

❶ 채권액 또는 채권최고액
❷ 채무자의 성명 또는 명칭과 주소 또는 사무소 소재지
❸ 변제기와 이자의 약정이 있는 경우에는 그 내용

ⓘ 채권담보권의 등기를 할 때에도 동일하게 적용된다.

⑷ **특례**

❶ **피담보채권이 금액을 목적으로 하지 않는 경우** : 그 채권의 평가액을 기록하여야 한다.

❷ **공동저당의 등기**(제78조)

　㉠ 등기관이 동일한 채권에 관하여 여러 개의 부동산에 관한 권리를 목적으로 하는 저당권설정의 등기를 할 때에는 각 부동산의 등기기록에 그 부동산에 관한 권리가 다른 부동산에 관한 권리와 함께 저당권의 목적으로 제공된 뜻을 기록하여야 한다.
　㉡ 등기관은 부동산이 5개 이상일 때에는 공동담보목록을 작성하여야 한다.
　㉢ 공동담보목록은 등기기록의 일부로 본다.

❸ **저당권 일부이전등기의 등기사항**

등기관이 **채권의 일부에 대한 양도 또는 대위변제로 인한 저당권 일부이전 등기를 할 때에는 제48조에서 규정한 사항 외에 양도액 또는 변제액을 기록**하여야 한다.

｛중요지문｝ 등기관이 동일한 채권에 관하여 3개의 부동산에 관한 권리를 목적으로 하는 저당권 설정 등기를 할 때에는 공동담보목록을 작성하여야 한다. 　(　)

▶ **정답** ✕
공동담보목록은 부동산이 5개 이상일 때 작성하여야 한다.

PART
05

05 신탁등기 *제36회

핵심 노트 신탁계약

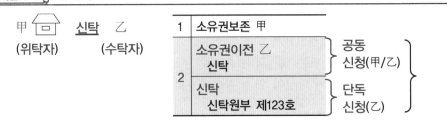

(1) 신탁등기의 신청

신탁원부	❶ 등기관이 신탁등기를 할 때에는 신탁원부를 작성하고, 등기기록에는 제48조에서 규정한 사항 외에 그 신탁원부의 번호 및 신탁재산에 속하는 부동산의 거래에 관한 주의사항을 기록하여야 한다. ❷ 신탁원부는 등기기록의 일부로 본다.
단독신청	❶ 신탁재산에 속하는 부동산의 신탁등기는 수탁자가 단독 신청한다. ❷ 신탁등기의 말소등기는 수탁자가 단독 신청할 수 있다.
동시신청 (일괄신청)	❶ 신탁등기의 신청은 해당 부동산에 관한 권리의 설정등기, 보존등기, 이전등기 또는 변경등기의 신청과 동시에 하여야 한다. ❷ 신탁등기의 말소신청은 신탁된 권리의 이전등기, 변경등기 또는 말소등기의 신청과 동시에 하여야 한다.
대위신청	❶ 수익자나 위탁자는 수탁자를 대위하여 신탁등기를 신청할 수 있다. ❷ 이 경우 권리의 설정등기, 보존등기, 이전등기 또는 변경등기와 일괄신청하지 아니한다.
여러 명의 수탁자	❶ 수탁자가 여러 명인 경우 등기관은 신탁재산이 합유인 뜻을 기록하여야 한다. ❷ 여러 명의 수탁자 중 1인이 그 임무가 종료된 경우 다른 수탁자는 단독으로 권리변경등기를 신청할 수 있다. 이 경우 다른 수탁자가 여러 명일 때에는 그 전원이 공동으로 신청하여야 한다.

(2) 촉탁에 의한 신탁변경등기

❶ 법원은 다음의 어느 하나에 해당하는 재판을 한 경우 **지체 없이** 신탁원부 기록의 변경등기를 등기소에 **촉탁**하여야 한다.

           ㉠ 수탁자 해임의 재판
           ㉡ 신탁관리인의 선임 또는 해임의 재판
           ㉢ 신탁 변경의 재판

❷ **법무부장관**은 다음의 어느 하나에 해당하는 경우 **지체 없이** 신탁원부 기록 의 변경등기를 등기소에 **촉탁**하여야 한다.

           ㉠ 수탁자를 직권으로 해임한 경우
           ㉡ 신탁관리인을 직권으로 선임하거나 해임한 경우
           ㉢ 신탁내용의 변경을 명한 경우

❸ 등기관이 법원 또는 주무관청의 촉탁에 의하여 수탁자 해임에 관한 신탁원 부 기록의 변경등기를 하였을 때에는 **직권**으로 등기기록에 **수탁자 해임의 뜻**을 부기하여야 한다.

(3) **직권에 의한 신탁변경등기**

등기관이 신탁재산에 속하는 부동산에 관한 권리에 대하여 다음의 어느 하나 에 해당하는 등기를 할 경우 직권으로 그 부동산에 관한 신탁원부 기록의 변 경등기를 하여야 한다.

           ㉠ 수탁자의 변경으로 인한 이전등기
           ㉡ 여러 명의 수탁자 중 1인의 임무 종료로 인한 변경등기
           ㉢ 수탁자인 등기명의인의 성명 및 주소(법인인 경우에는 그 명칭 및 사무소 소재지를 말한다)에 관한 변경등기 또는 경정등기

(4) **신탁등기의 말소**

❶ 신탁재산에 속한 권리가 이전, 변경 또는 소멸됨에 따라 신탁재산에 속하지 아니하게 된 경우 신탁등기의 말소신청은 신탁된 권리의 이전등기, 변경등 기 또는 말소등기의 신청과 동시에 하여야 한다.
❷ 신탁종료로 인하여 신탁재산에 속한 권리가 이전 또는 소멸된 경우에는 ❶ 의 규정을 준용한다.
❸ 신탁등기의 말소등기는 수탁자가 단독으로 신청할 수 있다.
❹ 신탁등기의 말소등기의 신청은 수익자나 위탁자가 수탁자를 대위하여 신청 할 수 있다.

▶**중요지문** 수익자나 위탁자는 수탁자를 대위하여 신탁등기의 말소등기를 신청할 수 없다. ( )

▶**정답** ✕
수익자나 위탁자는 수탁자를 대위하여 신탁등기의 말소등기를 신청할 수 있다.

06 가등기

(1) 가등기의 대상

❶ 가등기는 등기할 수 있는 권리의 설정, 이전, 변경 또는 소멸의 **청구권을** 보전하려는 때에 한다.

❷ 그 청구권이 **시기부 또는 정지조건부**일 경우나 그 밖에 장래에 확정될 것인 경우에도 같다.

(2) 신청방법 및 가처분명령

신청방법	❶ **원칙** : 가등기는 가등기권리자와 가등기의무자가 공동으로 신청하는 것이 원칙이다. ❷ **예외** : 가등기권리자는 **가등기의무자의 승낙**이 있거나 가등기를 명하는 법원의 **가처분명령**이 있을 때에는 단독으로 가등기를 신청할 수 있다.
가처분명령	❶ 가등기를 명하는 가처분명령은 부동산의 소재지를 관할하는 지방법원이 가등기권리자의 신청으로 가등기 원인사실의 소명이 있는 경우에 할 수 있다. ❷ 신청을 각하한 결정에 대하여는 즉시항고를 할 수 있다. ❸ 즉시항고에 관하여는 「비송사건절차법」을 준용한다.

(3) 가등기에 의한 본등기의 순위

가등기에 의한 본등기를 한 경우 본등기의 순위는 가등기의 순위에 따른다.

(4) 직권말소

※보충 직권말소 대상이 아닌 것
가등기상의 권리를 목적으로 하는
가압류(가처분)등기

▶중요지문 가등기의무자는 가등
기명의인의 동의 없이도 단독으로
가등기의 말소를 신청할 수 있다.
( )

▶정답 ×
가등기의무자는 가등기명의인의 승
낙을 받아 단독으로 가등기의 말소
를 신청할 수 있다.

❶ 등기관은 가등기에 의한 본등기를 하였을 때에는 **가등기 이후에 된 등기**로서 **가등기에 의하여 보전되는 권리를 침해하는 등기**를 **직권으로 말소**하여야 한다.

❷ 등기관이 가등기 이후의 등기를 말소하였을 때에는 지체 없이 그 사실을 말소된 권리의 등기명의인에게 **통지**하여야 한다.

(5) 가등기의 말소

❶ 가등기명의인은 단독으로 가등기의 말소를 신청할 수 있다.

❷ 가등기의무자 또는 가등기에 관하여 등기상 이해관계 있는 자는 **가등기명의인의 승낙**을 받아 단독으로 가등기의 말소를 신청할 수 있다.

07 가처분 등기

(1) 가처분 등기 이후의 등기말소

❶ 「민사집행법」에 따라 권리의 이전, 말소 또는 설정등기청구권을 보전하기 위한 처분금지가처분등기가 된 후 가처분채권자가 가처분채무자를 등기의무자로 하여 권리의 이전, 말소 또는 설정의 등기를 신청하는 경우에는, 그 가처분등기 이후에 된 등기로서 가처분채권자의 권리를 침해하는 등기의 말소를 단독으로 신청할 수 있다.

❷ 등기관이 신청에 따라 가처분등기 이후의 등기를 말소할 때에는 직권으로 그 가처분등기도 말소하여야 한다. 가처분등기 이후의 등기가 없는 경우로서 가처분채무자를 등기의무자로 하는 권리의 이전, 말소 또는 설정의 등기만을 할 때에도 또한 같다.

❸ 등기관이 신청에 따라 가처분등기 이후의 등기를 말소하였을 때에는 지체 없이 그 사실을 말소된 권리의 등기명의인에게 통지하여야 한다.

08 관공서가 하는 촉탁등기

(1) 관공서가 등기명의인을 갈음하여 촉탁할 수 있는 등기

관공서가 체납처분으로 인한 압류등기를 촉탁하는 경우에는 등기명의인 또는 상속인, 그 밖의 포괄승계인을 갈음하여 부동산의 표시, 등기명의인의 표시의 변경, 경정 또는 상속, 그 밖의 포괄승계로 인한 권리이전의 등기를 함께 촉탁할 수 있다.

(2) 공매처분으로 인한 등기의 촉탁

관공서가 공매처분을 한 경우에 **등기권리자의 청구**를 받으면 지체 없이 다음의 등기를 등기소에 **촉탁**하여야 한다.

❶ 공매처분으로 인한 권리이전의 등기
❷ 공매처분으로 인하여 소멸한 권리등기의 말소
❸ 체납처분에 관한 압류등기 및 공매공고등기의 말소

(3) 관공서의 촉탁에 따른 등기

> ❶ 국가 또는 지방자치단체가 등기권리자인 경우에는 국가 또는 지방자치단체는 등기의무자의 승낙을 받아 해당 등기를 지체 없이 등기소에 촉탁하여야 한다.
>
> ❷ 국가 또는 지방자치단체가 등기의무자인 경우에는 국가 또는 지방자치단체는 등기권리자의 청구에 따라 지체 없이 해당 등기를 등기소에 촉탁하여야 한다.

(4) 수용으로 인한 등기

중요지문 등기관이 수용으로 인한 소유권이전등기를 하는 경우 그 부동산의 등기기록 중 부동산을 위하여 존재하는 지역권의 등기는 직권으로 말소할 수 없다. ( )

▶ 정답 ○

> ❶ 수용으로 인한 소유권이전등기는 등기권리자가 단독으로 신청할 수 있다.
>
> ❷ 등기권리자는 소유권이전등기를 신청을 하는 경우에 등기명의인이나 상속인, 그 밖의 포괄승계인을 갈음하여 부동산의 표시 또는 등기명의인의 표시의 변경, 경정 또는 상속, 그 밖의 포괄승계로 인한 소유권이전의 등기를 신청할 수 있다.
>
> ❸ 국가 또는 지방자치단체가 등기권리자인 경우에는 국가 또는 지방자치단체는 지체 없이 등기소에 촉탁하여야 한다.
>
> ❹ 등기관이 수용으로 인한 소유권이전등기를 하는 경우 그 부동산의 등기기록 중 소유권, 소유권 외의 권리, 그 밖의 처분제한에 관한 등기가 있으면 그 등기를 직권으로 말소하여야 한다. 다만, 그 부동산을 위하여 존재하는 지역권의 등기 또는 토지수용위원회의 재결로써 존속이 인정된 권리의 등기는 그러하지 아니하다.
>
> ❺ 부동산에 관한 소유권 외의 권리의 수용으로 인한 권리이전등기에 관하여는 수용으로 인한 소유권이전등기 규정이 적용된다.

07 이의신청 ★제36회

절차	❶ 등기관의 결정 또는 처분에 이의가 있는 자는 그 결정 또는 처분을 한 등기관이 속한 **지방법원**(관할 지방법원)에 **이의신청**을 할 수 있다. ❷ 이의신청은 대법원 규칙으로 정하는 바에 따라 결정 또는 처분을 한 등기관이 속한 **등기소**에 **이의신청서를 제출**하거나 전산정보처리조직을 이용하여 **이의신청정보를 보내는 방법**으로 한다. ❸ 등기관은 이의가 이유 있다고 인정하면 그에 해당하는 **처분**을 하여야 한다. ❹ 등기관은 이의가 **이유 없다**고 인정하면 이의신청일부터 **3일 이내**에 의견을 붙여 이의신청서 또는 이의신청정보를 관할 **지방법원**에 보내야 한다. ❺ 등기를 마친 후에 이의신청이 있는 경우에는 3일 이내에 의견을 붙여 이의신청서 또는 이의신청정보를 관할 지방법원에 보내고 등기상 이해관계가 있는 자에게 이의신청 사실을 알려야 한다. ❻ 새로운 사실이나 새로운 증거방법을 근거로 이의신청을 할 수는 없다.
기간	이의신청기간에는 제한이 없다.
명령등기	❶ 관할 지방법원은 이의신청에 대하여 **결정하기 전**에 등기관에게 **가등기** 또는 이의가 있다는 뜻의 **부기등기**를 **명령**할 수 있다. ❷ 등기관이 관할 지방법원의 명령에 따라 등기를 할 때에는 명령을 한 지방법원, 명령의 연월일 및 명령에 따라 등기를 한다는 뜻을 기록하여야 한다.
효력	이의에는 **집행정지의 효력이 없다.**
항고	❶ 관할 지방법원은 이의에 대하여 이유를 붙여 결정을 하여야 한다. 이 경우 이의가 이유 있다고 인정하면 등기관에게 그에 해당하는 처분을 명령하고 그 뜻을 이의신청인과 등기상 이해관계 있는 자에게 알려야 한다. ❷ 관할 지방법원의 결정에 대하여는 「비송사건절차법」에 따라 **항고**할 수 있다.
송달	송달에 대하여는 「민사소송법」을 준용하고, 이의의 비용에 대하여는 「비송사건절차법」을 준용한다.

중요지문 이의의 신청은 등기소에 이의신청서를 제출하는 방법으로 한다. ( )

▶정답 ○

중요지문 새로운 사실이나 새로운 증거방법을 근거로 이의신청을 할 수 있다. ( )

▶정답 ✕
새로운 사실이나 새로운 증거방법을 근거로 이의신청을 할 수 없다.

PART

05

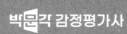
박문각 감정평가사

PART

06

국유재산법

01 용어 정의(제2조)

※보충 국유재산 관리·처분의 기본원칙

국가는 국유재산을 관리·처분할 때에는 다음의 원칙을 지켜야 한다.
1. 국가전체의 이익에 부합되도록 할 것
2. 취득과 처분이 균형을 이룰 것
3. 공공가치와 활용가치를 고려할 것
4. 경제적 비용을 고려할 것
5. 투명하고 효율적인 절차를 따를 것

국유재산	국가의 부담, 기부채납이나 법령 또는 조약에 따라 국가 소유로 된 재산을 말한다.
기부채납	국가 외의 자가 재산의 소유권을 무상으로 국가에 이전하여 국가가 이를 취득하는 것을 말한다.
관리	국유재산의 취득·운용과 유지·보존을 위한 모든 행위를 말한다.
처분	매각, 교환, 양여, 신탁, 현물출자 등의 방법으로 국유재산의 소유권이 국가 외의 자에게 이전되는 것을 말한다.
관리전환	일반회계와 특별회계·기금 간 또는 서로 다른 특별회계·기금 간에 국유재산의 관리권을 넘기는 것을 말한다.
정부출자기관	정부가 출자하였거나 출자할 기업체로서 대통령령으로 정하는 기업체를 말한다.
사용허가	행정재산을 국가 외의 자가 일정 기간 유상이나 무상으로 사용·수익할 수 있도록 허용하는 것을 말한다.
대부계약	일반재산을 국가 외의 자가 일정 기간 유상이나 무상으로 사용·수익할 수 있도록 체결하는 계약을 말한다.
변상금	사용허가나 대부계약 없이 국유재산을 사용·수익하거나 점유한 자(사용허가나 대부계약 기간이 끝난 후 다시 사용허가나 대부계약 없이 국유재산을 계속 사용·수익하거나 점유한 자를 포함)에게 부과하는 금액을 말한다.
총괄청	기획재정부장관을 말한다.
중앙관서의 장등	중앙관서의 장과 일반재산의 관리·처분에 관한 사무를 위임·위탁받은 자를 말한다.

02 국유재산의 범위(제5조)

(1) 부동산과 그 종물
(2) 선박, 부표, 부잔교, 부선거 및 항공기와 그들의 종물
(3) 정부기업이나 정부시설에서 사용하는 기계와 기구[기관차·전차·객차·화차·기동차 등 궤도차량] → 기계와 기구로서 해당 기업이나 시설의 폐지와 함께 포괄적으로 용도폐지된 것은 해당 기업이나 시설이 폐지된 후에도 국유재산으로 한다.
(4) 지상권, 지역권, 전세권, 광업권, 그 밖에 이에 준하는 권리
(5) 증권
(6) 다음의 어느 하나에 해당하는 지식재산
  ❶ 특허권, 실용신안권, 디자인권 및 상표권
  ❷ 저작권, 저작인접권 및 데이터베이스제작자의 권리
  ❸ 품종보호권

【중요지문】 정부시설에서 사용하는 궤도차량은 해당 시설의 폐지와 함께 포괄적으로 용도폐지된 것은 해당 시설이 폐지된 후에도 국유재산으로 한다. ( )

▶정답 ○

03 국유재산의 구분과 종류(제6조)

(1) **국유재산은 그 용도에 따라 행정재산과 일반재산으로 구분한다.**

(2) 행정재산의 종류는 다음과 같다.

❶ 공용재산 : 국가가 직접 사무용·사업용 또는 공무원의 주거용으로 사용하거나 행정재산으로 사용하기로 결정한 날부터 5년 되는 날까지 사용하기로 결정한 재산
❷ 공공용재산 : 국가가 직접 공공용으로 사용하거나 행정재산으로 사용하기로 결정한 날부터 5년이 되는 날까지 사용하기로 결정한 재산
❸ 기업용재산 : 정부기업이 직접 사무용·사업용 또는 그 기업에 종사하는 직원의 주거용으로 사용하거나 행정재산으로 사용하기로 결정한 날부터 5년이 되는 날까지 사용하기로 결정한 재산
❹ 보존용재산 : 법령이나 그 밖의 필요에 따라 국가가 보존하는 재산
  추가✓ 국가가 보존하는 재산 : 국가가 보존할 필요가 있다고 총괄청이 결정한 재산

ℹ 행정재산의 사용 또는 보존 여부는 총괄청이 중앙관서의 장의 의견을 들어 결정한다.
ℹ 총괄청은 국유재산 중 공무원 또는 정부기업에 종사하는 직원의 주거용으로 사용하거나 주거용으로 사용할 필요가 있다고 인정하는 국유재산의 관리·처분 방법을 따로 정할 수 있다.

(3) **일반재산이란 행정재산 외의 모든 국유재산을 말한다.**

【보충】 공용재산 중 공무원의 주거용 시설
1. 대통령 관저
2. 국무총리공관
3. 국회·대법원·헌법재판소 및 중앙선거관리위원회의 장 및 중앙행정기관의 장이 사용하는 공관
4. 국방·군사시설 중 주거용으로 제공되는 시설
5. 원래의 근무지와 다른 지역에서 근무하게 되는 사람 또는 인사명령에 의하여 지역을 순환하여 근무하는 사람에게 제공되는 주거용 시설
6. 비상 근무에 종사하는 사람에게 제공되는 해당 구내 또는 이와 인접한 장소에 설치된 주거용 시설

04 국유재산의 보호(제7조)

(1) 사용 · 수익의 금지

누구든지 이 법 또는 다른 법률에서 정하는 절차와 방법에 따르지 아니하고는 국유재산을 사용하거나 수익하지 못한다.

(2) 행정재산의 시효취득 금지

행정재산은 민법 제245조에 불구하고 시효취득의 대상이 되지 아니한다.

05 국유재산 사무의 총괄과 관리(제8조)

(1) 총괄청

❶ 총괄청은 국유재산에 관한 사무를 총괄하고 그 국유재산(중앙관서의 장이 관리 · 처분하는 국유재산은 제외한다)을 관리 · 처분한다.

❷ 총괄청은 일반재산을 보존용재산으로 전환하여 관리할 수 있다.

❸ 중앙관서의 장은 특별회계 및 기금에 속하는 국유재산과 용도폐지되었으나 총괄청에 인계하는 것이 부적절한 재산을 관리 · 처분한다.

> ※보충 총괄청에 인계하는 것이 부적절한 재산
> ㉠ 관리전환, 교환 또는 양여의 목적으로 용도를 폐지한 재산
> ㉡ 선박, 부표, 부잔교, 부선거 및 항공기과 그들의 종물
> ㉢ 공항 · 항만 또는 산업단지에 있는 재산으로서 그 시설운영에 필요한 재산
> ㉣ 총괄청이 그 중앙관서의 장에게 관리 · 처분하도록 하거나 다른 중앙관서의 장에게 인계하도록 지정한 재산

❹ 중앙관서의 장은 ❸ 외의 국유재산을 행정재산으로 사용하려는 경우에는 총괄청의 승인을 받아야 한다.

❺ 총괄청은 사용승인을 할 때 우선사용예약을 고려하여야 한다.

(2) 위임

❶ 총괄청은 다음의 사무를 중앙관서의 장에게 위임한다.

> ㉠ 기부채납에 따른 재산의 취득에 관한 사무
> ㉡ 행정재산(공용재산 중 부동산과 그 종물은 제외한다)의 매입 등에 따른 취득에 관한 사무
> ㉢ 국방 · 군사시설의 취득에 관한 사무

     ⓔ 행정재산의 관리(취득에 관한 사무는 제외한다)에 관한 사무

     ⓜ 용도가 폐지된 행정재산(부동산과 그 종물은 제외한다)의 처분에 관한 사무

     ⓗ 총괄청이 행정재산의 효율적인 관리·처분을 위하여 필요하다고 인정하여 지정하는 사무

❷ 중앙관서의 장이 제❶항 ⊙부터 ©까지의 규정에 따라 취득하는 행정재산의 사용에 대해서는 사용승인을 받은 것으로 본다.

06 사용 승인 철회(제8조의2)

(1) 절차 및 사유

❶ 총괄청은 사용을 승인한 행정재산에 대하여 다음의 어느 하나에 해당하는 경우에는 국유재산정책심의위원회의 심의를 거쳐 그 사용 승인을 철회할 수 있다.

> ⊙ 다른 국가기관의 행정목적을 달성하기 위하여 우선적으로 필요한 경우
> © 제21조에 따른 보고나 감사 결과 위법하거나 부당한 재산관리가 인정되는 경우
> © 감사원의 감사 결과 위법하거나 부당한 재산관리가 인정되는 등 사용 승인의 철회가 불가피하다고 인정되는 경우

❷ 총괄청은 사용 승인 철회를 하려면 미리 그 내용을 중앙관서의 장에게 알려 의견을 제출할 기회를 주어야 한다.

(2) 인계

중앙관서의 장은 사용 승인이 철회된 경우에는 해당 행정재산을 지체 없이 총괄청에 인계하여야 한다. 이 경우 인계된 재산은 용도가 폐지된 것으로 본다.

07 국유재산종합계획(제9조)

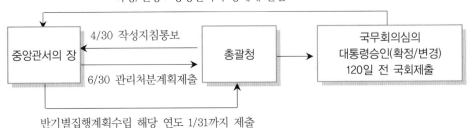

확정/변경 : 중앙관서의 장에게 알림

중앙관서의 장 ← 4/30 작성지침통보 ← 총괄청 → 국무회의심의 대통령승인(확정/변경) 120일 전 국회제출

6/30 관리처분계획제출 →

반기별집행계획수립 해당 연도 1/31까지 제출

(1) 지침 통보 및 제출

❶ 총괄청은 다음 연도의 국유재산의 관리·처분에 관한 계획의 작성을 위한 지침을 **매년 4월 30일까지 중앙관서의 장에게 통보**하여야 한다.

❷ 중앙관서의 장은 국유재산의 관리·처분에 관한 다음 연도의 계획을 작성하여 **매년 6월 30일까지 총괄청에 제출**하여야 한다.

❸ 총괄청은 제출된 계획을 종합조정하여 수립한 국유재산종합계획을 **국무회의의 심의를 거쳐 대통령의 승인을 받아 확정**하고, 회계연도 개시 **120일 전까지 국회에 제출**하여야 한다.

(2) 내용 등

❶ 국유재산종합계획에는 다음의 사항이 포함되어야 한다.

> ㉠ 국유재산을 효율적으로 관리·처분하기 위한 중장기적인 국유재산 정책방향
> ㉡ 국유재산 관리·처분의 총괄 계획
> ㉢ 국유재산 처분의 기준에 관한 사항
> ㉣ 국유재산특례 종합계획에 관한 사항
> ㉤ ㉠부터 ㉣까지의 규정에 따른 사항 외에 국유재산의 관리·처분에 관한 중요한 사항

❷ 총괄청은 국유재산종합계획을 확정하거나 변경한 경우에는 중앙관서의 장에게 알리고, 변경한 경우에는 지체 없이 국회에 제출하여야 한다.

❸ 중앙관서의 장은 확정된 국유재산종합계획의 **반기별 집행계획을 수립**하여 **해당 연도 1월 31일까지 총괄청에 제출**하여야 한다.

❹ 총괄청이 국유재산종합계획을 수립하는 경우에는 독립기관의 장의 의견을 최대한 존중하여야 하며, 국유재산 정책운용 등에 따라 불가피하게 조정이 필요한 때에는 해당 독립기관의 장과 미리 협의하여야 한다.

❺ 총괄청은 협의에도 불구하고 독립기관의 계획을 조정하려는 때에는 국무회의에서 해당 독립기관의 장의 의견을 들어야 하며, 총괄청이 그 계획을 조정한 때에는 그 규모 및 이유, 조정에 대한 독립기관의 장의 의견을 국유재산종합계획과 함께 국회에 제출하여야 한다.

08 국유재산의 취득(제10조)

(1) 국가는 국유재산의 매각대금과 비축 필요성 등을 고려하여 국유재산의 취득을 위한 재원을 확보하도록 노력하여야 한다.

(2) 중앙관서의 장이 특별회계와 기금의 재원으로 **공용재산 용도의 토지나 건물**을 매입하려는 경우에는 **총괄청과 협의하여야** 한다.

09 사권설정의 제한(제11조)

(1) **사권이 설정된 재산은 그 사권이 소멸된 후가 아니면 국유재산으로 취득하지 못한다. 다만, 판결에 따라 취득하는 경우에는 그러하지 아니하다.**

(2) 국유재산에는 사권을 설정하지 못한다.

(3) **일반재산은 다음의 경우에는 사권을 설정할 수 있다.**

> ❶ 다른 법률 또는 확정판결(재판상 화해 등 확정판결과 같은 효력을 갖는 것을 포함한다)에 따라 일반재산에 사권을 설정하는 경우
> ❷ 일반재산의 사용 및 이용에 지장이 없고 재산의 활용가치를 높일 수 있는 경우로서 중앙관서의 장등이 필요하다고 인정하는 경우

10 소유자 없는 부동산의 처리(제12조)

(1) **의의** : 총괄청이나 중앙관서의 장은 소유자 없는 부동산을 국유재산으로 취득한다.

중요지문 판결에 따라 취득하는 경우에도 사권이 소멸되지 않은 재산은 국유재산으로 취득하지 못한다. ( )

▶ **정답** ✕
판결에 따라 취득하는 경우에는 사권이 설정된 재산을 국유재산으로 취득할 수 있다.

(2) **취득절차**

❶ 총괄청이나 중앙관서의 장은 소유자 없는 부동산을 국유재산으로 취득할 경우에는 대통령령으로 정하는 바에 따라 6개월 이상의 기간을 정하여 그 기간에 정당한 권리자나 그 밖의 이해관계인이 이의를 제기할 수 있다는 뜻을 공고하여야 한다.

❷ 총괄청이나 중앙관서의 장은 소유자 없는 부동산을 취득하려면 이의가 없는 경우에만 공고를 하였음을 입증하는 서류를 첨부하여 지적소관청에 소유자 등록을 신청할 수 있다.

(3) **처분제한**

❶ 원칙 : 취득한 국유재산은 그 등기일부터 10년간은 처분을 하여서는 아니 된다.

❷ 예외 : 다음의 경우에는 처분할 수 있다.

> ㉠ 해당 국유재산이 공익사업에 필요하게 된 경우
> ㉡ 해당 국유재산을 매각하여야 하는 불가피한 사유가 있는 경우로서 국유 재산 처분의 기준에서 정한 경우

11 **기부채납**(제13조)

(1) 총괄청이나 중앙관서의 장(특별회계나 기금에 속하는 국유재산으로 기부받으려는 경우만 해당한다)은 국유재산에 속하는 재산을 국가에 기부하려는 자가 있으면 이를 받을 수 있다.

(2) 총괄청이나 중앙관서의 장은 국가에 기부하려는 재산이 국가가 관리하기 곤란하거나 필요하지 아니한 것인 경우 또는 기부에 조건이 붙은 경우에는 받아서는 아니 된다.

(3) 다음의 경우에는 기부에 조건이 붙은 것으로 보지 아니한다.

❶ 행정재산으로 기부하는 재산에 대하여 기부자, 그 상속인, 그 밖의 포괄승계
인에게 무상으로 사용허가하여 줄 것을 조건으로 그 재산을 기부하는 경우

❷ 행정재산의 용도를 폐지하는 경우 그 용도에 사용될 대체시설을 제공한 자,
그 상속인, 그 밖의 포괄승계인이 그 부담한 비용의 범위에서 용도폐지된
재산을 양여할 것을 조건으로 그 대체시설을 기부하는 경우

⑷ 기부를 조건으로 건물이나 그 밖의 영구시설물을 축조하는 경우에는 총괄청이
나 중앙관서의 장은 사용허가를 하기 전에 기부 등에 관한 계약을 체결하거나
이행각서를 받아야 한다.

12 등기 · 등록 등(제14조)

⑴ 등기 · 등록

총괄청이나 중앙관서의 장은 국유재산을 취득한 경우 60일 이내에 등기 · 등
록, 명의개서, 그 밖의 권리보전에 필요한 조치를 하여야 한다.

⑵ 권리자의 명의

❶ 국으로 하는 경우 : 등기 · 등록이나 명의개서가 필요한 국유재산인 경우 그
권리자의 명의는 국(國)으로 하되 소관 중앙관서의 명칭을 함께 적어야 한다.

❷ 법인으로 하는 경우 : 한국예탁결제원에 증권을 예탁하는 경우에는 권리자
의 명의를 그 법인으로 할 수 있다.

⑶ 지적공부 일치

중앙관서의 장등은 국유재산이 지적공부와 일치하지 아니하는 경우 등록전환,
분할 · 합병 또는 지목변경 등 필요한 조치를 하여야 한다. 이 경우 수수료는
면제한다.

13 관리전환(제16조, 제17조)

⑴ 국유재산의 관리전환 방법

❶ 일반회계와 특별회계 · 기금 간에 관리전환을 하려는 경우 : 총괄청과 해당
특별회계 · 기금의 소관 중앙관서의 장 간의 협의

추가 증권의 보관 · 취급
총괄청이나 중앙관서의 장 등은 증
권을 한국은행이나 대통령령으로
정하는 다음의 법인으로 하여금 보
관 · 취급하게 하여야 한다.
1. 「은행법」에 따른 은행
2. 한국예탁결제원

PART
06

❷ 서로 다른 **특별회계·기금 간에 관리전환**을 하려는 **경우** : 해당 특별회계·기금의 소관 **중앙관서의 장 간의 협의**

❸ 협의가 성립되지 아니하는 경우 **총괄청**은 다음의 사항을 고려하여 소관 중앙관서의 장을 **결정한다.**

> ㉠ 해당 재산의 관리 상황 및 활용 계획
> ㉡ 국가의 정책목적 달성을 위한 우선 순위

(2) 유상 관리전환

(1) **원칙** : 국유재산을 관리전환하거나 서로 다른 회계·기금 간에 그 사용을 하도록 하는 경우에는 **유상**으로 하여야 한다.

(2) **예외** : 다음의 어느 하나에 해당하는 경우에는 **무상**으로 할 수 있다.

> ❶ 직접 도로, 하천, 항만, 공항, 철도, 공유수면, 그 밖의 공공용으로 사용하기 위하여 필요한 경우
> ❷ 다음의 어느 하나에 해당하는 사유로 총괄청과 중앙관서의 장 또는 중앙관서의 장 간에 무상으로 관리전환하기로 합의하는 경우
> 　㉠ 관리전환하려는 국유재산의 감정평가에 드는 비용이 해당 재산의 가액에 비하여 과다할 것으로 예상되는 경우
> 　㉡ 상호교환의 형식으로 관리전환하는 경우로서 유상으로 관리전환하는 데에 드는 예산을 확보하기가 곤란한 경우
> 　㉢ 특별회계 및 기금에 속하는 일반재산의 효율적인 활용을 위하여 필요한 경우로서 국유재산정책심의위원회의 심의를 거친 경우

(3) 재산가액의 결정

(1) **유상 관리전환**을 하는 경우 해당 재산가액은 다음의 구분에 따른 방법으로 결정한다.

> 1. 증권 : 상장증권의 예정가격 및 비상장증권의 예정가격을 준용하여 산출한 가액
> 2. 증권 외의 국유재산 : 감정평가법인등 중 하나의 감정평가법인등이 평가한 가액

(2) **무상 관리전환**을 할 경우 해당 재산가액은 국유재산의 **대장가격**으로 한다.

14 영구시설물의 축조금지(제18조)

(1) **원칙** : 국가 외의 자는 국유재산에 건물, 교량 등 구조물과 그 밖의 영구시설물을 축조하지 못한다.

(2) **예외** : 다음의 어느 하나에 해당하는 경우에는 **영구시설물을 축조할 수 있다.**

> 1. 기부를 조건으로 축조하는 경우
> 2. 다른 법률에 따라 국가에 소유권이 귀속되는 공공시설을 축조하는 경우
> 3. 매각대금을 나누어 내고 있는 일반재산
> 4. 지방자치단체나 지방공기업이 사회기반시설 중 주민생활을 위한 문화시설, 생활체육시설 등 기획재정부령으로 정하는 사회기반시설을 해당 국유재산 소관 중앙관서의 장과 협의를 거쳐 총괄청의 승인을 받아 축조하는 경우
> 5. 일반재산을 민간사업자와 공동으로 개발하는 경우
> 6. 초등학교·중학교·고등학교 및 특수학교에 총괄청 및 관련 중앙관서의 장과 협의를 거쳐 교육부장관의 승인을 받아 학교시설을 증축 또는 개축하는 경우
> 7. 국유재산의 사용 및 이용에 지장이 없고 국유재산의 활용가치를 높일 수 있는 경우로서 대부계약의 사용목적을 달성하기 위하여 중앙관서의 장 등이 필요하다고 인정하는 경우

추가 매각대금을 나누어 내고 있는 경우
① 비영리공익사업용으로 사용하려는 공공단체에게 매각하는 경우에는 매각대금의 2분의 1 이상을 낸 경우
② 직접 공용 또는 공공용으로 사용하려는 지방자치단체에 매각하는 경우와 국유지개발목적회사에 국유재산을 매각하는 경우에는 매각대금의 5분의 1 이상을 낸 경우

(3) **이행보증금**

❶ 중앙관서의 장 등은 영구시설물을 축조하는 자에게 **이행보증금**을 그 영구시설물을 **착공하기 전까지 예치하게 해야 한다.**

❷ 중앙관서의 장 등은 이행보증금을 원상회복 비용에 충당하고 남은 금액이 있으면 그 남은 금액을 반환해야 한다. 이 경우 이행보증금을 현금으로 납부하여 이자가 발생한 경우에는 그 이자를 함께 반환한다.

❸ 중앙관서의 장 등은 원상회복의 사유가 발생한 시점에 영구시설물 또는 그 일부 시설물이 국유재산의 활용가치를 높일 수 있다고 인정되는 경우에는 원상회복을 하지 않고 그 영구시설물 또는 일부 시설물을 무상으로 취득할 수 있다.

PART 06

15 국유재산에 관한 법령의 협의(제19조)

각 중앙관서의 장은 국유재산의 관리·처분에 관련된 법령을 제정·개정하거나 폐지하려면 그 내용에 관하여 총괄청 및 감사원과 협의하여야 한다.

16 직원의 행위제한

(1) **원칙** : 국유재산에 관한 사무에 종사하는 직원은 그 처리하는 국유재산을 취득하거나 자기의 소유재산과 교환하지 못한다.

(2) **예외** : 해당 총괄청이나 중앙관서의 장의 허가를 받은 경우에는 그러하지 아니하다.

(3) **위반의 효과** : 무효로 한다.

01 총괄청의 감사 등(제21조)

(1) 총괄청은 중앙관서의 장 등에 해당 국유재산의 관리상황에 관하여 보고하게 하거나 **자료를 제출하게 할 수 있다.**

(2) 중앙관서의 장은 소관 행정재산 중 유휴 행정재산 현황을 매년 1월 31일까지 총괄청에 보고하여야 한다.

(3) 총괄청은 중앙관서의 장 등의 재산 관리상황과 유휴 행정재산 현황을 감사하 거나 그 밖에 필요한 조치를 할 수 있다.

02 총괄청의 용도폐지 요구 등(제22조)

(1) 총괄청은 중앙관서의 장에게 그 소관에 속하는 국유재산의 용도를 폐지하거 나 변경할 것을 요구할 수 있으며 그 국유재산을 관리전환하게 하거나 총괄청 에 인계하게 할 수 있다.

(2) 총괄청은 위 (1)의 조치를 하려면 미리 그 내용을 중앙관서의 장에게 통보하여 의견을 제출할 기회를 주어야 한다.

(3) 총괄청은 중앙관서의 장이 정당한 사유 없이 용도폐지 등을 이행하지 아니하 는 경우에는 **직권으로 용도폐지 등을 할 수 있다.**

(4) 직권으로 용도폐지된 재산은 행정재산의 **사용 승인이 철회된 것으로 본다.**

(5) 총괄청은 용도를 폐지함으로써 일반재산으로 된 국유재산에 대하여 필요하다 고 인정하는 경우에는 그 처리방법을 지정하거나 이를 인계받아 직접 처리할 수 있다.

03 중앙관서의 장의 지정 등(제24조, 제25조)

(1) **중앙관서의 장의 지정** : 총괄청은 국유재산의 관리·처분에 관한 소관 중앙 관서의 장이 없거나 분명하지 아니한 국유재산에 대하여 그 소관 중앙관서의 장을 지정한다.

중요지문 국유재산의 관리·처분 에 관한 소관 중앙관서의 장이 없는 경우에는 총괄청이 이를 지정한다.
( )

▶ 정답 ○

(2) **위임 및 위탁** : 총괄청은 이 법에서 규정하는 총괄에 관한 사무의 일부를 조달 청장 또는 **지방자치단체의 장**에게 위임하거나 **정부출자기업체** 또는 한국자산 관리공사에게 **위탁할 수** 있다.

❶ 총괄청은 다음의 사무를 조달청장에게 위임한다.

> ❶ 총괄사무를 지원하기 위한 국유재산 현황의 조사 등에 관한 사무(한국자산 관리공사에 위탁하는 사무는 제외한다)
> ❷ 감사 및 그 밖에 필요한 조치를 지원하기 위한 국유재산 관리 실태의 확인 · 점검에 관한 사무
> ❸ 소관 중앙관서의 장의 지정에 관한 사무
> ❹ 은닉된 국유재산, 소유자 없는 부동산 및 은닉재산 등의 사실조사와 국가 환수 및 귀속에 관한 사무
> ❺ 장래의 행정수요에 대비하기 위한 비축용 토지의 취득에 관한 사무
> ❻ 중앙관서의 장 등 소관 행정재산의 무상귀속 사전협의에 관한 사무
> ❼ 청사, 관사 등의 신축에 필요한 토지 · 건물의 조사에 관한 사무

(3) 조달청장은 위 ❶ 및 ❷의 사무를 수행하기 위하여 매년 2월 말일까지 국유재 산 현황의 조사 계획 및 국유재산 관리 실태의 확인 · 점검 계획을 수립하여 총괄청에 보고하고, 해당 중앙관서의 장 등에 통지하여야 한다.

❶ 총괄청은 다음의 사무를 한국자산관리공사에 위탁한다.

> ❶ 총괄사무를 지원하기 위한 국유재산 현황의 전수조사 사무로서 항공조사 사무 및 그에 부수하는 사무
> ❷ 총괄청 소관 일반재산에 대한 도시 · 군관리계획의 협의에 관한 사무
> ❸ 관리 · 처분에 관한 사무가 위탁된 총괄청 소관 일반재산의 「국토의 계획 및 이용에 관한 법률」 및 그 밖의 법률에 따른 무상귀속 협의에 관한 사무

04 국유재산정책심의위원회(제26조)

(1) **구성**

❶ 위원회는 위원장을 포함한 **20명 이내**의 위원으로 구성한다.

❷ 위원회의 위원장은 **기획재정부장관**이 되고, 위원은 관계 중앙행정기관의 소 속 공무원과 국유재산 분야에 학식과 경험이 풍부한 사람 중에서 **기획재정 부장관이 임명 또는 위촉**한다. 이 경우 **공무원이 아닌 위원의 정수는 전체 위원 정수의 과반수**가 되어야 한다.

❸ 위원회를 효율적으로 운영하기 위하여 위원회에 분야별 분과위원회를 둘수 있다. 이 경우 분과위원회의 심의는 위원회의 심의로 본다.

(2) 심의사항

1. 국유재산의 중요 정책방향에 관한 사항
2. 국유재산과 관련한 법령 및 제도의 개정·폐지에 관한 중요 사항
3. 행정재산의 사용 승인 철회에 관한 사항
4. 국유재산종합계획의 수립 및 변경에 관한 중요 사항
5. 소관 중앙관서의 장의 지정 및 직권 용도폐지에 관한 사항
6. 무상 관리전환에 관한 사항
7. 국유재산관리기금의 관리·운용에 관한 사항
8. 일반재산의 개발에 관한 사항
9. 현물출자에 관한 중요 사항
10. 국유재산특례의 신설등 및 국유재산특례의 점검·평가에 관한 사항
11. 그 밖에 국유재산의 관리·처분 업무와 관련하여 총괄청이 중요하다고 인정한 사항

05 국유재산관리기금(제26조의2 ～ 제26조의6)

(1) **설치** : 국유재산의 원활한 수급과 개발 등을 통한 국유재산의 효용을 높이기 위하여 국유재산관리기금을 설치한다.

(2) **재원** : 국유재산관리기금은 다음의 재원으로 조성한다.

❶ 정부의 출연금 또는 출연재산
❷ 다른 회계 또는 다른 기금으로부터의 전입금
❸ 차입금
❹ 다음의 어느 하나에 해당하는 총괄청 소관 일반재산(증권은 제외한다)과 관련된 수입금
　㉠ 대부료, 변상금 등 재산관리에 따른 수입금
　㉡ 매각, 교환 등 처분에 따른 수입금
❺ 총괄청 소관 일반재산에 대한 개발에 따른 관리·처분 수입금
❻ ❶부터 ❺까지의 규정에 따른 재원 외에 국유재산관리기금의 관리·운용에 따른 수입금

> **중요지문** 금융회사 등으로부터의 차입금은 국유재산관리기금의 재원에 해당한다. (　　)
>
> ▶정답 ○

(3) 자금의 차입

❶ 총괄청은 국유재산관리기금의 관리·운용을 위하여 필요한 경우에는 국유
재산정책심의위원회의 **심의**를 거쳐 국유재산관리기금의 부담으로 금융회
사 등이나 다른 회계 또는 다른 기금으로부터 **자금을 차입할 수 있다.**

❷ 총괄청은 국유재산관리기금의 운용을 위하여 필요할 때에는 **국유재산관리
기금의 부담**으로 자금을 **일시차입할 수 있다.**

❸ 일시차입금은 해당 회계연도 내에 상환하여야 한다.

(4) 용도

❶ 국유재산관리기금은 다음의 어느 하나에 해당하는 용도에 사용한다.

> ㉠ 국유재산의 취득에 필요한 비용의 지출
> ㉡ 총괄청 소관 일반재산의 관리·처분에 필요한 비용의 지출
> ㉢ 차입금의 원리금 상환
> ㉣ 국유재산관리기금의 관리·운용에 필요한 위탁료 등의 지출
> ㉤ 총괄청 소관 일반재산 중 부동산의 관리·처분에 관한 사무의 위임·위
> 탁에 필요한 귀속금 또는 위탁료 등의 지출
> ㉥ 개발에 필요한 비용의 지출
> ㉦ 다른 회계 또는 다른 기금으로의 전출금
> ㉧ ㉠부터 ㉦까지의 규정에 따른 용도 외에 국유재산관리기금의 관리·운용
> 에 필요한 비용의 지출

❷ 국유재산관리기금에서 취득한 재산은 **일반회계** 소속으로 한다.

(5) 관리·운용

❶ 국유재산관리기금은 **총괄청이 관리·운용**한다.

❷ 총괄청은 국유재산관리기금의 관리·운용에 관한 사무의 일부를 **한국자산
관리공사**에 위탁할 수 있다.

[중요지문] 국유재산관리기금에서
취득한 재산은 특별회계 소속으로
한다.   (   )

▶ 정답 ✕
국유재산관리기금에서 취득한 재
산은 일반회계 소속으로 한다.

행정재산 *제36회

01 처분제한(제27조)

(1) **원칙** : 행정재산은 **처분하지 못한다.**

(2) **예외** : 다음의 어느 하나에 해당하는 경우에는 **교환하거나 양여할 수 있다.**

> ❶ 공유(公有) 또는 사유재산과 교환하여 그 교환받은 재산을 행정재산으로 관리하려는 경우
> ❷ 대통령령으로 정하는 행정재산을 직접 공용이나 공공용으로 사용하려는 지방자치단체에 양여하는 경우

(3) **준용** : 행정재산의 교환·양여에 대하여는 **일반재산에 관한 규정을 준용**한다.

중요지문 행정재산은 사유재산과 교환할 수 없다. ( )

▶정답 ×
행정재산은 사유재산과 교환하여 그 교환받은 재산을 행정재산으로 관리하려는 경우에는 교환할 수 있다.

02 행정재산 관리 및 위임·위탁(제27조의2, 제28조, 제29조)

(1) **국유재산책임관 임명**

❶ 중앙관서의 장은 소관 국유재산의 관리·처분 업무를 효율적으로 수행하기 위하여 그 관서의 고위공무원으로서 기획 업무를 총괄하는 직위에 있는 자를 **국유재산책임관으로 임명**하여야 한다.

❷ 국유재산책임관의 업무는 다음과 같다.

> 1. 국유재산의 관리·처분에 관한 계획과 집행계획에 관한 업무
> 2. 국유재산관리운용보고에 관한 업무
> 3. 국유재산 관리·처분 업무와 관련하여 대통령령으로 정하는 업무

❸ 국유재산책임관의 임명은 중앙관서의 장이 소속 관서에 설치된 **직위를 지정**하는 것으로 갈음할 수 있다.

(2) **관리사무의 위임** → 중앙관서의 장은 **감사원에 통지**하여야 한다.

❶ 중앙관서의 장은 소속 공무원에게 그 소관에 속하는 **행정재산의 관리에 관한 사무를 위임**할 수 있다.

❷ 중앙관서의 장은 위임을 받은 공무원의 사무의 일부를 분장하는 공무원을 둘 수 있다.

중요지문 국유재산책임관의 임명은 중앙관서의 장이 소속 관서에 설치된 직위를 지정하는 것으로 갈음할 수 있다. ( )

▶정답 ○

❸ 중앙관서의 장은 다른 중앙관서의 장의 소속 공무원에게 그 소관에 속하는 행정재산의 관리에 관한 사무를 위임할 수 있다.

❹ 중앙관서의 장은 그 소관에 속하는 행정재산의 관리에 관한 사무의 일부를 대통령령으로 정하는 바에 따라 **지방자치단체의 장이나 그 소속 공무원**에게 위임할 수 있다.

(3) 관리위탁

❶ 중앙관서의 장은 행정재산을 효율적으로 관리하기 위하여 필요하면 **국가기관 외의 자**에게 그 재산의 관리를 위탁할 수 있다.

❷ 관리위탁을 받은 자는 미리 해당 중앙관서의 장의 승인을 받아 위탁받은 재산의 일부를 사용 · 수익하거나 **다른 사람에게 사용 · 수익**하게 할 수 있다.

❸ 관리수탁자는 위탁받은 재산의 연간 관리현황을 다음 연도 1월 31일까지 해당 중앙관서의 장에게 **보고**하여야 한다.

❹ 관리위탁의 기간은 5년 이내로 하되, 다음의 어느 하나에 해당하는 경우를 제외하고는 5년을 초과하지 아니하는 범위에서 종전의 관리위탁을 갱신할 수 있다.

> ㉠ 관리위탁한 재산을 국가나 지방자치단체가 직접 공용이나 공공용으로 사용하기 위하여 필요한 경우
> ㉡ 관리수탁자가 관리위탁을 받을 자격을 갖추지 못하게 된 경우
> ㉢ 관리수탁자가 관리위탁 조건을 위반한 경우
> ㉣ 관리위탁이 필요하지 아니하게 된 경우

03 사용허가(제30조, 제31조)

(1) 사용허가 범위

❶ 중앙관서의 장은 다음의 범위에서만 행정재산의 **사용허가**를 할 수 있다.

> ㉠ 공용 · 공공용 · 기업용 재산 : 그 용도나 목적에 장애가 되지 아니하는 범위
> ㉡ 보존용재산 : 보존목적의 수행에 필요한 범위

❷ 사용허가를 받은 자는 그 재산을 다른 사람에게 사용 · 수익하게 하여서는 아니 된다. 다만, 다음에 해당하는 경우에는 중앙관서의 장의 승인을 받아 다른 사람에게 사용 · 수익하게 할 수 있다.

[중요지문] 행정재산의 관리위탁을 받은 자가 그 재산의 일부를 사용 · 수익하는 경우에는 미리 해당 중앙관서의 장의 승인을 받아야 한다.
( )

▶정답 ○

㉠ 기부를 받은 재산에 대하여 사용허가를 받은 자가 그 재산의 기부자이거나 그 상속인, 그 밖의 포괄승계인인 경우

    ㉡ 지방자치단체나 지방공기업이 행정재산에 대하여 사회기반시설로 사용·수익하기 위한 사용허가를 받은 후 이를 지방공기업 등 대통령령으로 정하는 기관으로 하여금 사용·수익하게 하는 경우

❸ 중앙관서의 장은 사용·수익이 그 용도나 목적에 장애가 되거나 원상회복이 어렵다고 인정되면 승인하여서는 아니 된다.

추가 대통령령으로 정하는 기관은 다음과 같다.
1. 공공기관, 공익법인
2. 사회적기업
3. 협동조합 및 사회적협동조합
4. 자활기업
5. 마을기업

(2) 사용허가의 방법

❶ **원칙** : 행정재산을 사용허가하려는 경우에는 그 뜻을 공고하여 **일반경쟁**에 부쳐야 한다.

    ㉠ 경쟁입찰은 1개 이상의 유효한 입찰이 있는 경우 최고가격으로 응찰한 자를 낙찰자로 한다.

    ㉡ 중앙관서의 장은 행정재산에 대하여 일반경쟁입찰을 두 번 실시하여도 낙찰자가 없는 재산에 대하여는 세 번째 입찰부터 최초 사용료 예정가격의 100분의 20을 최저한도로 하여 매회 100분의 10의 금액만큼 그 예정가격을 낮추는 방법으로 조정할 수 있다.

❷ **예외** : 사용허가의 목적·성질·규모 등을 고려하여 필요하다고 인정되면 대통령령으로 정하는 바에 따라 **참가자의 자격을 제한하거나 참가자를 지명하여 경쟁**에 부치거나 **수의의 방법**으로 할 수 있다.

> ※보충 제한경쟁 또는 지명경쟁이 가능한 경우
> ㉠ 토지의 용도 등을 고려할 때 해당 재산에 인접한 토지의 소유자를 지명하여 경쟁에 부칠 필요가 있는 경우
> ㉡ 수의계약 사용허가의 신청이 경합하는 경우
> ㉢ 재산의 위치·형태·용도 등이나 계약의 목적·성질 등으로 보아 사용허가 받는 자의 자격을 제한하거나 지명할 필요가 있는 경우

> ※보충 수의계약이 가능한 경우
> ㉠ 주거용으로 사용허가를 하는 경우
> ㉡ 경작용으로 실경작자에게 사용허가를 하는 경우
> ㉢ 외교상 또는 국방상의 이유로 사용·수익 행위를 비밀리에 할 필요가 있는 경우

중요지문 중앙관서의 장은 행정재산에 대하여 일반경쟁입찰을 두 번 실시하여도 낙찰자가 없는 재산에 대하여는 세 번째 입찰부터 최초 사용료 예정가격의 100분의 10을 최저한도로 하여 매회 100분에 5만큼 그 예정가격을 낮추는 방법으로 조정할 수 있다. ( )

▶ 정답 ×
최초 사용료 예정가격의 100분의 20을 최저한도로 하여 매회 100분의 10의 금액만큼 그 예정가격을 낮추는 방법으로 조정할 수 있다.

　㉣ 천재지변이나 그 밖의 부득이한 사유가 발생하여 재해 복구나 구호의 목적으로 사용허가를 하는 경우

　㉤ 사회기반시설로 사용하려는 지방자치단체나 지방공기업에 사용허가를 하는 경우

　㉥ 법률에 따라 사용료 면제의 대상이 되는 자에게 사용허가를 하는 경우

　㉦ 국가와 재산을 공유하는 자에게 국가의 지분에 해당하는 부분에 대하여 사용허가를 하는 경우

　㉧ 국유재산의 관리·처분에 지장이 없는 경우로서 사용목적이나 계절적 요인 등을 고려하여 6개월 미만의 사용허가를 하는 경우

　㉨ 두 번에 걸쳐 유효한 입찰이 성립되지 아니한 경우

　㉩ 그 밖에 재산의 위치·형태·용도 등이나 계약의 목적·성질 등으로 보아 경쟁입찰에 부치기 곤란하다고 인정되는 경우

❸ **준용** : 행정재산의 사용허가에 관하여는 이 법에서 정한 것을 제외하고는 「국가를 당사자로 하는 계약에 관한 법률」의 규정을 준용한다.

04 사용료 등(제32조, 제33조, 제34조)

(1) 사용료 징수

❶ **징수** : 행정재산을 사용허가한 때에는 대통령령으로 정하는 요율(料率)과 산출방법에 따라 **매년 사용료를 징수한다.** 다만, 연간 사용료가 **20만원 이하**인 경우에는 사용허가기간의 사용료를 일시에 **통합 징수할 수 있다.**

> **※보충** 대통령령으로 정하는 요율
> ㉠ 연간 사용료는 해당 재산가액에 1천분의 50 이상의 요율을 곱한 금액으로 하되, 월 단위, 일 단위 또는 시간 단위로 계산할 수 있다.
> ㉡ 다만, 다음에 해당하는 경우에는 해당 재산의 가액에 해당 요율을 곱한 금액으로 한다.
> 　ⓐ 경작용 또는 목축용인 경우: 1천분의 10 이상
> 　ⓑ 어업 등에 직접 사용하는 경우: 1천분의 10 이상
> 　ⓒ 임산물생산업 또는 육림업에 직접 사용하는 경우: 1천분의 10 이상
> 　ⓓ 주거용인 경우: 1천분의 20 이상(기초생활 수급자가 주거용으로 사용하는 경우: 1천분의 10 이상)
> 　ⓔ 행정목적의 수행에 사용하는 경우: 1천분의 25 이상

ⓕ 지방자치단체가 해당 지방자치단체의 행정목적 수행에 사용하는 경우: 1천분의 25 이상

ⓖ 지방자치단체나 지방공기업이 사회기반시설로 사용하는 경우: 1천분의 25 이상

ⓗ 사회복지사업에 직접 사용하는 경우 및 종교단체가 그 고유목적사업에 직접 사용하는 경우: 1천분의 25 이상

ⓘ 공무원의 후생목적으로 사용하는 경우: 1천분의 40 이상

❷ 사용료를 일시에 **통합 징수하는 경우**에 **사용허가기간 중의 사용료가 증가** 또는 감소되더라도 사용료를 **추가로 징수하거나 반환하지 아니한다.**

❸ **분납** : 사용료는 다음에서 정하는 바에 따라 나누어 내게 할 수 있다.

> ㉠ 사용료를 나누어 내게 하려는 경우에는 사용료가 50만원을 초과하는 경우에만 연 12회 이내에서 나누어 내게 할 수 있다. 이 경우 남은 금액에 대해서는 시중은행의 1년 만기 정기예금의 평균 수신금리를 고려하여 총괄청이 고시하는 이자율을 적용하여 산출한 이자를 붙여야 한다.
> ㉡ 연간 사용료가 1천만원 이상인 경우에는 사용허가(허가를 갱신하는 경우를 포함한다)할 때에 그 허가를 받는 자에게 사용료의 100분의 50에 해당하는 금액의 범위에서 보증금을 예치하게 하거나 이행보증조치를 하도록 하여야 한다.

(2) **사용료 납부**

❶ 사용료는 **선납**하여야 한다.

❷ 사용료의 **납부기한**은 사용허가를 한 날부터 **60일 이내**로 하되, 사용·수익을 시작하기 전으로 한다. 다만, 중앙관서의 장은 부득이한 사유로 납부기한까지 사용료를 납부하기 곤란하다고 인정될 때에는 납부기한을 따로 정할 수 있다.

❸ **천재지변**이나 **재난, 경기침체, 대량실업** 등으로 인한 경영상의 부담을 완화하기 위해 총괄청이 대상과 기간을 정하여 고시하는 경우에는 해당 기간에 납부기한이 도래하거나 납부고지된 사용료를 고시로 정하는 바에 따라 **1년의 범위에서 미루어 내게 할 수 있다.**

(3) **사용료 조정 및 감면**

❶ **조정** : 중앙관서의 장은 **동일인**(상속인이나 그 밖의 포괄승계인은 피승계인과 동일인으로 본다)이 같은 **행정재산**을 사용허가기간 내에서 **1년을 초과하**

중요지문 사용료가 50만원을 초과하는 경우에는 연 12회 이내에서 사용료를 나누어 내게 할 수 있다.
( )

▶정답 ○

중요지문 중앙관서의 장은 동일인이 같은 행정재산을 6개월을 초과하여 계속 사용·수익하는 경우로서 대통령령으로 정하는 경우에는 사용료를 조정할 수 있다.( )

▶정답 ✕
1년을 초과하여 계속 사용·수익하는 경우에는 사용료를 조정할 수 있다.

여 계속 사용·수익하는 경우로서 대통령령으로 정하는 경우에는 **사용료를** 조정할 수 있다.

※보충 사용료 조정

㉠ 경작용 또는 목축용, 어업, 내수면 어업, 임산물생산업 또는 육림업에 직접 종사하는 경우 및 주거용인 경우 : 사용료가 5% 이상 증가한 경우(사용허가를 갱신하는 경우를 포함) : 전년도 사용료보다 5% 증가된 금액

㉡ 상가건물로서 사용료가 5% 이상 증가한 경우(사용허가를 갱신하는 경우를 포함하되, 사용허가를 2회 이상 갱신하는 경우에는 2회차 이상에 해당하는 갱신기간의 각 최초 연도의 경우는 제외한다) : 전년도 사용료보다 5% 증가된 금액

㉢ 그 밖의 경우로서 사용료가 9% 이상 증가한 경우(사용허가를 갱신하는 최초 연도의 경우는 제외한다) : 전년도 사용료보다 9% 증가된 금액

---

❷ **면제사유** : 중앙관서의 장은 다음의 어느 하나에 해당하면 그 사용료를 면제할 수 있다.

㉠ 행정재산으로 할 목적으로 기부를 받은 재산에 대하여 기부자나 그 상속인, 그 밖의 포괄승계인에게 사용허가하는 경우 → 사용료를 면제할 때에는 사용료 총액이 기부받은 재산의 가액이 될 때까지 면제할 수 있되, 그 기간은 20년을 넘을 수 없다.

㉡ 건물 등을 신축하여 기부채납을 하려는 자가 신축기간에 그 부지를 사용하는 경우

㉢ 행정재산을 직접 공용·공공용 또는 비영리 공익사업용으로 사용하려는 지방자치단체에 사용허가하는 경우 → 중앙관서의 장이 사용료를 면제하려는 경우 그 사용허가 기간은 1년을 초과해서는 아니 된다.

㉣ 행정재산을 직접 비영리 공익사업용으로 사용하려는 공공단체(정부가 자본금 전액을 출자하는 법인 또는 기본재산의 전액을 출연하는 법인)에 사용허가하는 경우

추가

㉠ 사용허가를 받은 행정재산을 천재지변이나 재난으로 사용하지 못하게 되면 그 사용하지 못한 기간에 대한 사용료를 면제할 수 있다.

㉡ 건물이나 그 밖의 시설물을 기부받은 경우에는 사용료 총액에 그 건물이나 시설물의 부지사용료를 합산한다.

㉢ 지식재산의 사용료 면제기간은 20년으로 한다.

중요지문 중앙관서의 장이 행정재산을 직접 공용으로 사용하려는 지방자치단체에게 사용허가하는 경우에는 사용료를 면제하여야 한다. ( )

▶ 정답 ✕
사용료를 면제할 수 있다.

❸ **감면사유** : 중앙관서의 장은 행정재산의 형태·규모·내용연수 등을 고려하여 활용성이 낮거나 보수가 필요한 재산 등 대통령령으로 정하는 행정재산을 사용허가하는 경우에는 사용료를 감면할 수 있다.

> ㉠ 통행이 어렵거나 경사지거나 부정형(不定形) 등의 사유로 활용이 곤란한 토지로서 면적이 100제곱미터 이하이고 재산가액이 1천만원 이하인 경우 : 사용료의 100분의 30을 감면
>
> ㉡ 면적이 30제곱미터 이하인 토지로서 재산가액이 100만원 이하인 경우: 사용료의 100분의 30을 감면
>
> ㉢ 다음의 어느 하나에 해당하는 건물로서 사용허가를 받은 자가 시설보수 비용을 지출하는 경우: 지출하는 보수비용에 상당하는 금액을 사용료에서 감면(최초 1회로 한정한다)
>> ⓐ 준공 후 20년이 지난 건물로서 원활한 사용을 위하여 보수가 필요한 경우
>>
>> ⓑ 시설물의 안전등급 기준이 C등급 이하인 건물로서 안전관리를 위하여 보수가 필요한 경우
>>
>> ⓒ 천재지변이나 그 밖의 재해 등으로 인하여 파손된 건물로서 별도의 보수가 필요한 경우

---

05 사용허가기간(제35조)

(1) 사용허가기간

❶ **원칙** : 행정재산의 사용허가기간은 **5년 이내**로 한다.

❷ **예외** : 행정재산으로 할 목적으로 **기부를 받은 재산**의 경우에는 **사용료의 총액이 기부를 받은 재산의 가액에 이르는 기간 이내**로 한다.

(2) 갱신기간

허가기간이 끝난 재산에 대하여 대통령령으로 정하는 경우를 제외하고는 5년을 초과하지 아니하는 범위에서 종전의 사용허가를 갱신할 수 있다. 다만, 수의의 방법으로 사용허가를 할 수 있는 경우가 아니면 1회만 갱신할 수 있다.

> ※보충 갱신할 수 없는 경우
> ❶ 사용허가 범위에 포함되지 아니한 경우
> ❷ 거짓 진술을 하거나 부실한 증명서류를 제시하거나 그 밖에 부정한 방법으로 사용허가를 받은 경우

중요지문 행정재산으로 할 목적으로 기부를 받은 재산에 대하여 기부자에게 사용허가 하는 경우에는 그 사용허가기간을 5년 이내로 한다. ( )

▶정답 ✕
기부를 받은 재산의 경우에는 사용료 총액이 기부를 받은 재산의 가액에 이르는 기간 이내로 한다.

중요지문 수의의 방법으로 한 사용허가는 허가 기간이 끝난 후 갱신할 수 없다. ( )

▶정답 ✕
수의의 방법으로 한 사용허가는 횟수제한 없이 갱신할 수 있다.

❸ 사용허가를 받은 재산을 제30조 제2항을 위반하여 다른 사람에게 사용·수익하게 한 경우

❹ 해당 재산의 보존을 게을리하였거나 그 사용목적을 위배한 경우

❺ 납부기한까지 사용료를 납부하지 아니하거나 보증금 예치나 이행보증조치를 하지 아니한 경우

❻ 중앙관서의 장의 승인 없이 사용허가를 받은 재산의 원래 상태를 변경한 경우

❼ 사용허가한 재산을 국가나 지방자치단체가 직접 공용이나 공공용으로 사용하기 위하여 필요한 경우

❽ 사용허가 조건을 위반한 경우

❾ 중앙관서의 장이 사용허가 외의 방법으로 해당 재산을 관리·처분할 필요가 있다고 인정되는 경우

(3) **갱신신청**

행정재산의 사용허가기간을 갱신하려는 자는 허가기간이 끝나기 **1개월 전**에 중앙관서의 장에게 신청하여야 한다.

06 사용허가의 취소와 철회(제36조)

(1) **취소 또는 철회 사유**

중앙관서의 장은 행정재산의 사용허가를 받은 자가 다음의 어느 하나에 해당하면 그 허가를 취소하거나 철회할 수 있다.

❶ 거짓 진술을 하거나 부실한 증명서류를 제시하거나 그 밖에 부정한 방법으로 사용허가를 받은 경우

❷ 사용허가 받은 재산을 제30조 제2항을 위반하여 다른 사람에게 사용·수익하게 한 경우

❸ 해당 재산의 보존을 게을리하였거나 그 사용목적을 위배한 경우

❹ 납부기한까지 사용료를 납부하지 아니하거나 보증금 예치나 이행보증조치를 하지 아니한 경우

❺ 중앙관서의 장의 승인 없이 사용허가를 받은 재산의 원래 상태를 변경한 경우

⑵ 철회 사유 등

중앙관서의 장은 사용허가를 한 행정재산을 **국가나 지방자치단체가 직접 공용이나 공공용으로 사용하기 위하여 필요하게 된 경우**에는 그 **허가를 철회할 수 있다.** → 철회로 인하여 해당 사용허가를 받은 자에게 손실이 발생하면 보상한다.

⑶ 통지

중앙관서의 장은 사용허가를 취소하거나 철회한 경우에 그 재산이 기부를 받은 재산으로서 사용·수익하고 있는 자가 있으면 그 사용·수익자에게 취소 또는 철회 사실을 알려야 한다.

▶중요지문 중앙관서의 장은 사용 허가한 행정재산을 지방자치단체가 직접 공용으로 사용하기 위하여 필요하게 된 경우에도 그 허가를 철회할 수 없다.　　　　( )

▶정답 ×
지방자치단체가 직접 공용으로 사용하기 위하여 필요하게 된 경우에는 그 허가를 철회할 수 있다.

07 청문 등(제37조, 제38조, 제39조)

⑴ **청문**(의견제출×)

중앙관서의 장은 행정재산의 **사용허가를 취소하거나 철회하려는 경우**에는 청문을 하여야 한다.

⑵ 원상회복

사용허가를 받은 자는 허가기간이 끝나거나 사용허가가 취소 또는 철회된 경우에는 그 재산을 원래 상태대로 반환하여야 한다. 다만, **중앙관서의 장이 미리 상태의 변경을 승인한 경우**에는 변경된 상태로 반환할 수 있다.

⑶ 관리소홀자에 대한 제재

행정재산의 사용허가를 받은 자가 그 **행정재산의 관리를 소홀히 하여** 재산상의 손해를 발생하게 한 경우에는 사용료 외에 대통령령으로 정하는 바에 따라 그 **사용료를 넘지 아니하는 범위에서 가산금을 징수할 수 있다.**

※보충 가산금
❶ 가산금은 사용허가할 때에 정하여야 한다.
❷ 가산금은 해당 중앙관서의 장 또는 위임을 받은 자가 징수한다.
❸ 가산금을 징수할 때에는 그 금액, 납부기한, 납부장소와 가산금의 산출 근거를 명시하여 문서로 고지하여야 한다.
❹ 납부기한은 고지한 날부터 60일 이내로 한다.

추가 행정재산의 사용허가를 받은 자가 그 재산에 대하여 유지·보수 외의 시설을 설치하려는 때에는 그 경비조서를 갖추어 소관 중앙관서의 장의 승인을 받아야 한다.

08 용도폐지 등(제40조, 제40조의2)

(1) 용도폐지

❶ 중앙관서의 장은 행정재산이 다음의 어느 하나에 해당하는 경우에는 **지체 없이 그 용도를 폐지하여야** 한다.

> ㉠ 행정목적으로 사용되지 아니하게 된 경우
> ㉡ 행정재산으로 사용하기로 결정한 날부터 5년이 지난 날까지 행정재산으로 사용되지 아니한 경우
> ㉢ 제57조에 따라 개발하기 위하여 필요한 경우

❷ 중앙관서의 장은 용도폐지를 한 때에는 그 재산을 지체 없이 총괄청에 인계하여야 한다. 다만, 다음의 하나에 해당하는 재산은 그러하지 아니하다.

> ㉠ **관리전환, 교환 또는 양여의 목적으로** 용도를 폐지한 재산
> ㉡ **선박, 부표, 부잔교, 부선거 및 항공기와 그 종물**
> ㉢ **공항·항만 또는 산업단지에 있는** 재산으로서 그 **시설운영에 필요한 재산**
> ㉣ **총괄청이 그 중앙관서의 장에게 관리·처분하도록 하거나 다른 중앙관서의 장에게 인계하도록 지정한 재산**

(2) 우선사용예약

❶ 중앙관서의 장은 행정재산이 용도폐지된 경우 장래의 행정수요에 대비하기 위하여 해당 재산에 대하여 사용승인을 우선적으로 해 줄 것(우선사용예약)을 용도폐지된 날부터 1개월 이내에 총괄청에 신청할 수 있다.

❷ 중앙관서의 장은 우선사용예약을 신청하려는 경우에는 재산의 표시, 사용 목적, 사용 계획을 적은 신청서에 사업계획서를 첨부하여 총괄청에 제출해야 한다.

❸ 총괄청은 우선사용예약 신청을 받은 경우 중앙관서의 장이 제출한 사업계획 및 다른 기관의 행정수요 등을 고려하여 **우선사용예약을 승인할 수 있다.**

❹ 중앙관서의 장이 우선사용예약을 승인받은 날부터 **3년 이내에 총괄청으로부터 사용승인을 받지 아니한 경우**에는 그 우선사용예약은 **효력을 잃는다.**

04 일반재산 *제36회

01 처분 등(제41조)

(1) 일반재산은 대부 또는 처분할 수 있다.

(2) 중앙관서의 장등은 국가의 **활용계획이 없는 건물**이나 그 밖의 시설물이 다음의 어느 하나에 해당하는 경우에는 **철거**할 수 있다.

> ❶ 구조상 공중의 안전에 미치는 위험이 중대한 경우
> ❷ 재산가액에 비하여 유지·보수 비용이 과다한 경우
> ❸ 위치, 형태, 용도, 노후화 등의 사유로 철거가 불가피하다고 중앙관서의 장 등이 인정하는 경우

02 위임·위탁(제42조)

(1) **위임** : 총괄청은 소관 일반재산의 관리·처분에 관한 사무의 일부를 총괄청 소속 공무원, 중앙관서의 장 또는 그 소속 공무원, 지방자치단체의 장 또는 그 소속 공무원에게 위임할 수 있다.

(2) **위탁** : 총괄청은 소관 일반재산의 관리·처분에 관한 사무의 일부를 **정부출자기업체, 금융기관, 투자매매업자·투자중개업자** 또는 특별법에 따라 설립된 법인에게 위탁할 수 있다.

> ❶ 일반재산의 관리·처분에 관한 사무를 위임·위탁받은 자가 해당 일반재산의 대부료를 면제하려는 경우에는 미리 총괄청의 승인을 받아야 한다.

(3) **재위탁** : 총괄청은 일반재산의 관리·처분에 관한 사무의 **일부를 위탁받을 수 있으며**, 필요한 경우 위탁하는 중앙관서의 장과 협의를 거쳐 특별법에 따라 설립된 법인으로서 대통령령으로 정하는 자(**한국자산관리공사**)에게 위탁받은 사무를 **재위탁**할 수 있다.

(4) **위탁개발** : 중앙관서의 장이 소관 특별회계나 기금에 속하는 일반재산을 위탁개발하려는 경우에는 (2)의 규정을 준용하여 위탁할 수 있다.

(5) **철회** : 일반재산의 관리·처분에 관한 사무를 위임이나 위탁한 **총괄청이나 중앙관서의 장**은 위임이나 위탁을 받은 자가 해당 사무를 **부적절하게 집행하고** 있다고 인정되거나 일반재산의 집중적 관리 등을 위하여 필요한 경우에는 그 위임이나 위탁을 철회할 수 있다.

03 계약의 방법(제43조)

(1) **원칙** : 일반재산을 **처분하는 계약**을 체결할 경우에는 그 뜻을 공고하여 **일반경쟁**에 부쳐야 한다. → 경쟁입찰은 1개 이상의 유효한 입찰이 있는 경우 **최고가격으로 응찰한 자를 낙찰자**로 한다.

(2) **예외** : 계약의 목적·성질·규모 등을 고려하여 필요하다고 인정되면 참가자의 **자격을 제한**하거나 참가자를 **지명하여 경쟁**에 부치거나 **수의계약**으로 할 수 있으며, 증권인 경우에는 대통령령으로 정하는 방법에 따를 수 있다.

> **※보충** 제한경쟁 또는 지명경쟁 사유
> ㄱ 토지의 용도 등을 고려할 때 해당 재산에 인접한 토지의 소유자를 지명하여 경쟁에 부칠 필요가 있는 경우
> ㄴ 농경지의 경우에 특별자치시장·특별자치도지사·시장·군수 또는 구청장이 인정하는 실경작자를 지명하거나 이들을 입찰에 참가할 수 있는 자로 제한하여 경쟁에 부칠 필요가 있는 경우
> ㄷ 용도를 지정하여 매각하는 경우
> ㄹ 수의계약 신청이 경합하는 경우

> **※보충** 수의계약 사유
> ㄱ 외교상 또는 국방상의 이유로 비밀리에 처분할 필요가 있는 경우
> ㄴ 천재지변이나 그 밖의 부득이한 사유가 발생하여 재해 복구나 구호의 목적으로 재산을 처분하는 경우
> ㄷ 해당 재산을 양여받거나 무상으로 대부받을 수 있는 자에게 그 재산을 매각하는 경우
> ㄹ 지방자치단체가 직접 공용 또는 공공용으로 사용하는 데에 필요한 재산을 해당 지방자치단체에 처분하는 경우
> ㅁ 공공기관이 직접 사무용 또는 사업용으로 사용하는 데에 필요한 재산을 해당 공공기관에 처분하는 경우
> ㅂ 국유지개발목적회사에 개발 대상 국유재산을 매각하는 경우

ⓐ 은닉된 국유재산을 국가에 반환한 자에게 매각하는 경우
ⓞ 국가와 국가 외의 자가 공유하고 있는 국유재산을 해당 공유지분권자에게
　매각하는 경우
ⓩ 정부출자기업체의 주주 등 출자자에게 해당 기업체의 지분증권을 매각하는
　경우 〈이하 생략〉

＊보충 증권의 매각방법
㉠ 「자본시장과 금융투자업에 관한 법률」에 따른 매출의 방법
㉡ 「자본시장과 금융투자업에 관한 법률」에 따른 증권시장에서 거래되는 증권
　을 그 증권시장에서 매각하는 방법
㉢ 「자본시장과 금융투자업에 관한 법률」에 따른 공개매수에 응모하는 방법
㉣ 「상법」에 따른 주식매수청구권을 행사하는 방법
㉤ 다른 법령에 따른 증권의 매각방법

---

04 처분재산의 가격결정(제44조)

⑴ **처분가격** : 일반재산의 **처분가격**은 대통령령으로 정하는 바에 따라 **시가를 고**
려하여 결정한다.

⑵ **예정가격** : 증권을 제외한 일반재산을 처분할 때에는 시가를 고려하여 해당 재
산의 예정가격을 결정하여야 한다. 이 경우 예정가격의 결정방법은 다음과 같다.

> ❶ 대장가격이 3천만원 이상인 경우(❷의 경우는 제외한다) : 두 개의 감정평
> 　가법인등의 평가액을 산술평균한 금액
> ❷ 대장가격이 3천만원 미만인 경우나 지방자치단체 또는 공공기관에 처분하
> 　는 경우 : 하나의 감정평가법인등의 평가액
> ❶ 감정평가법인등의 평가액은 평가일부터 1년이 지나면 적용할 수 없다.

⑶ **최저한도** : 중앙관서의 장등은 일반재산에 대하여 일반경쟁입찰을 **두 번 실시**
하여도 낙찰자가 없는 경우에는 **세 번째 입찰부터 최초 매각 예정가격의 100**
분의 50을 최저한도로 하여 **매회 100분의 10의 금액**만큼 그 예정가격을 **낮출**
수 있다.

⑷ **개량한 자** : 일반재산을 개척 · 매립 · 간척 또는 조림하거나 그 밖에 정당한 사
유로 점유하고 **개량한 자**에게 해당 재산을 매각하는 경우에는 매각 당시의 **개량**

> **중요지문** 증권을 처분할 때에는
> 시가를 고려하여 예정가격을 결정
> 하여야 한다. （ ）
>
> ▶정답 ✕
> 증권을 제외한 일반재산을 처분할
> 때에는 시가를 고려하여 해당 재산
> 의 예정가격을 결정하여야 한다.

한 상태의 가격에서 개량비 상당액을 뺀 금액을 매각대금으로 한다. 다만, 매각을 위한 평가일 현재 개량하지 아니한 상태의 가액이 개량비 상당액을 빼고 남은 금액을 초과하는 경우에는 그 가액 이상으로 매각대금을 결정하여야 한다.

(5) **대장가격** : 다음의 경우에는 대장가격을 재산가격으로 한다.

> ❶ 일반재산을 직접 공용이나 공공용으로 사용하려는 지방자치단체에 양여하는 경우
> ❷ 국가가 보존·활용할 필요가 없고 대부·매각·교환이 곤란하여 일반재산을 양여하는 경우

(6) **보상액** : 공익사업을 위한 토지 등의 취득 및 보상에 관한 법률에 따른 공익사업에 필요한 일반재산을 해당 사업의 **사업시행자에게 처분**하는 경우에는 해당 법률에 따라 산출한 보상액을 일반재산의 **처분가격으로 할 수 있다.**

(7) **개별공시지가** : 다음에 해당하는 **국유지를 일반경쟁입찰의 방법으로 처분**하는 경우에는 해당 국유지의 **개별공시지가를 예정가격으로 할 수 있다.**

> ❶ 일단의 토지 면적이 100제곱미터 이하인 국유지(특별시·광역시에 소재한 국유지는 제외한다)
> ❷ 일단의 토지 대장가격이 1천만원 이하인 국유지

(8) **지식재산** : 지식재산을 처분할 때의 예정가격은 다음의 방법으로 결정한 금액으로 한다.

> ❶ 해당 지식재산 존속기간 중의 사용료 또는 대부료 추정 총액
> ❷ 감정평가법인등이 평가한 금액(❶에 따라 예정가격을 결정할 수 없는 경우로 한정한다)

(9) **상장증권** : 상장법인이 발행한 주권을 처분할 때에는 그 예정가격은 다음의 어느 하나에 해당하는 가격 이상으로 한다.

> ❶ 평가기준일 전 1년 이내의 최근에 거래된 30일간의 증권시장에서의 최종 시세가액을 가중산술평균하여 산출한 가액
> ❷ 공개매수에 응모하는 경우에는 그 공개매수 가격
> ❸ 주식매수청구권 행사가격
> ❹ 매각가격을 특정할 수 있는 경우에는 그 가격

⑽ **비상장증권** : 비상장법인이 발행한 지분증권을 처분할 때에는 그 예정가격은 기획재정부령으로 정하는 산출방식에 따라 비상장법인의 자산가치, 수익가치 및 상대가치를 고려하여 산출한 가격 이상으로 한다. 다만, 기획재정부령으로 정하는 경우에는 수익가치 또는 상대가치를 고려하지 아니할 수 있다.

05 물납 증권의 처분 제한(제44조의2)

⑴ 물납된 증권의 경우 물납한 본인 및 대통령령으로 정하는 자(배우자, 직계혈통, 형제자매 등)에게는 수납가액보다 적은 금액으로 처분할 수 없다. 다만, 증권시장에서 거래되는 증권을 그 증권시장에서 매각하는 경우에는 그러하지 아니하다.

⑵ 총괄청은 처분 제한 대상자의 해당 여부를 확인하기 위하여 관계 행정기관의 장, 공공기관의 장에게 필요한 자료의 제출을 요청할 수 있다. 이 경우 자료 제출을 요청받은 관계 행정기관의 장 등은 특별한 사유가 없으면 이에 따라야 한다.

06 예약(제45조)

⑴ **예약사유 등**

❶ 일반재산은 개척·매립·간척 또는 조림사업을 시행하기 위하여 그 사업의 완성을 조건으로 대통령령으로 정하는 바에 따라 대부·매각 또는 양여를 예약할 수 있다.

❷ 중앙관서의 장등이 그 재산의 매각이나 양여를 예약하려는 경우에는 총괄청과 협의하여야 한다.

⑵ **예약기간** : 예약기간은 계약일부터 10년 이내로 정하여야 한다. 다만, 해당 중앙관서의 장은 천재지변이나 그 밖의 부득이한 사유가 있는 경우에만 총괄청과 협의하여 5년의 범위에서 예약기간을 연장할 수 있다.

⑶ **사업착수** : 예약을 한 자는 계약일부터 1년 이내에 그 사업을 시작하여야 한다.

⑷ **무상사용** : 예약 상대방은 그 사업기간 중 예약된 재산 또는 사업의 기성부분(旣成部分)을 무상으로 사용하거나 수익할 수 있다.

중요지문 일반재산은 개척 사업을 시행하기 위하여 그 사업의 완성을 조건으로 대부·매각 또는 양여를 예약할 수 있다. ( )

▶정답 ○

(5) 예약의 해지

❶ 예약 상대방이 지정된 기한까지 사업을 시작하지 아니하거나 그 **사업을 완성할 수 없다고 인정**되면 그 예약을 해제하거나 해지할 수 있다.

❷ 예약을 해제하거나 해지하는 경우에 사업의 일부가 이미 완성된 때에는 공익상 지장이 없다고 인정되는 경우에만 그 기성부분의 전부 또는 일부를 예약 상대방에게 대부·매각 또는 양여할 수 있다.

07 대부(제46조, 제47조, 제47조의2)

(1) **일반재산의 대부기간** : 일반재산의 대부기간은 다음의 기간 이내로 한다. 다만, **영구시설물을 축조하는 경우에는 10년 이내**로 한다.

[중요지문] 조림을 목적으로 하는 토지의 대부기간은 25년 이상으로 한다. ( )

▶ **정답** ✕
조림을 목적으로 하는 토지의 대부기간은 20년 이내로 한다.

> ❶ 조림을 목적으로 하는 토지와 그 정착물 : 20년
> ❷ 대부 받은 자의 비용으로 다음의 시설을 보수하는 건물 : 10년
>   ㉠ 준공 후 20년이 지난 건물로서 원활한 사용을 위하여 보수가 필요한 경우
>   ㉡ 시설물의 안전등급 기준이 C등급 이하인 건물로서 안전관리를 위하여 보수가 필요한 경우
>   ㉢ 천재지변이나 그 밖의 재해 등으로 인하여 파손된 건물로서 별도의 보수가 필요한 경우
> ❸ ❶ 및 ❷ 외의 토지와 그 정착물 : 5년
> ❹ 그 밖의 재산 : 1년

(2) **신탁개발의 대부기간** : 신탁개발 및 민간참여개발에 따라 개발된 일반재산의 대부기간은 30년 이내로 할 수 있으며, 20년의 범위에서 한 차례만 연장할 수 있다.

(3) 대부기간의 갱신

[중요지문] 일반재산의 대부계약은 수의계약의 방법으로 대부할 때에는 1회만 갱신할 수 있다. ( )

▶ **정답** ✕
수의계약의 방법으로 대부할 수 있는 경우가 아니면 1회만 갱신할 수 있다.

❶ 대부기간이 끝난 재산에 대하여 대통령령으로 정하는 경우를 제외하고는 그 대부기간을 초과하지 아니하는 범위에서 종전의 대부계약을 갱신할 수 있다. 다만, **수의계약의 방법으로 대부**할 수 있는 경우가 아니면 1회만 갱신할 수 있다.

> **※보충** 대통령령으로 정하는 경우(갱신할 수 없는 경우)
> ㉠ 대부재산을 국가나 지방자치단체가 행정재산(공용·공공용·기업용·보존용 재산)으로 사용하기 위하여 필요한 경우

ⓛ 사용허가 취소나 철회사유에 해당하는 경우

ⓒ 대부계약 조건을 위반한 경우

❷ 갱신을 받으려는 자는 대부기간이 끝나기 1개월 전에 중앙관서의 장등에 신청하여야 한다.

⑷ **보증금 환산**

대부료에 관하여는 연간 대부료의 전부 또는 일부를 대부보증금으로 환산하여 받을 수 있다.

⑸ **보증금 반환**

중앙관서의 장등은 대부기간이 만료되거나 대부계약이 해제 또는 해지된 경우에는 대부보증금을 반환하여야 한다. 이 경우 대부받은 자가 내지 아니한 대부료, 공과금 등이 있으면 이를 제외하고 반환하여야 한다.

⑹ **대부료 감면**

중앙관서의 장은 국가가 타인의 재산을 점유하는 동시에 해당 재산 소유자는 일반재산을 점유(상호 점유)하는 경우 해당 재산 소유자에게 점유 중인 일반재산의 대부료를 감면할 수 있다.

08 **매각**(제48조~제52조)

⑴ **매각제한** : 일반재산은 다음의 어느 하나에 해당하는 경우에는 매각할 수 없다.

❶ 중앙관서의 장이 행정목적으로 사용하기 위하여 그 재산에 대하여 행정재산의 사용 승인이나 관리전환을 신청한 경우

❷ 「국토의 계획 및 이용에 관한 법률」 등 다른 법률에 따라 그 처분이 제한되는 경우

❸ 장래 행정목적의 필요성 등을 고려하여 처분기준에서 정한 처분제한 대상에 해당하는 경우

❹ 법 제57조에 따라 개발이 필요한 재산

❺ 장래의 행정수요에 대비하기 위하여 비축할 필요가 있는 재산

❻ 사실상 또는 소송상 분쟁이 진행 중이거나 예상되는 등의 사유로 매각을 제한할 필요가 있는 재산

※보충 대부의 준용규정
1. 제30조 제2항(다른사람에게 사용·수익×)
2. 제31조 제1항, 제2항(일반경쟁, 제한경쟁, 지명경쟁, 수의계약)
3. 제32조(사용료의 징수)
4. 제33조(사용료의 조정)
5. 제34조 제1항 제2호·3호, 제2항, 제3항(사용료의 감면)
6. 제36조(취소철회)
7. 제38조(원상회복)

중요지문 중앙관서의 장은 다른 법률에 따라 그 처분이 제한되는 경우에도 일반재산을 매각할 수 있다.
( )

▶**정답** ✕
다른 법률에 따라 처분이 제한되는 경우에는 일반재산을 매각할 수 없다.

(2) **총괄청과 협의** : 중앙관서의 장이 소관 특별회계나 기금에 속하는 일반재산 중 다음의 **일반재산을 매각하려는** 경우에는 **총괄청과 협의하여야** 한다.

> ❶ 공용재산으로 사용 후 용도폐지된 토지나 건물
> ❷ 일단의 토지 면적이 3천제곱미터를 초과하는 재산

(3) **국토교통부장관과 협의** : 중앙관서의 장등은 다음의 어느 하나에 해당하는 국유지를 매각하려는 경우에는 우선적으로 장기공공임대주택의 용도로 필요한지에 관하여 국토교통부장관과 협의하여야 한다.

> ❶ 용도폐지된 군부대, 교도소 및 학교의 부지
> ❷ 일단의 토지 면적이 1만제곱미터를 초과하는 토지

(4) **총괄청의 승인** : 일반재산의 관리·처분에 관한 사무를 위임·위탁받은 자는 해당 **일반재산을 매각하려는** 경우 국유재산 처분의 기준에서 정하는 바에 따라 미리 **총괄청의 승인**을 받아야 한다.

(5) **용도를 지정한 매각**

❶ 일반재산을 매각하는 경우에는 매수자에게 그 재산의 **용도**와 그 용도에 사용하여야 할 기간(**10년 이상**)을 정하여 매각할 수 있다.

❷ 용도를 지정하여 매각하는 경우에는 용도대로 사용하지 않거나 지정된 기간에 용도폐지 시에는 해당 매매계약을 해제한다는 내용의 **특약등기를** 하여야 한다.

(6) **매각대금의 납부**

❶ **원칙** : 일반재산의 매각대금은 계약체결일부터 **60일의 범위**에서 중앙관서의 장등이 정하는 기한까지 **전액**을 내야 한다.

❷ **예외** : 다음에 해당하는 경우에는 납부기간을 **연장할 수 있다.**

> ㉠ 천재지변이나 재난으로 매수인에게 책임을 물을 수 없는 사고가 발생한 경우
> ㉡ 국가의 필요에 따라 국가가 매각재산을 일정 기간 계속하여 점유·사용할 목적으로 재산인도일과 매각대금의 납부기간을 계약 시에 따로 정하는 경우

❸ **분할납부** : 일반재산의 매각대금을 한꺼번에 납부하도록 하는 것이 곤란하다고 인정되는 경우에는 1년 만기 정기예금 금리수준을 고려하여 이자를 붙여 20년 이내에 걸쳐 나누어 내게 할 수 있다.

> ㉠ 3년 이내 분할납부[매각대금이 5백만원 초과 3천만원 이하인 경우]
> ㉡ 5년 이내 분할납부[매각대금이 3천만원 초과하는 경우, 공공단체가 직접 비영리공익사업용으로 사용하려는 재산을 해당 공공단체에 매각하는 경우, 국가가 매각재산을 일정기간 계속하여 점유·사용하는 경우, 산업기술단지의 조성에 필요한 토지를 사업시행자에게 매각하는 경우]
> ㉢ 10년 이내 분할납부[「농지법」에 따른 농지로서 국유지를 실경작자에게 매각하는 경우, 지방자치단체가 직접 공용 또는 공공용으로 사용하려는 재산을 그 지방자치단체에 매각하는 경우, 국유지개발목적회사에 개발대상 국유재산을 매각하는 경우]
> ㉣ 20년 이내 분할납부[인구분산을 위한 정착사업에 필요하다고 인정하는 경우로서 국무회의 심의를 거쳐 대통령의 승인을 받은 경우]

⑺ **소유권 이전**

❶ **원칙** : 일반재산을 매각하는 경우 해당 매각재산의 소유권 이전은 매각대금이 완납된 후에 하여야 한다.

❷ **예외** : 매각대금을 나누어 내게 하는 경우로서 공익사업의 원활한 시행 등을 위하여 소유권의 이전이 **불가피하여 대통령령으로 정하는 경우**에는 매각대금이 완납되기 전에 소유권을 이전할 수 있다. 이 경우 저당권 설정 등 채권의 확보를 위하여 필요한 조치를 취하여야 한다.

⑻ **매각계약 해제사유**

일반재산을 매각한 경우에 다음의 어느 하나에 해당하는 사유가 있으면 그 계약을 해제할 수 있다.

> ❶ 매수자가 매각대금을 체납한 경우
> ❷ 매수자가 거짓 진술을 하거나 부실한 증명서류를 제시하거나 그 밖의 부정한 방법으로 매수한 경우
> ❸ 용도를 지정하여 매각한 경우에 매수자가 지정된 날짜가 지나도 그 용도에 사용하지 아니하거나 지정된 용도에 제공한 후 지정된 기간에 그 용도를 폐지한 경우

[중요지문] 일반재산의 매각대금이 3천만원을 초과하는 경우 매각대금을 5년 이내의 기간에 걸쳐 나누어 내게 할 수 있다.   ( )

▶정답 ○

[추가] 매각대금 완납되기 전에 소유권 이전이 가능한 경우
1. 공공단체가 직접 비영리공익사업용으로 사용하려는 재산을 해당 공공단체에 매각하는 경우
2. 지방자치단체에 그 지방자치단체가 직접 공용 또는 공공용으로 사용하려는 재산을 매각하는 경우
3. 산업기술단지의 조성에 필요한 토지를 사업시행자에게 매각하는 경우

[중요지문] 일반재산을 매각한 이후 매수자가 매각대금을 체납한 경우 그 계약을 해제할 수 있다.   ( )

▶정답 ○

09 교환(제54조)

(1) 교환사유 및 방법

❶ 다음의 어느 하나에 해당하는 경우에는 **일반재산**인 토지·건물, 그 밖의 토지의 정착물, 동산과 **공유** 또는 **사유재산**인 토지·건물, 그 밖의 토지의 정착물, 동산을 **교환할 수 있다.**

> ❶ 국가가 직접 행정재산으로 사용하기 위하여 필요한 경우
> ❷ 소규모 일반재산을 한 곳에 모아 관리함으로써 재산의 효용성을 높이기 위하여 필요한 경우
> ❸ 일반재산의 가치와 이용도를 높이기 위하여 필요한 경우로서 매각 등 다른 방법으로 해당 재산의 처분이 곤란한 경우
> ❹ 상호 점유를 하고 있고 해당 재산 소유자가 사유토지만으로는 진입·출입이 곤란한 경우 등 불가피한 사유로 인하여 점유 중인 일반재산과 교환을 요청한 경우

❷ 교환할 때 쌍방의 가격이 같지 아니하면 그 **차액을 금전으로 대신 납부**하여야 한다.

❸ 중앙관서의 장등은 **일반재산을 교환**하려면 그 내용을 **감사원에 보고**하여야 한다.

❹ 일반재산의 관리·처분에 관한 **사무를 위임·위탁받은 자**는 해당 **일반재산**을 교환하려는 경우에는 미리 **총괄청의 승인**을 받아야 한다.

(2) 교환재산의 종류와 가격

❶ **유사성** : 교환하는 재산은 다음의 어느 하나에 해당하는 경우 외에는 서로 유사한 재산이어야 한다.

> ※보충 유사성이 없어도 되는 경우
> ㉠ 공유재산(公有財産)과 교환하는 경우
> ㉡ 새로운 관사를 취득하기 위하여 노후화된 기존 관사와 교환하는 경우

❷ **교환 대상** : 서로 유사한 재산의 교환은 다음의 어느 하나에 해당하는 경우로 한다.

> ㉠ 토지를 토지와 교환하는 경우
> ㉡ 건물을 건물과 교환하는 경우

ⓒ 양쪽 또는 어느 한 쪽의 재산에 건물(공작물을 포함한다)이 있는 토지인 경우에 주된 재산(그 재산의 가액이 전체 재산가액의 2분의 1 이상인 재산을 말한다)이 서로 일치하는 경우

ⓔ 동산을 동산과 교환하는 경우 → 중앙관서의 장등은 미리 총괄청과 협의하여야 한다.

❸ **교환 금지** : 중앙관서의 장등은 일반재산이 다음의 어느 하나에 해당하는 경우에는 교환해서는 아니 된다. 다만, ⓒ 또는 ⓔ에 해당하는 일반재산이 상호점유에 해당하는 경우에는 그러하지 아니하다.

ⓐ 「국토의 계획 및 이용에 관한 법률」, 그 밖의 법률에 따라 그 처분이 제한되는 경우

ⓑ 장래에 도로·항만·공항 등 공공용 시설로 활용할 수 있는 재산으로서 보존·관리할 필요가 있는 경우

ⓒ 교환으로 취득하는 재산에 대한 구체적인 사용계획 없이 교환하려는 경우

ⓓ 한쪽 재산의 가격이 다른 쪽 재산 가격의 4분의 3(소규모 일반재산을 한 곳에 모아 관리함으로써 재산의 효용성을 높이기 위하여 필요한 경우에는 2분의 1을 말한다) 미만인 경우. 다만, 교환 대상 재산이 공유재산인 경우는 제외한다.

ⓔ 교환한 후 남는 국유재산의 효용이 뚜렷하게 감소되는 경우

ⓕ 교환 상대방에게 건물을 신축하게 하고 그 건물을 교환으로 취득하려는 경우

ⓖ 국유재산 처분의 기준에 관한 사항에 따른 처분기준에서 정한 교환제한 대상에 해당하는 경우

❹ **공유재산과 교환** : 공유재산과 교환하려는 경우에는 중앙관서의 장등과 지방자치단체가 협의하여 **개별공시지가로 산출된 금액**이나 **하나 이상의 감정평가법인등의 평가액을 기준**으로 하여 교환할 수 있다.

10 **양여**(제55조)

(1) **양여사유** : 일반재산은 다음의 어느 하나에 해당하는 경우에는 양여할 수 있다.

> ❶ 일반재산을 직접 공용이나 공공용으로 사용하려는 지방자치단체에 양여하는 경우 → 10년 내에 양여목적과 달리 사용된 때 양여를 취소할 수 있다.
>
> ❷ 지방자치단체나 공공단체가 유지·보존비용을 부담한 공공용재산이 용도폐지됨으로써 일반재산이 되는 경우에 해당 재산을 그 부담한 비용의 범위에서 해당 지방자치단체나 공공단체에 양여하는 경우
>
> ❸ 다음의 행정재산을 용도폐지하는 경우 그 용도에 사용될 대체시설을 제공한 자 또는 그 상속인, 그 밖의 포괄승계인에게 그 부담한 비용의 범위에서 용도폐지된 재산을 양여하는 경우 → 500억 이하의 일반재산은 총괄청과 협의 없이 양여할 수 있다.
> > ㉠ 토지보상법상 사업인정을 받은 공익사업의 사업지구에 편입되는 행정재산
> > ㉡ 군사시설 이전 등 대규모 국책사업을 수행하기 위하여 용도폐지가 불가피한 행정재산
>
> ❹ 국가가 보존·활용할 필요가 없고 대부·매각이나 교환이 곤란한 다음의 재산을 양여하는 경우
> > ㉠ 국가 외의 자가 소유하는 토지에 있는 국가 소유의 건물(부대시설을 포함한다). 이 경우 양여받는 상대방은 그 국가 소유의 건물이 있는 토지의 소유자로 한정한다.
> > ㉡ 국가 행정 목적의 원활한 수행 등을 위하여 국무회의의 심의를 거쳐 대통령의 승인을 받아 양여하기로 결정한 일반재산

(2) **총괄청과 협의** : 중앙관서의 장등은 일반재산을 양여하려면 총괄청과 협의하여야 한다. 다만, 500억 이하의 일반재산을 위 (1)의 ❸에 따라 양여하는 경우에는 그러하지 아니하다.

(3) **총괄청의 승인** : 일반재산의 관리·처분에 관한 **사무를 위임·위탁받은 자**가 해당 **일반재산을 양여**하려는 경우에는 미리 **총괄청의 승인**을 받아야 한다.

11 개발(제57조~제59조)

(1) 의의

❶ **개발의 종류** : 일반재산은 국유재산관리기금의 운용계획에 따라 국유재산관리기금의 재원으로 개발하거나 **신탁개발, 위탁개발, 민간참여 개발**에 따라 개발하여 대부·분양할 수 있다.

❷ **개발** : 개발이란 다음의 행위를 말한다.

> ㉠ 「건축법」에 따른 건축, 대수선, 리모델링 등의 행위
> ㉡ 「공공주택 특별법」, 「국토의 계획 및 이용에 관한 법률」, 「도시개발법」, 「도시 및 주거환경정비법」, 「산업입지 및 개발에 관한 법률」, 「주택법」, 「택지개발촉진법」 등 법률에 따라 토지를 조성하는 행위 → 위탁 개발하려는 경우에 한정한다.

❸ **고려사항** : 일반재산을 개발하는 경우에는 다음의 사항을 고려하여야 한다.

> ㉠ 재정수입의 증대 등 재정관리의 건전성
> ㉡ 공공시설의 확보 등 공공의 편익성
> ㉢ 주변환경의 개선 등 지역발전의 기여도
> ㉣ 그 밖에 국가 행정목적 달성을 위한 필요성

❹ **신탁개발** : 일반재산은 대통령령으로 정하는 바에 따라 부동산신탁을 취급하는 신탁업자에게 신탁하여 개발할 수 있다.

❺ **위탁개발** : 일반재산의 관리·처분에 관한 사무를 위탁받은 자(수탁자)는 위탁받은 일반재산을 개발할 수 있다.

❻ **공동개발** : 총괄청은 다음의 하나에 해당하는 일반재산을 대통령령으로 정하는 **민간사업자(외국법인 포함)**와 공동으로 개발할 수 있다.

> ㉠ 5년 이상 활용되지 아니한 재산
> ㉡ 국유재산정책심의위원회의 심의를 거쳐 개발이 필요하다고 인정되는 재산

중요지문 일반재산을 개발하는 경우에 공공의 편익성이나 지역발전의 기여도 등을 고려해야 하지만 재정수입의 증대는 고려요소가 아니다. (   )

▶ 정답 ×
재정수입의 증대도 고려요소에 해당한다.

중요지문 총괄청은 3년 이상 활용되지 아니한 일반재산을 민간사업자와 공동으로 개발할 수 있다. (   )

▶ 정답 ×
5년 이상 활용되지 아니한 재산을 민간사업자와 공동으로 개발할 수 있다.

12 현물출자(제60조~제62조)

(1) 의의

❶ 정부는 다음의 어느 하나에 해당하는 경우에는 **일반재산을 현물출자할 수 있다.**

> ㉠ 정부출자기업체를 새로 설립하려는 경우
> ㉡ 정부출자기업체의 고유목적사업을 원활히 수행하기 위하여 자본의 확충 이 필요한 경우
> ㉢ 정부출자기업체의 운영체제와 경영구조의 개편을 위하여 필요한 경우

(2) 현물출자 절차

총괄청은 현물출자를 요청받은 경우에는 현물출자계획서를 작성하여 **국무회의의 심의**를 거쳐 **대통령의 승인**을 받아야 한다.

(3) 출자가액 산정

❶ **원칙** : 현물출자하는 경우에 일반재산의 출자가액은 제44조(3,000만원 이상은 2개의 감정평가법인등, 3,000만원 미만은 1개의 감정평가법인등)에 따라 산정한다.

❷ **예외** : 지분증권의 산정가액이 **액면가에 미달**하는 경우에는 그 **지분증권의 액면가에 따른다.**

(4) 상법의 적용 제외

정부출자기업체가 현물출자를 받는 경우에는 「상법」 제295조 제2항, 제299조 제1항, 제299조의2와 제422조를 적용하지 아니한다.

지식재산 관리 · 처분의 특례

01 사용허가 등(제65조의7, 8, 10, 11)

(1) 지식재산의 사용허가 또는 대부를 받은 자는 해당 중앙관서의 장등의 승인을 받아 그 지식재산을 **다른 사람에게 사용·수익하게 할 수 있다.**

(2) 저작권등의 사용허가등을 받은 자는 해당 지식재산을 관리하는 중앙관서의 장등의 승인를 받아 그 저작물의 변형, 변경 또는 개작을 할 수 있다.

(3) **사용허가 등의 방법**

❶ **수의계약** : 중앙관서의 장등은 지식재산의 사용허가등을 하려는 경우에는 수의(隨意)의 방법으로 하되, 다수에게 일시에 또는 여러 차례에 걸쳐 할 수 있다.

❷ **특정인** : 중앙관서의 장등은 사용허가등의 기간 동안 신청자 외에 **사용허가 등을 받으려는 자가 없거나** 지식재산의 효율적인 관리를 위하여 **특히 필요하다고 인정하는 경우에는 특정인**에 대하여만 사용허가등을 할 수 있다.

❸ **방해금지** : 사용허가등을 받은 자는 다른 사람의 이용을 방해하여서는 아니 된다.

❹ **위반 시 조치** : 중앙관서의 장등은 다른 사람의 이용을 방해한 자에 대하여 사용허가등을 **철회할 수 있다.**

(4) **사용료 및 대부료의 감면**

중앙관서의 장등은 다음에 해당하는 경우에는 그 사용료 또는 대부료를 감면할 수 있다.

> ❶ 농업인과 어업인의 소득 증대, 중소기업의 수출 증진, 창업기업·재창업기업에 대한 지원 및 벤처기업의 창업 촉진 그 밖에 이에 준하는 국가시책을 추진하기 위하여 중앙관서의 장등이 필요하다고 인정하는 경우 : 면제
> ❷ 지방자치단체에 사용허가등을 하는 경우 : 면제
> ❸ 그 밖의 경우 : 사용료등의 100분의 50

추가 **지식재산의 종류**
1. 특허권, 실용신안권, 디자인권 및 상표권
2. 저작권, 저작인접권 및 데이터베이스제작자의 권리
3. 품종보호권

추가 **면제기간**
기부로 인한 지식재산의 사용료 면제기간은 20년으로 한다.

[중요지문] 상표권의 사용허가 등의 기간은 10년 이내로 한다.
( )

▶정답 ✕
상표권의 사용허가 등의 기간은 5년 이내로 한다.

(5) 사용허가 등 기간

❶ 지식재산의 사용허가기간 또는 대부기간은 다음과 같다.

> ㉠ 상표권을 제외한 지식재산 : 3년 이내
> ㉡ 상표권 : 5년 이내

❷ **연장** : 지식재산의 사용허가 등의 기간을 연장하는 경우 최초의 사용허가기간 등과 연장된 사용허가 등의 기간을 합산한 기간은 **5년을 초과하지 못한다.**

❸ **갱신** : 사용허가기간 또는 대부기간이 끝난 지식재산에 대하여는 사용허가기간 또는 대부기간을 초과하지 아니하는 범위에서 종전의 사용허가등을 갱신할 수 있다. 다만, **특정인에 대한 사용허가등**의 경우에는 이를 **한 번만 갱신**할 수 있다.

(6) 저작권의 귀속 등

❶ 중앙관서의 장등은 국가 외의 자와 저작물 제작을 위한 계약을 체결하는 경우 그 결과물에 대한 저작권 귀속에 관한 사항을 계약내용에 포함하여야 한다.

❷ 중앙관서의 장등은 ❶에 따른 계약을 체결하는 경우 그 결과물에 대한 저작권의 전부를 국가 외의 자에게 귀속시키는 내용의 계약을 체결하여서는 아니된다.

대장과 보고

01 대장과 실태조사(제66조)

(1) **대장의 비치** : 중앙관서의 장등은 국유재산의 대장·등기사항증명서와 도면을 갖추어 두어야 한다. 이 경우 국유재산의 대장은 전산자료로 대신할 수 있다.

(2) **대장의 정비** : 중앙관서의 장등은 매년 그 소관에 속하는 국유재산의 실태를 조사하여 대장을 정비하여야 한다.

(3) **총괄부 설치** : 총괄청은 중앙관서별로 국유재산에 관한 총괄부를 갖추어 두어 그 상황을 명백히 하여야 한다. 이 경우 총괄부는 전산자료로 대신할 수 있다.

(4) **무료열람** : 총괄청, 중앙관서의 장 또는 관리사무를 위임받은 공무원이나 위탁받은 자가 국유재산의 관리·처분을 위하여 필요하면 등기소, 그 밖의 관계 행정기관의 장에게 무료로 필요한 서류의 열람과 등사 또는 그 등본, 초본 또는 등기사항증명서의 교부를 청구할 수 있다.

중요지문 총괄청으로부터 일반 재산의 관리·처분에 관한 사무를 위탁받은 투자매매업자가 해당 사무와 관련하여 등기소의 장에게 등기사항증명서의 교부를 청구하려면 수수료를 납부하여야 한다.

( )

▶정답 ✕
무료로 등기사항증명서의 교부를 청구할 수 있다.

02 토지 등의 출입(제67조) → 허가(✕)

(1) **출입의 주체** : 중앙관서의 장등 또는 총괄사무를 위임·위탁받은 자의 직원은 그 위임·위탁 사무의 수행이나 실태조사를 위하여 필요한 경우 다른 사람의 토지 등에 출입할 수 있다.

(2) **사전통지** : 다른 사람의 토지 등에 출입하려는 사람은 소유자·점유자 또는 관리인(이해관계인)에게 미리 알려야 한다. 다만, 이해관계인을 알 수 없는 때에는 그러하지 아니하다.

(3) **수인의무** : 이해관계인은 정당한 사유 없이 출입을 거부하거나 방해하지 못한다.

(4) **증표제시의무** : 다른 사람의 토지 등에 출입하려는 사람은 신분을 표시하는 증표를 지니고 이를 이해관계인에게 내보여야 한다.

03 가격평가(제68조)

국유재산의 가격평가 등 회계처리는 「국가회계법」 제11조에 따른 **국가회계기준**에서 정하는 바에 따른다.

04 국유재산관리운용보고서(제69조)

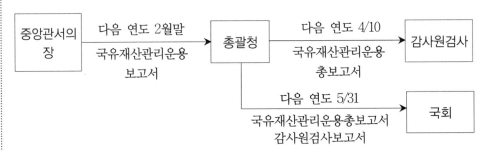

(1) **총괄청에 제출** : 중앙관서의 장은 그 소관에 속하는 국유재산에 관하여 국유재산관리운용보고서를 작성하여 **다음 연도 2월 말일까지 총괄청에 제출**하여야 한다.

> ※보충 국유재산관리운용보고서에 포함되어야 할 사항
> ❶ 국유재산종합계획에 대한 집행 실적 및 평가 결과
> ❷ 연도 말 국유재산의 증감 및 보유 현황
> ❸ 「국유재산특례제한법」 제9조에 따른 운용실적
> ❹ 그 밖에 국유재산의 관리·처분 업무와 관련하여 중앙관서의 장이 중요하다고 인정하는 사항

(2) **총보고서 작성** : 총괄청은 국유재산관리운용보고서를 통합하여 국유재산관리운용총보고서를 작성하여야 한다.

(3) **감사원에 제출** : 총괄청은 국유재산관리운용총보고서를 **다음 연도 4월 10일**까지 감사원에 제출하여 검사를 받아야 한다.

(4) **국회에 제출** : 총괄청은 감사원의 검사를 받은 국유재산관리운용총보고서와 감사원의 검사보고서를 **다음 연도 5월 31일까지 국회에 제출**하여야 한다.

05 멸실 등의 보고(제70조)

중앙관서의 장등은 그 소관에 속하는 국유재산이 **멸실되거나 철거된 경우**에는 지체 없이 그 사실을 **총괄청과 감사원에 보고**하여야 한다.

06 적용 제외(제71조)

국방부장관이 관리하는 선박, 부표, 부잔교, 부선거 및 항공기와 그들의 종물과 그 밖에 중앙관서의 장이 총괄청과 협의하여 정하는 재산은 **제68조부터 제70조**(가격평가, 국유재산관리운용보고서 제출, 멸실 등의 보고)까지의 규정을 적용하지 아니한다.

01 변상금(제72조)

(1) **징수대상** : 중앙관서의 장등은 무단점유자에 대하여 그 재산에 대한 **사용료나
대부료의 100분의 120에 상당하는 변상금을 징수**한다.

(2) **제외대상** : 다음의 어느 하나에 해당하는 경우에는 변상금을 징수하지 아니한다.

> ❶ 등기사항증명서나 그 밖의 공부상의 명의인을 정당한 소유자로 믿고 적절
> 한 대가를 지급하고 권리를 취득한 자(취득자의 상속인이나 승계인을 포함
> 한다)의 재산이 취득 후에 국유재산으로 밝혀져 국가에 귀속된 경우
> ❷ 국가나 지방자치단체가 재해대책 등 불가피한 사유로 일정 기간 국유재산
> 을 점유하게 하거나 사용·수익하게 한 경우

(3) **분할납부** : 중앙관서의 장등은 변상금이 50만원을 초과하는 경우에는 변상금
잔액에 고시이자율을 적용하여 산출한 **이자를 붙이는 조건으로 3년 이내의 기
간에 걸쳐 나누어 내게 할 수 있다.**

(4) **연기**

❶ 중앙관서의 장등은 무단점유자가 다음의 어느 하나에 해당하는 경우에는
변상금의 최초 납부기한부터 1년의 범위에서 그 징수를 미룰 수 있다.

> ㉠ 재해나 도난으로 재산에 심한 손실을 입은 경우
> ㉡ 무단점유자 또는 그 동거 가족의 질병이나 중상해로 장기 치료가 필요한
> 경우
> ㉢ 「국민기초생활 보장법」에 따른 수급자인 경우

❷ 변상금을 미루어 내거나 나누어 내려는 자는 납부기한 다음 날부터 기산해
1년이 되는 날까지 기획재정부령으로 정하는 신청서를 중앙관서의 장등에
게 제출해야 한다.

(5) **조정제한** : 변상금을 징수하는 경우에는 **사용료와 대부료의 조정을 하지 아니**
한다.

(6) **변상금 징수**

❶ 변상금을 징수할 때에는 그 금액, 납부기한, 납부장소와 가산금의 산출 근거를 명시하여 문서로 고지하여야 한다.

❷ 변상금의 납부기한은 고지한 날부터 60일 이내로 한다.

02 연체료 징수 등(제73조)

(1) **연체료의 징수** : 중앙관서의 장등은 국유재산의 사용료, 관리소홀에 따른 가산금, 대부료, 매각대금, 교환자금 및 변상금(징수를 미루거나 나누어 내는 경우 이자는 제외한다)이 **납부기한까지 납부되지 아니한 경우** 대통령령으로 정하는 바에 따라 **연체료를 징수할 수 있다.**

(2) **연체기간** : 연체료 부과대상이 되는 **연체기간은 납기일부터 60개월을 초과할 수 없다.**

중요지문 연체료 부과대상이 되는 연체기간은 납기일부터 60개월을 초과할 수 없다. ( )

▶정답 ○

(3) **미납 시 조치** : 중앙관서의 장등은 국유재산의 사용료, 관리소홀에 따른 가산금, 대부료, 변상금 및 연체료가 납부기한까지 납부되지 아니한 경우에는 다음의 방법에 따라 「국세징수법」의 **체납처분에 관한 규정을 준용하여** 징수할 수 있다.

❶ 중앙관서의 장은 직접 또는 관할 세무서장이나 지방자치단체의 장(세무서장등)에게 위임하여 징수할 수 있다. 이 경우 관할 세무서장등은 그 사무를 집행할 때 위임한 중앙관서의 장의 감독을 받는다.
❷ 관리·처분에 관한 사무를 위탁받은 자는 관할 세무서장등에게 징수하게 할 수 있다.

(4) **과오납 반환금** : 국가는 과오납된 국유재산의 사용료, 대부료, 매각대금 또는 변상금을 반환하는 경우에는 과오납된 날의 **다음 날부터 반환하는 날까지의** 기간에 대하여 **이자를 가산하여 반환한다.**

중요지문 국가는 과오납된 국유재산의 사용료를 반환하는 경우에는 과오납된 날의 다음날부터 반환하는 날까지의 기간에 대하여 이자를 가산하여 반환한다. ( )

▶정답 ○

(5) **소멸시효** : 이 법에 따라 금전의 급부를 목적으로 하는 국가의 권리는 5년간 행사하지 아니하면 시효의 완성으로 소멸한다.

(6) **행정대집행** : 정당한 사유 없이 국유재산을 점유하거나 이에 **시설물을 설치한** 경우에는 중앙관서의 장등은 「행정대집행법」을 준용하여 **철거하거나** 그 밖에 필요한 조치를 할 수 있다.

PART 06

03 은닉재산 등의 신고(제77조~제79조)

(1) 보상금 지급

❶ 개인이 신고한 경우 : 은닉된 국유재산이나 소유자 없는 부동산을 발견하여 정부에 신고한 자에게는 해당 재산가격의 100분의 10의 범위에서 3천만원 한도로 보상금을 지급한다.

❷ 지방자치단체가 신고한 경우 : 지방자치단체가 은닉된 국유재산이나 소유자 없는 부동산을 발견하여 신고한 경우에는 대통령령으로 정하는 바에 따라 그 재산가격의 2분의 1의 범위에서 그 지방자치단체에 국유재산을 양여하거나 보상금을 지급할 수 있다.

> ㉠ 은닉재산을 발견·신고한 경우 : 총괄청이 지정하는 재산으로서 지방자치단체가 신고한 해당 재산 가격의 100분의 30을 넘지 아니하는 금액에 상당하는 재산을 양여
> ㉡ 소유자 없는 부동산을 발견·신고한 경우 : 총괄청이 지정하는 재산으로서 지방자치단체가 신고한 해당 재산 가격의 100분의 15를 넘지 않는 금액에 상당하는 재산을 양여

(2) **자진반환자에 대한 특례** : 은닉된 국유재산을 선의(善意)로 취득한 후 그 재산을 자진반환하거나 재판상의 화해로 국가에 반환한 자에게 같은 재산을 매각하는 경우에는 반환의 원인별로 차등을 두어 그 매각대금을 이자 없이 12년 이하에 걸쳐 나누어 내게 하거나 매각 가격에서 8할 이하의 금액을 뺀 잔액을 그 매각대금으로 하여 전액을 한꺼번에 내게 할 수 있다.

(3) **변상책임** : 국유재산의 관리에 관한 사무를 위임받은 자가 고의나 중대한 과실로 그 임무를 위반한 행위를 함으로써 그 재산에 대하여 손해를 끼친 경우에는 변상의 책임이 있다.

[중요지문] 지방자치단체가 은닉된 국유재산이나 소유자가 없는 부동산을 발견하여 신고한 경우에는 그 재산가격의 2분의 1 범위에서 그 지방자치단체에 국유재산을 양여하거나 보상금을 지급할 수 있다. (　)

▶정답 ○

[중요지문] 은닉된 국유재산을 선의로 취득한 후 그 재산을 국가에 자진반환한 자에게 같은 재산을 매각하는 경우에는 이자 없이 12년 이하에 걸쳐 나누어 내게 할 수 있다. (　)

▶정답 ○

PART

07

부동산 가격공시에
관한 법률

Chapter 01 용어의 정의

추가 ✎ 법제정 목적

이 법은 부동산의 적정가격공시에 관한 기본적인 사항과 부동산의 시장·동향의 조사·관리에 필요한 사항을 규정함으로써 부동산의 적정한 가격형성과 각종 조세·부담금 등의 형평성을 도모하고 국민경제의 발전에 이바지함을 목적으로 한다.

01 주택

주택이란 세대(世帶)의 구성원이 장기간 독립된 주거생활을 할 수 있는 구조로 된 건축물의 전부 또는 일부 및 그 **부속토지**를 말하며, 단독주택과 공동주택으로 구분한다.

(1) **공동주택**

❶ 아파트 : 주택으로 쓰는 층수가 **5개층 이상인** 주택

❷ 연립주택 : 주택으로 쓰는 1개 동의 바닥면적(2개 이상의 동을 지하주차장으로 연결하는 경우에는 각각의 동으로 본다)합계가 660㎡ **초과**하고 층수가 4개 층 이하인 주택

❸ 다세대주택 : 주택으로 쓰는 1개 동의 바닥면적(2개 이상의 동을 지하주차장으로 연결하는 경우에는 각각의 동으로 본다)합계가 660㎡ **이하**이고 층수가 4개 층 이하인 주택

(2) **단독주택** : 공동주택을 제외한 주택을 말한다.

02 비주거용 부동산

비주거용 부동산이란 주택을 제외한 건축물이나 건축물과 그 토지의 전부 또는 일부를 말하며 다음과 같이 구분한다.

(1) **비주거용 집합부동산** : 「집합건물의 소유 및 관리에 관한 법률」에 따라 구분소유되는 비주거용 부동산

(2) **비주거용 일반부동산** : 위 (1)을 제외한 비주거용 부동산

03 적정가격

적정가격이란 토지, 주택 및 비주거용 부동산에 대하여 통상적인 시장에서 정상적인 거래가 이루어지는 경우 성립될 가능성이 가장 높다고 인정되는 가격을 말한다.

340 PART 07 부동산 가격공시에 관한 법률

표준지공시지가 *제36회

⬡ 표준지공시지가 공시절차

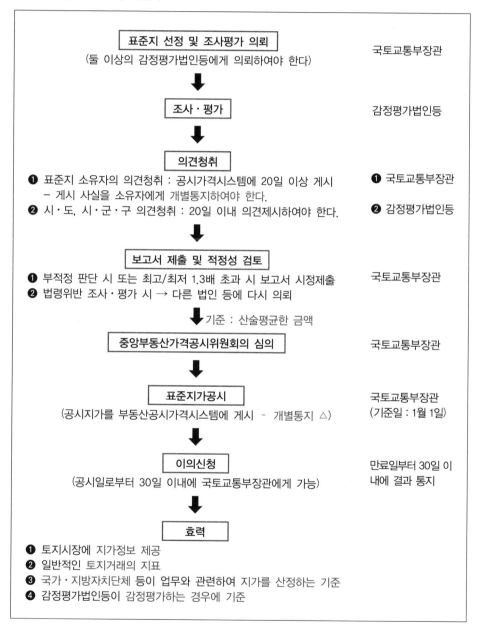

표준지 선정 및 조사평가 의뢰
(둘 이상의 감정평가법인등에게 의뢰하여야 한다)
국토교통부장관

⬇

조사 · 평가
감정평가법인등

⬇

의견청취
❶ 표준지 소유자의 의견청취 : 공시가격시스템에 20일 이상 게시
 - 게시 사실을 소유자에게 개별통지하여야 한다.
❷ 시 · 도, 시 · 군 · 구 의견청취 : 20일 이내 의견제시하여야 한다.

❶ 국토교통부장관

❷ 감정평가법인등

⬇

보고서 제출 및 적정성 검토
❶ 부적정 판단 시 또는 최고/최저 1.3배 초과 시 보고서 시정제출
❷ 법령위반 조사 · 평가 시 → 다른 법인 등에 다시 의뢰
국토교통부장관

⬇ 기준 : 산술평균한 금액

중앙부동산가격공시위원회의 심의
국토교통부장관

⬇

표준지가공시
(공시지가를 부동산공시가격시스템에 게시 - 개별통지 △)
국토교통부장관
(기준일 : 1월 1일)

⬇

이의신청
(공시일로부터 30일 이내에 국토교통부장관에게 가능)
만료일부터 30일 이내에 결과 통지

⬇

효력
❶ 토지시장에 지가정보 제공
❷ 일반적인 토지거래의 지표
❸ 국가 · 지방자치단체 등이 업무와 관련하여 지가를 산정하는 기준
❹ 감정평가법인등이 감정평가하는 경우에 기준

제1절 표준지 선정 및 의뢰

01 표준지 : 일단의 토지를 대표할 수 있는 필지의 토지

❶ **표준지 선정** : 국토교통부장관은 토지이용상황이나 주변 환경, 그 밖의 자연적·사회적 조건이 일반적으로 유사하다고 인정되는 일단의 토지 중에서 표준지를 선정한다.

❷ **표준지공시지가**
  ㉠ 국토교통부장관은 선정한 표준지에 대하여 매년 공시기준일(1월 1일) 현재의 단위면적당(1제곱미터) 적정가격을 조사·평가하고, 중앙부동산가격공시위원회의 심의를 거쳐 이를 공시하여야 한다.
  ㉡ 국토교통부장관은 표준지공시지가 조사·평가인력 등을 고려하여 부득이하다고 인정하는 경우에는 일부 지역을 지정하여 해당 지역에 대한 공시기준일을 따로 정할 수 있다.

❸ **토지가격비준표** : 국토교통부장관은 개별공시지가의 산정을 위하여 필요하다고 인정하는 경우에는 토지가격비준표를 작성하여 시장·군수 또는 구청장에게 제공하여야 한다.

02 조사·평가의뢰

(1) **복수 평가** : 국토교통부장관이 표준지공시지가를 조사·평가할 때에는 업무실적, 신인도 등을 고려하여 둘 이상의 감정평가법인 등에게 이를 의뢰하여야 한다.

(2) **의뢰 대상(❶ + ❷ + ❸의 요건을 모두 갖출 것)** ⇒ 개별공시지가 검증을 실시하는 경우도 같다.

> ❶ 표준지공시지가 조사·평가 의뢰일부터 30일 이전이 되는 날("선정기준일")을 기준으로 하여 직전 1년간의 업무실적이 표준지 적정가격 조사·평가업무를 수행하기에 적정한 수준일 것
> ❷ 회계감사절차 또는 감정평가서의 심사체계가 적정할 것
> ❸ 다음 사항 어느 하나에 해당하지 아니할 것
>   ㉠ 선정기준일부터 직전 2년간 업무정지 처분을 3회 이상 받은 경우
>   ㉡ 선정기준일부터 직전 1년간 과태료 처분을 3회 이상 받은 경우

ⓒ 선정기준일부터 직전 1년간 징계를 받은 소속감정평가사의 비율이 선정
기준일 현재 소속 전체 감정평가사의 10% 이상인 경우
ⓓ 선정기준일 현재 업무정지기간이 만료된 날부터 1년이 지나지 아니한 경우

(3) **단수 평가**(지가 변동이 **작은 경우**에는 **하나**의 법인등에 의뢰할 수 있다)

❶ 최근 1년간 읍·면·동별 지가변동률이 전국평균 지가변동률 이하인 지역

❷ 개발사업이 시행되거나 용도지역 또는 용도지구가 변경되는 등의 사유가 없는 지역

제2절 조사 · 평가 및 의견청취

01 조사 · 평가

(1) 의의

국토교통부장관은 표준지공시지가를 조사·평가하는 경우에는 인근 유사토지의 거래가격·임대료 및 해당 토지와 유사한 이용가치를 지닌다고 인정되는 토지의 조성에 필요한 비용추정액, 인근지역 및 다른 지역과의 형평성·특수성, 표준지공시지가 변동의 예측 가능성 등 제반사항을 종합적으로 참작하여야 한다.

> ※보충 표준지공시지가 조사·평가기준
> ❶ 인근 유사토지의 거래가격 또는 임대료의 경우 : 해당 거래 또는 임대차가 당사자의 특수한 사정에 의하여 이루어지거나 토지거래 또는 임대차에 대한 지식의 부족으로 인하여 이루어진 경우에는 그러한 사정이 없었을 때에 이루어졌을 거래가격 또는 임대료를 기준으로 할 것
> ❷ 해당 토지와 유사한 이용가치를 지닌다고 인정되는 토지의 조성에 필요한 비용추정액의 경우 : 공시기준일 현재 해당 토지를 조성하기 위한 표준적인 조성비와 일반적인 부대비용으로 할 것

(2) 나지상정평가

표준지에 건물 또는 그 밖의 정착물이 있거나 지상권 또는 그 밖의 토지의 사용·수익을 제한하는 권리가 설정되어 있을 때에는 그 정착물 또는 권리가 존재하지 아니하는 것으로 보고 표준지공시지가를 평가하여야 한다.

중요지문 표준지에 지상권이 설정되어 있을 때에는 그 지상권이 존재하지 아니하는 것으로 보고 표준지공시지가를 평가하여야 한다. ( )

▶정답 ○

02 의견청취

(1) 토지소유자 의견청취

국토교통부장관은 표준지공시지가를 공시하기 위하여 표준지의 가격을 조사·평가할 때에는 대통령령으로 정하는 바에 따라 해당 **토지소유자의 의견**을 들어야 한다.

❶ **국토교통부장관은 부동산공시가격시스템에 공시대상, 열람기간 및 방법, 의견제출기간 및 의견제출방법, 공시예정가격을 20일 이상** 게시하여야 한다.

❷ 국토교통부장관은 게시사실을 표준지 소유자에게 **개별 통지해야 한다.** 다만, 표준지가 **구분건물의 대지**인 경우 관리단 또는 관리인에게 **통지**하여 건물 내의 게시판 등에 **7일 이상** 게시하게 할 수 있다.

(2) 시·도지사, 시장·군수·구청장의 의견청취

❶ 감정평가법인 등은 조사·평가보고서를 작성하는 경우에는 미리 표준지를 관할하는 **시·도지사 및 시장·군수·구청장의 의견**을 들어야 한다.

❷ 시·도지사, 시장·군수·구청장은 의견제시 요청을 받은 날부터 **20일 이내**에 의견을 제시하여야 한다. 이 경우 시장·군수·구청장은 **시·군·구 부동산가격공시위원회의 심의**를 거쳐 의견을 제시하여야 한다.

제3절 조사·평가보고서 제출 및 공시

01 조사·평가보고서 제출

(1) **조사·평가보고서 제출** : 표준지공시지가 조사·평가를 의뢰받은 감정평가법인등은 표준지공시지가 등을 조사·평가한 후 조사·평가보고서를 작성하여 국토교통부장관에게 제출해야 한다.

(2) **조사·평가보고서 첨부서류** : 지역분석조서, 표준지별로 작성한 표준지 조사사항 및 가격평가의견서, 의견청취결과서(**시장·군수·구청장의 의견을 들은 결과**), 표준지의 위치를 표시한 **도면**

중요지문 감정평가법인 등은 표준지공시지가에 대하여 조사·평가보고서를 작성하는 경우에는 미리 해당 표준지를 관할하는 시·도지사 및 시장·군수·구청장의 의견을 들어야 한다. (   )

▶ 정답 ○

추가 표준지공시지가의 조사·평가보고서에 포함되어야 하는 사항은 다음과 같다.
① 표준지공시지가
② 토지의 소재지, 면적 및 공부상 지목
③ 지리적 위치
④ 토지이용상황
⑤ 용도지역
⑥ 주위 환경
⑦ 도로 및 교통환경
⑧ 토지형상 및 지세(地勢)

(3) **적정성 검토** : 국토교통부장관은 제출된 보고서에 대하여 실거래신고가격 및 감정평가정보체계 등을 활용하여 그 **적정성 여부를 검토**할 수 있다.

> ❶ 국토교통부장관은 검토 결과 부적정하다고 판단되거나 조사·평가액 중 최고평가액이 최저평가액의 1.3배를 초과하는 경우 → 해당 감정평가법인 등에게 보고서를 시정하여 다시 제출하게 할 수 있다.
> ❷ 국토교통부장관은 제출된 보고서의 조사·평가가 관계 법령을 위반하여 수행되었다고 인정되는 경우 → 다른 감정평가법인 등 2인에게 조사·평가를 다시 의뢰해야 한다.

(4) **표준지공시지가**는 제출된 보고서에 따른 조사·평가액의 **산술평균치를 기준**으로 한다.

중요지문 표준지공시지가는 감정평가법인등이 제출한 조사·평가보고서에 따른 조사·평가액의 최저치를 기준으로 한다. (　　)

▶ 정답 ✕
조사·평가액의 산술평균치를 기준으로 한다.

02 **공시** : **국토교통부장관**은 선정한 표준지에 대하여 매년 **공시기준일(1월 1일)** 현재의 단위면적당(1제곱미터) 적정가격을 조사·평가하고 **중앙부동산가격공시위원회의 심의**를 거쳐 이를 공시하여야 한다.

(1) **공시방법**

국토교통부장관이 표준지공시지가를 공시할 때에는 공고사항을 관보에 공고하고 표준지공시지가를 부동산공시가격시스템 게시하여야 한다.

(2) **공고사항**

❶ **공시사항** : 표준지의 **지번**, 표준지의 단위면적당 **가격**, 표준지의 **면적 및 형상**, 표준지 및 주변토지의 **이용상황, 지목, 용도지역, 도로상황**
❷ 열람방법
❸ 이의신청 기간, 절차 및 방법

중요지문 표준지의 도로상황은 표준지공시지가의 공시사항에 포함된다. (　　)

▶ 정답 ○

(3) **통지**(임의 규정)

❶ 국토교통부장관은 필요하다고 인정하는 경우에는 표준지공시지가와 이의신청의 기간·절차 및 방법을 표준지 소유자(소유자가 여러 명인 경우에는 각 소유자를 말한다)에게 개별 통지할 수 있다.
❷ 국토교통부장관은 개별통지를 하지 아니하는 경우에는 공고 및 게시사실을 방송·신문 등을 통하여 알려 표준지 소유자가 표준지공시지가를 열람하고 필요한 경우에는 이의신청을 할 수 있도록 하여야 한다.

명품 감정평가관계법규 기본서

03 열람 : 국토교통부장관은 표준지공시지가를 공시한 때에는 그 내용을 특별시장·광역시장 또는 도지사를 거쳐 시장·군수 또는 구청장에게 송부하여 일반인이 열람할 수 있게 하고, 도서·도표 등으로 작성하여 관계 행정기관 등에 공급하여야 한다.

제4절 **이의신청 및 적용 등**

01 이의신청

(1) **기간** : 표준지공시지가에 이의가 있는 자는 그 공시일부터 30일 이내에 서면(전자문서를 포함한다)으로 **국토교통부장관**에게 이의를 신청할 수 있다.

(2) **통지** : 국토교통부장관은 이의신청 기간이 만료된 날부터 30일 이내에 이의신청을 심사하여 그 결과를 신청인에게 서면으로 **통지**하여야 한다. 이 경우 국토교통부장관은 이의신청의 내용이 타당하다고 인정될 때에는 해당 표준지공시지가를 조정하여 다시 공시하여야 한다.

02 표준지공시지가의 적용

아래 (1)의 자가 (2)의 목적을 위하여 지가를 산정할 때에는 그 토지와 이용가치가 비슷하다고 인정되는 하나 또는 둘 이상의 **표준지공시지가**를 기준으로 **토지가격비준표**를 사용하여 지가를 직접 산정하거나 감정평가법인등에게 **감정평가**를 의뢰하여 산정할 수 있다.

(1) **지가산정의 주체** : 국가 또는 지방자치단체, 공공기관, 공공단체(산림조합, 농업협동조합, 수산업협동조합, 한국농어촌공사, 중소벤처기업진흥공단, 산업단지관리공단)

추가 표준지공시지가 결정이 위법한 경우에는 항고소송으로 그 위법성을 다툴 수 있다.

중요지문 산림조합법에 따른 산림조합은 국유지 취득을 위해 표준지공시지가를 조사·평가할 수 있다. ( )

▶ 정답 ✕
산림조합은 하나 또는 둘 이상의 표준지공시지가를 기준으로 토지가격비준표를 사용하여 지가를 직접 산정하거나 감정평가법인 등에게 감정평가를 의뢰하여 산정할 수 있다.

(2) **지가산정의 목적(적용)** ↔ 세금 부과 ✕

> ❶ 공공용지의 매수 및 토지의 수용·사용에 대한 보상
> ❷ 국유지·공유지의 취득 또는 처분
> ❸ 국토계획법에 따라 조성된 용지 등의 공급 또는 분양
> ❹ 도시개발사업, 정비사업, 농업생산기반정비사업을 위한 환지·체비지의 매각 또는 환지신청
> ❺ 토지의 관리·매입·매각·경매 또는 재평가

(3) **지가산정의 활용** : 지가를 산정하려는 토지와 이용가치가 비슷하다고 인정되는 하나 또는 둘 이상의 표준지의 공시지가를 기준으로 토지가격비준표를 사용하여 지가를 직접 산정하거나 감정평가법인등에 감정평가를 의뢰하여 산정할 수 있다. 다만, 필요하다고 인정할 때에는 산정된 지가를 가감 조정하여 적용할 수 있다.

[중요지문] 표준지공시지가는 도시개발법에 따른 도시개발사업을 위한 환지·체비지의 매각 또는 환지 신청 시에 적용된다. ( )

▶정답 ○

03 표준지공시지가의 효력

❶ 토지시장에 지가정보 제공

❷ 일반적인 토지거래의 지표

❸ 국가·지방자치단체 등이 그 업무와 관련하여 지가를 산정하는 기준

❹ 감정평가법인등이 감정평가하는 경우에 기준

개별공시지가 *제36회

01 개별공시지가

(1) **원칙** : 시장·군수 또는 구청장은 국세·지방세 등 각종 **세금의 부과**, 그 밖의 다른 법령에서 정하는 목적을 위한 **지가산정에 사용**되도록 하기 위하여 시·군·구부동산가격공시위원회의 심의를 거쳐 매년 공시지가의 공시기준일 현재 관할 구역 안의 개별토지의 단위면적당(1제곱미터) 가격을 결정·공시(**5월 31일까지**)하고, 이를 관계 행정기관 등에 **제공하여야** 한다.

(2) **예외** : 표준지로 선정된 토지, 농지보전부담금 또는 개발부담금 등의 부과대상이 **아닌 토지, 국세 또는 지방세 부과대상이 아닌 토지**(국공유지의 경우에는 공공용 토지만 해당한다)에 대하여는 개별공시지가를 결정·**공시하지 아니할 수 있다.** 다만, 관계 법령규정에 따라 또는 관계 행정기관의 장과 협의하여 공시하기로 한 토지는 공시하여여야 한다.

(3) **의제** : 표준지로 선정된 토지에 대하여는 해당 토지의 **표준지공시지가**를 **개별공시지가로 본다.**

(4) **토지가격비준표** : 시장·군수 또는 구청장이 개별공시지가를 결정·공시하는 경우에는 해당 토지와 유사한 이용가치를 지닌다고 인정되는 **하나 또는 둘 이상의 표준지의 공시지가를 기준으로 토지가격비준표를 사용하여 지가를 산정**하되, 해당 토지의 가격과 표준지공시지가가 **균형을 유지**하도록 하여야 한다.

02 개별공시지가 조사·산정기준

(1) 국토교통부장관은 **개별공시지가 조사·산정의 기준**을 정하여 시장·군수 또는 구청장에게 통보하여야 하며, 시장·군수 또는 구청장은 그 기준에 따라 개별공시지가를 조사·산정하여야 한다.

(2) 조사·산정의 기준에는 다음의 사항이 포함되어야 한다.

❶ 지가형성에 영향을 미치는 토지 특성조사에 관한 사항
❷ 비교표준지의 선정에 관한 사항
❸ 토지가격비준표의 사용에 관한 사항
❹ 개별공시지가의 조사·산정에 필요한 사항

03 개별공시지가의 검증

⑴ **검증의뢰**

❶ 시장·군수 또는 구청장이 검증을 받으려는 때에는 해당 지역의 **표준지의 공시지가를 조사·평가한 감정평가법인등** 또는 **표준지공시지가의 조사· 평가를 의뢰받을 수 있는 감정평가법인 등**의 요건을 갖춘 감정법가법인 등에 의뢰하여야 한다.

❷ 시장·군수 또는 구청장은 개별토지가격의 **타당성에 대한 검증을 의뢰하는** 경우에는 산정한 전체 개별토지가격에 대한 **지가현황도면 및 지가조사자료를 제공하여야** 한다.

㉠ 지가현황도면 : 해당 연도의 산정지가, 전년도의 개별공시지가 및 해당 연도의 표준지공시지가가 필지별로 기재된 도면
㉡ 지가조사자료 : 개별토지가격의 산정조서 및 그 밖에 토지이용계획에 관한 자료

⑵ **검증사항** : 시장·군수 또는 구청장으로부터 검증을 의뢰받은 감정평가법인 등은 다음의 사항을 검토·확인하고 의견을 제시해야 한다.

❶ 비교표준지 선정의 적정성에 관한 사항
❷ 개별토지 가격 산정의 적정성에 관한 사항
❸ 산정한 개별토지가격과 표준지공시지가의 균형유지에 관한 사항
❹ 산정한 개별토지가격과 인근토지의 지가와의 균형 유지에 관한 사항
❺ 표준주택가격, 개별주택가격, 비주거용 표준부동산가격 및 비주거용 개별 부동산가격 산정 시 고려된 토지 특성과 일치하는지 여부
❻ 개별토지가격 산정 시 적용된 용도지역, 토지이용상황 등 주요 특성이 공부 와 일치하는지 여부

PART
07

(3) **검증의 생략** : 시장·군수 또는 구청장은 감정평가법인등의 검증을 생략할 때에는 개별토지의 지가변동률과 해당 토지가 있는 읍·면·동의 연평균 지가변동률 간의 차이가 작은 순으로 대상 토지를 선정해야 한다. 다만, 개발사업이 시행되거나 용도지역·용도지구가 변경되는 등의 사유가 있는 토지는 검증 생략 대상 토지로 선정해서는 안 된다. → 검증의 생략에 대해서는 관계 중앙행정기관의 장과 미리 협의하여야 한다.

04 의견청취 및 심의

(1) **의견청취**(소유자 및 이해관계인)

❶ 시장·군수 또는 구청장은 개별공시지가를 결정·공시하기 위하여 개별토지의 가격을 산정할 때에는 그 타당성에 대하여 감정평가법인등의 검증을 받고 토지소유자, 그 밖의 이해관계인의 의견을 들어야 한다.

❷ 시장·군수 또는 구청장은 개별토지의 가격 산정에 관하여 토지소유자 및 그 밖의 이해관계인의 의견을 들으려는 경우에는 개별토지가격 열람부를 갖추어 놓고 해당 시·군 또는 구의 게시판 또는 인터넷 홈페이지에 다음의 사항을 20일 이상 게시하여 개별토지소유자등이 개별토지가격을 열람할 수 있도록 하여야 한다.

> 1. 열람기간 및 열람장소
> 2. 의견제출기간 및 의견제출방법

❸ 시장·군수 또는 구청장은 의견을 제출받은 경우에는 의견제출기간 만료일부터 30일 이내에 심사하여 그 결과를 의견제출인에게 통지하여야 한다.

❹ 시장·군수 또는 구청장은 심사를 할 때에는 현지조사와 검증을 할 수 있다.

(2) **심의** : 시·군·구부동산가격공시위원회의 심의

05 개별공시지가의 공시

(1) 시장·군수 또는 구청장은 개별공시지가를 공시할 때에는 다음의 사항을 해당 시·군 또는 구의 게시판 또는 인터넷 홈페이지에 게시하여야 한다.

> 1. 조사기준일, 공시필지의 수 및 개별공시지가의 열람방법 등 개별공시지가의 결정에 관한 사항
> 2. 이의신청의 기간·절차 및 방법

(2) 개별공시지가 및 이의신청기간 등의 통지에 관하여는 표준지공시지가의 공시방법을 준용한다.

06 이의신청

(1) **기간**

개별공시지가에 이의가 있는 자는 그 **결정·공시일부터 30일 이내**에 서면으로 시장·군수·구청장에게 이의를 신청할 수 있다.

(2) **통지**

시장·군수·구청장은 이의신청 기간이 만료된 날부터 30일 이내에 이의신청을 심사하여 그 결과를 신청인에게 서면으로 **통지**하여야 한다. → 이 경우 시장·군수·구청장은 이의신청의 내용이 타당하다고 인정될 때에는 개별공시지가를 조정하여 다시 결정·공시하여야 한다.

(3) **검증의뢰**

시장·군수·구청장은 이의신청을 심사하기 위하여 필요한 때에는 감정평가법인 등에게 검증을 의뢰할 수 있다.

07 개별공시지가의 정정

(1) 시장·군수 또는 구청장은 개별공시지가에 틀린 계산, 오기, 표준지 선정의 착오, 공시절차를 완전하게 이행하지 아니한 경우, 용도지역·용도지구 등 토지가격에 영향을 미치는 주요 요인의 조사를 잘못한 경우, 토지가격비준표의 적용에 오류가 있음을 발견한 때에는 **지체 없이 이를 정정**하여야 한다.

(2) 시장·군수 또는 구청장은 개별공시지가의 오류를 정정하려는 경우에는 시·군·구부동산가격공시위원회의 심의를 거쳐 정정사항을 결정·공시하여야 한다. 다만, 틀린 계산 또는 오기의 경우에는 시·군·구부동산가격공시위원회의 심의를 거치지 아니할 수 있다.

▶중요지문 개별공시지가에 이의가 있는 자는 그 결정·공시일부터 30일 이내에 서면으로 시장·군수·구청장에게 이의를 신청할 수 있다. ( )

▶정답 ○

▶중요지문 시장·군수 또는 구청장은 개별공시지가에 표준지 선정의 착오가 있음을 발견한 때에는 지체 없이 이를 정정하여야 한다. ( )

▶정답 ○

08 분할·합병 등

시장·군수 또는 구청장은 공시기준일 이후에 분할, 합병, 신규등록, 지목변경, 국유·공유에서 매각 등에 따라 사유로 된 토지로서 개별공시지가가 없는 토지에 대하여는 다음의 날을 기준으로 하여 개별공시지가를 결정·공시하여야 한다.

사유발생	공시기준일	공시일
1.1 ~ 6.30	그 해 7.1	그 해 10.31까지
7.1 ~ 12.31	다음 해 1.1	다음 해 5.31까지

09 타인토지에의 출입 및 비용보조

(1) 타인토지에의 출입

❶ 관계 공무원 또는 부동산가격공시업무를 의뢰받은 자("관계공무원등"이라 한다)는 표준지 가격의 조사·평가 및 개별공시지가의 산정을 위하여 필요한 때에는 타인의 토지에 출입할 수 있다.

❷ 관계 공무원등이 택지 또는 담장이나 울타리로 둘러싸인 타인의 토지에 출입하고자 할 때에는 시장·군수 또는 구청장의 허가(부동산가격공시업무를 의뢰 받은 자에 한정한다)를 받아 출입할 날의 3일 전에 그 점유자에게 일시와 장소를 통지하여야 한다. 다만, 점유자를 알 수 없거나 부득이한 사유가 있는 경우에는 그러하지 아니하다.

❸ 일출 전·일몰 후에는 그 토지의 점유자의 승인 없이 택지 또는 담장이나 울타리로 둘러싸인 타인의 토지에 출입할 수 없다.

❹ 출입을 하고자 하는 자는 그 권한을 표시하는 증표와 허가증을 지니고 이를 관계인에게 내보여야 한다.

(2) 비용보조 : 개별공시지가의 결정·공시에 소요되는 비용은 개별공시지가의 결정·공시에 드는 비용의 50퍼센트 이내를 국고에서 보조할 수 있다.

중요지문 2013년의 공시기준일이 1월 1일인 경우 2013년 5월 15일 토지의 용도변경으로 지목변경이 된 토지의 개별공시지가는 2013년 7월 1일 기준일로 하여 2013년 10월 31일까지 결정·공시하여야 한다. ( )

▶정답 ○

중요지문 일출 전·일몰 후에는 그 토지 점유자의 승인 없이 택지 또는 담장이나 울타리로 둘러싸인 타인의 토지에 출입할 수 없다. ( )

▶정답 ○

주택가격의 공시

제1절 **표준주택가격**

◈ **표준주택가격 공시절차**

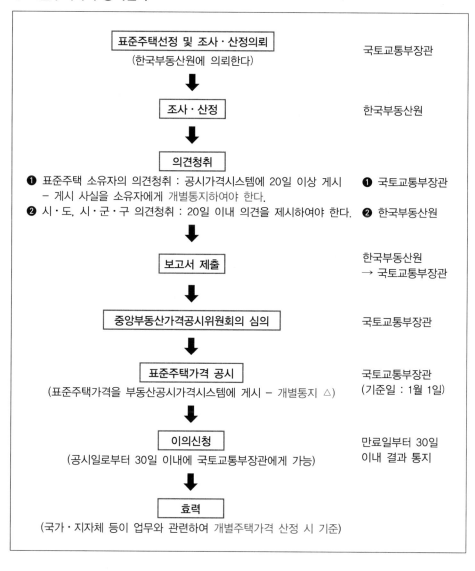

표준주택선정 및 조사·산정의뢰
(한국부동산원에 의뢰한다) — 국토교통부장관

⬇

조사·산정 — 한국부동산원

⬇

의견청취
❶ 표준주택 소유자의 의견청취 : 공시가격시스템에 20일 이상 게시 — ❶ 국토교통부장관
 – 게시 사실을 소유자에게 개별통지하여야 한다.
❷ 시·도, 시·군·구 의견청취 : 20일 이내 의견을 제시하여야 한다. — ❷ 한국부동산원

⬇

보고서 제출 — 한국부동산원
→ 국토교통부장관

⬇

중앙부동산가격공시위원회의 심의 — 국토교통부장관

⬇

표준주택가격 공시 — 국토교통부장관
(표준주택가격을 부동산공시가격시스템에 게시 – 개별통지 △) (기준일 : 1월 1일)

⬇

이의신청 — 만료일부터 30일
(공시일로부터 30일 이내에 국토교통부장관에게 가능) 이내 결과 통지

⬇

효력
(국가·지자체 등이 업무와 관련하여 개별주택가격 산정 시 기준)

제2절 표준주택의 선정 및 의뢰

01 표준주택가격

(1) **표준주택의 선정**

> ❶ **국토교통부장관**은 용도지역, 건물구조 등이 일반적으로 유사하다고 인정되는 일단의 **단독주택 중에서 선정한 표준주택**에 대하여 매년 공시기준일 현재의 적정가격(이하 "표준주택가격"이라 한다)을 조사·산정하고, **중앙부동산가격공시위원회의 심의를 거쳐 이를 공시**하여야 한다.
> ❷ 국토교통부장관은 표준주택을 선정할 때에는 일반적으로 유사하다고 인정되는 일단의 단독주택 중에서 해당 일단의 단독주택을 대표할 수 있는 주택을 선정하여야 한다.

◤중요지문◢ 국토교통부장관이 따로 정하지 아니한 경우 표준지 및 표준주택가격의 공시기준일은 1월 1일로 한다.   (   )

▶정답 ○

(2) **공시기준일** : 표준주택가격의 공시기준일은 1월 1일로 한다. 다만, 국토교통부장관은 표준주택가격 조사·산정인력 및 표준주택 수 등을 고려하여 부득이하다고 인정하는 경우에는 일부 지역을 지정하여 해당 지역에 대한 **공시기준일을 따로 정할 수 있다.**

02 조사·산정의뢰

(1) **의뢰대상** : 국토교통부장관은 표준주택가격을 조사·산정하고자 할 때에는 「한국부동산원법」에 따른 한국부동산원(이하 "부동산원"이라 한다)에 의뢰한다.

(2) **조사·산정기준** : 국토교통부장관이 표준주택가격을 조사·산정하는 경우에는 인근 유사 단독주택의 거래가격·임대료 및 해당 단독주택과 유사한 이용가치를 지닌다고 인정되는 단독주택의 건설에 필요한 비용추정액, 인근지역 및 다른 지역과의 형평성·특수성, 표준주택가격 변동의 예측 가능성 등 제반사항을 종합적으로 참작하여야 한다.

(3) **주택가격비준표** : 국토교통부장관은 개별주택가격의 산정을 위하여 필요하다고 인정하는 경우에는 표준주택과 산정대상 개별주택의 가격형성요인에 관한 표준적인 비교표(주택가격비준표)를 작성하여 시장·군수 또는 구청장에게 제공하여야 한다.

> ※보충 표준주택가격 조사 · 산정기준
> ❶ 인근 유사 단독주택의 거래가격 또는 임대료의 경우 : 해당 거래 또는 임대차
>   가 당사자의 특수한 사정에 의하여 이루어지거나 단독주택거래 또는 임대차에
>   대한 지식의 부족으로 인하여 이루어진 경우에는 그러한 사정이 없었을 때에
>   이루어졌을 거래가격 또는 임대료를 기준으로 할 것
> ❷ 해당 단독주택과 유사한 이용가치를 지닌다고 인정되는 단독주택의 건축에 필
>   요한 비용추정액의 경우 : 공시기준일 현재 해당 단독주택을 건축하기 위한 표
>   준적인 건축비와 일반적인 부대비용으로 할 것

⑷ 사법상 제한 배제

표준주택에 전세권 또는 그 밖에 단독주택의 사용 · 수익을 제한하는 권리가
설정되어 있을 때에는 그 권리가 존재하지 아니하는 것으로 보고 적정가격을
산정하여야 한다.

03 의견청취

⑴ 주택소유자 의견청취

국토교통부장관은 표준주택가격을 공시하기 위하여 표준주택의 가격을 조사
· 산정할 때에는 대통령령으로 정하는 바에 따라 해당 표준주택 소유자의 의
견을 들어야 한다.

❶ 국토교통부장관은 부동산공시가격시스템에 공시대상, 열람기간 및 방법, 의
  견제출기간 및 의견제출방법, 공시예정가격을 20일 이상 게시하여야 한다.

❷ 국토교통부장관은 게시사실을 표준주택 소유자에게 개별 통지해야 한다.

⑵ 시 · 도지사, 시장 · 군수 · 구청장의 의견청취

❶ 부동산원은 조사 · 산정보고서를 작성하는 경우에는 미리 해당 표준주택 소
  재지를 관할하는 시 · 도지사 및 시장 · 군수 · 구청장의 의견을 들어야 한다.

❷ 시 · 도지사 및 시장 · 군수 · 구청장은 의견 제시 요청을 받은 경우에는 요
  청받은 날부터 20일 이내에 의견을 제시해야 한다. 이 경우 시장 · 군수 또
  는 구청장은 시 · 군 · 구부동산가격공시위원회의 심의를 거쳐 의견을 제시
  해야 한다.

제3절 조사 · 산정 보고서 제출 및 공시

01 보고서 제출

(1) **조사 · 산정 보고서 제출** : 표준주택가격 조사 · 산성을 의뢰받은 부동산원은 표준주택가격 등을 조사 · 산정한 후 표준주택가격 조사 · 산정보고서를 작성하여 국토교통부장관에게 제출하여야 한다.

(2) **조사 · 산정 보고서 첨부서류** : 지역분석조서, 표준주택별로 작성한 표준주택 조사사항 및 가격산정의견서, 의견청취결과서(시장 · 군수 · 구청장의 의견을 들은 결과), 표준주택의 위치를 표시한 도면

(3) **적정성 검토**

❶ 국토교통부장관은 제출된 보고서에 대하여 실거래신고가격 및 감정평가 정보체계 등을 활용하여 그 적정성 여부를 검토할 수 있다.

❷ 국토교통부장관은 검토 결과 부적정하다고 판단되거나 표준주택가격의 조사 · 산정이 관계 법령을 위반하여 수행되었다고 인정되는 경우에는 부동산원에 보고서를 시정하여 다시 제출하게 할 수 있다.

02 표준주택가격의 공시

(1) **공시방법**

공고사항을 관보에 공고 + 표준주택가격을 부동산공시가격시스템 게시

(2) **공고사항**

❶ **공시사항** : 표준주택의 지번, 표준주택가격, 표준주택의 대지면적 및 형상, 표준주택의 용도, 연면적, 구조 및 사용승인일(임시사용승인일을 포함), 지목, 용도지역, 도로상황

❷ 열람방법

❸ 이의신청 기간, 절차 및 방법

(3) **통지**(임의 규정)

❶ 국토교통부장관은 필요하다고 인정하는 경우에는 표준주택가격과 이의신청의 기간 · 절차 및 방법을 표준주택 소유자(소유자가 여러 명인 경우에는 각 소유자를 말한다)에게 개별 통지할 수 있다.

❷ 국토교통부장관은 통지를 하지 아니하는 경우에는 공고 및 게시사실을 방송·신문 등을 통하여 알려 표준주택 소유자가 표준주택가격을 열람하고 필요한 경우에는 이의신청을 할 수 있도록 하여야 한다.

03 **열람** : 국토교통부장관은 표준주택가격을 공시한 때에는 그 내용을 특별시장·광역시장 또는 도지사를 거쳐 시장·군수 또는 구청장에게 송부하여 일반인이 열람할 수 있게 하고, 도서·도표 등으로 작성하여 관계 행정기관 등에 공급하여야 한다.

04 이의신청

(1) **기간** : 표준주택가격에 이의가 있는 자는 그 **공시일부터 30일 이내**에 서면(전자문서를 포함한다)으로 국토교통부장관에게 이의를 신청할 수 있다.

(2) **통지** : 국토교통부장관은 이의신청 기간이 만료된 날부터 30일 이내에 이의신청을 심사하여 그 결과를 신청인에게 서면으로 **통지**하여야 한다. 이 경우 국토교통부장관은 이의신청의 내용이 타당하다고 인정될 때에는 해당 표준주택가격을 조정하여 다시 공시하여야 한다.

▶ 중요지문 표준지공시지가에 이의가 있는 자는 표준지공시지가 공시일부터 30일 이내에 서면으로 국토교통부장관에게 이의를 신청할 수 있다.　　　(　)

▶ 정답 ○

제**4**절 　 **개별주택가격** ★제36회

01 개별주택가격

(1) **원칙** : 시장·군수 또는 구청장은 시·군·구부동산가격공시위원회의 심의를 거쳐 매년 표준주택가격의 공시기준일(1월 1일) 현재 관할 구역 안의 개별주택가격을 결정·공시(4월 30일까지)하고, 이를 관계 행정기관 등에 제공하여야 한다.

(2) **예외** : 표준주택으로 선정된 단독주택, 국세 또는 지방세 부과대상이 아닌 단독주택에 대하여는 개별주택가격을 결정·공시하지 아니할 수 있다. 다만, 관계 법령규정에 따라 또는 관계 행정기관의 장과 협의하여 공시하기로 한 단독주택은 공시하여야 한다.

(3) **의제** : 표준주택으로 선정된 주택에 대하여는 해당 주택의 **표준주택가격**을 개별주택가격으로 본다.

02 개별주택가격 조사 · 산정

(1) 국토교통부장관은 개별주택가격 조사 · 산정의 기준을 정하여 시장 · 군수 또는 구청장에게 통보하여야 하며, 시장 · 군수 또는 구청장은 그 기준에 따라 개별주택가격을 조사 · 산정하여야 한다.

(2) 조사 · 산정의 기준에는 다음의 사항이 포함되어야 한다.

> ❶ 주택가격형성에 영향을 미치는 주택특성 조사에 관한 사항
> ❷ 비교표준주택의 선정에 관한 사항
> ❸ 주택가격비준표의 사용에 관한 사항
> ❹ 그 밖에 개별주택가격의 조사 · 산정에 필요한 사항

03 개별주택가격의 검증

(1) **검증의뢰** : 시장 · 군수 또는 구청장은 부동산원에 개별주택가격의 타당성에 대한 검증을 의뢰하는 경우에는 산정한 전체 개별주택가격에 대한 **가격현황도면 및 가격조사자료**를 제공하여야 한다.

(2) **검증사항** : 검증을 의뢰받은 부동산원은 다음의 사항을 검토 · 확인하고 의견을 제시해야 한다.

> ❶ 비교표준주택 선정의 적정성에 관한 사항
> ❷ 개별주택가격 산정의 적정성에 관한 사항
> ❸ 산정한 개별주택가격과 표준주택가격의 균형 유지에 관한 사항
> ❹ 산정한 개별주택가격과 인근주택의 개별주택가격과의 균형 유지에 관한 사항
> ❺ 표준지공시지가 및 개별공시지가 산정 시 고려된 토지 특성과 일치하는지 여부
> ❻ 개별주택가격 산정 시 적용된 용도지역, 토지이용상황 등 주요 특성이 공부와 일치하는지 여부

(3) **검증의 생략** : 시장·군수 또는 구청장은 부동산원의 검증을 생략할 때에는 개별주택가격의 변동률과 해당 단독주택이 있는 시·군 또는 구의 연평균 주택가격변동률 간의 차이가 작은 순으로 대상 주택을 선정하여야 한다. 다만, 개발사업이 시행되거나 용도지역·용도지구가 변경되는 등의 사유가 있는 주택은 검증 생략 대상 주택으로 선정해서는 아니 된다. → 검증의 생략에 대해서는 관계 중앙행정기관의 장과 미리 협의하여야 한다.

04 의견청취 및 심의

(1) **의견청취**(소유자 및 이해관계인)
❶ 시장·군수 또는 구청장은 개별주택가격을 결정·공시하기 위하여 개별주택의 가격을 산정할 때에는 표준주택가격과의 균형 등 그 타당성에 대하여 **부동산원의 검증**을 받고 **주택소유자, 그 밖의 이해관계인의 의견을 들어야** 한다.
❷ 시장·군수 또는 구청장은 개별주택가격 산정에 관하여 토지소유자 및 그 밖의 이해관계인의 의견을 들으려는 경우에는 개별주택가격 열람부를 갖추어 놓고 해당 시·군 또는 구의 게시판 또는 인터넷 홈페이지에 다음의 사항을 **20일 이상** 게시하여 개별주택소유자등이 개별주택가격을 **열람**할 수 있도록 하여야 한다.

> 1. 열람기간 및 열람장소
> 2. 의견제출기간 및 의견제출방법

❸ 시장·군수 또는 구청장은 의견을 제출받은 경우에는 의견제출기간 만료일부터 **30일 이내**에 **심사**하여 그 결과를 의견제출인에게 **통지**하여야 한다.
❹ 시장·군수 또는 구청장은 심사를 할 때에는 현지조사와 검증을 할 수 있다.

(2) **심의** : 시·군·구부동산가격공시위원회의 심의

05 개별주택가격의 공시

(1) **공시사항** : 시장·군수 또는 구청장은 개별주택가격을 공시할 때에는 다음의 사항을 해당 시·군 또는 구의 게시판 또는 인터넷 홈페이지에 게시하여야 한다.

> 1. 조사기준일, 개별주택가격의 열람방법 등 개별주택가격의 결정에 관한 사항
> 2. 이의신청의 기간·절차 및 방법

(2) **통지**(임의적 사항)

❶ 시장·군수 또는 구청장은 필요하다고 인정하는 경우에는 개별주택가격과 이의신청의 기간·절차 및 방법을 개별주택 소유자(소유자가 여러 명인 경우에는 각 소유자를 말한다)에게 개별 통지할 수 있다.

❷ 시장·군수 또는 구청장은 통지를 하지 아니하는 경우에는 공고 및 게시사실을 방송·신문 등을 통하여 알려 개별주택 소유자가 개별주택가격을 열람하고 필요한 경우에는 이의신청을 할 수 있도록 하여야 한다.

06 이의신청

(1) **기간**

개별주택가격에 이의가 있는 자는 그 결정·공시일부터 30일 이내에 서면으로 시장·군수·구청장에게 이의를 신청할 수 있다.

(2) **통지**

시장·군수·구청장은 이의신청 기간이 만료된 날부터 30일 이내에 이의신청을 심사하여 그 결과를 신청인에게 서면으로 통지하여야 한다. → 이 경우 시장·군수·구청장은 이의신청의 내용이 타당하다고 인정될 때에는 개별주택가격을 조정하여 다시 결정·공시하여야 한다.

07 개별주택가격의 정정

(1) 시장·군수 또는 구청장은 개별주택가격에 틀린 계산, 오기, 표준주택 선정의 착오, 공시절차를 완전하게 이행하지 아니한 경우, 용도지역·용도지구 등 주택가격에 영향을 미치는 주요 요인의 조사를 잘못한 경우, 주택가격비준표의 적용에 오류가 있음을 발견한 때에는 지체 없이 이를 정정하여야 한다.

(2) 시장·군수 또는 구청장은 개별주택가격의 오류를 정정하려는 경우에는 시·군·구부동산가격공시위원회의 심의를 거쳐 정정사항을 결정·공시하여야 한다. 다만, 틀린 계산 또는 오기의 경우에는 시·군·구부동산가격공시위원회의 심의를 거치지 아니할 수 있다.

08 분할·합병 등

시장·군수 또는 구청장은 공시기준일 이후에 분할, 합병되거나 건축물의 건축·대수선 또는 용도변경이 된 단독주택, 국유·공유에서 매각 등에 따라 사유로 된 개별주택가격이 없는 단독주택에 대하여는 다음의 날을 기준으로 하여 개별주택가격을 결정·공시하여야 한다.

사유발생	공시기준일	공시일
1.1~5.31	그 해 6.1	그 해 9.30까지
6.1~12.31	다음 해 1.1	다음 해 4.30까지

09 효력 및 비용보조

❶ **효력** : 개별주택가격 및 공동주택가격은 주택시장의 가격정보를 제공하고, 국가·지방자치단체 등이 과세 등의 업무와 관련하여 주택의 가격을 산정하는 경우에 그 기준으로 활용될 수 있다.

❷ **비용보조** : 개별주택가격의 결정·공시에 소요되는 비용은 50% 이내에서 국고에서 보조할 수 있다.

중요지문 6월 10일 자로 건축법에 따른 대수선이 된 단독주택에 대하여 개별주택가격의 공시기준일은 다음 해 1월 1일이다. ( )

▶정답 ○

제5절 공동주택가격

◈ 공동주택가격 공시절차

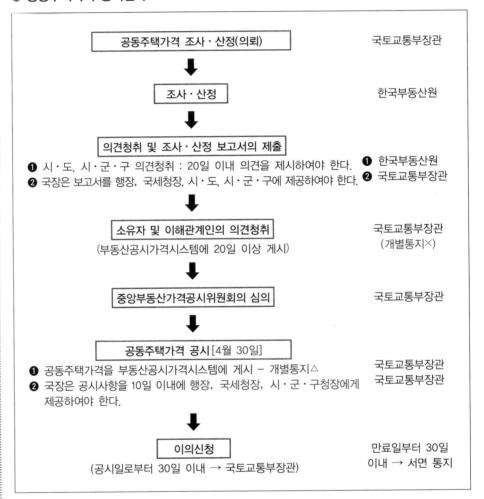

공동주택가격 조사 · 산정(의뢰) — 국토교통부장관

↓

조사 · 산정 — 한국부동산원

↓

의견청취 및 조사 · 산정 보고서의 제출
❶ 시 · 도, 시 · 군 · 구 의견청취 : 20일 이내 의견을 제시하여야 한다.
❷ 국장은 보고서를 행장, 국세청장, 시 · 도, 시 · 군 · 구에 제공하여야 한다.
❶ 한국부동산원
❷ 국토교통부장관

↓

소유자 및 이해관계인의 의견청취
(부동산공시가격시스템에 20일 이상 게시)
국토교통부장관
(개별통지×)

↓

중앙부동산가격공시위원회의 심의 — 국토교통부장관

↓

공동주택가격 공시[4월 30일]
❶ 공동주택가격을 부동산공시가격시스템에 게시 – 개별통지△
❷ 국장은 공시사항을 10일 이내에 행장, 국세청장, 시 · 군 · 구청장에게
제공하여야 한다.
국토교통부장관
국토교통부장관

↓

이의신청
(공시일로부터 30일 이내 → 국토교통부장관)
만료일부터 30일
이내 → 서면 통지

제6절 공동주택의 조사 · 산정

01 공동주택가격

(1) **원칙** : **국토교통부장관**은 **공동주택**에 대하여 매년 **공시기준일(1월 1일)** 현재
의 적정가격을 조사 · 산정하여 중앙부동산가격공시위원회의 심의를 거쳐 **공
시(4월 30일까지)**하고, 이를 관계 행정기관 등에 제공하여야 한다.

(2) 예외

❶ **국토교통부장관**은 공동주택가격 조사·산정인력 및 공동주택의 수 등을 고려하여 부득이하다고 인정하는 경우에는 일부 지역을 지정하여 해당 지역에 대한 **공시기준일**을 따로 정할 수 있다.

❷ **국세청장**이 국토교통부장관과 협의하여 다음의 어느 하나에 해당하는 **공동주택가격**을 별도로 결정·고시하는 경우는 공시하지 아니할 수 있다.

> ㉠ 아파트
> ㉡ 건축 연면적 165제곱미터 이상의 연립주택

▶중요지문 아파트에 해당하는 공동주택은 국세청장이 국토교통부장관과 협의하여 그 공동주택가격을 별도로 결정·고시할 수 있다. ( )

▶정답 ○

02 공동주택의 조사 · 산정

(1) **조사 · 산정 기준** : 국토교통부장관이 공동주택가격을 조사·산정하는 경우 참작하여야 하는 사항의 기준은 다음과 같다.

> ❶ 인근 유사 공동주택의 거래가격 또는 임대료의 경우 : 해당 거래 또는 임대차가 당사자의 특수한 사정에 의하여 이루어지거나 공동주택거래 또는 임대차에 대한 지식의 부족으로 인하여 이루어진 경우에는 그러한 사정이 없었을 때에 이루어졌을 거래가격 또는 임대료를 기준으로 할 것
> ❷ 해당 공동주택과 유사한 이용가치를 지닌다고 인정되는 공동주택의 건설에 필요한 비용추정액의 경우 : 공시기준일 현재 해당 공동주택을 건축하기 위한 표준적인 건축비와 일반적인 부대비용으로 할 것
> ※ 공동주택에 전세권 또는 그 밖에 공동주택의 사용·수익을 제한하는 권리가 설정되어 있을 때에는 그 권리가 존재하지 아니하는 것으로 보고 적정가격을 산정하여야 한다.

(2) **의뢰** : **국토교통부장관**이 공동주택가격을 조사·산정하고자 할 때에는 **부동산원**에 의뢰한다.

▶중요지문 국토교통부장관은 공동주택가격을 조사·산정하고자 할 때에는 한국부동산원에 의뢰한다. ( )

▶정답 ○

03 보고서 제출

(1) 보고서 작성 및 제출

❶ **제출** : 공동주택가격 조사·산정을 의뢰받은 **부동산원**은 공동주택가격 및 그 밖에 국토교통부령으로 정하는 사항을 조사·산정한 후 공동주택가격 조사·산정보고서를 작성하여 **국토교통부장관**에게 제출하여야 한다.

❷ **의견청취** : 부동산원은 조사·산정보고서를 작성하는 경우에는 미리 해당 공동주택 소재지를 관할하는 **시·도지사 및 시장·군수·구청장의 의견을 들어야 한다.**→ 시·도지사 및 시장·군수·구청장은 20일 이내에 의견을 제시하여야 한다. 이 경우 시장·군수·구청장은 **시·군·구부동산가격공시위원회의 심의를 거쳐** 의견을 제시하여야 한다.

❸ **제공** : 국토교통부장관은 보고서를 제출받으면 다음의 자에게 해당 보고서를 제공해야 한다.

> ㉠ 행정안전부장관
> ㉡ 국세청장
> ㉢ 시·도지사
> ㉣ 시장·군수 또는 구청장

❹ **적정성검토 요청** : 보고서를 제공받은 자는 국토교통부장관에게 보고서에 대한 적정성 검토를 요청할 수 있다.

❺ **적정성 검토** : 국토교통부장관은 제출된 보고서에 대하여 실거래신고가격 및 감정평가 정보체계 등을 활용하여 그 적정성 여부를 검토할 수 있다.

❻ **시정조치** : 국토교통부장관은 검토 결과 **부적정하다고 판단되거나** 공동주택 가격의 조사·산정이 관계 **법령을 위반하여** 수행되었다고 인정되는 경우에는 부동산원에 보고서를 시정하여 다시 제출하게 할 수 있다.

04 의견청취

(1) **의견청취(소유자 및 이해관계인)**

국토교통부장관은 공동주택가격을 공시하기 위하여 공동주택의 가격을 산정할 때에는 대통령령으로 정하는 바에 따라 공동주택소유자와 그 밖의 이해관계인의 의견을 들어야 한다.

❶ **국토교통부장관**은 부동산공시가격시스템에 공시대상, 열람기간 및 방법, 의견제출기간 및 의견제출방법, 공시예정가격을 **20일 이상 게시하여야 한다 (개별통지 규정 없음).**

❷ 게시된 가격에 이의가 있는 공동주택소유자는 의견제출기간에 의견을 제출할 수 있다.

05 심의 및 공시

(1) **심의** : 중앙부동산가격공시위원회의 심의

(2) **공시방법**

공고사항을 관보에 공고 + **공동주택가격을 부동산공시가격시스템 게시**

(3) **공고사항**

❶ **공시사항** : 공동주택가격의 공시에는 다음의 사항이 포함되어야 한다.

> ㉠ 공동주택의 소재지·명칭·동·호수
> ㉡ 공동주택가격
> ㉢ 공동주택의 면적
> ㉣ 그 밖에 공동주택가격 공시에 필요한 사항

※ 국토교통부장관은 공동주택가격 공시사항을 공고일부터 10일 이내에 행정안전부장관, 국세청장, 시장·군수·구청장(시·도지사×)에게 제공하여야 한다.

❷ 열람방법

❸ 이의신청 기간, 절차 및 방법

(4) **통지**(임의 규정)

❶ 국토교통부장관은 필요하다고 인정하는 경우에는 공동주택가격과 이의신청의 기간·절차 및 방법을 공동주택소유자(소유자가 여러 명인 경우에는 각 소유자를 말한다)에게 **개별 통지할 수** 있다.

❷ 국토교통부장관은 통지를 하지 아니하는 경우에는 공고 및 게시사실을 방송·신문 등을 통하여 알려 공동주택소유자가 공동주택가격을 열람하고 필요한 경우에는 이의신청을 할 수 있도록 하여야 한다.

06 이의신청

(1) **기간** : 공동주택가격에 이의가 있는 자는 그 공시일부터 30일 이내에 서면으로 **국토교통부장관**에게 이의를 신청할 수 있다.

(2) **통지** : 국토교통부장관은 이의신청 기간이 만료된 날부터 30일 이내에 이의신청을 심사하여 그 결과를 신청인에게 서면으로 **통지하여야 한다.** → 이 경우 국토교통부장관은 이의신청의 내용이 **타당하다고** 인정될 때에는 공동주택가격을 조정하여 다시 공시하여야 한다.

07 공동주택가격의 정정

(1) 국토교통부장관은 공동주택 가격에 **틀린 계산, 오기, 공시절차를 완전하게 이행하지 아니한 경우**, 공동주택가격에 영향을 미치는 동·호수 및 층의 표시 등 주요 요인의 조사를 잘못한 경우를 발견한 때에는 **지체 없이 이를 정정하여야 한다.**

(2) 국토교통부장관은 공동주택 가격의 오류를 정정하려는 경우에는 중앙부동산가격공시위원회의 **심의를 거쳐 정정사항을 결정·공시하여야 한다.** 다만, **틀린 계산 또는 오기**의 경우에는 중앙부동산가격공시위원회의 **심의를 거치지 아니할 수 있다.**

08 분할·합병 등

국토교통부장관은 공시기준일 이후에 **분할, 합병, 건축물의 건축·대수선 또는 용도변경**이 된 공동주택, 국유·공유에서 매각 등에 따라 사유로 공동주택으로서 가격이 없는 공동주택에 대하여는 다음의 날을 기준으로 하여 공동주택 가격을 결정·공시하여야 한다.

사유발생	공시기준일	공시일
1.1~5.31	그 해 6.1	그 해 9.30까지
6.1~12.31	다음 해 1.1	다음 해 4.30까지

09 효력

❶ 개별주택가격 및 공동주택가격은 **주택시장의 가격정보를 제공**한다.
❷ 국가·지방자치단체 등이 **과세 등의 업무**와 관련하여 주택의 가격을 산정하는 경우에 그 **기준**으로 활용될 수 있다.

비주거용 부동산 가격공시

제1절 | 비주거용 표준부동산

01 선정 및 의뢰

(1) 공시기준일

❶ **원칙** : **국토교통부장관**은 용도지역, 이용상황, 건물구조 등이 일반적으로 유사하다고 인정되는 일단의 비주거용 일반부동산 중에서 선정한 **비주거용 표준부동산**에 대하여 매년 **공시기준일(1월 1일)** 현재의 적정가격을 조사·산정하고, 중앙부동산가격공시위원회의 **심의**를 거쳐 이를 **공시할 수 있다.**

❷ **예외** : 국토교통부장관은 비주거용 표준부동산가격 조사·산정인력 및 비주거용 표준부동산의 수 등을 고려하여 **부득이하다고 인정하는 경우**에는 일부 지역을 지정하여 해당 지역에 대한 **공시기준일을 따로 정하여 고시할 수 있다.**

(2) **선정대상** : 국토교통부장관은 **비주거용 표준부동산을 선정할 때**에는 일단의 비주거용 일반부동산 중에서 해당 일단의 비주거용 일반부동산을 **대표할 수 있는 부동산을 선정하여야 한다.** 이 경우 미리 해당 비주거용 표준부동산이 소재하는 **시·도지사 및 시장·군수·구청장의 의견을 들어야** 한다.

(3) **의뢰** : 국토교통부장관은 비주거용 표준부동산가격을 조사·산정하려는 경우 **감정평가법인등** 또는 **부동산원**에게 **의뢰**한다.

02 조사·산정의 기준

(1) 국토교통부장관이 비주거용 표준부동산가격을 조사·산정하는 경우에는 인근 유사 비주거용 일반부동산의 거래가격·임대료 및 해당 비주거용 일반부동산과 유사한 이용가치를 지닌다고 인정되는 비거주용 일반부동산의 건설에 필요한 비용추정액 등을 종합적으로 참작하여야 한다.

중요지문 국토교통부장관은 비주거용 표준부동산을 선정할 경우 미리 해당 비거주용 표준부동산이 소재하는 시·도지사의 의견을 들어야 하나, 이를 시장·군수·구청장의 의견으로 대신할 수 있다. (   )

▶**정답** ×
국토교통부장관이 비주거용 표준부동산을 선정할 경우 미리 시·도지사 및 시장·군수·구청장의 의견을 들어야 한다.

(2) **조사·산정기준** : 국토교통부장관이 비주거용 표준부동산가격을 조사·산정하는 경우 참작하여야 하는 사항의 기준은 다음과 같다.

> ❶ 인근 유사 비주거용 일반부동산의 거래가격 또는 임대료의 경우 : 해당 거래 또는 임대차가 당사자의 특수한 사정에 의하여 이루어지거나 비주거용 일반부동산거래 또는 임대차에 대한 지식의 부족으로 인하여 이루어진 경우에는 그러한 사정이 없었을 때에 이루어졌을 거래가격 또는 임대료를 기준으로 할 것
> ❷ 해당 비주거용 일반부동산과 유사한 이용가치를 지닌다고 인정되는 비주거용 일반부동산의 건설에 필요한 비용추정액의 경우 : 공시기준일 현재 해당 비주거용 일반부동산을 건설하기 위한 표준적인 건설비와 일반적인 부대비용으로 할 것
> ※ 비주거용 일반부동산에 전세권 또는 그 밖에 비주거용 일반부동산의 사용·수익을 제한하는 권리가 설정되어 있을 때에는 그 권리가 존재하지 아니하는 것으로 보고 적정가격을 조사·산정하여야 한다.

중요지문 국토교통부장관은 비주거용 개별부동산 가격의 산정을 위하여 필요하다고 인정하는 경우에는 비주거용 부동산가격비준표를 작성하여 시장·군수 또는 구청장에게 제공하여야 한다. (   )

▶정답 ○

(3) **비주거용 부동산가격비준표** : 국토교통부장관은 비주거용 개별부동산가격의 산정을 위하여 필요하다고 인정하는 경우에는 비주거용 표준부동산과 산정대상 비주거용 개별부동산의 가격형성요인에 관한 표준적인 비교표(비주거용 부동산가격비준표)를 작성하여 시장·군수 또는 구청장에게 제공하여야 한다.

03 의견청취 및 보고서 제출

(1) **표준부동산 소유자 의견청취**
❶ **국토교통부장관**은 비주거용 표준부동산가격을 공시하기 위하여 비거주용 표준부동산가격을 조사·산정할 때에는 부동산공시가격시스템에 공시대상, 열람기간 및 방법, 의견제출기간 및 의견제출방법, 공시예정가격을 20일 이상 게시하여 해당 비주거용 표준부동산 소유자의 의견을 들어야 한다.
❷ 국토교통부장관은 게시 사실을 비주거용 표준부동산 소유자에게 **개별 통지**해야 한다.

(2) **시·도지사, 시장·군수·구청장의 의견청취**
❶ 비주거용 표준부동산가격 조사·산정기관은 조사·산정보고서를 작성하는 경우에는 미리 해당 부동산 소재지를 관할하는 시·도지사 및 시장·군수·구청장의 의견을 들어야 한다.

❷ 시·도지사 및 시장·군수·구청장은 의견 제시 요청을 받은 경우에는 요청받은 날부터 20일 이내에 의견을 제시해야 한다. 이 경우 시장·군수 또는 구청장은 시·군·구부동산가격공시위원회의 심의를 거쳐 의견을 제시해야 한다.

(3) 보고서 제출

비주거용 표준부동산가격의 조사·산정을 의뢰받은 자는 비주거용 표준부동산가격 등을 조사·산정한 후 비주거용 표준부동산가격 조사·산정보고서를 작성하여 국토교통부장관에게 제출하여야 한다.

(4) 준용

비주거용 표준부동산가격 조사·산정보고서의 적정성 검토 및 보고서 시정에 관하여는 표준주택가격 조사·산정의 절차에 관한 규정을 준용한다.

04 중앙부동산가격공시위원회 심의

05 공시 및 열람

(1) 공시방법

공고사항을 관보에 공고 + 비주거용표준부동산가격을 부동산공시가격시스템 게시

(2) 공고사항

❶ **공시사항** : 지번, 표준부동산가격, 대지면적 및 형상, 용도, 연면적, 구조 및 사용승인일(임시사용승인일을 포함), 지목, 용도지역, 도로상황

❷ 열람방법

❸ 이의신청 기간, 절차 및 방법

(3) 통지(임의 규정)

❶ 국토교통부장관은 필요하다고 인정하는 경우에는 비주거용 표준부동산가격과 이의신청의 기간·절차 및 방법을 비주거용 표준부동산 소유자(소유자가 여러 명인 경우에는 각 소유자를 말한다)에게 개별 통지할 수 있다.

추가 표준부동산가격의 조사·산정보고서에 포함되어야 하는 사항은 다음과 같다.
1. 표준부동산가격
2. 대지의 소재지, 공부상 지목 및 대지면적
3. 대지의 용도지역
4. 도로접면
5. 대지 형상
6. 건물 용도 및 연면적
7. 주건물 구조 및 층수
8. 사용승인연도
9. 주위 환경

정리 적정성 검토
국토교통부장관은 검토결과 부적정하다고 판단되거나 비주거용 표준부동산가격의 조사·산정이 관계법령을 위반하여 수행되었다고 인정되는 경우에는 감정평가법인등 또는 부동산원에 보고서를 시정하여 다시 제출하게 할 수 있다.

중요지문 비주거용 표준부동산가격의 공시에는 비주거용 표준부동산의 대지면적 및 형상이 포함되어야 한다. ( )

▶정답 ○

❷ 국토교통부장관은 통지를 하지 아니하는 경우에는 공고 및 게시사실을 방송·신문 등을 통하여 알려 비주거용 표준부동산 소유자가 비주거용 표준부동산가격을 열람하고 필요한 경우에는 이의신청을 할 수 있도록 하여야 한다.

(4) **열람** : 국토교통부장관은 비주거용 표준부동산가격을 공시한 때에는 그 내용을 특별시장·광역시장 또는 도지사를 거쳐 시장·군수 또는 구청장에게 송부하여 일반인이 열람할 수 있게 하고, 도서·도표 등으로 작성하여 관계 행정기관 등에 공급하여야 한다.

06 이의신청

(1) **기간** : 비주거용 표준부동산가격에 이의가 있는 자는 그 **공시일부터 30일 이내**에 서면(전자문서를 포함한다)으로 **국토교통부장관**에게 이의를 신청할 수 있다.

(2) **통지** : 국토교통부장관은 이의신청 기간이 **만료된 날부터 30일 이내**에 이의신청을 심사하여 그 결과를 신청인에게 서면으로 **통지**하여야 한다. 이 경우 국토교통부장관은 이의신청의 내용이 **타당하다고 인정될** 때에는 해당 표준지공시지가를 조정하여 **다시 공시**하여야 한다.

07 효력

비주거용 표준부동산가격은 국가, 지방자치단체 등이 그 업무와 관련하여 비주거용 개별부동산가격을 산정하는 경우 그 기준이 된다.

중요지문 비주거용 표준부동산가격은 국가 등이 그 업무와 관련하여 비주거용 개별부동산가격을 산정하는 경우 그 기준이 된다.
( )

▶정답 ○

제2절 **비주거용 개별부동산**

01 개별부동산 가격의 결정 등

(1) **원칙** : 시장·군수 또는 구청장은 시·군·구부동산가격공시위원회의 심의를 거쳐 매년 비주거용 표준부동산가격의 공시기준일(1월 1일) 현재 관할 구역 안의 비주거용 개별부동산가격을 **결정·공시(4월 30일까지)**할 수 있다. 다만, **행정안전부장관 또는 국세청장**이 **국토교통부장관과 협의**하여 비주거용 개별 부동산의 가격을 **별도로 결정·고시**하는 경우는 **제외**한다.

(2) **예외**

❶ 다음의 경우에는 비주거용 일반부동산에 대하여는 비주거용 **개별부동산가 격을 결정·공시하지 아니할 수 있다.**

> ㉠ 비주거용 표준부동산으로 선정된 비주거용 일반부동산
> ㉡ 국세 또는 지방세 부과대상이 아닌 비주거용 일반부동산

❷ 단, 관계 법령에 따라 비거주용 개별부동산 가격을 적용하도록 규정되어 있 는 경우 및 관계 행정기관의 장과 협의하여 공시하기로 한 경우는 공시하여 야 한다.

❸ 비주거용 **표준부동산으로** 선정된 비주거용 **일반부동산**에 대하여는 해당 비 주거용 **표준부동산가격**을 비주거용 **개별부동산가격으로** 본다.

02 개별부동산가격 조사·산정

(1) 국토교통부장관은 비주거용 개별부동산가격 조사·산정의 기준을 정하여 시 장·군수 또는 구청장에게 통보하여야 하며, 시장·군수 또는 구청장은 그 기 준에 따라 비주거용 개별부동산가격을 조사·산정하여야 한다.

(2) 조사·산정의 기준에는 다음의 사항이 포함되어야 한다.

> ❶ 비주거용 일반부동산가격의 형성에 영향을 미치는 비주거용 일반부동산 특 성조사에 관한 사항
> ❷ 비주거용 개별부동산가격의 산정기준이 되는 비주거용 표준부동산(비주거 용 비교표준부동산)의 선정에 관한 사항

PART 07

❸ 비주거용 부동산가격비준표의 사용에 관한 사항

❹ 그 밖에 비주거용 개별부동산가격의 조사 · 산정에 필요한 사항

03 개별부동산가격의 검증

(1) **검증의뢰** : 시장 · 군수 또는 구청장은 비주거용 개별부동산가격에 대한 검증을 감정평가법인등 또는 부동산원에 의뢰할 때에는 전체 비주거용 개별부동산가격에 대한 **가격현황도면 및 가격조사자료를** 제공하여야 한다.

(2) **검증사항** : 검증을 의뢰받은 자는 다음의 사항을 검토 · 확인하고 의견을 제시해야 한다.

❶ 비주거용 비교표준부동산 선정의 적정성에 관한 사항

❷ 비주거용 개별부동산가격 산정의 적정성에 관한 사항

❸ 산정한 비주거용 개별부동산가격과 비주거용 표준부동산가격의 균형 유지에 관한 사항

❹ 산정한 비주거용 개별부동산가격과 인근 비주거용 일반부동산의 비주거용 개별부동산가격과의 균형 유지에 관한 사항

❺ 표준지공시지가 및 개별공시지가 산정 시 고려된 토지 특성과 일치하는지 여부

❻ 비주거용 개별부동산가격 산정 시 적용된 용도지역, 토지이용상황 등 주요 특성이 공부와 일치하는지 여부

❼ 그 밖에 시장 · 군수 또는 구청장이 검토를 의뢰한 사항

(3) **검증의 생략**

❶ 시장 · 군수 또는 구청장은 **검증을 생략**할 때에는 비주거용 개별부동산가격의 변동률과 해당 비주거용 일반부동산이 있는 시 · 군 또는 구의 연평균 비주거용 개별부동산가격변동률의 차이가 작은 순으로 대상 비주거용 일반부동산을 선정하여야 한다. 다만, 개발사업이 시행되거나 용도지역 · 용도지구가 변경되는 등의 사유가 있는 비주거용 일반부동산은 검증 생략 대상 부동산으로 선정해서는 아니 된다.

❷ 검증의 생략에 대해서는 관계 중앙행정기관의 장과 미리 협의하여야 한다.

04 의견청취 및 심의

(1) **의견청취**(소유자 및 이해관계인)

❶ 시장·군수 또는 구청장은 비주거용 개별부동산가격 산정에 관하여 비주거용 개별부동산 소유자 및 그 밖의 이해관계인의 의견을 들으려는 경우에는 비주거용 개별부동산가격 열람부를 갖추어 놓고 해당 시·군 또는 구의 게시판 또는 인터넷 홈페이지에 다음의 사항을 **20일 이상** 게시하여 개별부동산소유자등이 개별부동산가격을 **열람**할 수 있도록 하여야 한다.

> ㉠ 열람기간 및 열람장소
> ㉡ 의견제출기간 및 의견제출방법

❷ 시장·군수 또는 구청장은 의견을 제출받은 경우에는 의견제출기간 만료일부터 30일 이내에 **심사**하여 그 결과를 의견제출인에게 통지하여야 한다.

❸ 시장·군수 또는 구청장은 심사를 할 때에는 현지조사와 검증을 할 수 있다.

(2) **심의** : 시·군·구부동산가격공시위원회의 심의

05 개별부동산가격의 공시

(1) **공시사항** : 비주거용 개별부동산가격의 공시에는 다음의 사항이 포함되어야 한다.

> ❶ 비주거용 부동산 가격, 지번
> ❷ 용도 및 면적

(2) **통지(의무 규정)** : 비주거용 개별부동산가격을 공시하는 시장·군수 또는 구청장은 다음의 사항을 비주거용 개별부동산 소유자에게 **개별 통지하여야** 한다.

> ❶ 조사기준일, 비주거용 개별부동산의 수 및 비주거용 개별부동산가격의 열람방법 등 비주거용 개별부동산가격의 결정에 관한 사항
> ❷ 이의신청의 기간·절차 및 방법

PART 07

06 이의신청

⑴ 기간

비주거용 개별부동산가격에 이의가 있는 자는 그 **결정·공시일부터 30일 이내**에 서면으로 시장·군수·구청장에게 이의를 신청할 수 있다.

⑵ 통지

시장·군수·구청장은 이의신청 기간이 **만료된 날부터 30일 이내**에 이의신청을 심사하여 그 결과를 신청인에게 서면으로 **통지**하여야 한다. → 이 경우 시장·군수·구청장은 이의신청의 내용이 타당하다고 인정될 때에는 비주거용 개별부동산가격을 조정하여 다시 결정·공시하여야 한다.

07 개별부동산가격의 정정

⑴ 시장·군수 또는 구청장은 비주거용 개별부동산가격에 틀린 계산, 오기, 비주거용 표준부동산 선정의 착오, 공시절차를 완전하게 이행하지 아니한 경우, 용도지역·용도지구 등 주택가격에 영향을 미치는 주요 요인의 조사를 잘못한 경우, 부동산가격비준표의 적용에 오류가 있음을 발견한 때에는 **지체 없이 이를 정정**하여야 한다.

⑵ 시장·군수 또는 구청장은 비주거용 개별부동산가격의 오류를 정정하려는 경우에는 시·군·구부동산가격공시위원회의 심의를 거쳐 **정정사항을 결정·공시**하여야 한다. 다만, **틀린 계산 또는 오기**의 경우에는 시·군·구부동산가격공시위원회의 **심의를 거치지 아니할 수 있다.**

08 분할·합병 등

시장·군수 또는 구청장은 공시기준일 이후에 **분할, 합병, 건축물의 건축·대수선 또는 용도변경, 국·공유지 소유에서 매각에 따라 사유로 된 경우**로서 비주거용 개별부동산가격이 없는 비주거용 일반부동산에 대하여는 다음의 날을 기준으로 하여 개별부동산가격을 결정·공시하여야 한다.

사유발생	공시기준일	공시일
1.1~5.31	그 해 6.1	그 해 9.30까지
6.1~12.31	다음 해 1.1	다음 해 4.30까지

중요지문 공시기준일 이후에 「건축법」에 따른 대수선이 된 비주거용 일반부동산은 해당 비주거용 개별부동산가격의 공시기준일을 다르게 정할 수 있다. (　)

▶정답 ○

09 효력

❶ 비주거용 부동산시장에 가격정보를 제공한다.

❷ 국가, 지방자치단체 등이 과세 등의 업무와 관련하여 비거주용 부동산가격을 산정하는 경우에 그 기준이 된다.

제3절] 비주거용 집합부동산

01 선정 및 의뢰

(1) 공시기준일

❶ **원칙** : 국토교통부장관은 비주거용 집합부동산에 대하여 매년 공시기준일(1월 1일) 현재의 적정가격을 조사·산정하여 중앙부동산가격공시위원회의 심의를 거쳐 공시(4월 30일까지)할 수 있다. 이 경우 시장·군수 또는 구청장은 비주거용 집합부동산가격을 결정·공시한 경우에는 이를 관계 행정기관 등에 제공하여야 한다.

❷ **예외**

㉠ 국토교통부장관은 비주거용 집합부동산가격 조사·산정인력 및 비주거용 집합부동산의 수 등을 고려하여 **부득이하다고** 인정하는 경우에는 일부 지역을 지정하여 해당 지역에 대한 **공시기준일을** 따로 정할 수 있다.

㉡ 행정안전부장관 또는 국세청장이 미리 **국토교통부장관과 협의하여** 비주거용 집합부동산의 가격을 **별도로 결정·고시하는** 경우에는 해당 비주거용 집합부동산의 비주거용 개별부동산가격을 **결정·공시하지 아니한다.**

(2) 선정의뢰 : 국토교통부장관은 비주거용 집합부동산가격을 조사·산정할 때에는 부동산원 또는 감정평가법인 등에게 의뢰한다.

02 조사·산정의 기준

(1) 국토교통부장관이 비주거용 집합부동산가격을 조사·산정하는 경우에는 인근 유사 비주거용 집합부동산의 거래가격·임대료 및 해당 비주거용 집합부동산과 유사한 이용가치를 지닌다고 인정되는 비주거용 집합부동산의 건설에 필요한 비용추정액 등을 종합적으로 참작하여야 한다.

중요지문 공시기준일이 따로 정해지지 않은 경우, 비주거용 집합부동산가격의 공시기준일은 1월 1일로 한다. ( )

▶정답 ○

PART
07

Chapter 05 비주거용 부동산 가격공시 375

⑵ **조사·산정기준** : 국토교통부장관이 비주거용 집합부동산가격을 조사·산정하는 경우 참작하여야 하는 사항의 기준은 다음과 같다.

> ❶ 인근 유사 비주거용 집합부동산의 거래가격 또는 임대료의 경우 : 해당 거래 또는 임대차가 당사자의 특수한 사정에 의하여 이루어지거나 비주거용 집합부동산거래 또는 임대차에 대한 지식의 부족으로 인하여 이루어진 경우에는 그러한 사정이 없었을 때에 이루어졌을 거래가격 또는 임대료를 기준으로 할 것
> ❷ 해당 비주거용 집합부동산과 유사한 이용가치를 지닌다고 인정되는 비주거용 집합부동산의 건설에 필요한 비용추정액의 경우 : 공시기준일 현재 해당 비주거용 집합부동산을 건설하기 위한 표준적인 건설비와 일반적인 부대비용으로 할 것

⑶ **사법상 제한 배제** : 국토교통부장관은 비주거용 집합부동산가격을 조사·산정할 때 그 비주거용 집합부동산에 전세권 또는 그 밖에 비주거용 집합부동산의 사용·수익을 제한하는 권리가 설정되어 있는 경우에는 그 권리가 존재하지 아니하는 것으로 보고 적정가격을 산정하여야 한다.

03 의견청취 및 보고서 제출

⑴ **의견청취**(소유자 및 이해관계인)

❶ **국토교통부장관**은 부동산공시가격시스템에 공시대상, 열람기간 및 방법, 의견제출기간 및 의견제출방법, 공시예정가격을 20일 이상 게시하여야 한다.

❷ 개별 통지 규정(×)

❸ 시·도지사, 시장·군수·구청장의 의견청취(×)

⑵ **보고서 제출**

❶ 비주거용 집합부동산가격 조사·산정을 의뢰받은 자는 비주거용 집합부동산가격 등을 조사·산정한 후 비주거용 집합부동산가격 조사·산정보고서를 작성하여 국토교통부장관에게 제출하여야 한다.

❷ 국토교통부장관은 보고서를 제출받으면 다음의 자에게 해당 보고서를 제공하여야 한다.

중요지문 국토교통부장관은 비주거용 집합부동산가격을 공시하기 위하여 그 가격을 산정할 때에는 비주거용 집합부동산의 소유자와 그 밖의 이해관계인의 의견을 들어야 한다. (   )

▶정답 ○

> ㉠ 행정안전부장관
> ㉡ 국세청장
> ㉢ 시·도지사
> ㉣ 시장·군수 또는 구청장

❸ 보고서를 제공받은 자는 국토교통부장관에게 보고서에 대한 적정성 검토를 요청할 수 있다.

❹ 국토교통부장관은 제출된 보고서에 대하여 실거래신고가격 및 감정평가 정보체계 등을 활용하여 그 적정성 여부를 검토할 수 있다.

❺ 국토교통부장관은 적정성 여부 검토를 위하여 필요하다고 인정하는 경우에는 해당 비주거용 집합부동산가격 조사·산정기관 외에 부동산 가격의 조사·산정에 관한 전문성이 있는 자를 별도로 지정하여 의견을 들을 수 있다.

❻ 국토교통부장관은 검토 결과 부적정하다고 판단되거나 비주거용 집합부동산가격 조사·산정이 관계 법령을 위반하여 수행되었다고 인정되는 경우에는 해당 비주거용 집합부동산가격 조사·산정기관에 보고서를 시정하여 다시 제출하게 할 수 있다.

04 중앙부동산가격공시위원회 심의

05 공시

(1) 공시방법

국토교통부장관은 비주거용 집합부동산가격을 공시할 때에는 다음의 사항을 관보에 공고하고, 비주거용 집합부동산가격을 부동산공시가격시스템에 게시하여야 하며, 비주거용 집합부동산 소유자에게 개별 통지하여야 한다.

❶ 공시사항 : 비주거용 집합부동산의 소재지, 명칭, 동, 호수, 가격, 면적
❷ 열람방법
❸ 이의신청 기간, 절차 및 방법

(2) **제공**

국토교통부장관은 비주거용 집합부동산가격 공시사항을 공고일부터 **10일 이내**에 다음의 자에게 **제공하여야** 한다.

❶ 행정안전부장관
❷ 국세청장
❸ 시장·군수 또는 구청장

06 이의신청

(1) **기간** : 비주거용 집합부동산가격에 이의가 있는 자는 그 **공시일부터 30일 이내**에 서면(전자문서를 포함한다)으로 국토교통부장관에게 이의를 신청할 수 있다.

(2) **통지** : 국토교통부장관은 이의신청 기간이 **만료된 날부터 30일 이내**에 이의신청을 심사하여 그 결과를 신청인에게 서면으로 **통지하여야** 한다. 이 경우 국토교통부장관은 이의신청의 내용이 **타당하다고 인정될** 때에는 해당 비주거용 집합부동산가격을 조정하여 **다시 공시하여야** 한다.

07 정정

중요지문 국토교통부장관은 공시한 비주거용 집합부동산가격의 오기를 정정하려는 경우에는 중앙부동산가격공시위원회의 심의를 거치치 아니할 수 있다. ( )

▶ **정답** ○

(1) 국토교통부장관은 비주거용 집합부동산가격에 **틀린 계산, 오기, 공시절차를 완전하게 이행하지 아니한 경우**, 비주거용 집합부동산가격에 영향을 미치는 동·호수 및 층의 표시 등 **주요 요인의 조사를 잘못한 경우**를 발견한 때에는 **지체 없이 이를 정정하여야** 한다.

(2) 국토교통부장관은 비주거용 집합부동산가격의 오류를 정정하려는 경우에는 중앙부동산산가격공시위원회의 **심의**를 거쳐 **정정사항을 결정·공시하여야** 한다. 다만, **틀린 계산 또는 오기**의 경우에는 중앙부동산가격공시위원회의 **심의를 거치지 아니할 수 있다.**

08 분할 · 합병 등

국토교통부장관은 공시기준일 이후에 분할, 합병, 건축물의 건축 · 대수선 또는 용도변경이 된 비주거용 집합부동산, 국유 · 공유에서 매각 등에 따라 **사유**(私有)**로** 된 비주거용 집합부동산으로서 가격이 없는 비주거용 집합부동산에 대하여는 다음의 날을 기준으로 하여 비주거용 집합부동산가격을 결정 · 공시하여야 한다.

사유발생	공시기준일	공시일
1.1~5.31	그 해 6.1	그 해 9.30까지
6.1~12.31	다음 해 1.1	다음 해 4.30까지

09 효력

❶ 비주거용 부동산시장에 가격정보를 제공한다.
❷ 국가 · 지방자치단체 등이 **과세 등의 업무**와 관련하여 비주거용 부동산의 가격을 산정하는 경우에 그 **기준**으로 활용될 수 있다.

부동산가격공시위원회

제1절   중앙부동산가격공시위원회

01 심의사항

다음의 사항을 심의하기 위하여 **국토교통부장관** 소속으로 중앙부동산가격공시위원회를 둔다.

❶ 관계 법령의 제정·개정에 관한 사항 중 국토교통부장관이 심의에 부치는 사항
❷ 표준지의 선정 및 관리지침, 조사·평가된 표준지공시지가, 이의신청
❸ 표준주택의 선정 및 관리지침, 조사·산정된 표준주택가격, 이의신청
❹ 공동주택의 조사 및 산정지침, 조사·산정된 공동주택가격, 이의신청
❺ 비주거용 표준부동산의 선정 및 관리지침
❻ 비주거용 집합부동산의 조사 및 산정지침
❼ 적정가격 반영을 위한 계획 수립 등에 관한 사항

02 위원 등[위원장이 회의를 소집 : 개회 **3일 전** 위원에게 개별 **통지**, 과반수 출석 + 과반수 찬성으로 의결]

(1) **구성**[공무원 아닌 위원의 임기는 **2년**으로 하되, 한차례 **연임할 수 있다**]

❶ 위원회는 위원장을 포함한 20명 이내의 위원으로 구성한다.
❷ 위원회를 구성할 때에는 성별을 고려하여야 한다.

(2) **위원장** : **국토교통부 제1차관**이 된다[부위원장은 위원 중 위원장이 지명].

(3) **위원** : 중앙행정기관의 장이 지명하는 6명 이내의 공무원과 다음의 사람 중 국토교통부장관이 위촉하는 사람이 된다.

❶ 고등교육법에 따른 대학에서 토지·주택 등에 관한 이론을 가르치는 조교수 이상으로 재직하고 있거나 재직하였던 사람
❷ 판사, 검사, 변호사 또는 감정평가사 자격이 있는 사람
❸ 부동산가격공시 또는 감정평가 관련 분야에서 10년 이상 연구 또는 실무경험이 있는 사람

제2절 시·군·구부동산가격공시위원회

01 심의사항

다음의 사항을 심의하기 위하여 시장·군수·구청장 소속으로 시·군·구부동산 가격공시위원회를 둔다.

❶ 개별공시지가의 결정, 이의신청에 관한 사항
❷ 개별주택가격의 결정, 이의신청에 관한 사항
❸ 비주거용 개별부동산가격 결정, 이의신청에 관한 사항
❹ 그 밖에 시장·군수·구청장이 심의에 부치는 사항

02 위원 등

❶ 시·군·구부동산가격공시위원회는 위원장 1명을 포함한 10명 이상 15명 이하의 위원으로 구성하며 성별을 고려하여야 한다.
❷ 위원장은 부시장·부군수·부구청장이 된다. → 2명 이상이면 시장·군수·구청장이 지명하는 부시장·부군수·부구청장이 된다.
❸ 위원은 시장·군수·구청장이 지명하는 6명 이내의 공무원과 다음에 해당하는 사람 중에서 시장·군수·구청장이 위촉하는 사람이 된다.

　　㉠ 부동산 가격공시 또는 감정평가에 관한 학식과 경험이 풍부하고 해당 지역의 사정에 정통한 사람
　　㉡ 시민단체(비영리민간단체를 말한다)에서 추천한 사람

🔒 부동산 가격공시에 관한 법률 핵심사항 총정리

구분		주체	의뢰등	재제출	검증	정정	분할·합병	시스템 게시 개별통지	공시할 때 개별통지
토지	표준지	국장	둘 이상 법인 등	○	×	×	×	must	~할수 있다.
	개별 공시지가	시군구	없음	×	○	○	○	없음	~할수 있다.
주거용	단독주택 표준주택	국장	부동산원	○	×	×	×	must	~할수 있다.
	단독주택 개별주택	시군구	없음	×	○	○	○	없음	~할수 있다.
	공동주택	국장	부동산원	○	×	○	○	없음	~할수 있다.
비주거용	일반부동산 표준부동산	국장	법인등, 부동산원	○	×	×	×	must	~할수 있다.
	일반부동산 개별부동산	시군구	없음	×	○	○	○	없음	must
	집합부동산	국장	법인등, 부동산원	○	×	○	○	없음	must

구분		주체	소유자 의견청취	지자체 의견청취 (20일 이내 의견제시)	공시방법	공시할 때 개별통지 (공시일)
토지	표준지	국장	공시가격시스템 20일 이상 게시 개별통지 must	시·도지사 시장·군수· 구청장 의견청취	관보에 공고+ 공시가격시스템 에 게시	개별통지 ~할 수 있다.
토지	개별 공시지가	시군구	20일 이상 게시 30일 이내에 통지	없음	시군구 게시판 + 홈페이지	개별통지 ~할 수 있다. (5/31)
주거용	단독주택 표준주택	국장	공시가격시스템 20일 이상 게시 개별통지 must	시·도지사 시장·군수· 구청장 의견청취	관보에 공고+ 공시가격시스템 에 게시	개별통지 ~할 수 있다.
주거용	단독주택 개별주택	시군구	20일 이상 열람 30일 이내에 통지	없음	시군구 게시판 + 홈페이지	개별통지 ~할 수 있다. (4/30)
주거용	공동주택	국장	공시가격시스템 20일 이상 게시 개별통지×	시·도지사 시장·군수· 구청장 의견청취	관보에 공고+ 공시가격시스템 에 게시	개별통지 ~할 수 있다. (4/30)
비주거용	일반부동산 표준부동산	국장	공시가격시스템 20일 이상 게시 개별통지 must	시·도지사 시장·군수· 구청장 의견청취	관보에 공고+ 공시가격시스템 에 게시	개별통지 ~할 수 있다.
비주거용	일반부동산 개별부동산	시군구	20일 이상 게시 30일 이내에 통지	없음	시군구 게시판 + 홈페이지	개별통지 ~ must (4/30)
비주거용	집합부동산	국장	공시가격시스템 20일 이상 게시 개별통지×	없음	관보에 공고+ 공시가격시스템 에 게시	개별통지 ~ must (4/30)

ⓘ 별도고시
① 공동주택 : 국세청장
② 비주거용 개별부동산 : 행장, 국세청장
③ 비주거용 집합부동산 : 행장, 국세청장

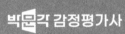

PART

08

감정평가 및 감정평가사에 관한 법률

제1절 용어의 정의(제2조)

01 토지 등

토지 등이란 **토지 및 그 정착물, 동산**, 그 밖에 대통령령으로 정하는 다음의 재산과 이들에 관한 소유권 외의 권리를 말한다.

❶ 저작권·산업재산권·어업권·양식업권·광업권 및 그 밖의 물권에 준하는 권리
❷ 「공장 및 광업재단 저당법」에 따른 공장재단과 광업재단
❸ 「입목에 관한 법률」에 따른 입목
❹ 자동차·건설기계·선박·항공기 등 관계 법령에 따라 등기하거나 등록하는 재산
❺ 유가증권

> **중요지문** 어업권과 유가증권은 감정평가의 대상에 해당한다.
> ( )
>
> ▶정답 ○

02 감정평가

토지 등의 경제적 가치를 판정하여 그 결과를 가액(價額)으로 표시하는 것을 말한다.

03 감정평가업

타인의 의뢰에 따라 일정한 보수를 받고 토지 등의 감정평가를 업으로 행하는 것을 말한다.

04 감정평가법인등

사무소를 개설한 감정평가사와 인가를 받은 감정평가법인을 말한다.

제2절 | 감정평가 ★제36회

01 감정평가 기준(제3조)

⑴ **원칙** : 감정평가법인 등이 **토지를** 감정평가하는 경우에는 그 토지와 이용가치가 비슷하다고 인정되는 **표준지공시지가를 기준**으로 하여야 한다.

⑵ **예외** : 적정한 실거래가가 있는 경우에는 이를 기준으로 할 수 있다.

02 임대료, 조성비용 등 고려

감정평가법인 등이 재무제표 작성에 필요한 감정평가와 담보권 설정·경매 등 대통령령으로 정하는 다음의 감정평가를 할 때에는 해당 토지의 **임대료, 조성비용 등을 고려하여 감정평가할 수 있다.**

> ❶ 「자산재평가법」에 따른 토지 등의 감정평가
> ❷ 법원에 계속 중인 소송 또는 경매를 위한 토지 등의 감정평가(법원에 계속 중인 소송을 위한 감정평가 중 보상과 관련된 감정평가는 제외한다)
> ❸ 금융기관·보험회사·신탁회사 등 타인의 의뢰에 따른 토지 등의 감정평가

> **중요지문** 감정평가법인 등이 법원에 계속 중인 소송을 위한 감정평가 중 보상과 관련된 감정평가를 하는 경우 해당 토지의 임대료 조성비용 등을 고려하여 감정평가를 할 수 있다. (　)
>
> ▶ 정답 ×
> 법원에 계속 중인 소송을 위한 감정평가 중 보상과 관련된 감정평가는 할 수 없다.

03 기준제정기관(제3조)

❶ **지정대상** : **국토교통부장관**은 감정평가법인등이 감정평가를 할 때 필요한 세부적인 기준(이하 "실무기준"이라 한다)의 제정 등에 관한 업무를 수행하기 위하여 대통령령으로 정하는 바에 따라 전문성을 갖춘 민간법인 또는 단체(이하 "**기준제정기관**"이라 한다)를 지정할 수 있다.

> **추가** 비용지원
> 국가는 기준제정기관의 설립 및 운영에 필요한 비용의 일부 또는 전부를 지원할 수 있다.

> **※보충** 지정요건(㉠ 또는 ㉡ + ㉢ + ㉣ + ㉤)
> ㉠ 등록한 감정평가사로서 5년 이상의 실무경력이 있는 사람을 3명 이상 상시 고용하고 있을 것
> ㉡ 감정평가와 관련된 분야의 박사학위 취득자로서 해당 분야의 업무에 3년 이상 종사한 경력(박사학위를 취득하기 전의 경력을 포함한다)이 있는 사람을 3명 이상 상시 고용하고 있을 것
> ㉢ 감정평가실무기준의 제정·개정 및 연구 등의 업무를 수행하는 데 필요한 전담 조직과 관리 체계를 갖추고 있을 것

PART

08

   ㉣ 투명한 회계기준이 마련되어 있을 것
   ㉤ 국토교통부장관이 정해서 고시하는 금액 이상의 자산을 보유하고 있을 것

❷ **업무** : 기준제정기관이 수행하는 업무는 다음과 같다.

> ❶ 감정평가실무기준의 제정 및 개정
> ❷ 감정평가실무기준에 대한 연구
> ❸ 감정평가실무기준의 해석
> ❹ 감정평가실무기준에 관한 질의에 대한 회신
> ❺ 감정평가와 관련된 제도의 개선에 관한 연구

추가 감정평가관리 · 징계위원회의 심의
국토교통부장관은 필요하다고 인정되는 경우 감정평가관리 · 징계위원회의 심의를 거쳐 기준제정기관에 실무기준의 내용을 변경하도록 요구할 수 있다. 이 경우 기준제정기관은 정당한 사유가 없으면 요구에 따라야 한다.

❸ **감정평가실무기준심의위원회** : 기준제정기관은 감정평가실무기준의 제정 · 개정 및 해석에 관한 중요 사항을 심의하기 위하여 기준제정기관에 국토교통부장관이 정하는 바에 따라 9명 이내의 위원으로 구성되는 감정평가실무기준심의위원회를 두어야 한다.

❹ **지정절차** : 국토교통부장관은 기준제정기관을 지정하려면 감정평가관리 · 징계위원회의 심의를 거쳐야 한다.

❺ **지정공고** : 국토교통부장관은 기준제정기관을 지정한 경우에는 지체 없이 그 사실을 관보에 공고하거나 국토교통부 홈페이지에 게시해야 한다.

04 직무(제4조)

❶ 감정평가사는 타인의 의뢰를 받아 **토지 등을 감정평가**하는 것을 그 직무로 한다.

❷ 감정평가사는 공공성을 지닌 가치평가 **전문직**으로서 공정하고 객관적으로 그 직무를 수행한다.

05 감정평가의 의뢰(제5조)

(1) **국가 · 지방자치단체 · 공공기관 · 지방공사 의뢰** : 토지 등의 관리 · 매입 · 매각 · 경매 · 재평가 등을 위하여 토지 등을 감정평가하려는 경우에는 **감정평가법인 등에 의뢰**하여야 한다.

(2) 금융기관·보험회사·신탁회사 또는 신용협동조합, 새마을금고 의뢰 → 대출, 자산의 매입·매각·관리 또는 재무제표 작성을 포함한 기업의 재무제표 작성 등과 관련하여 토지 등의 감정평가를 하려는 경우에는 **감정평가법인 등에 의뢰하여야 한다.**

❶ (1) 또는 (2)에 따라 감정평가를 의뢰하려는 자는 한국감정평가사협회에 요청하여 추천받은 감정평가법인 등에 감정평가를 의뢰할 수 있다. → 협회는 7일 이내 감정평가법인 등을 추천해야 한다.

> ※보충 추천 시 고려사항
> 1. 감정평가 대상물건에 대한 전문성 및 업무실적
> 2. 감정평가 대상물건의 규모 등을 고려한 감정평가업자의 조직규모 및 손해배상능력
> 3. 징계 건수 및 내용
> 4. 「부동산 가격공시에 관한 법률」에 따른 표준지공시지가 조사·평가 업무 수행 실적

중요지문 국가가 토지 등을 경매하기 위하여 감정평가를 의뢰하려고 한국감정평가사협회에 감정평가법인 등 추천을 요청한 경우 협회는 요청받은 날부터 7일 이내에 감정평가법인 등을 추천하여야 한다.　　　( )

▶정답 ○

06 감정평가서 발급 및 보존기간(제6조)

감정평가법인등은 감정평가를 의뢰받은 때에는 지체 없이 감정평가를 실시한 후 감정평가 의뢰인에게 감정평가서(전자문서로 된 감정평가서를 포함한다)를 발급하여야 한다.

> ※보충 감정평가서 발급
> ❶ 감정평가서는 해당 감정평가에 대한 수수료 등이 완납되는 즉시 감정평가 의뢰인에게 발급해야 한다. 다만, 감정평가 의뢰인이 국가·지방자치단체 또는 공공기관이거나 감정평가업자와 감정평가 의뢰인 간에 특약이 있는 경우에는 수수료 등을 완납하기 전에 감정평가서를 발급할 수 있다.
> ❷ 감정평가가 금융기관·보험회사·신탁회사, 신용협동조합, 새마을금고로부터 대출을 받기 위하여 의뢰된 때에는 대출기관에 직접 감정평가서를 송부할 수 있다. 이 경우 감정평가 의뢰인에게는 그 사본을 송부하여야 한다.
> ❸ 감정평가 의뢰인이 감정평가서를 분실하거나 훼손하여 감정평가서 재발급을 신청한 경우 감정평가법인등은 정당한 사유가 있을 때를 제외하고는 감정평가서를 재발급해야 한다. 이 경우 감정평가법인등은 재발급에 필요한 실비를 받을 수 있다.

(1) 기재사항 및 보존기간

❶ **기재사항** : 감정평가서에는 감정평가법인등의 사무소 또는 법인의 명칭을 적고, 감정평가를 한 감정평가사가 그 자격을 표시한 후 서명과 날인을 하여야 한다. 이 경우 **감정평가법인의 경우에는 그 대표사원 또는 대표이사도 서명이나 날인을 하여야 한다.**

❷ **보존기간**

  ㉠ 감정평가서의 **원본** : 발급일부터 **5년 이상**

  ㉡ 감정평가서의 **관련 서류** : 발급일부터 **2년 이상** 보존하여야 한다.

(2) 해산 또는 폐업

❶ **감정평가법인등은 해산하거나 폐업하는 경우** 보존을 위하여 감정평가서의 원본과 그 관련 서류를 **국토교통부장관에게 제출해야** 한다. 이 경우 감정평가서의 원본과 관련 서류를 전자적 기록매체에 수록하여 보존하고 있으면 감정평가서의 원본과 관련 서류의 제출을 갈음하여 그 **전자적 기록매체를 제출할 수 있다.** → 해산하거나 폐업한 날부터 **30일 이내에 제출해야** 한다.

❷ 국토교통부장관은 제출받은 감정평가서의 원본과 관련 서류를 ㉠ 감정평가서 원본 : 발급일부터 5년, ㉡ 감정평가서 관련 서류 : 발급일부터 2년 동안 보관해야 한다.

07 감정평가서의 심사(제7조)

(1) **주체** : 감정평가법인은 감정평가서를 의뢰인에게 발급하기 전에 감정평가를 한 소속 감정평가사가 작성한 감정평가서의 적정성을 **같은 법인 소속의 다른 감정평가사에게 심사하게** 하고, 그 적정성을 심사한 감정평가사로 하여금 감정평가서에 그 심사사실을 표시하고 **서명과 날인**을 하게 하여야 한다.

(2) **기준** : 감정평가서의 적정성을 심사하는 감정평가사는 감정평가서가 원칙과 기준을 준수하여 작성되었는지 여부를 신의와 성실로써 공정하게 심사하여야 한다.

(3) **수정·보완** : 감정평가서를 심사하는 감정평가사는 작성된 감정평가서의 수정·보완이 필요하다고 판단하는 경우에는 해당 감정평가서를 작성한 감정평가사에게 수정·보완 의견을 제시하고, 해당 감정평가서의 수정·보완을 확인한 후 감정평가서에 심사사실을 표시하고 서명과 날인을 하여야 한다.

08 적정성 검토(제7조)

감정평가 의뢰인 및 관계 기관 등은 발급된 감정평가서의 적정성에 대한 검토를 소속된 감정평가사(감정평가사인 감정평가법인등의 대표사원, 대표이사 또는 대표자를 포함한다)가 둘 이상인 감정평가법인등(해당 감정평가서를 발급한 감정평가법인등은 제외한다)에게 의뢰할 수 있다.

(1) 적정성 검토의뢰인 등

> 1. 감정평가 의뢰인
> 2. 감정평가 의뢰인이 발급받은 감정평가서를 활용하는 거래나 계약 등의 상대방
> 3. 감정평가 결과를 고려하여 관계 법령에 따른 인가·허가·등록 등의 여부를 판단하거나 그 밖의 업무를 수행하려는 행정기관

(2) 적정성 검토절차 등

❶ 감정평가서의 적정성에 대한 검토를 의뢰하려는 자는 발급받은 감정평가서 (전자문서로 된 감정평가서를 포함한다)의 사본을 첨부하여 감정평가법인 등에게 검토를 의뢰해야 한다.

❷ 검토 의뢰를 받은 감정평가법인등은 지체 없이 검토업무를 수행할 감정평가사를 지정해야 한다.

❸ 검토업무를 수행할 감정평가사는 5년 이상 감정평가 업무를 수행한 사람으로서 감정평가실적이 100건 이상인 사람이어야 한다.

(3) 결과통보

❶ 검토 의뢰를 받은 감정평가법인등은 의뢰받은 감정평가서의 적정성 검토가 완료된 경우에는 적정성 검토 의뢰인에게 검토결과서(전자문서로 된 검토결과서를 포함한다)를 발급해야 한다.

❷ 검토결과서에는 감정평가법인등의 사무소 또는 법인의 명칭을 적고, 적정성 검토를 한 감정평가사가 그 자격을 표시한 후 서명과 날인을 해야 한다. 이 경우 감정평가사가 소속된 곳이 감정평가법인인 경우에는 그 대표사원 또는 대표이사도 서명이나 날인을 해야 한다.

09 타당성조사 등(제8조)

(1) 타당성조사

❶ 원칙 : 국토교통부장관은 감정평가서가 발급된 후 해당 감정평가가 이 법 또는 다른 법률에서 정하는 절차와 방법 등에 따라 타당하게 이루어졌는지를 직권으로 또는 관계 기관 등의 요청에 따라 조사할 수 있다.

> ※보충 타당성조사 사유
> 1. 국토교통부장관이 지도・감독을 위한 감정평가법인등의 사무소 출입・검사 결과나 그 밖의 사유에 따라 조사가 필요하다고 인정하는 경우
> 2. 관계 기관 또는 이해관계인이 조사를 요청하는 경우

❷ 예외 : 국토교통부장관은 타당성조사의 대상이 되는 감정평가가 다음의 어느 하나에 해당하는 경우에는 타당성조사를 하지 않거나 중지할 수 있다.

> 1. 법원의 판결에 따라 확정된 경우
> 2. 재판이 계속 중이거나 수사기관에서 수사 중인 경우
> 3. 「공익사업을 위한 토지 등의 취득 및 보상에 관한 법률」 등 관계 법령에 감정평가와 관련하여 권리구제 절차가 규정되어 있는 경우로서 권리구제 절차가 진행 중이거나 권리구제 절차를 이행할 수 있는 경우(권리구제 절차를 이행하여 완료된 경우를 포함한다)
> 4. 징계처분, 제재처분, 형사처벌 등을 할 수 없어 타당성조사의 실익이 없는 경우

(2) 타당성조사 절차

❶ 국토교통부장관은 타당성조사에 착수한 경우에는 착수일부터 10일 이내에 해당 감정평가법인등과 이해관계인에게 다음의 사항을 알려야 한다.

> 1. 타당성조사의 사유
> 2. 타당성조사에 대하여 의견을 제출할 수 있다는 것과 의견을 제출하지 아니하는 경우의 처리방법
> 3. 업무를 수탁한 기관의 명칭 및 주소

❷ 통지를 받은 감정평가법인등과 이해관계인은 통지를 받은 날부터 10일 이내에 국토교통부장관에게 의견을 제출할 수 있다.

❸ 국토교통부장관은 타당성조사를 완료한 경우에는 해당 감정평가법인등, 이해관계인 및 타당성조사를 요청한 관계 기관에 지체 없이 그 결과를 통지해야 한다.

⑶ **표본조사**

❶ **주체** : 국토교통부장관은 감정평가 제도를 개선하기 위하여 대통령령으로 정하는 바에 따라 발급된 감정평가서에 대한 **표본조사를 실시할 수 있다.**

❷ **방식** : 국토교통부장관은 다음의 표본조사를 할 수 있다.

> 1. 무작위추출방식의 표본조사
> 2. 우선추출방식의 표본조사
>   ㉠ 최근 3년 이내에 실시한 타당성조사 결과 감정평가의 원칙과 기준을 준수하지 않는 등 감정평가의 부실이 발생한 분야
>   ㉡ 무작위추출방식의 표본조사를 실시한 결과 법 또는 다른 법률에서 정하는 방법이나 절차 등을 위반한 사례가 다수 발생한 분야
>   ㉢ 그 밖에 감정평가의 부실을 방지하기 위하여 협회의 요청을 받아 국토교통부장관이 필요하다고 인정하는 분야

❸ **개선의견요청** : 국토교통부장관은 표본조사 결과 감정평가 제도의 개선이 필요하다고 인정되는 경우에는 기준제정기관에 감정평가의 방법과 절차 등에 관한 개선 의견을 요청할 수 있다.

10 감정평가 정보체계의 구축 · 운용 등(제9조)

⑴ **운영의 주체** : 국토교통부장관은 국가등이 의뢰하는 감정평가와 관련된 정보 및 자료를 효율적이고 체계적으로 관리하기 위하여 **감정평가 정보체계를 구축 · 운영할 수 있다.**

> ※**보충** 감정평가 정보체계에 관리하는 정보 및 자료
> 1. 감정평가의 선례정보(평가기관 · 평가목적 · 기준시점 · 평가가액 및 대상 토지 · 건물의 소재지 · 지번 · 지목 · 용도지역 또는 용도 등을 말한다)
> 2. 토지 및 건물의 가격에 관한 정보(공시지가 · 지가변동률 · 임대정보 · 수익률 · 실거래가 등을 말한다) 및 자료
> 3. 그 밖에 감정평가에 필요한 정보 및 자료

⑵ **등록기간** : 국가, 지방자치단체, 공공기관, 지방공사가 의뢰한 감정평가(공적 평가)를 의뢰받은 감정평가법인등은 감정평가 결과(감정평가의 선례정보)를 감정평가서 발급일부터 40일 이내에 감정평가 정보체계에 등록하여야 한다. 다만, 개인정보 보호 등 국토교통부장관이 정하는 정당한 사유가 있는 경우에 는 그러하지 아니하다. → (위반 시 150만원 이하 과태료)

[중요지문] 최근 3년 이내에 실시한 감정평가 타당성조사 결과 감정평가의 부실이 발생한 분야에 대해서는 우선추출방식의 표본조사가 실시될 수 있다. ( )

▶정답 ○

[중요지문] 토지 및 건물의 가격에 관한 정보 및 자료는 감정평가 정보체계의 관리대상에 해당한다. ( )

▶정답 ○

PART 08

⑶ **통보** : 감정평가법인등은 감정평가 정보체계 등록 대상인 감정평가에 대해서는 감정평가서를 발급할 때 해당 **의뢰인에게 그 등록에 대한 사실을 알려야 한다.**

⑷ **수정 및 자료요청**

❶ **수정요청** : 국토교통부장관은 필요한 경우에는 **감정평가법인등**에게 감정평가 정보체계에 등록된 감정평가 결과의 **수정·보완을 요청할 수 있다.** 이 경우 요청을 받은 감정평가법인등은 요청일부터 **10일 이내에 수정·보완된** 감정평가 결과를 감정평가 정보체계에 등록해야 한다.

❷ **자료요청** : 국토교통부장관은 감정평가 정보체계의 운용을 위하여 필요한 경우 **관계 기관**에 자료제공을 **요청할 수 있다.** 이 경우 이를 요청받은 기관은 정당한 사유가 없으면 그 요청을 따라야 한다.

⑸ **자료제공** : 한국부동산원은 감정평가 정보체계에 구축되어 있는 정보 및 자료를 다음의 수요자에게 제공할 수 있다.

> 1. 감정평가법인등(소속 감정평가사 및 사무직원을 포함한다)
> 2. 한국부동산원 소속 직원
> 3. 한국감정평가사협회
> ❶ 감정평가 정보체계에 등록된 정보 또는 자료를 영리 목적으로 활용할 수 없다. 다만, 감정평가법인등이 그 업무 범위 내에서 활용하는 경우는 예외로 한다.

02 감정평가사

제1절 업무와 자격

01 업무(제10조)

감정평가법인등은 다음의 업무를 행한다.

❶ 「부동산 가격공시에 관한 법률」에 따라 감정평가법인등이 수행하는 업무
❷ 공공용지의 매수 및 토지의 수용·사용에 대한 보상, 국유지·공유지의 취득 또는 처분 목적을 위한 토지 등의 감정평가
❸ 「자산재평가법」에 따른 토지 등의 감정평가
❹ 법원에 계속 중인 소송 또는 경매를 위한 토지 등의 감정평가
❺ 금융기관·보험회사·신탁회사 등 타인의 의뢰에 따른 토지 등의 감정평가
❻ 감정평가와 관련된 상담 및 자문
❼ 토지 등의 이용 및 개발 등에 대한 조언이나 정보 등의 제공
❽ 다른 법령에 따라 감정평가법인 등이 할 수 있는 토지 등의 감정평가
❾ 제1호부터 제8호까지의 업무에 부수되는 업무

중요지문 표준주택의 적정가격 조사·평가 및 개별주택가격의 검증은 감정평가법인 등의 업무에 해당한다. ( )

▶ **정답** ✕
표준주택의 적정가격조사·평가 및 개별주택가격의 검증은 감정평가법인 등의 업무에 해당하지 않는다.

02 자격 및 결격사유(제11조, 제12조)

(1) **자격** : 감정평가사 시험에 **합격한 사람**은 감정평가사의 **자격이 있다.**

(2) **결격사유** → **[등록거부 사유, 등록취소 사유]**

다음의 어느 하나에 해당하는 사람은 감정평가사가 될 수 없다.

❶ 파산선고를 받은 사람으로서 복권되지 아니한 사람(미성년자✕)
❷ 금고 이상의 실형을 선고받고 그 집행이 종료(집행이 종료된 것으로 보는 경우를 포함한다)되거나 그 집행이 면제된 날부터 3년이 지나지 아니한 사람
❸ 금고 이상의 형의 집행유예를 받고 그 유예기간이 만료된 날부터 1년이 지나지 아니한 사람
❹ 금고 이상의 형의 선고유예를 받고 그 선고유예기간 중에 있는 사람

중요지문 감정평가사 결격사유는 감정평가사 등록의 거부사유와 취소사유가 된다. ( )

▶ **정답** ○

❺ 법 제13조(부정한 방법으로 감정평가사 자격을 받은 경우와 자격의 취소 징계를 받은 경우)에 따라 감정평가사 자격이 취소된 후 3년이 지나지 아니한 사람. 다만, 아래 ❻에 해당하는 사람은 제외한다.

❻ 법 제39조(징계) 제1항 제11호 및 제12호에 따라 자격이 취소된 후 5년이 지나지 아니한 사람

ℹ️ 법 제39조 제1항 제11호 : 감정평가사의 직무와 관련하여 금고 이상의 형을 선고받아(집행유예를 선고받은 경우를 포함한다) 그 형이 확정된 경우

ℹ️ 법 제39조 제1항 제12호 : 이 법에 따라 업무정지 1년 이상의 징계처분을 2회 이상 받은 후 다시 징계사유가 있는 사람으로서 감정평가사의 직무를 수행하는 것이 현저히 부적당하다고 인정되는 경우

추가✍ **자료제공 요청**
국토교통부장관은 결격사유 등에 해당하는지 여부를 확인하기 위해 관계 기관에 관련자료를 요청할 수 있다. 이 경우 관계 기관은 특별한 사유가 없으면 자료를 제공하여야 한다.

03 자격의 취소 등

(1) 자격의 취소(제13조)

❶ 국토교통부장관은 감정평가사가 다음의 하나에 해당하는 경우에는 그 자격을 취소하여야 한다.

> ㉠ 부정한 방법으로 감정평가사의 자격을 받은 경우
> ㉡ 법 제39조 제2항 제1호에 해당하는 징계로서 자격취소의 징계를 받은 경우
> → [자격취소 처분일부터 7일 이내에 자격증을 반납하여야 한다(등록증 포함).]
> → [위반 시 150만원 이하 과태료]

❷ 국토교통부장관은 감정평가사의 자격을 취소한 경우에는 그 사실을 공고하여야 한다.

(2) 외국감정평가사(제20조)

❶ 외국의 감정평가사 자격을 가진 사람으로서 결격사유에 해당하지 아니하는 사람은 그 본국에서 대한민국정부가 부여한 감정평가사 자격을 인정하는 경우에 한정하여 **국토교통부장관의 인가**를 받아 업무를 수행할 수 있다.

❷ 국토교통부장관은 인가를 하는 경우 필요하다고 인정하는 때에는 다음의 업무를 제한할 수 있다.

> ㉠「부동산 가격공시에 관한 법률」에 따라 감정평가법인등이 수행하는 업무
> ㉡ 공공용지의 매수 및 토지의 수용·사용에 대한 보상, 국유지·공유지의 취득 또는 처분 목적을 위한 토지 등의 감정평가
> ㉢「자산재평가법」에 따른 토지 등의 감정평가
> ㉣ 법원에 계속 중인 소송 또는 경매를 위한 토지 등의 감정평가
> ㉤ 금융기관·보험회사·신탁회사 등 타인의 의뢰에 따른 토지 등의 감정평가
> ㉥ 다른 법령에 따라 감정평가법인등이 할 수 있는 토지 등의 감정평가

제2절 시험

01 감정평가사 시험(제14조, 제15조, 제16조)

(1) **종류** : 감정평가사 시험은 국토교통부장관이 실시하며, 제1차 시험과 제2차 시험으로 이루어진다.

(2) **응시제한** : 시험의 최종 합격 발표일을 기준으로 결격사유에 해당하는 사람은 시험에 응시할 수 없다.

(3) **합격취소** : 국토교통부장관은 시험에 응시할 수 없음에도 불구하고 시험에 응시하여 최종 합격한 사람에 대해서는 합격결정을 취소하여야 한다.

(4) **1차시험 면제** : 다음의 기관에서 **5년 이상 감정평가와 관련된 업무에 종사한 사람**에 대해서는 시험 중 제1차 시험을 면제한다.

> 1. 감정평가법인
> 2. 감정평가사사무소
> 3. 협회
> 4. 「한국부동산원법」에 따른 한국부동산원
> 5. **감정평가업무를 지도하거나 감독하는 기관**
> 6. 「부동산 가격공시에 관한 법률」에 따른 개별공시지가·개별주택가격·공동주택가격 또는 비주거용 부동산가격을 결정·공시하는 업무를 수행하거나 그 업무를 지도·감독하는 기관

중요지문 국유재산을 관리하는 기관에서 5년 이상 감정평가와 관련된 업무에 종사한 사람에 대해서는 감정평가사 시험 중 제1차 시험을 면제한다. ( )

▶정답 ○

> 7. 「부동산 가격공시에 관한 법률」에 따른 토지가격비준표, 주택가격비준표 및 비주거용 부동산가격비준표를 작성하는 업무를 수행하는 기관
> 8. 국유재산을 관리하는 기관
> 9. 과세시가표준액을 조사 · 결정하는 업무를 수행하거나 그 업무를 지도 · 감독하는 기관

(5) **부정행위자에 대한 제재** : 국토교통부장관은 다음의 어느 하나에 해당하는 사람에 대해서는 해당 시험을 정지시키거나 무효로 한다. → 5년간 시험에 응시할 수 없다.

> 1. 부정한 방법으로 시험에 응시한 사람
> 2. 시험에서 부정한 행위를 한 사람
> 3. 시험의 일부 면제를 위한 관련 서류를 거짓 또는 부정한 방법으로 제출한 사람

02 응시수수료(시행령 제13조)

(1) **납부** : 1차 시험(4만원), 2차 시험(4만원) → 현금이나 전자화폐 · 전자결제 등의 방법으로 납부할 수 있다.

(2) **반환** : 다음에 해당하는 경우에는 응시수수료의 전부 또는 일부를 반환하여야 한다.

> 1. 응시수수료를 과오납한 경우
> 2. 국토교통부장관의 귀책사유로 시험에 응시하지 못한 경우
> 3. 시험시행일 10일 전까지 응시원서 접수를 취소한 경우

제3절 등록 등

01 등록 및 갱신등록(제17조)

감정평가사 자격이 있는 사람이 **업무를 하려는 경우에는 실무수습 또는 교육연수**를 마치고 **국토교통부장관에게 등록**하여야 한다.

(1) **실무수습**

❶ **감정평가사 합격한 사람 : 1년**

❷ **1차면제 후 합격한 사람 : 4주**(이론교육과정)

❸ **이론교육과정은 4개월간, 실무훈련과정은 8개월간 시행**하며, 실무훈련과정은 이론교육과정의 이수 후 시행한다. 다만, 이론교육과정과 실무훈련과정의 기간을 조정할 필요가 있을 때에는 **협회에서 그 기간을 따로 정할 수 있다.**

❹ 국토교통부장관은 실무수습(이론교육과정 + 실무훈련과정)에 필요한 지시를 협회에 할 수 있다.

❺ 협회는 실무수습계획을 수립하여 **국토교통부장관의 승인**을 받아야 하며, 실무수습이 종료되면 실무수습 종료일부터 **10일 이내**에 그 결과를 **국토교통부장관에게 보고**하여야 한다.

❻ 현장실습근무지는 협회, 감정평가법인등의 사무소 및 한국부동산원으로 한다. 다만, 한국부동산원의 경우에는 한국부동산원이 수행하는 업무 중 감정평가와 관련된 업무를 담당하는 부서로 한정한다.

(2) **교육연수**

❶ **대상자 : 등록취소** 및 2년 이하의 **업무정지** 처분을 받은 감정평가사

❷ **교육연수시간 : 25시간 이상**으로 한다.

(3) **등록 및 갱신기간**

❶ **등록 :** 감정평가사 자격이 있는 사람이 업무를 하려는 경우에는 **실무수습 또는 교육연수**를 마치고 **국토교통부장관에게 등록**하여야 한다.

❷ **갱신기간 :** 등록한 감정평가사는 **3년 이상(대통령령 : 5년마다)** 그 등록을 갱신하여야 한다.

❸ **사전통지 :** 국토교통부장관은 감정평가사 등록을 한 사람에게 감정평가사 등록을 갱신하려면 갱신등록 신청을 하여야 한다는 사실과 갱신등록 신청절차를 등록일부터 5년이 되는 날의 **120일 전까지 통지**하여야 한다.

중요지문 감정평가사의 자격이 있는 사람이 시·도지사에게 등록을 하면 감정평가업을 영위할 수 있다. ( )

▶정답 ✕
시·도지사가 아니라 국토교통부장관에게 등록하여야 한다.

중요지문 등록한 감정평가사는 5년마다 그 등록을 갱신하여야 한다. ( )

▶정답 ○

❹ **신청서 제출** : 등록을 갱신하려는 감정평가사는 등록일부터 5년이 되는 날의 60일 전까지 갱신등록신청서를 국토교통부장관에게 제출하여야 한다.

❺ **등록증 발급** : 국토교통부장관은 갱신등록 신청을 받은 경우 신청인이 등록 및 등록갱신거부에 해당하는 경우를 제외하고는 감정평가사 등록부에 등재하고, 신청인에게 등록증을 갱신하여 발급하여야 한다.

02 등록 및 갱신등록의 거부(제18조)

국토교통부장관은 등록 또는 갱신등록을 신청한 사람이 다음의 어느 하나에 해당하는 경우에는 그 등록을 **거부하여야 한다.**

❶ 결격사유에 해당하는 경우
❷ 실무수습 또는 교육연수를 받지 아니한 경우
❸ 등록이 취소된 후 3년이 지나지 아니한 경우
❹ 제39조에 따라 업무가 정지된 감정평가사로서 그 업무정지 기간이 지나지 아니한 경우
❺ 미성년자 또는 피성년후견인·피한정후견인

03 등록취소(제19조)

중요지문 국토교통부장관은 등록한 감정평가사가 파산선고를 받고 복권되지 아니한 경우에는 그 등록을 취소하여야 한다. ( )

▶정답 ○

❶ **국토교통부장관**은 등록한 감정평가사가 다음의 어느 하나에 해당하는 경우에는 그 **등록을 취소하여야 한다.**

㉠ 결격사유에 해당하는 경우
㉡ 사망한 경우
㉢ 등록취소를 신청한 경우
㉣ 등록취소의 징계를 받은 경우

❷ 국토교통부장관은 등록을 취소한 경우에는 그 사실을 관보에 공고하고, 정보통신망 등을 이용하여 일반인에게 알려야 한다.
❸ 등록이 취소된 사람은 **등록증을 국토교통부장관**에게 **반납하여야 한다.**
❹ 국토교통부장관은 감정평가사가 등록취소사유에 해당하는지 여부를 확인하기 위하여 관계 기관에 관련 자료를 요청할 수 있다. 이 경우 관계 기관은 특별한 사정이 없으면 그 자료를 제공하여야 한다.

제4절 권리와 의무

01 사무소 개설(제21조)

(1) **의의**

등록을 한 감정평가사가 감정평가업을 하려는 경우에는 감정평가사사무소를 개설할 수 있다.

(2) **사무소 개설의 제한**

다음의 어느 하나에 해당하는 사람은 사무소 개설을 할 수 없다.

> ❶ 등록 및 갱신등록의 거부 사유에 해당하는 사람
> ❷ 제32조 제1항(제1호, 제7호 및 제15호는 제외)에 따라 감정평가법인의 설립인가가 취소된 후 1년이 지나지 아니하였거나 업무정지기간이 지나지 아니한 경우 그 감정평가법인의 사원 또는 이사였던 사람
> ❸ 제32조 제1항(제1호 및 제7호는 제외)에 따라 업무가 정지된 감정평가사로서 업무정지기간이 지나지 아니한 사람

(3) **합동사무소의 설치**

❶ 감정평가사는 그 업무를 효율적으로 수행하고 공신력을 높이기 위하여 합동사무소를 설치할 수 있다.

❷ 합동사무소에 두는 감정평가사의 수는 2명 이상으로 한다.

❸ 감정평가사는 감정평가업을 하기 위하여 1개의 사무소만을 설치할 수 있다.

(4) **소속감정평가사**

❶ 감정평가사 사무소에는 소속감정평가사를 둘 수 있다.

❷ 등록 및 갱신등록 거부 사유에 해당하는 사람이 아니어야 한다.

❸ 감정평가사사무소를 개설한 감정평가사는 소속 감정평가사가 아닌 사람에게 업무를 하게 하여서는 아니 된다.

02 고용인의 신고(제21조의2)

❶ 감정평가법인등은 소속 감정평가사 또는 사무직원을 고용하거나 고용관계가 종료된 때에는 **국토교통부장관에게 신고**하여야 한다.

> **[중요지문]** 감정평가사는 감정평가업을 하기 위하여 1개의 사무소만을 설치할 수 있다. ( )
>
> ▶정답 ○

> **[중요지문]** 감정평가법인 등은 소속 감정평가사의 고용관계가 종료된 때에는 한국부동산원에 신고하여야 한다. ( )
>
> ▶정답 ×
> 한국부동산원이 아니라 국토교통부장관에게 신고하여야 한다.

추가 고용인 신고
1. 소속감정평가사 또는 사무직원
의 고용신고를 하려는 감정평가
법인등은 그 소속 감정평가사
또는 사무직원이 업무를 시작하
기 전에 고용신고서를 국토교통
부장관에게 제출하여야 한다.
2. 국토교통부장관은 신고서를 제
출받은 경우 그 사무직원이 결
격사유에 해당하는지 여부를 확
인해야 한다.

❷ 소속 감정평가사 또는 사무직원의 고용관계 종료 신고를 하려는 감정평가
법인등은 고용관계 종료 신고서를 고용관계가 종료된 날부터 **10일 이내**에
국토교통부장관에게 제출해야 한다.

03 사무소 명칭 등(제22조)

❶ 사무소를 개설한 감정평가법인등은 그 사무소의 명칭에 "감정평가사사무소"
라는 용어를 사용하여야 하며, 법인은 그 명칭에 "감정평가법인"이라는 용어를
사용하여야 한다.

❷ 이 법에 따른 감정평가사가 아닌 사람은 "감정평가사" 또는 이와 비슷한 명칭
을 사용할 수 없으며, 이 법에 따른 감정평가법인등이 아닌 자는 "감정평가사
사무소", "감정평가법인" 또는 이와 비슷한 명칭을 사용할 수 없다.

04 수수료 등(제23조)

❶ 감정평가법인등은 의뢰인으로부터 업무수행에 따른 **수수료**와 그에 필요한 실
비를 받을 수 있다.

❷ 수수료의 요율 및 실비의 범위는 **국토교통부장관**이 감정평가관리 · 징계위원
회의 심의를 거쳐 결정한다.

05 사무직원(제24조)

중요지문 감정평가법인 등은 그
직무의 수행을 보조하기 위하여
피성년후견인을 사무직원으로 둘
수 있다. ( )

▶ 정답 ×
피성년후견인은 결격사유로 사무
직원이 될 수 없다.

❶ 감정평가법인등은 그 직무의 수행을 보조하기 위하여 사무직원을 둘 수 있다.

❷ 다음의 어느 하나에 해당하는 사람은 **사무직원이 될 수 없다.**

> ㉠ 미성년자 또는 피성년후견인 · 피한정후견인(파산선고를 받은 자 ×)
> ㉡ 이 법 또는 「형법」 제129조부터 제132조까지, 「특정범죄 가중처벌 등에 관
>   한 법률」 제2조 또는 제3조, 그 밖에 대통령령으로 정하는 법률에 따라 유
>   죄 판결을 받은 사람으로서 다음 각 목의 어느 하나에 해당하는 사람
>   ⓐ 징역 이상의 형을 선고받고 그 집행이 끝나거나 그 집행을 받지 아니하
>   기로 확정된 후 3년이 지나지 아니한 사람
>   ⓑ 징역형의 집행유예를 선고받고 그 유예기간이 지난 후 1년이 지나지 아
>   니한 사람
>   ⓒ 징역형의 선고유예를 받고 그 유예기간 중에 있는 사람

ⓒ 제13조에 따라 감정평가사 자격이 취소된 후 1년이 경과되지 아니한 사람. 다만, ⓔ 또는 ⓜ에 해당하는 사람은 제외한다.

ⓔ 제39조 제1항 제11호(감정평가사의 직무와 관련하여 금고 이상의 형을 선고받고 그 형이 확정된 경우)에 따라 자격이 취소된 후 5년이 경과되지 아니한 사람

ⓜ 제39조 제1항 제12호(업무정지 1년 이상의 징계처분을 2회 이상 받은 후 다시 징계사유가 있는 사람)에 따라 자격이 취소된 후 3년이 경과되지 아니한 사람

ⓗ 제39조에 따라 업무가 정지된 감정평가사로서 그 업무정지 기간이 지나지 아니한 사람

감정평가법인등은 사무직원을 지도·감독할 책임이 있다.

❹ 국토교통부장관은 사무직원이 결격사유에 해당하는지 여부를 확인하기 위하여 관계 기관에 관련 자료를 요청할 수 있다. 이 경우 관계 기관은 특별한 사정이 없으면 그 자료를 제공하여야 한다.

06 성실의무(제25조)

❶ 감정평가법인등(감정평가사사무소의 소속 감정평가사를 포함한다)은 업무를 하는 경우 품위를 유지하여야 하고, 신의와 성실로써 공정하게 하여야 하며, 고의 또는 중대한 과실로 업무를 잘못하여서는 아니 된다[고의로 업무를 잘못한 경우 3년, 3천].

❷ 감정평가법인등은 자기 또는 친족 소유, 그 밖에 불공정하게 업무를 수행할 우려가 있다고 인정되는 토지 등에 대해서는 그 업무를 수행하여서는 아니 된다[과태료 ×].

❸ 감정평가법인등은 토지 등의 매매업을 직접 하여서는 아니 된다[1년, 1천].

❹ 감정평가법인등이나 그 사무직원은 수수료와 실비 외에는 어떠한 명목으로도 그 업무와 관련된 대가를 받아서는 아니 되며, 감정평가 수주의 대가로 금품 또는 재산상의 이익을 제공하거나 제공하기로 약속하여서는 아니 된다[3년, 3천] [몰수·추징].

❺ 감정평가사, 감정평가사가 아닌 사원 또는 이사 및 사무직원은 둘 이상의 감정평가법인(같은 법인의 주·분사무소를 포함한다) 또는 감정평가사사무소에 소속될 수 없으며, 소속된 감정평가법인 이외의 다른 감정평가법인의 주식을 소유할 수 없다[1년, 1천].

추가 제13조의 규정
❶ 부정한 방법으로 감정평가사의 자격을 받은 경우
❷ 제39조 제2항 제1호(자격의 취소)에 해당하는 징계를 받은 경우

중요지문 감정평가법인 등은 고의 또는 중대한 과실로 잘못된 평가를 하여서는 아니 된다. (   )

▶정답 ○

중요지문 감정평가법인 등은 토지의 매매업을 직접 할 수 있다. (   )

▶정답 ×
토지의 매매업을 직접 할 수 없다.

PART 08

추가 🖋 **감정평가 유도·요구금지**
(제8조의2)[3년, 3천]
누구든지 감정평가법인등(감정평가법인 또는 감정평가사사무소의 소속 감정평가사를 포함한다)과 그 사무직원에게 토지 등에 내하여 특정한 가액으로 감정평가를 유도 또는 요구하는 행위를 하여서는 아니 된다.

❻ 감정평가법인등이나 사무직원은 토지 등에 대하여 **특정한 가액으로 감정평가**를 유도 또는 요구하는 행위에 따라서는 아니 된다[3년, 3천].

07 비밀엄수(제26조)[1년, 1천]

❶ **원칙** : 감정평가법인등(감정평가법인 또는 감정평가사사무소의 소속 감정평가사를 포함한다)이나 그 사무직원 또는 감정평가법인등이었거나 그 사무직원이었던 사람은 업무상 알게 된 비밀을 누설하여서는 아니 된다.

❷ **예외** : 다른 법령에 특별한 규정이 있는 경우에는 그러하지 아니하다.

08 명의대여 등의 금지(제27조)[1년, 1천] [몰수·추징]

❶ 감정평가사 또는 감정평가법인등은 다른 사람에게 자기의 성명 또는 상호를 사용하여 업무를 수행하게 하거나 자격증·등록증 또는 인가증을 양도·대여하거나 이를 부당하게 행사하여서는 아니 된다.

❷ 누구든지 ❶의 행위를 알선해서는 아니 된다.

09 손해배상책임(제28조)

추가 🖋 **400만원 이하의 과태료**
❶ 보험 또는 협회가 운영하는 공제사업에의 가입 등 필요한 조치를 하지 아니한 사람
❷ 업무에 관한 보고, 자료제출, 명령 또는 검사를 거부·방해 또는 기피하거나 국토교통부장관에게 거짓으로 보고한 자

❶ 감정평가법인등이 감정평가를 하면서 고의 또는 과실로 감정평가 당시의 적정가격과 현저한 차이가 있게 감정평가를 하거나 감정평가 서류에 거짓을 기록함으로써 감정평가 의뢰인이나 선의의 제3자에게 손해를 발생하게 하였을 때에는 감정평가법인등은 그 손해를 배상할 책임이 있다.

❷ 감정평가법인등은 손해배상책임을 보장하기 위하여 보증보험에 가입하거나 한국감정평가사협회가 운영하는 공제사업에 가입하는 등 필요한 조치를 하여야 한다. → 보증보험에 가입한 경우에는 국토교통부장관에게 통보해야 한다. 보증보험에 가입하는 경우 1인당 1억원 이상으로 한다.

❸ 감정평가법인등은 보증보험금으로 손해배상을 하였을 때에는 10일 이내에 보험계약을 다시 체결해야 한다.

❹ 감정평가법인등은 법원의 확정판결을 통한 손해배상이 결정된 경우에는 지체 없이 감정평가법인등의 명칭 및 주소 등을 국토교통부장관에게 서면으로 알려야 한다. → [위반 시 150만원 이하 과태료]

감정평가법인 *제36회

01 설립 등(제29조)

(1) 법인 설립

❶ 감정평가사는 업무를 조직적으로 수행하기 위하여 감정평가법인을 설립할 수 있다.

❷ 감정평가법인을 설립하려는 경우에는 사원이 될 사람 또는 감정평가사인 발기인이 공동으로 정관을 작성하여 **국토교통부장관의 인가**(20일 이내에 **인가 여부를 통지** + 20일의 범위에서 연장 가능)를 받아야 한다. 다만, 경미한 변경은 14일 이내에 신고하고 할 수 있다.

> ※핵심 정관의 기재사항
> ㉠ 목적
> ㉡ 명칭
> ㉢ 주사무소 및 분사무소의 소재지(경미한 변경)
> ㉣ 사원(주식회사의 경우에는 발기인)의 성명, 주민등록번호 및 주소(경미한 변경)
> ㉤ 사원의 출자(주식회사의 경우에는 주식의 발행)에 관한 사항(경미한 변경)
> ㉥ 업무에 관한 사항

❸ 감정평가법인 설립인가를 받은 자는 설립일부터 1개월 이내에 등기사실을 **국토교통부장관에게 통보**하여야 한다.

(2) 구성

❶ 감정평가법인은 전체 사원 또는 이사의 100분의 70이 넘는 범위에서 대통령령으로 정하는 비율(100분의 90) 이상을 감정평가사로 두어야 한다.

❷ 감정평가사가 아닌 사원 또는 이사는 등록 및 갱신등록의 거부사유 중 결격사유 또는 미성년자, 피성년후견인, 피한정후견인에 해당하는 사람이 아니어야 한다.

❸ 감정평가법인의 대표사원 또는 대표이사는 감정평가사여야 한다.

❹ 감정평가법인은 5명 이상의 감정평가사를 두어야 하며, 주사무소 및 분사무소에는 각각 2명 이상의 감정평가사를 두어야 한다.

> **중요지문** 감정평가법인은 전체 사원 또는 이사의 100분의 90 이상을 감정평가사로 두어야 한다. ( )
>
> ▶정답 ○

❺ 감정평가법인은 해당 법인의 소속 감정평가사 외의 사람에게 업무를 하게 하여서는 아니 된다.

❻ 감정평가법인의 소속 감정평가사는 등록 및 등록갱신의 거부 사유 및 사무소개설 제한사유에 해당하는 사람이 아니어야 한다.

> ※보충 감정평가사가 아닌 사원 또는 이사의 자격요건
> ㉠ 변호사·법무사·공인회계사·세무사·기술사·건축사 또는 변리사 자격이 있는 사람
> ㉡ 법학·회계학·세무학·건축학, 그 밖에 국토교통부장관이 정하여 고시하는 분야의 석사학위를 취득한 사람으로서 해당 분야에서 3년 이상 근무한 경력(석사학위를 취득하기 전의 근무 경력을 포함한다)이 있는 사람
> ㉢ ㉡에 따른 분야의 박사학위를 취득한 사람
> ㉣ 그 밖에 토지 등 분야에 관한 학식과 업무경험이 풍부한 사람으로서 국토교통부장관이 정하여 고시하는 자격이나 경력이 있는 사람

02 합병(제29조)

감정평가법인은 **사원 전원의 동의** 또는 **주주총회의 의결**이 있는 때에는 **국토교통부장관의 인가**를 받아 다른 감정평가법인과 **합병**할 수 있다.

03 해산(제30조)

(1) 해산사유

감정평가법인은 다음의 어느 하나에 해당하는 경우에는 해산한다.

> ❶ 정관으로 정한 사유의 발생
> ❷ 사원총회 또는 주주총회의 결의
> ❸ 합병
> ❹ 설립인가의 취소
> ❺ 파산
> ❻ 법원의 명령 또는 판결

(2) 해산신고

감정평가법인이 해산한 때에는 국토교통부령으로 정하는 바에 따라 이를 국토교통부장관에게 **신고**하여야 한다.

04 자본금 등(제31조)[벌칙 ×] [인가취소 또는 업무정지 사유]

(1) **자본금** – 감정평가법인의 자본금은 2억원 이상이어야 한다.

(2) **보전 또는 증자의무**

감정평가법인은 직전 사업연도 말 재무상태표의 자산총액에서 부채총액을 차감한 금액이 2억원에 미달하면 미달한 금액을 매 사업연도가 끝난 후 6개월 이내에 사원의 증여로 보전하거나 증자하여야 한다.

(3) **특별이익 계상** – 증여받은 금액은 특별이익으로 계상한다.

▶중요지문 감정평가법인의 자본금은 2억원 이상이어야 한다.
( )

▶정답 ○

05 회계처리(제29조)[벌칙 ×] [인가취소 또는 업무정지 사유]

(1) 감정평가법인은 회계처리 기준에 따라 회계처리를 하여야 한다.

(2) 감정평가법인은 재무제표를 작성하여 매 사업연도가 끝난 후 3개월 이내에 국토교통부장관에게 제출하여야 한다. → 국토교통부장관은 필요한 경우 재무제표가 적정하게 작성되었는지를 검사할 수 있다.

(3) 감정평가법인에 관하여 이 법에 정한 사항을 제외하고는 **상법 중 회사에 관한 규정**을 준용한다. ↔ 협회는 민법 중 사단법인에 관한 규정을 준용한다.

06 인가취소 등(법 제32조)

(1) **사유**

국토교통부장관은 감정평가법인등이 다음의 어느 하나에 해당하는 경우에는 그 설립인가를 취소(감정평가법인에 한정한다)하거나 2년 이내의 범위에서 기간을 정하여 업무의 정지를 명할 수 있다. 다만, 제2호 또는 제7호에 해당하는 경우에는 그 설립인가를 취소하여야 한다.

1. 감정평가법인이 설립인가의 취소를 신청한 경우
2. 감정평가법인등이 업무정지처분 기간 중에 업무를 한 경우
3. 감정평가법인등이 업무정지처분을 받은 소속 감정평가사에게 업무정지처분 기간 중에 업무를 하게 한 경우
4. 감정평가 기준을 위반하여 감정평가를 한 경우

▶중요지문 국토교통부장관은 감정평가법인이 업무정지처분 기간 중에 감정평가업무를 한 경우에는 그 설립인가를 취소할 수 있다.
( )

▶정답 ×
업무정지처분 기간 중에 업무를 한 경우에는 설립인가를 취소하여야 한다.

5. 감정평가법인등이 준수하여야 할 원칙과 기준을 위반하여 감정평가를 한 경우

6. 감정평가서의 작성·발급 등에 관한 사항을 위반한 경우

7. 감정평가법인등이 감정평가사의 수에 미달한 날부터 3개월 이내에 감정평가사를 보충하지 아니한 경우

8. 둘 이상의 감정평가사사무소를 설치한 경우

9. 소속 감정평가사 외의 사람에게 업무를 하게 한 경우

10. 수수료의 요율 및 실비에 관한 기준을 지키지 아니한 경우

11. 성실의무 등, 비밀엄수, 명의대여 금지를 위반한 경우[소속감정평가사나 그 사무직원이 금품수수금지 규정을 위반한 행위로서 그 위반행위를 방지하기 위하여 상당한 주의와 감독을 게을리하지 아니한 경우는 제외]

12. 보험 또는 한국감정평가사협회가 운영하는 공제사업에 가입하지 아니한 경우

13. 정관을 거짓으로 작성하는 등 부정한 방법으로 인가를 받은 경우

14. 회계처리를 하지 아니하거나 재무제표를 작성하여 제출하지 아니한 경우

15. 감정평가법인이 6개월 이내에 미달한 금액을 보전하거나 증자하지 아니한 경우

16. 지도와 감독 등에 관하여 다음의 어느 하나에 해당하는 경우
   ❶ 업무에 관한 사항의 보고 또는 자료의 제출을 하지 아니하거나 거짓으로 보고 또는 제출한 경우
   ❷ 장부나 서류 등의 검사를 거부, 방해 또는 기피한 경우

17. 인가받은 정관에 따라 운영하지 아니하는 경우

(2) 절차

❶ **감정평가사협회**는 감정평가법인등에 인가취소 등의 사유가 있다고 인정하는 경우에는 그 증거서류를 첨부하여 **국토교통부장관**에게 그 설립인가를 **취소**하거나 **업무정지처분**을 하여 줄 것을 요청할 수 있다.

❷ 국토교통부장관은 설립인가를 취소하거나 업무정지를 한 경우에는 그 사실을 관보에 공고하고, 정보통신망 등을 이용하여 일반인에게 알려야 한다.

❸ 설립인가의 취소 및 업무정지처분은 위반 사유가 발생한 날부터 5년이 지나면 할 수 없다.

한국감정평가사협회

01 목적 및 설립(제33조)

(1) 목적

❶ 감정평가사의 품위 유지와 직무의 개선·발전을 도모하고, 회원의 관리 및 지도에 관한 사무를 하도록 하기 위하여 한국감정평가사협회를 둔다.

❷ 협회를 설립하려는 경우에는 사무소를 개설한 감정평가사나 감정평가법인 등의 소속 감정평가사 30명 이상이 발기인이 되어 창립총회를 소집하고, 사무소를 개설한 감정평가사나 감정평가법인등의 소속 감정평가사 300명 이상이 출석한 창립총회에서 출석한 감정평가업자등의 과반수의 동의를 받아 회칙을 작성한 후 인가 신청서를 국토교통부장관에게 제출해야 한다.

(2) 설립

❶ 협회는 법인으로 한다.

❷ 협회는 국토교통부장관의 인가를 받아 주된 사무소의 소재지에서 설립등기를 함으로써 성립한다.

❸ 협회는 회칙으로 정하는 바에 따라 공제사업을 운영할 수 있다.

❹ 협회에 관하여 이 법에 규정된 것 외에는 「민법」 중 사단법인에 관한 규정을 준용한다.

02 회원가입 의무 등(제35조)

(1) 감정평가법인등과 그 소속 감정평가사는 협회에 회원으로 가입하여야 하며, 그 밖의 감정평가사는 협회의 회원으로 가입할 수 있다.

(2) 협회에 회원으로 가입한 감정평가법인등과 감정평가사는 회칙을 준수하여야 한다.

03 윤리규정(제36조)

(1) 협회는 회원이 직무를 수행할 때 지켜야 할 직업윤리에 관한 규정을 제정하여야 한다.

(2) 회원은 직업윤리에 관한 규정을 준수하여야 한다.

04 자문 등(제37조)

(1) 국가 등은 감정평가사의 직무에 관한 사항에 대하여 협회에 업무의 자문을 요청하거나 협회의 임원·회원 또는 직원을 전문분야에 위촉하기 위하여 추천을 요청할 수 있다.

(2) 협회는 자문 또는 추천을 요청받은 경우 그 회원으로 하여금 요청받은 업무를 수행하게 할 수 있다.

(3) 협회는 국가 등에 대하여 필요한 경우 감정평가의 관리·감독·의뢰 등과 관련한 업무의 개선을 건의할 수 있다.

05 회원에 대한 교육·연수 등(제38조)

(1) 협회는 다음의 사람에 대하여 교육·연수를 실시하고 회원의 자체적인 교육·연수활동을 지도·관리한다.

> 1. 회원
> 2. 등록을 하려는 감정평가사
> 3. 사무직원

(2) 교육·연수를 실시하기 위하여 협회에 연수원을 둘 수 있다.

(3) 교육·연수 및 지도·관리에 필요한 사항은 협회가 국토교통부장관의 승인을 얻어 정한다.

05 징계 *제36회

01 징계의 대상(법 제39조)

국토교통부장관은 감정평가사가 다음의 어느 하나에 해당하는 경우에는 감정평가관리·징계위원회의 의결에 따라 징계를 할 수 있다. 다만, 자격의 취소는 제11호, 제12호에 해당하는 경우 및 다른 사람에게 **자격증·등록증 또는 인가증**을 양도 또는 대여한 경우에만 할 수 있다.

1. 감정평가 기준을 위반하여 감정평가를 한 경우
2. 감정평가서의 작성·발급 등에 관한 사항을 위반한 경우
3. 고의 또는 중대한 과실로 잘못 심사한 경우
4. 업무정지처분 기간에 업무를 하거나 업무정지처분을 받은 소속 감정평가사에게 업무정지처분 기간에 업무를 하게 한 경우
5. 등록이나 갱신등록을 하지 아니하고 업무를 수행한 경우
6. 구비서류를 거짓으로 작성하는 등 부정한 방법으로 등록이나 갱신등록을 한 경우
7. 사무소 개설 등을 위반하여 감정평가업을 한 경우
8. 수수료의 요율 및 실비에 관한 기준을 지키지 아니한 경우
9. 성실의무 등, 비밀엄수, 명의대여 금지를 위반한 경우
10. 지도와 감독 등에 관하여 다음의 어느 하나에 해당하는 경우
    ❶ 업무에 관한 사항의 보고 또는 자료의 제출을 하지 아니하거나 거짓으로 보고 또는 제출한 경우
    ❷ 장부나 서류 등의 검사를 거부 또는 방해하거나 기피한 경우
11. 감정평가사의 직무와 관련하여 금고 이상의 형을 선고받아(집행유예를 선고받은 경우를 포함한다) 그 형이 확정된 경우
12. 이 법에 따라 업무정지 1년 이상의 징계처분을 2회 이상 받은 후 다시 징계사유가 있는 사람으로서 감정평가사의 직무를 수행하는 것이 현저히 부적당하다고 인정되는 경우

> 정리 **징계의 대상이 아닌 것**
> ① 부정한 방법으로 감정평가사 자격을 받은 경우
> ② 자격증(등록증)을 반납하지 아니한 경우
> ③ 보증보험 또는 공제사업에 가입하지 아니한 경우

02 징계의 종류 ↔ 경고(×)

감정평가사에 대한 징계의 종류는 다음과 같다.

---
1. 자격의 취소
2. 등록의 취소
3. 2년 이하의 업무정지
4. 견책
---

03 징계 절차

(1) 징계요청

협회는 감정평가사에게 징계사유가 있다고 인정하는 경우에는 그 증거서류를 첨부하여 **국토교통부장관**에게 징계를 요청할 수 있다.

(2) 자격증 등 반납

자격이 취소된 사람은 자격증과 등록증을 **국토교통부장관에게 반납**하여야 하며, 등록이 취소되거나 업무가 정지된 사람은 등록증을 국토교통부장관에게 반납하여야 한다.

(3) 교육연수

업무가 정지된 자로서 등록증을 국토교통부장관에게 반납한 자 중 교육연수 대상에 해당하는 자가 등록갱신기간이 도래하기 전에 업무정지기간이 도과하여 등록증을 다시 교부받으려는 경우 **교육연수를 이수**하여야 한다.

(4) 징계제한

징계의결은 국토교통부장관의 요구에 따라 하며, 징계의결의 요구는 위반사유가 발생한 날부터 5년이 지나면 할 수 없다.

(5) 의결기간

감정평가관리·징계위원회는 징계의결을 요구받은 날부터 60일 이내에 징계에 관한 의결을 해야 한다. 다만, 부득이한 사유가 있을 때에는 감정평가관리·징계위원회의 의결로 30일의 범위에서 그 기간을 한 차례만 연장할 수 있다.

중요지문 한국감정평가사협회는 감정평가관리·징계위원회에 감정평가사에 대한 징계 의결의 요구를 할 수 없다. ( )

▶정답 ○

중요지문 감정평가사에 대한 징계의결의 요구는 위반사유가 발생한 날부터 3년이 지난 때에는 할 수 없다. ( )

▶정답 ×
징계의결의 요구는 위반사유가 발생한 날부터 5년이 지나면 할 수 없다.

04 징계의 공고 등(제39조의2)

(1) 공고

❶ 국토교통부장관은 징계를 한 때에는 지체 없이 그 구체적인 사유를 해당 감정평가사, 감정평가법인등 및 협회에 각각 알리고, 그 내용을 관보 또는 인터넷 홈페이지 등에 게시 또는 공고하여야 한다.

❷ 국토교통부장관은 구체적인 징계 사유를 알리는 경우에는 징계의 종류와 사유를 명확히 기재하여 서면으로 알려야 한다.

❸ 국토교통부장관은 징계사유 통보일부터 14일 이내에 다음의 사항을 관보에 공고해야 한다. → 감정평가 정보체계에도 게시하여야 한다.

> ㉠ 징계를 받은 감정평가사의 성명, 생년월일, 소속된 감정평가법인등의 명칭 및 사무소 주소
> ㉡ 징계의 종류
> ㉢ 징계 사유(징계사유와 관련된 사실관계의 개요를 포함한다)
> ㉣ 징계의 효력발생일(징계의 종류가 업무정지인 경우에는 업무정지 시작일 및 종료일)

❹ 협회는 통보받은 내용을 협회가 운영하는 인터넷 홈페이지에 3개월 이상 게재하는 방법으로 공개하여야 한다.

> ※보충 정보체계 및 인터넷 홈페이지에 게시기간
> ㉠ 자격의 취소 및 등록의 취소의 경우 : 3년
> ㉡ 업무정지의 경우 : 업무정지 기간(업무정지 기간이 3개월 미만인 경우에는 3개월)
> ㉢ 견책의 경우 : 3개월

(2) 정보제공

❶ 협회는 감정평가를 의뢰하려는 자가 해당 감정평가사에 대한 징계 사실을 확인하기 위하여 징계 정보의 열람을 신청하는 경우에는 그 정보를 제공하여야 한다.

❷ 징계 정보의 열람을 신청하려는 자는 신청 취지를 적은 신청서에 신청인의 신분을 확인할 수 있는 서류 등을 첨부하여 협회에 제출해야 한다.

❸ 열람 신청은 신청인이 신청서 및 첨부서류를 협회에 직접 제출하거나 우편, 팩스 또는 전자우편 등 정보통신망을 이용한 방법으로 할 수 있다.

❹ 협회는 신청을 받은 경우 10일 이내에 신청인이 징계 정보를 열람할 수 있게 해야 한다.

❺ 협회는 징계 정보를 열람하게 한 경우에는 지체 없이 해당 감정평가사에게 그 사실을 알려야 한다.

❻ 제공 대상 정보는 관보에 공고하는 사항으로서 신청일부터 역산하여 다음의 구분에 따른 기간까지 공고된 정보로 한다.

> ㉠ 자격의 취소 및 등록의 취소의 경우 : 10년
> ㉡ 업무정지의 경우 : 5년
> ㉢ 견책의 경우: 1년

❼ 협회는 열람을 신청한 자에게 열람에 드는 비용을 부담하게 할 수 있다.

05 감정평가관리 · 징계위원회(제40조)

(1) 심의 또는 의결사항

다음의 사항을 심의 또는 의결하기 위하여 **국토교통부**에 감정평가관리 · 징계위원회를 둔다.

> ❶ 감정평가 관계 법령의 제정 · 개정에 관한 사항 중 국토교통부장관이 회의에 부치는 사항
> ❷ 실무기준의 변경에 관한 사항
> ❸ 감정평가사 시험에 관한 사항
> ❹ 수수료 요율 및 실비 범위에 관한 사항
> ❺ 징계에 관한 사항
> ❻ 그 밖에 감정평가와 관련하여 국토교통부장관이 회의에 부치는 사항

(2) 구성 등

❶ 위원회는 위원장 1명과 부위원장 1명을 포함하여 13명의 위원으로 구성하며, 성별을 고려하여야 한다.

❷ 위원회의 위원장은 ㉡ 또는 ㉢의 위원 중에서, 부위원장은 ㉠의 위원 중에서 국토교통부장관이 위촉하거나 지명하는 사람이 된다.

> ※보충 위원회의 위원
>
> ㉠ 국토교통부의 4급 이상 공무원 중에서 국토교통부장관이 지명하는 사람 3명
>
> ㉡ 변호사 중에서 국토교통부장관이 위촉하는 사람 2명
>
> ㉢ 「고등교육법」에 따른 대학에서 토지·주택 등에 관한 이론을 가르치는 조교수 이상으로 재직하고 있거나 재직하였던 사람 중에서 국토교통부장관이 위촉하는 사람 4명
>
> ㉣ 협회의 장이 소속 상임임원 중에서 추천하여 국토교통부장관이 위촉하는 사람 1명
>
> ㉤ 한국부동산원장이 소속 상임이사 중에서 추천하여 국토교통부장관이 위촉하는 사람 1명
>
> ㉥ 감정평가사 자격을 취득한 날부터 10년 이상 지난 감정평가사 중에서 국토교통부장관이 위촉하는 사람 2명

(3) 임기 및 의결 등

❶ **임기** : 위 ㉡부터 ㉥까지의 위원의 임기는 2년으로 하며, **한 차례만 연임할 수 있다.**

❷ **의결** : 위원회의 회의는 재적위원 **과반수의 출석**으로 개의하고, 출석위원 **과반수의 찬성**으로 의결한다.

❸ **당사자 출석** : 당사자는 감정평가관리·징계위원회에 출석하여 구술 또는 서면으로 자기에게 유리한 사실을 진술하거나 필요한 증거를 제출할 수 있다.

❹ **소위원회** : 징계의결 요구 내용을 검토하기 위해 감정평가관리·징계위원회에 소위원회를 둘 수 있다.

중요지문 국토교통부의 5급 공무원은 징계위원회의 위원이 될 수 없으며, 성별을 고려하여 위원장 1명과 부위원장 1명을 포함한 13명의 위원으로 구성해야 한다. (   )

▶ 정답 ○

중요지문 징계위원회의 위원의 임기는 2년으로 하되, 연임할 수 없다. (   )

▶ 정답 ✕
징계위원회의 위원의 임기는 2년으로 하며, 한 차례만 연임할 수 있다.

과징금

01 과징금 부과(제41조)

(1) **부과사유**

국토교통부장관은 감정평가법인등이 업무정지처분을 하여야 하는 경우로서 그 업무정지처분이 표준지공시지가의 공시 등의 업무를 정상적으로 수행하는 데에 지장을 초래하는 등 공익을 해칠 우려가 있는 경우에는 업무정지처분을 갈음하여 5천만원(감정평가법인인 경우는 5억원) 이하의 과징금을 부과할 수 있다.

(2) **고려사항** : 국토교통부장관은 과징금을 부과하는 경우에는 다음의 사항을 고려하여야 한다.

> 1. 위반행위의 내용과 정도
> 2. 위반행위의 기간과 위반횟수
> 3. 위반행위로 취득한 이익의 규모

(3) **합병 법인의 과징금** : 국토교통부장관은 이 법을 위반한 감정평가법인이 합병을 하는 경우 그 감정평가법인이 행한 위반행위는 합병 후 존속하거나 합병으로 신설된 감정평가법인이 행한 행위로 보아 과징금을 부과·징수할 수 있다.

(4) **부과기준**

❶ 과징금의 부과기준은 다음과 같다.

업무정지기간이 6개월 미만	과징금 최고액의 20% 이상 50% 미만 부과
업무정지기간이 6개월 이상 1년 미만	과징금 최고액의 50% 이상 70% 미만 부과
업무정지기간이 1년 이상	과징금 최고액의 70% 이상 부과

❷ 과징금의 금액은 부과사유를 고려하여 2분의 1 범위에서 늘리거나 줄일 수 있다. 다만, 늘리는 경우에도 과징금의 총액은 과징금최고액을 초과할 수 없다.

02 이의신청(제42조)

(1) 과징금의 부과에 이의가 있는 자는 이를 통보받은 날부터 **30일 이내**에 사유서를 갖추어 **국토교통부장관에게 이의를 신청할 수 있다.**

(2) 국토교통부장관은 이의신청에 대하여 **30일 이내**에 **결정**을 하여야 한다. 다만, 부득이한 사정으로 그 기간에 결정을 할 수 없을 때에는 **30일의 범위에서** 기간을 **연장할 수 있다.**

(3) 국토교통부장관의 결정에 이의가 있는 자는 「행정심판법」에 따라 행정심판을 청구할 수 있다.

03 납부기한의 연장과 분할납부(제43조)

(1) **과징금의 부과 및 납부**

국토교통부장관은 과징금을 부과받은 자가 다음의 어느 하나에 해당하는 사유로 과징금의 전액을 일시에 납부하기 어렵다고 인정될 때에는 그 납부기한을 연장하거나 분할납부하게 할 수 있다. 이 경우 필요하다고 인정할 때에는 담보를 제공하게 할 수 있다.

1. 재해 등으로 재산에 큰 손실을 입은 경우
2. 과징금을 일시에 납부할 경우 자금사정에 큰 어려움이 예상되는 경우

(2) **납부기한의 연장 등**

❶ **연장** : 납부기한 연장은 납부기한의 **다음 날부터 1년을 초과할 수 없다.**

❷ **분할** : 분할납부를 하게 하는 경우 각 분할된 납부기한 간의 간격은 **6개월 이내**로 하며, 분할 횟수는 **3회 이내**로 한다.

(3) **연장 또는 분할신청**

과징금납부의무자가 과징금 납부기한을 **연장받거나 분할납부**를 하려면 납부기한 **10일 전**까지 **국토교통부장관에게 신청**하여야 한다.

(4) **일시징수** : 국토교통부장관은 납부기한이 연장되거나 분할납부가 허용된 과징금납부의무자가 다음의 어느 하나에 해당할 때에는 납부기한 연장이나 분할납부 결정을 취소하고 과징금을 일시에 징수할 수 있다.

> **중요지문** 과징금납부의무자가 과징금을 분할납부하려면 납부기한 10일 전까지 국토교통부장관에게 신청하여야 한다. ( )
>
> ▶정답 ○

1. 분할납부가 결정된 과징금을 그 납부기한까지 납부하지 아니하였을 때
2. 담보의 변경이나 담보 보전에 필요한 국토교통부장관의 명령을 이행하지 아니하였을 때
3. 강제집행, 경매의 개시, 파산선고, 법인의 해산, 국세나 지방세의 체납처분을 받는 등 과징금의 전부나 나머지를 징수할 수 없다고 인정될 때

04 가산금의 징수와 체납처분(제44조)

(1) 가산금 징수

중요지문 과징금을 납부기한까지 납부하지 아니한 경우에는 납부기한의 다음 날부터 과징금을 납부한 날의 전날까지의 기간에 대하여 가산금을 징수할 수 있다. ( )

▶정답 ○

국토교통부장관은 과징금납부의무자가 납부기한까지 과징금을 납부하지 아니한 경우에는 납부기한의 다음 날부터 과징금을 납부한 날의 전날까지의 기간에 대하여 **가산금**을 징수할 수 있다. → 체납된 과징금액에 연 100분의 6을 곱하여 계산한 금액을 말한다. 이 경우 가산금을 징수하는 기간은 60개월을 초과할 수 없다.

(2) 강제징수

국토교통부장관은 과징금납부의무자가 납부기한까지 과징금을 납부하지 아니하였을 때에는 기간을 정하여 독촉을 하고, 그 지정한 기간 내에 과징금이나 가산금을 납부하지 아니하였을 때에는 **국세체납처분의 예에 따라 징수**할 수 있다.

❶ 독촉은 납부기한이 지난 후 15일 이내에 서면으로 하여야 한다.
❷ 독촉장을 발부하는 경우 체납된 과징금의 납부기한은 독촉장 발부일부터 10일 이내로 한다.

보칙

01 청문(제45조)

국토교통부장관은 다음의 어느 하나에 해당하는 처분을 하려는 경우에는 청문을 실시하여야 한다.

> 1. 제13조 제1항 제1호에 따른 감정평가사 자격의 취소
> 2. 감정평가법인의 설립인가 취소

※보충 **감정평가사 자격취소**
제13조 제1항 제1호는 부정한 방법으로 감정평가사의 자격을 받은 경우에 해당한다.

02 업무의 위탁(제46조)

❶ 이 법에 따른 국토교통부장관의 업무 중 다음의 업무는 한국부동산원, 한국산업인력공단 또는 협회에 위탁할 수 있다. 다만, 제3호 및 제4호에 따른 업무는 협회에만 위탁할 수 있다.

> 1. 감정평가 타당성조사 및 감정평가서에 대한 표본조사와 관련하여 대통령령으로 정하는 업무
> 2. 감정평가사시험의 관리
> 3. 감정평가사 등록 및 등록 갱신
> 4. 소속 감정평가사 또는 사무직원의 신고

❷ 그 업무를 위탁할 때에는 예산의 범위에서 필요한 경비를 보조할 수 있다.

> ※보충 대통령령으로 정하는 업무의 위탁은 다음과 같다.
> 1. 한국부동산원에 위탁
>   ❶ 타당성조사를 위한 기초자료 수집 및 감정평가 내용 분석
>   ❷ 감정평가서에 대한 표본조사
>   ❸ 감정평가 정보체계의 구축·운영
> 2. 협회에 위탁
>   ❶ 감정평가서의 원본과 관련서류의 접수 및 보관
>   ❷ 감정평가사의 등록신청과 갱신등록 신청의 접수 및 갱신등록의 사전통지
>   ❸ 소속감정평가사, 사무직원의 고용 및 고용관계 종료 신고의 접수
>   ❹ 보증보험 가입 통보의 접수
> 3. 한국산업인력공단에 위탁 → 감정평가사 시험의 관리업무

중요지문 소속감정평가사 또는 사무직원의 고용 및 고용관계 종료 신고의 접수는 한국감정평가사협회에 위탁한다. ( )

▶ 정답 ○

03 지도·감독(제47조)

❶ 국토교통부장관은 감정평가법인등 및 협회를 감독하기 위하여 필요할 때에는 그 업무에 관한 보고 또는 자료의 제출, 그 밖에 필요한 명령을 할 수 있으며, 소속 공무원으로 하여금 그 사무소에 출입하여 장부·서류 등을 검사하게 할 수 있다.

❷ 출입·검사를 하는 공무원은 그 권한을 표시하는 증표를 지니고 이를 관계인에게 내보여야 한다.

04 벌칙적용에서 공무원 의제(제48조)

다음의 어느 하나에 해당하는 사람은 형법 제129조부터 제132조의 규정을 적용할 때에는 공무원으로 본다.

> 1. 제10조 제1호 및 제2호에 해당하는 업무를 수행하는 감정평가사
> 2. 제40조에 따른 위원회의 위원 중 공무원이 아닌 위원
> 3. 제46조에 따른 위탁업무에 종사하는 협회의 임직원

벌칙

01 행정형벌(제49조, 제50조)

(1) 3년 이하의 징역 또는 3천만원 이하의 벌금

❶ 부정한 방법으로 감정평가사의 자격을 취득한 사람
❷ 감정평가법인등이 아닌 자로서 감정평가업을 한 자
❸ 구비서류를 거짓으로 작성하는 등 부정한 방법으로 등록이나 갱신등록을 한 사람
❹ 등록 또는 갱신등록이 거부되거나 자격 또는 등록이 취소된 사람으로서 업무를 한 사람
❺ 성실의무 등을 위반하여 고의로 업무를 잘못하거나 특정한 가액으로 감정평가를 유도·요구에 따른 자
❻ 업무와 관련된 대가를 받거나 감정평가 수주의 대가로 금품 또는 재산상의 이익을 제공하거나 제공하기로 약속한 자
❼ 특정한 가액으로 감정평가를 유도 또는 요구하는 행위를 한 자
❽ 정관을 거짓으로 작성하는 등 부정한 방법으로 법인설립 인가를 받은 자

(2) 1년 이하의 징역 또는 1천만원 이하의 벌금

❶ 둘 이상의 사무소를 설치한 사람
❷ 소속 감정평가사 외의 사람에게 업무를 하게 한 자
❸ 매매업을 직접 한 자, 둘 이상의 법인 또는 사무소에 소속된 자, 소속된 감정평가법인 이외의 다른 감정평가법인의 주식을 소유한 자, 비밀엄수 의무를 위반한 자
❹ 감정평가사의 자격증·등록증 또는 감정평가법인의 인가증을 다른 사람에게 양도 또는 대여한 자와 이를 양수 또는 대여받은 자와 이를 알선한 자

(3) 몰수·추징 → 몰수할 수 없을 때에는 그 가액을 추징한다.

❶ 업무와 관련된 대가를 받거나 감정평가 수주의 대가로 금품 또는 재산상의 이익을 제공하거나 제공하기로 약속한 자
❷ 감정평가사의 자격증·등록증 또는 감정평가법인의 인가증을 다른 사람에게 양도 또는 대여한 자와 이를 양수 또는 대여받은 자

02 과태료(제52조) → 과태료는 국토교통부장관이 부과·징수한다.

(1) **500만원 이하의 과태료** : 결격사유에 해당하는 사무직원을 둔 자

(2) **400만원 이하의 과태료**

> ❶ 보험 또는 협회가 운영하는 공제사업에의 가입 등 필요한 조치를 하지 아니한 사람
> ❷ 업무에 관한 보고, 자료 제출, 명령 또는 검사를 거부·방해 또는 기피하거나 국토교통부장관에게 거짓으로 보고한 자

(3) **300만원 이하의 과태료**

> ❶ 감정평가서의 원본과 그 관련 서류를 보존하지 아니한 자
> ❷ 감정평가사사무소 또는 감정평가법인이라는 용어를 사용하지 아니하거나 감정평가사가 아닌 사람이 감정평가사, 감정평가사사무소, 감정평가법인 또는 이와 유사한 명칭을 사용한 자

(4) **150만원 이하의 과태료**

> ❶ 감정평가 결과를 감정평가 정보체계에 등록하지 아니한 자
> ❷ 자격증 또는 등록증을 반납하지 아니한 사람
> ❸ 법원의 확정판결로 손해배상이 결정된 경우 손해배상 사실을 국토교통부장관에 알리지 아니한 자

PART

09

동산·채권 등의 담보에 관한 법률

총칙

01 법의 목적(제1조)

이 법은 동산·채권·지식재산권을 목적으로 하는 담보권과 그 등기 또는 등록에 관한 사항을 규정하여 자금조달을 원활하게 하고 거래의 안전을 도모하며 국민경제의 건전한 발전에 이바지함을 목적으로 한다.

02 용어 정의(제2조)

담보약정	양도담보 등 명목을 묻지 아니하고 이 법에 따라 **동산·채권·지식재산권**을 담보로 제공하기로 하는 약정을 말한다.
동산담보권	담보약정에 따라 **동산**(여러 개의 동산 또는 장래에 취득할 동산을 포함한다)을 목적으로 **등기한** 담보권을 말한다.
채권담보권	담보약정에 따라 **금전의 지급**을 목적으로 하는 **지명채권**(여러 개의 채권 또는 장래에 발생할 채권을 포함한다)을 목적으로 **등기한** 담보권을 말한다.
지식재산 담보권	담보약정에 따라 특허권, 실용신안권, 디자인권, 상표권, 저작권, 반도체집적회로의 배치설계권 등 **지식재산권**(법률에 따라 질권을 설정할 수 있는 경우로 한정한다)을 목적으로 그 지식재산권을 규율하는 개별 법률에 따라 **등록한** 담보권을 말한다.
담보권설정자	이 법에 따라 동산·채권·지식재산권에 담보권을 설정한 자를 말한다. 다만, **동산·채권을 담보로 제공하는** 경우에는 **법인**(상사법인, 민법법인, 특별법에 따른 법인, 외국법인을 말한다) 또는 「부가가치세법」에 따라 **사업자등록을 한** 사람으로 한정한다.
담보권자	이 법에 따라 동산·채권·지식재산권을 목적으로 하는 담보권을 취득한 자를 말한다.
담보등기	이 법에 따라 동산·채권을 담보로 제공하기 위하여 이루어진 등기를 말한다.

담보등기부	전산정보처리조직에 의하여 입력·처리된 등기사항에 관한 전산정보 자료를 담보권설정자별로 저장한 **보조기억장치**(자기디스크, 자기테이프, 그 밖에 이와 유사한 방법으로 일정한 등기사항을 기록·보존할 수 있는 전자적 정보저장매체를 포함한다)를 말하고, 동산담보등기부와 채권담보등기부로 구분한다.
채무자 등	채무자, 담보목적물의 물상보증인, 담보목적물의 제3취득자를 말한다.
이해관계인	채무자 등과 담보목적물에 대한 권리자로서 담보등기부에 기록되어 있거나 그 권리를 증명한 자, 압류 및 가압류 채권자, 집행력 있는 정본에 의하여 배당을 요구한 채권자를 말한다.
등기필정보	담보등기부에 새로운 권리자가 기록되는 경우 그 권리자를 확인하기 위하여 지방법원, 그 지원 또는 등기소에 근무하는 법원서기관, 등기사무관, 등기주사 또는 등기주사보 중에서 지방법원장이 지정하는 사람(이하 "등기관"이라 한다)이 작성한 정보를 말한다.

동산담보권 ★제36회

01 동산담보권의 목적물(제3조, 제4조)

(1) **담보등기 할 수 있는 자** : 법인 또는 「부가가치세법」에 따라 사업자등록을 한 사람이 담보약정에 따라 동산을 담보로 제공하는 경우에는 담보등기를 할 수 있다. → 담보권설정자의 사업자등록이 말소된 경우에도 이미 설정된 동산담보권의 효력에는 영향을 미치지 아니한다.

(2) **여러 개의 동산** : 여러 개의 동산(장래에 취득할 동산을 포함한다)이더라도 목적물의 종류, 보관장소, 수량을 정하거나 그 밖에 이와 유사한 방법으로 특정할 수 있는 경우에는 이를 목적으로 담보등기를 할 수 있다.

(3) **담보등기를 할 수 없는 경우** : 다음의 어느 하나에 해당하는 경우에는 이를 목적으로 하여 담보등기를 할 수 없다.

> ❶ 「선박등기법」에 따라 등기된 선박, 「자동차 등 특정동산 저당법」에 따라 등록된 건설기계 · 자동차 · 항공기 · 소형선박, 「공장 및 광업재단 저당법」에 따라 등기된 기업재산, 그 밖에 다른 법률에 따라 등기되거나 등록된 동산
> ❷ 화물상환증, 선하증권, 창고증권이 작성된 동산
> ❸ 무기명채권증서, 유동화증권, 「자본시장과 금융투자업에 관한 법률」에 따른 증권

중요지문 창고증권이 작성된 동산은 담보등기의 목적물이 될 수 없다. ( )

▶ 정답 ○

02 근담보권(제5조)

(1) **의의** : 동산담보권은 그 담보할 채무의 최고액만을 정하고 채무의 확정을 장래에 보류하여 설정할 수 있다. 이 경우 그 채무가 확정될 때까지 채무의 소멸 또는 이전은 이미 설정된 동산담보권에 영향을 미치지 아니한다.

(2) **이자** : 채무의 이자는 최고액 중에 포함된 것으로 본다.

중요지문 동산담보권을 그 담보할 채무의 최고액만을 정하고 채무의 확정을 장래에 보류하여 설정하는 경우 채무의 이자는 최고액 중에 포함되지 않는다. ( )

▶ 정답 ×
채무의 이자는 최고액 중에 포함된 것으로 본다.

03 담보등기의 효력(제7조, 제10조)

(1) **등기** : 약정에 따른 동산담보권의 득실변경은 담보등기부에 **등기**를 하여야 그 효력이 생긴다.

(2) **순위** : 동일한 동산에 설정된 동산담보권의 순위는 등기의 순서에 따른다.

(3) **등기와 인도** : 동일한 동산에 관하여 담보등기부의 **등기**와 **인도**(「민법」에 규정된 간이인도, 점유개정, 목적물반환청구권의 양도를 포함한다)가 행하여진 경우에 그에 따른 권리 사이의 순위는 법률에 다른 규정이 없으면 그 선후에 따른다.

(4) **효력의 범위** : 동산담보권의 효력은 담보목적물에 부합된 물건과 종물에 미친다. 다만, 법률에 다른 규정이 있거나 설정행위에 다른 약정이 있으면 그러하지 아니하다.

04 담보등기의 내용 등(제8조~제16조)

(1) **우선변제** : 담보권자는 채무자 또는 제3자가 제공한 담보목적물에 대하여 다른 채권자보다 자기채권을 우선변제받을 권리가 있다.

(2) **불가분성** : 담보권자는 채권 전부를 변제받을 때까지 담보목적물 전부에 대하여 그 권리를 행사할 수 있다.

(3) **과실에 대한 효력** : 동산담보권의 효력은 담보목적물에 대한 압류 또는 인도청구가 있은 후에 담보권설정자가 그 담보목적물로부터 수취한 과실 또는 수취할 수 있는 과실에 미친다.

(4) **피담보채권의 범위** : 동산담보권은 원본, 이자, 위약금, 담보권실행의 비용, 담보목적물의 보존비용 및 채무불이행 또는 담보목적물의 흠으로 인한 손해배상의 채권을 담보한다. 다만, 설정행위에 다른 약정이 있는 경우에는 그 약정에 따른다.

(5) **양도금지** : 동산담보권은 피담보채권과 분리하여 타인에게 양도할 수 없다.

【중요지문】 약정에 따른 동산담보권의 득실변경은 담보등기부에 등기를 하여야 그 효력이 생긴다. ( )

▶정답 ○

【중요지문】 동산담보권의 효력은 법률에 다른 규정이 없거나 설정행위에 다른 약정이 없다면 담보목적물의 종물에 미치지 아니한다. ( )

▶정답 ✕
동산담보권의 효력은 담보목적물에 부합된 물건과 종물에 미친다.

【중요지문】 동산담보권은 피담보채권과 분리하여 타인에게 양도될 수 없다. ( )

▶정답 ○

PART 09

Chapter 02 동산담보권 427

(6) **물상대위** : 동산담보권은 담보목적물의 매각, 임대, 멸실, 훼손 또는 공용징수 등으로 인하여 담보권설정자가 받을 금전이나 그 밖의 물건에 대하여도 행사할 수 있다. 이 경우 그 지급 또는 인도 전에 **압류하여야 한다.**

(7) **변제 및 구상권**

❶ 담보권자는 담보목적물로부터 변제를 받지 못한 채권이 있는 경우에만 채무자의 다른 재산으로부터 변제를 받을 수 있다.

❷ 담보목적물보다 먼저 다른 재산을 대상으로 하여 배당이 실시되는 경우에는 적용하지 아니한다. 다만, 다른 채권자는 담보권자에게 그 배당금액의 공탁을 청구할 수 있다.

❸ 타인의 채무를 담보하기 위한 담보권설정자가 그 채무를 변제하거나 동산담보권의 실행으로 인하여 담보목적물의 소유권을 잃은 경우에는 「민법」의 보증채무에 관한 규정에 따라 채무자에 대한 구상권이 있다.

05 **청구권 등**(제17조~제20조)

(1) **현지조사 및 담보목적물 보충청구권**

❶ 담보권설정자는 정당한 사유 없이 담보권자의 담보목적물에 대한 현황조사 요구를 거부할 수 없다. 이 경우 담보목적물의 현황을 조사하기 위하여 약정에 따라 전자적으로 식별할 수 있는 표지를 부착하는 등 필요한 조치를 할 수 있다.

❷ 담보권설정자에게 책임이 있는 사유로 담보목적물의 가액이 현저히 감소된 경우에는 담보권자는 담보권설정자에게 그 원상회복 또는 적당한 담보의 제공을 청구할 수 있다.

(2) **제3취득자의 비용상환청구권** : 담보목적물의 제3취득자가 그 담보목적물의 보존·개량을 위하여 필요비 또는 유익비를 지출한 경우에는 「민법」 제203조 제1항 또는 제2항에 따라 담보권자가 담보목적물을 실행하고 취득한 대가에서 우선하여 상환받을 수 있다.

(3) **담보목적물의 반환청구권**

❶ 담보권자는 담보목적물을 점유한 자에 대하여 담보권설정자에게 반환할 것을 청구할 수 있다.

❷ 담보권자가 담보목적물을 점유할 권원이 있거나 담보권설정자가 담보목적물을 반환받을 수 없는 사정이 있는 경우에 담보권자는 담보목적물을 점유한 자에 대하여 자신에게 담보목적물을 반환할 것을 청구할 수 있다.

❸ 점유자가 그 물건을 점유할 권리가 있는 경우에는 반환을 거부할 수 있다.

(4) 방해제거청구권 및 방해예방청구권

담보권자는 동산담보권을 방해하는 자에게 방해의 제거를 청구할 수 있고, 동산담보권을 방해할 우려가 있는 행위를 하는 자에게 방해의 예방이나 손해배상의 담보를 청구할 수 있다.

06 동산담보권의 실행방법 등(제21조)

(1) 경매청구

❶ 담보권자는 자기의 채권을 변제받기 위하여 담보목적물의 경매를 청구할 수 있다.

❷ 담보권설정자가 담보목적물을 점유하는 경우에 경매절차는 압류에 의하여 개시한다.

(2) 직접변제 또는 매각변제 : 정당한 이유가 있는 경우 담보권자는 담보목적물로써 직접 변제에 충당하거나 담보목적물을 매각하여 그 대금을 변제에 충당할 수 있다. 다만, 선순위권리자(담보등기부에 등기되어 있거나 담보권자가 알고 있는 경우로 한정한다)가 있는 경우에는 그의 동의를 받아야 한다.

(3) 변제 절차

❶ 담보권자가 담보목적물로써 직접 변제에 충당하거나 담보목적물을 매각하기 위하여는 그 채권의 변제기 후에 동산담보권 실행의 방법을 채무자 등과 담보권자가 알고 있는 이해관계인에게 통지하고, 그 통지가 채무자 등과 담보권자가 알고 있는 이해관계인에게 도달한 날부터 1개월이 지나야 한다. 다만, 담보목적물이 멸실 또는 훼손될 염려가 있거나 가치가 급속하게 감소될 우려가 있는 경우에는 그러하지 아니하다.

❷ 통지에는 피담보채권의 금액, 담보목적물의 평가액 또는 예상매각대금, 담보목적물로써 직접 변제에 충당하거나 담보목적물을 매각하려는 이유를 명시하여야 한다.

중요지문 담보권자는 자기의 채권을 변제받기 위하여 담보목적물의 경매를 청구할 수 없다. (　)

▶ 정답 ✕
경매를 청구할 수 있다.

❸ 담보권자는 담보목적물의 평가액 또는 매각대금에서 그 채권액을 뺀 금액(청산금)을 채무자 등에게 지급하여야 한다. 이 경우 담보목적물에 선순위의 동산담보권 등이 있을 때에는 그 채권액을 계산할 때 선순위의 동산담보권 등에 의하여 담보된 채권액을 포함한다.

❹ 담보권자가 담보목적물로써 직접 변제에 충당하는 경우 **청산금을 채무자 등에게 지급한 때에 담보목적물의 소유권을 취득한다.**

❺ 다음의 구분에 따라 정한 기간 내에 담보목적물에 대하여 **경매가 개시된 경우에는 담보권자는 직접 변제충당 등의 절차를 중지하여야 한다.**

> ㉠ 담보목적물을 직접 변제에 충당하는 경우 : 청산금을 지급하기 전 또는 청산금이 없는 경우에는 통지가 채무자등과 이해관계인에게 도달한 날부터 1개월이 지나기 전
> ㉡ 담보목적물을 매각하여 그 대금을 변제에 충당하는 경우 : 담보권자가 제 3자와 매매계약을 체결하기 전

07 담보목적물의 점유(제25조)

(1) 담보권자가 담보목적물을 점유한 경우에는 **피담보채권을 전부 변제받을 때까지 담보목적물을 유치할 수 있다.** 다만, **선순위권리자에게 대항하지 못한다.**

(2) 담보권자가 담보권을 실행하기 위하여 필요한 경우에는 채무자 등에게 담보목적물의 **인도를 청구할 수 있다.**

(3) 담보권자가 담보목적물을 점유하는 경우에 담보권자는 **선량한 관리자의 주의**로 담보목적물을 관리하여야 한다.

(4) 담보권자는 담보목적물의 과실을 수취하여 다른 채권자보다 먼저 그 채권의 변제에 충당할 수 있다. 다만, 과실이 금전이 아닌 경우에는 그 과실을 경매하거나 그 과실로써 직접 변제에 충당하거나 그 과실을 매각하여 그 대금으로 변제에 충당할 수 있다.

08 후순위권리자의 권리행사(제26조)

(1) 후순위권리자는 채무자 등이 받을 청산금에 대하여 그 순위에 따라 청산금이 지급될 때까지 그 권리를 행사할 수 있고, 담보권자는 **후순위권리자가 요구하**

는 경우에는 청산금을 지급하여야 한다. → 권리행사를 막으려는 자는 청산금을 압류하거나 가압류하여야 한다.

(2) 후순위권리자는 권리를 행사할 때에는 그 피담보채권의 범위에서 그 채권의 명세와 증서를 담보권자에게 건네주어야 한다.

(3) 담보권자가 채권 명세와 증서를 받고 후순위권리자에게 청산금을 지급한 때에는 그 범위에서 채무자 등에 대한 청산금 지급채무가 소멸한다.

09 공탁 및 변제(제27조, 제28조)

(1) 공탁

❶ 담보목적물의 매각대금 등이 압류되거나 가압류된 경우 또는 담보목적물의 매각대금 등에 관하여 권리를 주장하는 자가 있는 경우에 담보권자는 그 전부 또는 일부를 담보권설정자의 주소를 관할하는 법원에 공탁할 수 있다. 이 경우 담보권자는 공탁사실을 즉시 담보등기부에 등기되어 있거나 담보권자가 알고 있는 이해관계인과 담보목적물의 매각대금 등을 압류 또는 가압류하거나 그에 관하여 권리를 주장하는 자에게 통지하여야 한다.

❷ 담보목적물의 매각대금 등에 대한 압류 또는 가압류가 있은 후에 담보목적물의 매각대금 등을 공탁한 경우에는 채무자 등의 공탁금출급청구권이 압류되거나 가압류된 것으로 본다.

❸ 담보권자는 공탁금의 회수를 청구할 수 없다.

(2) 변제와 실행중지

❶ 동산담보권의 실행의 경우에 채무자 등은 다음에서 정한 기간까지 피담보채무액을 담보권자에게 지급하고 담보등기의 말소를 청구할 수 있다. 이 경우 담보권자는 동산담보권의 실행을 즉시 중지하여야 한다.

> ㉠ 담보목적물을 직접 변제에 충당하는 경우 : 청산금을 지급하기 전 또는 청산금이 없는 경우에는 통지가 채무자등과 이해관계인에게 도달한 날부터 1개월이 지나기 전
> ㉡ 담보목적물을 매각하여 그 대금을 변제에 충당하는 경우 : 담보권자가 제3자와 매매계약을 체결하기 전

❷ 동산담보권의 실행을 중지함으로써 담보권자에게 손해가 발생하는 경우에 채무자 등은 그 손해를 배상하여야 한다.

10 공동담보와 배당 등(제29조~제33조)

(1) 공동담보와 배당, 후순위자의 대위

❶ 동일한 채권의 담보로 여러 개의 담보목적물에 동산담보권을 설정한 경우에 그 담보목적물의 매각대금을 동시에 배당할 때에는 각 담보목적물의 매각대금에 비례하여 그 채권의 분담을 정한다.

❷ 담보목적물 중 일부의 매각대금을 먼저 배당하는 경우에는 그 대가에서 그 채권 전부를 변제받을 수 있다. 이 경우 경매된 동산의 후순위담보권자는 선순위담보권자가 다른 담보목적물의 동산담보권 실행으로 변제받을 수 있는 금액의 한도에서 선순위담보권자를 대위하여 담보권을 행사할 수 있다.

(2) 가처분신청

❶ 이해관계인은 담보권자가 위법하게 동산담보권을 실행하는 경우에 담보권설정자의 주소를 관할하는 법원에 동산담보권 실행의 중지 등 필요한 조치를 명하는 가처분을 신청할 수 있다.

❷ 법원은 가처분 신청에 대한 결정을 하기 전에 이해관계인에게 담보를 제공하게 하거나 제공하지 아니하고 집행을 일시 정지하도록 명하거나 담보권자에게 담보를 제공하고 그 집행을 계속하도록 명하는 등 잠정처분을 할 수 있다.

❸ 담보권 실행을 위한 경매에 대하여 이해관계인은 「민사집행법」에 따라 이의신청을 할 수 있다.

(3) 동산담보권 실행에 관한 약정

❶ 담보권자와 담보권설정자는 이 법에서 정한 실행절차와 다른 내용의 약정을 할 수 있다. 다만, 직접변제 등을 위한 채무자등과 이해관계인에 대한 통지가 없거나 통지 후 1개월이 지나지 아니한 경우에도 통지 없이 담보권자가 담보목적물을 처분하거나 직접 변제에 충당하기로 하는 약정은 효력이 없다.

❷ 약정에 의하여 이해관계인의 권리를 침해하지 못한다.

(4) 준용규정

❶ 이 법에 따라 동산담보권이 설정된 담보목적물의 소유권·질권을 취득하는 경우에는 「민법」 제249조부터 제251조까지의 규정을 준용한다.

❷ 동산담보권에 관하여는 「민법」 제331조 및 제369조를 준용한다.

01 채권담보권의 목적(제34조)

(1) 법인 등이 담보약정에 따라 금전의 지급을 목적으로 하는 지명채권을 담보로
제공하는 경우에는 담보등기를 할 수 있다.

(2) 여러 개의 채권(채무자가 특정되었는지 여부를 묻지 아니하고 장래에 발생할
채권을 포함한다)이더라도 채권의 종류, 발생 원인, 발생 연월일을 정하거나
그 밖에 이와 유사한 방법으로 특정할 수 있는 경우에는 이를 목적으로 하여
담보등기를 할 수 있다.

중요지문 채무자가 특정되지 아
니한 여러 개의 채권이더라도 채권
의 종류, 발생원인, 발생연월일을
정하는 방법으로 특정할 수 있는 경
우에는 이를 목적으로 하여 담보등
기를 할 수 있다.   (   )

▶정답 ○

02 채권담보권의 효력(제35조)

(1) 약정에 따른 채권담보권의 득실변경은 담보등기부에 등기한 때에 지명채권의
채무자(이하 "제3채무자"라 한다) 외의 제3자에게 대항할 수 있다.

(2) 담보권자 또는 담보권설정자(채권담보권 양도의 경우에는 그 양도인 또는 양
수인을 말한다)는 제3채무자에게 등기사항증명서를 건네주는 방법으로 그 사
실을 통지하거나 제3채무자가 이를 승낙하지 아니하면 제3채무자에게 대항하
지 못한다.

(3) 동일한 채권에 관하여 담보등기부의 등기와 「민법」 제349조 또는 제450조 제2
항에 따른 통지 또는 승낙이 있는 경우에 담보권자 또는 담보의 목적인 채권
의 양수인은 법률에 다른 규정이 없으면 제3채무자 외의 제3자에게 등기와 그
통지의 도달 또는 승낙의 선후에 따라 그 권리를 주장할 수 있다.

(4) 통지, 승낙에 관하여는 「민법」 제451조 및 제452조를 준용한다.

03 채권담보권의 실행(제36조)

⑴ 담보권자는 피담보채권의 한도에서 채권담보권의 목적이 된 **채권을 직접 청**
구할 수 있다.

⑵ 채권담보권의 목적이 된 채권이 피담보채권보다 먼저 변제기에 이른 경우에
는 담보권자는 제3채무자에게 그 변제금액의 공탁을 청구할 수 있다. 이 경우
제3채무자가 변제금액을 공탁한 후에는 채권담보권은 그 공탁금에 존재한다.

⑶ 담보권자는 채권담보권의 실행방법 외에 「민사집행법」에서 정한 집행방법으
로 채권담보권을 실행할 수 있다.

04 담보등기

01 등기할 수 있는 권리 및 등기소(제38조~제40조)

(1) **등기할 수 있는 권리** : 담보등기는 동산담보권이나 채권담보권의 설정, 이전, 변경, 말소 또는 연장에 대하여 한다.

(2) **등기소**

❶ 등기에 관한 사무는 **대법원장이 지정ㆍ고시하는 지방법원,** 그 지원 또는 등 기소에서 취급한다.

❷ 등기사무에 관하여는 대법원장이 지정ㆍ고시한 지방법원, 그 지원 또는 등 기소 중 **담보권설정자의 주소를 관할**하는 지방법원, 그 지원 또는 등기소를 관할 등기소로 한다.

❸ **대법원장은 어느 등기소의 관할에 속하는 사무를 다른 등기소에 위임**할 수 있다.

(3) **등기사무의 처리**

❶ 등기사무는 등기관이 처리한다.

❷ 등기관은 **접수번호의 순서에 따라** 전산정보처리조직에 의하여 담보등기부 에 등기사항을 기록하는 방식으로 등기사무를 처리하여야 한다.

❸ 등기관이 등기사무를 처리할 때에는 대법원규칙으로 정하는 바에 따라 등 기관의 식별부호를 기록하는 등 등기사무를 처리한 등기관을 확인할 수 있 는 조치를 하여야 한다.

02 등기의 신청(제41조~제42조)

(1) **등기신청인**

❶ 담보등기는 법률에 다른 규정이 없으면 등기권리자와 등기의무자가 **공동**으 로 신청한다.

❷ 등기명의인 표시의 변경 또는 경정의 등기는 **등기명의인 단독으로 신청**할 수 있다.

> 〔중요지문〕 담보등기는 법률에 다 른 규정이 없으면 등기권리자와 등 기의무자가 공동으로 신청한다.
> ( )
>
> ▶정답 ○

❸ 판결에 의한 등기는 승소한 등기권리자 또는 등기의무자 단독으로 신청할 수 있고, 상속이나 그 밖의 포괄승계로 인한 등기는 등기권리자 단독으로 신청할 수 있다.

(2) **등기신청의 방법** : 담보등기는 다음의 어느 하나에 해당하는 방법으로 신청한다.

❶ **방문신청** : 신청인 또는 그 대리인이 등기소에 출석하여 서면으로 신청. 다만, 대리인이 변호사 또는 법무사[법무법인, 법무법인(유한), 법무조합, 법무사법인 또는 법무사법인(유한)을 포함한다]인 경우에는 대법원규칙으로 정하는 사무원을 등기소에 출석하게 하여 등기를 신청할 수 있다.

❷ **전자신청** : 대법원규칙으로 정하는 바에 따라 전산정보처리조직을 이용하여 신청

(3) **등기신청의 접수**

❶ 등기신청은 등기의 목적, 신청인의 성명 또는 명칭, 그 밖에 대법원규칙으로 정하는 등기신청정보가 전산정보처리조직에 전자적으로 기록된 때에 접수된 것으로 본다.

❷ 등기관이 등기를 마친 경우 그 등기는 접수한 때부터 효력을 발생한다.

03 **신청의 각하**(제46조)

등기관은 다음의 어느 하나에 해당하는 경우에만 이유를 적은 결정으로써 신청을 각하하여야 한다. 다만, 신청의 잘못된 부분이 보정될 수 있는 경우에 신청인이 당일 이를 보정하였을 때에는 그러하지 아니하다.

1. 사건이 그 등기소의 관할이 아닌 경우
2. 사건이 등기할 것이 아닌 경우
3. 권한이 없는 자가 신청한 경우
4. 방문신청의 경우 당사자나 그 대리인이 출석하지 아니한 경우
5. 신청서가 대법원규칙으로 정하는 방식에 맞지 아니한 경우
6. 신청서에 기록된 사항이 첨부서면과 들어맞지 아니한 경우
7. 신청서에 필요한 서면 등을 첨부하지 아니한 경우
8. 신청의 내용이 이미 담보등기부에 기록되어 있던 사항과 일치하지 아니한 경우
9. 신청수수료를 내지 아니하거나 등기신청과 관련하여 다른 법률에 따라 부과된 의무를 이행하지 아니한 경우

04 등기필정보의 통지(제48조)

등기관이 담보권의 설정 또는 이전등기를 마쳤을 때에는 등기필정보를 등기권리자에게 통지하여야 한다. 다만, 최초 담보권설정등기의 경우에는 담보권설정자에게도 등기필정보를 통지하여야 한다.

05 존속기간 및 연장(제49조)

(1) 이 법에 따른 담보권의 존속기간은 5년을 초과할 수 없다. 다만, 5년을 초과하지 않는 기간으로 이를 갱신할 수 있다.

(2) 담보권설정자와 담보권자는 존속기간을 갱신하려면 그 만료 전에 연장등기를 신청하여야 한다.

(3) 연장등기를 위하여 담보등기부에 다음 사항을 기록하여야 한다.

❶ 존속기간을 연장하는 취지
❷ 연장 후의 존속기간
❸ 접수번호
❹ 접수연월일

> ▶중요지문 담보권의 존속기간은 5년을 초과할 수 없으나, 5년을 초과하지 않는 기간으로 이를 갱신할 수 있다. ( )
>
> ▶정답 ○

06 말소등기(제50조)

(1) 담보권설정자와 담보권자는 다음의 어느 하나에 해당하는 경우에 말소등기를 신청할 수 있다.

❶ 담보약정의 취소, 해제 또는 그 밖의 원인으로 효력이 발생하지 아니하거나 효력을 상실한 경우
❷ 담보목적물인 동산이 멸실되거나 채권이 소멸한 경우(멸실등기×)
❸ 그 밖에 담보권이 소멸한 경우

(2) 말소등기를 하기 위하여 담보등기부에 다음의 사항을 기록하여야 한다.

❶ 담보등기를 말소하는 취지. 다만, 담보등기의 일부를 말소하는 경우에는 그 취지와 말소등기의 대상
❷ 말소등기의 등기원인 및 그 연월일

❸ 접수번호

❹ 접수연월일

07 등기의 경정, 등기부의 열람 및 발급(제51조, 제52조)

(1) **등기의 경정** : 담보등기부에 기록된 사항에 오기나 누락이 있는 경우 담보권 설정자 또는 담보권자는 경정등기를 신청할 수 있다. 다만, 오기나 누락이 등 기관의 잘못으로 인한 경우에는 등기관이 직권으로 경정할 수 있다.

(2) **열람 및 교부**

❶ 누구든지 수수료를 내고 등기사항을 열람하거나 그 전부 또는 일부를 증명 하는 서면의 발급을 청구할 수 있다.

❷ 등기기록의 열람은 등기기록에 기록된 등기사항을 전자적 방법으로 그 내 용을 보게 하거나 그 내용을 기록한 서면을 교부하는 방법으로 한다. 다만, 서면을 교부하는 경우에는 등기사항증명서 양식이 아닌 다른 양식으로 교 부할 수 있다.

❸ 신청서나 그 밖의 부속서류의 열람은 등기관이 보는 앞에서 하여야 한다.

❹ 신청서나 그 밖의 부속서류에 대해서는 이해관계가 있는 범위 내에서 열람 을 신청할 수 있다.

08 이의신청 등(제53조~제56조)

(1) **이의신청**

❶ **지방법원에 이의신청** : 등기관의 결정 또는 처분에 이의가 있는 자는 관할 **지방법원**에 이의신청을 할 수 있다.

❷ **신청서 제출** : 이의신청서는 **등기소에 제출**한다.

❸ **집행정지효력** : 이의신청은 **집행정지의 효력이 없다**.

❹ **이의신청의 제한** : 새로운 사실이나 새로운 증거방법을 근거로 이의신청할 수 **없다**.

중요지문 등기관의 결정에 대한 이의신청은 집행정지의 효력이 있 다. ( )

▶ **정답** ✕
이의신청은 집행정지의 효력이 없 다.

⑵ **등기관의 조치**

❶ 이의가 이유 있다고 인정 : 그에 해당하는 처분을 하여야 한다.

❷ 이의가 이유 없다고 인정 : 3일 이내에 의견서를 관할 **지방법원**에 송부하여야 한다.

⑶ **이의에 대한 결정과 항고**

관할 지방법원은 이의에 대하여 이유를 붙인 결정을 하여야 한다. → 결정에 대하여는 「비송사건절차법」에 따라 항고할 수 있다.

중요지문 등기관은 자신의 결정 또는 처분에 대한 이의가 이유 없다고 인정하면 3일 이내에 의견서를 붙여 사건을 관할 지방법원에 송부하여야 한다. ( )

▶ 정답 ○

Chapter 05 지식재산권의 담보에 관한 특례

01 지식재산담보권의 등록(제58조)

(1) 지식재산권자가 약정에 따라 동일한 채권을 담보하기 위하여 2개 이상의 지식재산권을 담보로 제공하는 경우에는 특허원부, 저작권등록부 등 그 지식재산권을 등록하는 공적 장부(이하 "등록부"라 한다)에 이 법에 따른 담보권을 등록할 수 있다.

(2) 담보의 목적이 되는 지식재산권은 그 등록부를 관장하는 기관이 동일하여야 하고, 지식재산권의 종류와 대상을 정하거나 그 밖에 이와 유사한 방법으로 특정할 수 있어야 한다.

02 등록의 효력(제59조)

(1) 약정에 따른 지식재산권담보권의 득실변경은 그 등록을 한 때에 그 지식재산권에 대한 질권의 득실변경을 등록한 것과 동일한 효력이 생긴다.

(2) 동일한 지식재산권에 관하여 이 법에 따른 담보권 등록과 그 지식재산권을 규율하는 개별 법률에 따른 질권 등록이 이루어진 경우에 그 순위는 법률에 다른 규정이 없으면 그 선후에 따른다.

03 권리행사(제60조)

담보권자는 지식재산권을 규율하는 개별 법률에 따라 담보권을 행사할 수 있다.

01 2년 이하의 징역 또는 1천만원 이하의 벌금

❶ 등기필정보의 작성이나 관리에 관한 비밀을 누설한 사람
❷ 담보등기부에 불실등기를 하도록 할 목적으로 등기필정보를 취득한 사람 또는 그 사정을 알면서 등기필정보를 제공한 사람
❸ 부정하게 취득한 등기필정보를 제2호의 목적으로 보관한 사람

MEMO

박문각 감정평가사

김희상 명품 감정평가관계법규
1차 | 기본서

제2판 인쇄 2025. 6. 20. | **제2판 발행** 2025. 6. 25. | **편저자** 김희상

발행인 박 용 | **발행처** (주)박문각출판 | **등록** 2015년 4월 29일 제2019-0000137호

주소 06654 서울시 서초구 효령로 283 서경 B/D 4층 | **팩스** (02)584-2927

전화 교재 문의 (02)6466-7202

저자와의
협의하에
인지생략

정가 30,000원
ISBN 979-11-7262-799-7

MEMO